二十而『例』

上海市第一中级人民法院经典案例集萃

吴金水　主编

上海人民出版社

序　言

一个案例胜过一打文件。案例是司法实践的生动缩影,是司法智慧的生动演绎,更是人民群众感知司法公正、理解法律精神的重要窗口。在深化司法体制机制改革,推进审判工作现代化的新征程中,案例工作不仅承载着统一法律适用的制度功能,更肩负着增进司法公信、培育法治信仰的社会使命。最高人民法院高度重视案例工作,将其作为人民法院常态化、基础性工作的重要组成部分,通过打造人民法院案例库、发布指导性案例和典型案例等方式,为全国法院的审判工作提供明确指引和有力支撑。这些案例的发布,增强了司法公信力,回应了群众关切,对于统一裁判尺度、确保司法公正、引领法治进步具有重要意义。

上海市第一中级人民法院(以下简称“我院”)自 1995 年建院以来,始终秉持司法为民、公正司法的理念,高度重视案例工作。三十载砥砺深耕,我院先后培育出指导性案例 9 件、案例库参考案例 44 件、公报案例 48 件,涵盖了刑事、民事、商事、知产、金融、行政、执行等审判领域,其中既有确立裁判规则的标杆性案例,也有填补法律空白的开拓性案例,更有彰显司法温度的示范性案例,是我院调研工作成效及法官专业素养的集中展示。我们希望通过精品案例的示范辐射,进一步提升法官的审判能力,着力锻造兼具理论造诣与实践智慧的专家型法官群体。

“滴水穿石,非一日之功。”三十年来,我院逐渐形成了以审判业务庭为基地、研究室为主管职能部门、分管院长严格把关的一整套案例“选、育、编、宣”的遴选报送机制。实践证明，这套机制是行之有效的。未来，我院将继续推动案例工作走在前、作表率，不断提升涉及新类型、服务大局案件抓取的敏锐度，积极推进“库网”融合，将法答网答问与精品案例选育结合起来，强化法答网成果转化和入库案例的深度运用，打造更多体现上海一中水平、具有全国影响力的精品案例，助力提升司法公信力和法治建设水平，更好地服务审判工作现代化和经济社会高质量发展。

“法立于上则俗成于下。”本书不仅是过往成绩的总结，更是未来征程的起点。我们期待这些凝结司法智慧的案例，能够为法律共同体搭建沟通桥梁，为理论研究提供鲜活样本；我们期待与社会各界携手，共同书写新时代法治建设的壮丽篇章。

是为序。

上海市第一中级人民法院院长　吴金水

二〇二五年六月

目录 CONTENTS

第二部分　人民法院案例库参考案例及解读

第三部分　《最高人民法院公报》案例（2016—2023）

第四部分 《最高人民法院公报》案例摘编(1995—2015)

第一部分

最高人民法院指导性案例

1. 上海金纬机械制造有限公司与瑞士瑞泰克公司仲裁裁决执行复议案*

关键词 民事诉讼 执行复议 涉外仲裁裁决 执行管辖 申请执行期间起算

基本案情

上海金纬机械制造有限公司（以下简称“金纬公司”）与瑞士瑞泰克公司（RETECH Aktiengesellschaft，以下简称“瑞泰克公司”）买卖合同纠纷一案，由中国国际经济贸易仲裁委员会于 2006 年 9 月 18 日作出仲裁裁决。2007 年 8 月 27 日，金纬公司向瑞士联邦兰茨堡（Lenzburg）法院（以下简称“兰茨堡法院”）申请承认和执行该仲裁裁决，并提交了由中国中央翻译社翻译、经上海市外事办公室及瑞士驻上海总领事认证的仲裁裁决书翻译件。同年 10 月 25 日，兰茨堡法院以金纬公司所提交的仲裁裁决书翻译件不能满足《承认及执行外国仲裁裁决公约》（以下简称《纽约公约》）第四条第二点关于“译文由公设或宣誓之翻译员或外交或领事人员认证”的规定为由，驳回金纬公司申请。其后，金纬公司又先后两次向兰茨堡法院递交了分别由瑞士当地翻译机构翻译的仲裁裁决书译件和由上海上外翻译公司翻译、上海市外事办公室、瑞士驻上海总领事认证的仲裁裁决书翻译件以申请执行，仍被该法院分别于 2009 年 3 月 17 日和 2010

* 指导性案例 37 号。

年8月31日,以仲裁裁决书翻译文件没有严格意义上符合《纽约公约》第四条第二点的规定为由,驳回申请。

2008年7月30日,金纬公司发现瑞泰克公司有一批机器设备正在上海市浦东新区展览,遂于当日向上海市第一中级人民法院(以下简称“上海一中院”)申请执行。上海一中院于同日立案执行并查封、扣押了瑞泰克公司参展机器设备。瑞泰克公司遂以金纬公司申请执行已超过《中华人民共和国民事诉讼法》(以下简称《民事诉讼法》)规定的期限为由提出异议,要求上海一中院不受理该案,并解除查封,停止执行。

裁判理由

法院生效裁判认为:本案争议焦点是我国法院对该案是否具有管辖权以及申请执行期间应当从何时起算。

一、关于我国法院的执行管辖权问题

根据《民事诉讼法》的规定,我国涉外仲裁机构作出的仲裁裁决,如果被执行人或者其财产不在中华人民共和国领域内的,应当由当事人直接向有管辖权的外国法院申请承认和执行。鉴于本案所涉仲裁裁决生效时,被执行人瑞泰克公司及其财产均不在我国领域内,因此,人民法院在该仲裁裁决生效时,对裁决的执行没有管辖权。

2008年7月30日,金纬公司发现被执行人瑞泰克公司有财产正在上海市参展。此时,被申请执行人瑞泰克公司有财产在中华人民共和国领域内的事实,使我国法院产生了对本案的执行管辖权。申请执行人依据《民事诉讼法》“一方当事人不履行仲裁裁决的,对方当事人可以向被申请人住所地或者财产所在地的中级人民法院申请执行”的规定,基于被执行人不履行仲裁裁决义务的事实,行使民事强制执行请求权,向上海一中院申请执行。这符合我国《民事诉讼法》有关人民法院管辖涉外仲裁裁决执行案件所应当具备的要求，上海一中院对该执行申请有管辖权。

考虑到《纽约公约》规定的原则是，只要仲裁裁决符合公约规定的基本条件，就允许在任何缔约国得到承认和执行。《纽约公约》的目的在于便利仲裁裁决在各缔约国得到顺利执行，因此并不禁止当事人向多个公约成员国申请相关仲裁裁决的承认与执行。被执行人一方可以通过举证已经履行了仲裁裁决义务进行抗辩，向执行地法院提交已经清偿债务数额的证据，这样即可防止被执行人被强制重复履行或者超标履行的问题。因此，人民法院对该案行使执行管辖权，符合《纽约公约》规定的精神，也不会造成被执行人重复履行生效仲裁裁决义务的问题。

二、关于本案申请执行期间起算问题

依照《民事诉讼法》(2007 年修正)第二百一十五条的规定："申请执行的期间为二年。""前款规定的期间，从法律文书规定履行期间的最后一日起计算；法律文书规定分期履行的，从规定的每次履行期间的最后一日起计算；法律文书未规定履行期间的，从法律文书生效之日起计算。"鉴于我国法律有关申请执行期间起算，是针对生效法律文书作出时，被执行人或者其财产在我国领域内的一般情况作出的规定；而本案的具体情况是，仲裁裁决生效当时，我国法院对该案并没有执行管辖权，当事人依法向外国法院申请承认和执行该裁决而未能得到执行，不存在怠于行使申请执行权的问题；被执行人一直拒绝履行裁决所确定的法律义务；申请执行人在发现被执行人有财产在我国领域内之后，即向人民法院申请执行。考虑到这类情况下，外国被执行人或者其财产何时会再次进入我国领域内，具有较大的不确定性，因此，应当合理确定申请执行期间起算点，才能公平保护申请执行人的合法权益。

鉴于债权人取得有给付内容的生效法律文书后，如债务人未履行生效文书所确定的义务，债权人即可申请法院行使强制执行权，实现其实体法上的请求权，此项权利即为民事强制执行请求权。民事强制执行请求权的存在依赖于实体权利，取得依赖于执行根据，行使依赖于执行管辖权。执行管辖权是民事强制执行请求权的基础和前提。在司法实践中，人民法院的执行管辖权与当事人的民事强制执行请求权不能是抽象或不确定的，而应是具体且可操作的。义务人瑞泰克公司未履行裁决所确定的义务时，权利人金纬公司即拥有了民事强制执行请求权，但是，根据《民事诉讼法》的规定，对于涉外仲裁机构作出的仲裁申请执行，如果被执行人或者其财产不在中华人民共和国领域内，应当由当事人直接向有管辖权的外国法院申请承认和执行。此时，因被执行人或者其财产不在我国领域内，我国法院对该案没有执行管辖权，申请执行人金纬公司并非主观上不愿或怠于行使权利，而是由于客观上纠纷本身没有产生人民法院执行管辖连接点，导致其无法向人民法院申请执行。人民法院在受理强制执行申请后，应当审查该申请是否在法律规定的时效期间内提出。具有执行管辖权是人民法院审查申请执行人相关申请的必要前提，因此应当自执行管辖确定之日，即发现被执行人可供执行财产之日起计算申请执行人的申请执行期限。

裁判结果

上海市第一中级人民法院于 2008 年 11 月 17 日作出(2008)沪一中执字第 640-1 民事裁定，驳回瑞泰克公司的异议。裁定送达后，瑞泰克公司向上海市高级人民法院申请执行复议。2011 年 12 月 20 日，上海市高级人民法院作出(2009)沪高执复议字第 2 号执行裁定，驳回复议申请。

裁判要旨

当事人向我国法院申请执行发生法律效力的涉外仲裁裁决，发现被申请执行人或者其财产在我国领域内的，我国法院即对该案具有执行管辖权。当事人申请法院强制执行的时效期间，应当自发现被申请执行人或者其财产在我国领域内之日起算。

关联索引

相关法条:《中华人民共和国民事诉讼法》第二百三十九条、第二百七十三条

一审裁判文书案号:(2008)沪一中执字第 640-1 号

一审合议庭成员:汪立军(审判长)、王振杰(主审法官)、唐荣刚

二审裁判文书案号:(2009)沪高执复议字第 2 号

2. 北京精雕科技有限公司诉上海奈凯电子科技有限公司侵害计算机软件著作权纠纷案*

关键词 民事 侵害计算机软件著作权 捆绑销售 技术保护措施 权利滥用

基本案情

原告北京精雕科技有限公司(以下简称“精雕公司”)诉称:原告自主开发了精雕 CNC 雕刻系统,该系统由精雕雕刻 CAD/CAM 软件(JDPaint 软件)、精雕数控系统、机械本体三大部分组成。该系统的使用通过两台计算机完成,一台是加工编程计算机,另一台是数控控制计算机。两台计算机运行两个不同的程序需要相互交换数据,即通过数据文件进行。具体是:JDPaint 软件通过加工编程计算机运行生成 Eng 格式的数据文件,再由运行于数控控制计算机上的控制软件接收该数据文件,将其变成加工指令。原告对上述 JDPaint 软件享有著作权,该软件不公开对外销售,只配备在原告自主生产的数控雕刻机上使用。2006 年年初,原告发现被告上海奈凯电子科技有限公司(以下简称“奈凯公司”)在其网站上大力宣传其开发的 NC-1000 雕铣机数控系统全面支持精雕各种版本的 Eng 文件。被告上述数控系统中的 Ncstudio 软件能够读取 JDPaint 软件输出的 Eng 格式数据文件,而原告对 Eng 格式采取了加密措施。被告非法破

* 指导性案例 48 号。

译Eng格式的加密措施，开发、销售能够读取Eng格式数据文件的数控系统，属于故意避开或者破坏原告为保护软件著作权而采取的技术措施的行为，构成对原告软件著作权的侵犯。被告的行为使得其他数控雕刻机能够非法接收Eng文件，导致原告精雕雕刻机销量减少，造成经济损失。故请求法院判令被告立即停止支持精雕JDPaint各种版本输出Eng格式的数控系统的开发、销售及其他侵权行为，公开赔礼道歉，并赔偿损失485 000元。

奈凯公司辩称：其开发的Ncstudio软件能够读取JDPaint软件输出的Eng格式数据文件，但Eng数据文件及该文件所使用的Eng格式不属于计算机软件著作权的保护范围，故被告的行为不构成侵权。请求法院驳回原告的诉讼请求。

法院经审理查明：原告精雕公司分别于2001年、2004年取得国家版权局向其颁发的软著登字第0011393号、软著登字第025028号《计算机软件著作权登记证书》，登记其为精雕雕刻软件JDPaintV4.0、JDPaintV5.0（两软件以下简称"JDPaint"）的原始取得人。奈凯公司分别于2004年、2005年取得国家版权局向其颁发的软著登字第023060号、软著登字第041930号《计算机软件著作权登记证书》，登记其为软件奈凯数控系统V5.0、维宏数控运动控制系统V3.0（两软件以下简称Ncstudio）的原始取得人。

奈凯公司在其公司网站上宣称：2005年12月，奈凯公司推出NC-1000雕铣机控制系统，该数控系统全面支持精雕各种版本Eng文件，该功能是针对用户对精雕JDPaintV5.19这一排版软件的酷爱而研发的。

精雕公司的JDPaint软件输出的Eng文件是数据文件，采用Eng格式。奈凯公司的Ncstudio软件能够读取JDPaint软件输出的Eng文件，即Ncstudio软件与JDPaint软件所输出的Eng文件兼容。

裁判理由

法院生效裁判认为：本案应解决的争议焦点是：一、原告精雕公司的JDPaint软件输出的、采取加密措施的Eng格式数据文件，是否属于计算机软件著作权的保护范围；二、奈凯公司研发能够读取JDPaint软件输出的Eng格式文件的软件的行为，是否构成《中华人民共和国著作权法》（以下简称《著作权法》）第四十八条第一款第六项、《计算机软件保护条例》第二十四条第一款第三项规定的“故意避开或者破坏著作权人为保护其软件著作权而采取的技术措施”。

关于第一点，《计算机软件保护条例》第二条规定：“本条例所称计算机软件（下称“软件”），是指计算机程序及其有关文档。”第三条规定：“本条例下列用语的含义：（一）计算机程序，是指为了得到某种结果而可以由计算机等具有信息处理能力的装置执行的代码化指令序列，或者可以被自动转换成代码化指令序列的符号化指令序列或者符号化语句序列。同一计算机程序的源程序和目标程序为同一作品。（二）文档，是指用来描述程序的内容、组成、设计、功能规格、开发情况、测试结果及使用方法的文字资料和图表等，如程序设计说明书、流程图、用户手册……”第四条规定：“受本条例保护的软件必须由开发者独立开发，并已固定在某种有形物体上。”根据上述规定，计算机软件著作权的保护范围是软件程序和文档。

本案中，Eng文件是JDPaint软件在加工编程计算机上运行所生成的数据文件，其所使用的输出格式即Eng格式是计算机JDPaint软件的目标程序经计算机执行产生的结果。该格式数据文件本身不是代码化指令序列、符号化指令序列、符号化语句序列，也无法通过计算机运行和执行，对Eng格式文件的破解行为本身也不会直接造成对JDPaint软件的非法复制。此外，该文件所记录的数据并非原告精雕公司的JDPaint软件所固有，而是软件使用者输入雕刻加工信息而生成的，这些数据不属于

JDPaint 软件的著作权人精雕公司所有。因此，Eng 格式数据文件中包含的数据和文件格式均不属于 JDPaint 软件的程序组成部分，不属于计算机软件著作权的保护范围。

关于第二点，根据《著作权法》第四十八条第一款第六项、《计算机软件保护条例》第二十四条第一款第三项的规定，故意避开或者破坏著作权人为保护其软件著作权而采取的技术措施的行为，是侵犯软件著作权的行为。上述规定体现了对恶意规避技术措施的限制，是对计算机软件著作权的保护。但是，上述限制"恶意规避技术措施"的规定不能被滥用。上述规定主要限制的是针对受保护的软件著作权实施的恶意技术规避行为。著作权人为输出的数据设定特定文件格式，并对该文件格式采取加密措施，限制其他品牌的机器读取以该文件格式保存的数据，从而保证捆绑自己计算机软件的机器拥有市场竞争优势的行为，不属于上述规定所指的著作权人为保护其软件著作权而采取技术措施的行为。他人研发能够读取著作权人设定的特定文件格式的软件的行为，不构成对软件著作权的侵犯。

根据本案事实，JDPaint 输出的 Eng 格式文件是在精雕公司的"精雕 CNC 雕刻系统"中两个计算机程序间完成数据交换的文件。从设计目的而言，精雕公司采用 Eng 格式而没有采用通用格式完成数据交换，并不在于对 JDPaint 软件进行加密保护，而是希望只有"精雕 CNC 雕刻系统"能接收此种格式，只有与"精雕 CNC 雕刻系统"相捆绑的雕刻机床才可以使用该软件。精雕公司对 JDPaint 输出文件采用 Eng 格式，旨在限定 JDPaint 软件只能在"精雕 CNC 雕刻系统"中使用，其根本目的和真实意图在于建立和巩固 JDPaint 软件与其雕刻机床之间的捆绑关系。这种行为不属于为保护软件著作权而采取的技术保护措施。如果将对软件著作权的保护扩展到与软件捆绑在一起的产品上，必然超出我国《著作权法》对计算机软件著作权的保护范围。精雕公司在本案中采取的技术措施，不是为保护 JDPaint 软件著作权而采取的技术措施,而是为获取著作权利益之外的利益而采取的技术措施。因此,精雕公司采取的技术措施不属于《著作权法》《计算机软件保护条例》所规定的著作权人为保护其软件著作权而采取的技术措施,奈凯公司开发能够读取 JDPaint 软件输出的 Eng 格式文件的软件的行为,并不属于故意避开和破坏著作权人为保护软件著作权而采取的技术措施的行为。

裁判结果

上海市第一中级人民法院于 2006 年 9 月 20 日作出(2006)沪一中民五(知)初字第 134 号民事判决:驳回原告精雕公司的诉讼请求。宣判后,精雕公司提出上诉。上海市高级人民法院于 2006 年 12 月 13 日作出(2006)沪高民三(知)终字第 110 号民事判决:驳回上诉,维持原判。

裁判要旨

计算机软件著作权人为实现软件与机器的捆绑销售,将软件运行的输出数据设定为特定文件格式,以限制其他竞争者的机器读取该特定文件格式保存的数据,从而将其在软件上的竞争优势扩展到机器,不属于《著作权法》所规定的著作权人为保护其软件著作权而采取的技术措施。他人研发软件读取其设定的特定文件格式的,不构成侵害计算机软件著作权。

关联索引

相关法条:《中华人民共和国著作权法》第四十八条第一款第六项,《计算机软件保护条例》第二条、第三条第一款第一项、第二十四条第一款第三项

一审裁判文书案号:(2006)沪一中民五(知)初字第 134 号

一审合议庭组成人员:李玉珍(审判长)、胡震远、陆凤玉(主审法官)

二审裁判文书案号:(2006)沪高民三(知)终字第 110 号

3. 阿卜杜勒·瓦希德诉中国东方航空股份有限公司航空旅客运输合同纠纷案*

关键词 民事 航空旅客运输合同 航班延误 告知义务 赔偿责任

基本案情

2004年12月29日，Abdul Watheed（阿卜杜勒·瓦希德，以下简称阿卜杜勒）购买了一张由香港国泰航空公司（以下简称“国泰航空公司”）作为出票人的机票。机票列明的航程安排为：2004年12月31日上午11点，上海起飞至香港，同日16点香港起飞至卡拉奇；2005年1月31日卡拉奇起飞至香港，同年2月1日香港起飞至上海。其中，上海与香港间的航程由中国东方航空股份有限公司（以下简称“东方航空公司”）实际承运，香港与卡拉奇间的航程由国泰航空公司实际承运。机票背面条款注明，该合同应遵守华沙公约所指定的有关责任的规则和限制。该机票为打折票，机票上注明“不得退票、不得转签”。

2004年12月30日15时起上海浦东机场下中雪，导致机场于该日22点至23点被迫关闭1小时，该日104个航班延误。31日，因飞机除冰、补班调配等原因，导致该日航班取消43架次、延误142架次，飞机出港正常率只有24.1%。东方航空公司的MU703航班也因为天气原因延

---

* 指导性案例51号。

误了 3 小时 22 分钟，导致阿卜杜勒及其家属到达香港机场后未能赶上国泰航空公司飞卡拉奇的衔接航班。东方航空公司工作人员告知阿卜杜勒只有两种处理方案：其一是阿卜杜勒等人在机场里等候 3 天，然后搭乘国泰航空公司的下一航班，3 天费用自理；其二是阿卜杜勒等人出资，另行购买其他航空公司的机票至卡拉奇，费用为 25 000 港元。阿卜杜勒当即表示无法接受该两种方案，其妻子杜琳打电话给东方航空公司，但该公司称有关工作人员已下班。杜琳对东方航空公司的处理无法接受，且因携带婴儿而焦虑、激动。最终由香港机场工作人员交涉，阿卜杜勒及家属共支付 17 000 港元，购买了阿联酋航空公司的机票及行李票，搭乘该公司航班绕道迪拜，到达卡拉奇。为此，阿卜杜勒支出机票款 4 721 港元、行李票款 759 港元，共计 5 480 港元。

阿卜杜勒认为，东方航空公司的航班延误，又拒绝重新安排航程，给自己造成了经济损失，遂提出诉讼，要求判令东方航空公司赔偿机票款和行李票款，并定期对外公布航班的正常率、旅客投诉率。

东方航空公司辩称，航班延误的原因系天气条件恶劣，属不可抗力；其已将此事通知了阿卜杜勒，阿卜杜勒亦明知将错过香港的衔接航班，其无权要求东方航空公司改变航程。阿卜杜勒称，其明知会错过衔接航班仍选择登上飞往香港的航班，系因为东方航空公司对其承诺会予以妥善解决。

裁判理由

法院生效裁判认为：原告阿卜杜勒是巴基斯坦国公民，其购买的机票，出发地为我国上海，目的地为巴基斯坦卡拉奇。原《中华人民共和国民法通则》第一百四十二条第一款规定：“涉外民事关系的法律适用，依照本章的规定确定。”第二款规定：“中华人民共和国缔结或者参加的国际条约同中华人民共和国的民事法律有不同规定的，适用国际条约的规定，但中华人民共和国声明保留的条款除外。”我国和巴基斯坦都是《经 1955 年海牙议定书修订的1929年华沙统一国际航空运输一些规则的公约》（以下简称《1955年在海牙修改的华沙公约》）和1961年《统一非立约承运人所办国际航空运输的某些规则以补充华沙公约的公约》（以下简称《瓜达拉哈拉公约》）的缔约国，故这两个国际公约对本案适用。《1955年在海牙修改的华沙公约》第二十八条第一款规定："有关赔偿的诉讼，应该按原告的意愿，在一个缔约国的领土内，向承运人住所地或其总管理处所在地或签订契约的机构所在地法院提出，或向目的地法院提出。"第三十二条规定："运输合同的任何条款和在损失发生以前的任何特别协议，如果运输合同各方借以违背本公约的规则，无论是选择所适用的法律或变更管辖权的规定，都不生效力。"据此，在阿卜杜勒持机票起诉的情形下，中华人民共和国上海市浦东新区人民法院有权对这起航空旅客运输合同纠纷进行管辖。

《瓜达拉哈拉公约》第一条第二款规定："'缔约承运人'指与旅客或托运人，或与旅客或托运人的代理人订立一项适用华沙公约的运输合同的当事人。"第一条第三款规定："'实际承运人'指缔约承运人以外，根据缔约承运人的授权办理第二款所指的全部或部分运输的人，但对该部分运输此人并非华沙公约所指的连续承运人。在没有相反的证据时，上述授权被推定成立。"第七条规定："对实际承运人所办运输的责任诉讼，可以由原告选择，对实际承运人或缔约承运人提起，或者同时或分别向他们提起。如果只对其中的一个承运人提起诉讼，则该承运人应有权要求另一承运人参加诉讼。这种参加诉讼的效力以及所适用的程序，根据受理案件的法院的法律决定。"阿卜杜勒所持机票，是由国泰航空公司出票，故国际航空旅客运输合同关系是在阿卜杜勒与国泰航空公司之间设立，国泰航空公司是缔约承运人。东方航空公司与阿卜杜勒之间不存在直接的国际航空旅客运输合同关系，也不是连续承运人，只是推定其根据国泰航空公司的授权，完成该机票确定的上海至香港间运输任务的实际承运人。

阿卜杜勒有权选择国泰航空公司或东方航空公司或两者同时为被告提起诉讼；在阿卜杜勒只选择东方航空公司为被告提起的诉讼中，东方航空公司虽然有权要求国泰航空公司参加诉讼，但由于阿卜杜勒追究的航班延误责任发生在东方航空公司承运的上海至香港段航程中，与国泰航空公司无关，根据本案案情，衡量诉讼成本，无需追加国泰航空公司为本案的当事人共同参加诉讼。故东方航空公司虽然有权申请国泰航空公司参加诉讼，但这种申请能否被允许，应由受理案件的法院决定。一审法院认为国泰航空公司与阿卜杜勒要追究的航班延误责任无关，根据本案旅客维权的便捷性、担责可能性、诉讼的成本等情况，决定不追加香港国泰航空公司为本案的当事人，并无不当。

《1955年在海牙修改的华沙公约》第十九条规定：“承运人对旅客、行李或货物在航空运输过程中因延误而造成的损失应负责任。”第二十条第一款规定：“承运人如果证明自己和他的代理人为了避免损失的发生，已经采取一切必要的措施，或不可能采取这种措施时，就不负责任。”2004年12月31日的MU703航班由于天气原因发生延误，对这种不可抗力造成的延误，东方航空公司不可能采取措施来避免，故其对延误本身无需承担责任。但还需证明其已经采取了一切必要的措施来避免延误给旅客造成的损失发生，否则即应对旅客因延误而遭受的损失承担责任。阿卜杜勒在浦东机场时由于预见到MU703航班的延误会使其错过国泰航空公司的衔接航班，曾多次向东方航空公司工作人员询问怎么办。东方航空公司应当知道国泰航空公司从香港飞往卡拉奇的衔接航班三天才有一次，更明知阿卜杜勒一行携带婴儿，不便在中转机场长时间等候，有义务向阿卜杜勒一行提醒中转时可能发生的不利情形，劝告阿卜杜勒一行改日乘机。但东方航空公司没有这样做，却让阿卜杜勒填写《续航情况登记表》，并告知会帮助解决，使阿卜杜勒对该公司产生合理信赖，从而放心登机飞赴香港。鉴于阿卜杜勒一行是得到东方航空公司的帮助承诺后来到香港，但是东方航空公司不考虑阿卜杜勒一行携带婴儿要尽快飞往卡拉奇的合理需要，向阿卜杜勒告知了要么等待三天乘坐下一航班且三天中相关费用自理，要么自费购买其他航空公司机票的“帮助解决”方案。根据查明的事实，东方航空公司始终未能提供阿卜杜勒的妻子杜琳在登机前填写的《续航情况登记表》，无法证明阿卜杜勒系在明知飞往香港后会发生对己不利的情况仍选择登机，故法院认定“东方航空公司没有为避免损失采取必要的措施”是正确的。东方航空公司没有采取一切必要的措施来避免因航班延误给旅客造成的损失发生，不应免责。阿卜杜勒迫于无奈自费购买其他航空公司的机票，对阿卜杜勒购票支出的 5 480 港元损失，东方航空公司应承担赔偿责任。

在延误的航班到达香港机场后，东方航空公司拒绝为阿卜杜勒签转机票，其主张阿卜杜勒的机票系打折票，已经注明了“不得退票，不得转签”，其无须另行提醒和告知。法院认为，即使是航空公司在打折机票上注明“不得退票，不得转签”，只是限制购买打折机票的旅客由于自身原因而不得退票和转签；旅客购买了打折机票，航空公司可以相应地取消一些服务，但是旅客支付了足额票款，航空公司就要为旅客提供完整的运输服务，并不能剥夺旅客在支付了票款后享有的乘坐航班按时抵达目的地的权利。本案中的航班延误并非由阿卜杜勒自身的原因造成。阿卜杜勒乘坐延误的航班到达香港机场后肯定需要重新签转机票，东方航空公司既未能在始发机场告知阿卜杜勒在航班延误时机票仍不能签转的理由，在中转机场亦拒绝为其办理签转手续。因此，东方航空公司未能提供证据证明损失的产生系阿卜杜勒自身原因所致，也未能证明其为了避免损失扩大采取了必要的方式和妥善的补救措施，故判令东方航空公司承担赔偿责任。

裁判结果

上海市浦东新区人民法院于 2005 年 12 月 21 日作出（2005）浦民一

(民)初字第12164号民事判决：一、中国东方航空股份有限公司应在判决生效之日起十日内赔偿阿卜杜勒损失共计人民币5 863.60元；二、驳回阿卜杜勒的其他诉讼请求。宣判后，中国东方航空股份有限公司提出上诉。上海市第一中级人民法院于2006年2月24日作出(2006)沪一中民一(民)终字第609号民事判决：驳回上诉，维持原判。

裁判要旨

第一，对航空旅客运输实际承运人提起的诉讼，可以选择对实际承运人或缔约承运人提起诉讼，也可以同时对实际承运人和缔约承运人提起诉讼。被诉承运人申请追加另一方承运人参加诉讼的，法院可以根据案件的实际情况决定是否准许。

第二，当不可抗力造成航班延误，致使航空公司不能将换乘其他航班的旅客按时运抵目的地时，航空公司有义务及时向换乘的旅客明确告知到达目的地后是否提供转签服务，以及在不能提供转签服务时旅客如何办理旅行手续。航空公司未履行该项义务，给换乘旅客造成损失的，应当承担赔偿责任。

第三，航空公司在打折机票上注明“不得退票，不得转签”，只是限制购买打折机票的旅客由于自身原因而不得退票和转签，不能据此剥夺旅客在支付票款后享有的乘坐航班按时抵达目的地的权利。

关联索引

相关法条：《中华人民共和国民法通则》第一百四十二条，《经1955年海牙议定书修订的1929年华沙统一国际航空运输一些规则的公约》第十九条、第二十条、第二十四条第一款，《统一非立约承运人所作国际航空运输的某些规则以补充华沙公约的公约》第七条

一审裁判文书案号：(2005)浦民一(民)初字第12164号

二审裁判文书案号：(2006)沪一中民一(民)终字第609号

二审合议庭成员：王启扬(审判长)、孙雪梅(主审法官)、周寅

4. 徐欣诉招商银行股份有限公司上海延西支行银行卡纠纷案*

关键词　民事　银行卡纠纷　网络盗刷　责任认定

基本案情

徐欣系招商银行股份有限公司上海延西支行(以下简称"招行延西支行")储户,持有卡号为××××的借记卡一张。

2016年3月2日,徐欣上述借记卡发生三笔转账,金额分别为50 000元、50 000元及46 200元,共计146 200元。转入户名均为石某,卡号:××××,转入行:中国农业银行。

2016年5月30日,徐欣父亲徐某至上海市公安局青浦分局经侦支队报警并取得《受案回执》。当日,上海市公安局青浦分局经侦支队向徐欣发送沪公(青)立告字(2016)3923号《立案告知书》,告知信用卡诈骗案决定立案。

2016年4月29日,福建省福清市公安局出具融公(刑侦)捕字(2016)00066号《逮捕证》,载明:经福清市人民检察院批准,兹由我局对涉嫌盗窃罪的谢某一执行逮捕,送福清市看守所羁押。

2016年5月18日,福建省福清市公安局刑侦大队向犯罪嫌疑人谢某一制作《讯问笔录》,载明:我以9 800元人民币向我师傅购买了笔记本

---

* 指导性案例169号。

电脑、银行黑卡(使用别人身份办理的银行卡)、身份证、优盘等设备用来实施盗刷他人银行卡存款。我师傅卖给我的优盘里有受害人的身份信息、手机号码、银行卡号、取款密码以及银行卡内的存款情况……用自己人的头像补一张虚假的临时身份证，办理虚假的临时身份证的目的是用于到手机服务商营业厅将我们要盗刷的那个受害者的手机挂失并补新的SIM卡，我们补新SIM卡的目的是掌握受害者预留给银行的手机，以便于接收转账等操作时银行发送的验证码，只有输入验证码手机银行内的钱才能被转账成功。而且将受害者的银行卡盗刷后，他手上持有的SIM卡接收不到任何信息，我们转给他银行账户内的钱不至于被他发现……2016年3月2日，我师傅告诉我说这次由他负责办理受害人假的临时身份证，并补办受害者关联银行卡的新手机SIM卡。他给了我三个银行账号和密码(经辨认银行交易明细，……一张是招行卡号为××××，户名：徐欣)。

2016年6月，福建省福清市公安局出具《呈请案件侦查终结报告书》，载明：2016年3月2日，此次作案由谢某一负责转账取款，上家负责提供信息、补卡，此次谢某一盗刷了周某、徐欣、汪某等人银行卡内存款共计400 700元……

2016年6月22日，福建省福清市人民检察院向徐欣发送《被害人诉讼权利义务告知书》，载明：犯罪嫌疑人谢某一、谢某二等人盗窃案一案，已由福清市公安局移送审查起诉……

徐欣向人民法院起诉请求招商银行延西支行赔偿银行卡盗刷损失及利息。

裁判理由

法院生效裁判认为：被上诉人在上诉人处办理了借记卡并将资金存入上诉人处，上诉人与被上诉人之间建立储蓄存款合同关系。《中华人民共和国商业银行法》第六条规定，“商业银行应当保障存款人的合法权益不受任何单位和个人的侵犯”。在储蓄存款合同关系中，上诉人作为商业银行对作为存款人的被上诉人，具有保障账户资金安全的法定义务以及向被上诉人本人或者其授权人履行合同的义务。为此，上诉人作为借记卡的发卡行及相关技术、设备和操作平台的提供者，应当对交易机具、交易场所加强安全管理，对各项软硬件设施及时更新升级，最大限度地防范资金交易安全漏洞。尤其是，随着电子银行业务的发展，商业银行作为电子交易系统的开发、设计、维护者，也是从电子交易便利中获得经济利益的一方，应当也更有能力采取更为严格的技术保障措施，以增强防范银行卡违法犯罪行为的能力。本案根据查明的事实，被上诉人涉案账户的资金损失，系因案外人谢某一非法获取被上诉人的身份信息、手机号码、取款密码等账户信息后，通过补办手机 SIM 卡截获上诉人发送的动态验证码，进而进行转账所致。在存在网络盗刷的情况下，上诉人仍以身份识别信息和交易验证信息通过为由主张案涉交易是持卡人本人或其授权交易，不能成立。而且，根据本案现有证据无法查明案外人谢某一如何获得交易密码等账户信息，上诉人亦未提供相应的证据证明账户信息泄露系因被上诉人没有妥善保管使用银行卡所导致。因此，就被上诉人自身具有过错，应当由上诉人承担举证不能的法律后果。上诉人另主张，手机运营商在涉案事件中存在过错。然，本案被上诉人提起诉讼的请求权基础为储蓄存款合同关系，手机运营商并非合同以及本案的当事人，手机运营商是否存在过错以及上诉人对被上诉人承担赔偿责任后，是否有权向手机运营商追偿，并非本案审理范围。综上所述，上诉人在储蓄存款合同履行过程中，对上诉人账户资金未尽到安全保障义务，又无证据证明被上诉人存在违约行为可以减轻责任，上诉人对被上诉人的账户资金损失应当承担全部赔偿责任。上诉人的上诉请求，理由不成立，不予支持。

裁判结果

上海市长宁区人民法院于 2017 年 4 月 25 日作出（2017）沪 0105 民

初1787号民事判决:一、招商银行股份有限公司上海延西支行给付徐欣存款损失146 200元;二、招商银行股份有限公司上海延西支行给付原告徐欣自2016年3月3日起至判决生效之日止,以146 200元为基数,按照中国人民银行同期存款利率计算的利息损失。招商银行股份有限公司上海延西支行不服一审判决,向上海市第一中级人民法院提起上诉。上海市第一中级人民法院2017年10月31日作出(2017)沪01民终9300号民事判决:驳回上诉,维持原判。

裁判要旨

持卡人提供证据证明他人盗用持卡人名义进行网络交易,请求发卡行承担被盗刷账户资金减少的损失赔偿责任,发卡行未提供证据证明持卡人违反信息妥善保管义务,仅以持卡人身份识别信息和交易验证信息相符为由主张不承担赔偿责任的,人民法院不予支持。

关联索引

相关法条:《中华人民共和国合同法》第一百零七条(注:现行有效的法律为《中华人民共和国民法典》第五百七十七条)

一审裁判文书案号:(2017)沪0105民初1787号

二审裁判文书案号:(2017)沪01民终9300号

二审合议庭成员:崔婕(审判长兼主审法官)、桂佳、周欣

5. 郑某诉霍尼韦尔自动化控制(中国)有限公司劳动合同纠纷案*

关键词　民事　劳动合同　解除劳动合同　性骚扰　规章制度

基本案情

郑某于2012年7月入职霍尼韦尔自动化控制(中国)有限公司(以下简称“霍尼韦尔公司”),担任渠道销售经理。霍尼韦尔公司建立有工作场所性骚扰防范培训机制,郑某接受过相关培训。霍尼韦尔公司《商业行为准则》规定,经理和主管“应确保下属能畅所欲言且无须担心遭到报复,所有担忧或问题都能专业并及时地得以解决”,不允许任何报复行为。2017年版《员工手册》规定:对他人实施性骚扰、违反公司《商业行为准则》、在公司内部调查中做虚假陈述的行为均属于会导致立即辞退的违纪行为。上述规章制度在实施前经过该公司工会沟通会议讨论。

郑某与霍尼韦尔公司签订的劳动合同约定郑某确认并同意公司现有的《员工手册》及《商业行为准则》等规章制度作为本合同的组成部分。《员工手册》修改后,郑某再次签署确认书,表示已阅读、明白并愿接受2017年版《员工手册》内容,愿恪守公司政策作为在霍尼韦尔公司工作的前提条件。

2018年8月30日,郑某因认为下属女职工任某与郑某上级邓某(已

---

* 指导性案例181号。

婚）之间的关系有点僵，为“疏解”二人关系而找任某谈话。郑某提到8月29日观察到邓某跟任某说了一句话，而任某没有回答，其还专门跑到任某处帮忙打圆场。任某提及其在刚入职时曾向郑某出示过间接上级邓某发送的性骚扰微信记录截屏，郑某当时对此答复“我就是不想掺和这个事”“我往后不想再回答你后面的事情”“我是觉得有点怪，我也不敢问”。谈话中，任某强调邓某是在对其进行性骚扰，邓某要求与其发展男女关系，并在其拒绝后继续不停骚扰，郑某不应责怪其不搭理邓某，也不应替邓某来对其进行敲打。郑某则表示“你如果这样干工作的话，让我很难过”“你越端着，他越觉得我要把你怎么样”“他这么直接，要是我的话，先靠近你，摸摸看，然后聊聊天”。

后至2018年11月，郑某以任某不合群等为由向霍尼韦尔公司人事部提出与任某解除劳动合同，但未能说明解除任某劳动合同的合理依据。人事部为此找任某了解情况。任某告知人事部其被间接上级邓某骚扰，郑某有意无意撮合其和邓某，其因拒绝骚扰行为而受到打击报复。霍尼韦尔公司为此展开调查。

2019年1月15日，霍尼韦尔公司对郑某进行调查，并制作了调查笔录。郑某未在调查笔录上签字，但对笔录记载的其对公司询问所做答复做了诸多修改。对于调查笔录中有无女员工向郑某反映邓某跟其说过一些不合适的话、对其进行性骚扰的提问所记录的“没有”的答复，郑某未作修改。

2019年1月31日，霍尼韦尔公司出具《单方面解除函》，以郑某未尽经理职责，在下属反映遭受间接上级骚扰后没有采取任何措施帮助下属不再继续遭受骚扰，反而对下属进行打击报复，在调查过程中就上述事实做虚假陈述为由，与郑某解除劳动合同。

2019年7月22日，郑某向上海市劳动争议仲裁委员会申请仲裁，要求霍尼韦尔公司支付违法解除劳动合同赔偿金368 130元。该请求未得到仲裁裁决支持。郑某不服，以相同请求诉至上海市浦东新区人民法院。

裁判理由

法院生效裁判认为，本案争议焦点在于：一是霍尼韦尔公司据以解除郑某劳动合同的《员工手册》和《商业行为准则》对郑某有无约束力；二是郑某是否存在足以解除劳动合同的严重违纪行为。

关于争议焦点一，霍尼韦尔公司据以解除郑某劳动合同的《员工手册》和《商业行为准则》对郑某有无约束力。在案证据显示，郑某持有异议的霍尼韦尔公司 2017 年版《员工手册》《商业行为准则》分别于 2017 年 9 月、2014 年 12 月经霍尼韦尔公司工会沟通会议进行讨论。郑某与霍尼韦尔公司签订的劳动合同明确约定《员工手册》《商业行为准则》属于劳动合同的组成部分，郑某已阅读并理解和接受上述制度。在《员工手册》修订后，郑某亦再次签署确认书，确认已阅读、明白并愿接受 2017 年版《员工手册》，愿恪守公司政策作为在霍尼韦尔公司工作的前提条件。在此情况下，霍尼韦尔公司的《员工手册》《商业行为准则》应对郑某具有约束力。

关于争议焦点二，郑某是否存在足以解除劳动合同的严重违纪行为。一则，在案证据显示霍尼韦尔公司建立有工作场所性骚扰防范培训机制，郑某亦接受过相关培训。霍尼韦尔公司《商业行为准则》要求经理、主管等管理人员在下属提出担忧或问题时能够提供专业和及时的帮助，不能进行打击报复。霍尼韦尔公司 2017 年版《员工手册》将违反公司《商业行为准则》的行为列为会导致立即辞退的严重违纪行为范围。现郑某虽称相关女职工未提供受到骚扰的确凿证据，其无法判断骚扰行为的真伪、对错，但从郑某在 2018 年 8 月 30 日谈话录音中对相关女职工初入职时向其出示的微信截屏所做的“我是觉得有点怪，我也不敢问”“我就是不想掺和这个事”的评述来看，郑某本人亦不认为相关微信内容系同事间的正常交流，且郑某在相关女职工反复强调间接上级一直对她进行骚扰时，未见郑某积极应对帮助解决，反而说“他这么直接，要是我的话，先靠近你，摸摸看，然后聊聊天”。所为皆为积极促成自己的下级与上级发展不正当关系。郑某的行为显然有悖其作为霍尼韦尔公司部门主管应尽之职责，其相关答复内容亦有违公序良俗。此外，依据郑某自述，其在 2018 年 8 月 30 日谈话后应已明确知晓相关女职工与间接上级关系不好的原因，但郑某不仅未采取积极措施，反而认为相关女职工处理不当。在任某明确表示对邓某性骚扰的抗拒后，郑某于 2018 年 11 月中旬向人事经理提出任某性格不合群，希望公司能解除与任某的劳动合同，据此霍尼韦尔公司主张郑某对相关女职工进行打击报复，亦属合理推断。二则，霍尼韦尔公司 2017 年版《员工手册》明确规定在公司内部调查中做虚假陈述的行为属于会导致立即辞退的严重违纪行为。霍尼韦尔公司提供的 2019 年 1 月 15 日调查笔录显示郑某在调查过程中存在虚假陈述情况。郑某虽称该调查笔录没有按照其所述内容记录，其不被允许修改很多内容，但此主张与郑某对该调查笔录中诸多问题的答复都进行过修改的事实相矛盾，法院对此不予采信。该调查笔录可以作为认定郑某存在虚假陈述的判断依据。

综上，郑某提出的各项上诉理由难以成为其上诉主张成立的依据。霍尼韦尔公司主张郑某存在严重违纪行为，依据充分，不构成违法解除劳动合同。对郑某要求霍尼韦尔公司支付违法解除劳动合同赔偿金 368 130 元的上诉请求，不予支持。

裁判结果

上海市浦东新区人民法院于 2020 年 11 月 30 日作出(2020)沪 0115 民初 10454 号民事判决：驳回郑某的诉讼请求。郑某不服一审判决，提起上诉。上海市第一中级人民法院于 2021 年 4 月 22 日作出(2021)沪 01 民终 2032 号民事判决：驳回上诉，维持原判。

裁判要旨

用人单位的管理人员对被性骚扰员工的投诉，应采取合理措施进行处置。管理人员未采取合理措施或者存在纵容性骚扰行为、干扰对性骚扰行为调查等情形，用人单位以管理人员未尽岗位职责，严重违反规章制度为由解除劳动合同，管理人员主张解除劳动合同违法的，人民法院不予支持。

关联索引

相关法条：《中华人民共和国劳动合同法》第三十九条

一审裁判文书案号：(2020)沪0115民初10454号

二审裁判文书案号：(2021)沪01民终2032号

二审合议庭成员：孙少君（审判长兼主审法官）、徐焰、韩东红

6. 王山诉万得信息技术股份有限公司竞业限制纠纷案*

关键词　民事　竞业限制　审查标准　营业范围

基本案情

王山于2018年7月2日进入万得信息技术股份有限公司（以下简称“万得公司”）工作，双方签订了期限为2018年7月2日至2021年8月31日的劳动合同，约定王山就职智能数据分析工作岗位，月基本工资4 500元、岗位津贴15 500元，合计20 000元。

2019年7月23日，王山、万得公司又签订《竞业限制协议》，对竞业行为、竞业限制期限、竞业限制补偿金等内容进行了约定。2020年7月27日，王山填写《辞职申请表》，以个人原因为由解除与万得公司的劳动合同。

2020年8月5日，万得公司向王山发出《关于竞业限制的提醒函》，载明“……您（即王山）从离职之日2020年7月27日起须承担竞业限制义务，不得到竞业企业范围内工作或任职。从本月起我们将向您支付竞业限制补偿金，请您在收到竞业限制补偿金的10日内，提供新单位签订的劳动合同及社保记录，若为无业状态请由所在街道办事处等国家机关出具您的从业情况证明。若您违反竞业限制义务或其他义务，请于10日

---

* 指导性案例190号。

内予以改正，继续违反竞业协议约定的，则公司有权再次要求您按《竞业限制协议》约定承担违约金，违约金标准为20万元以上，并应将公司在离职后支付的竞业限制补偿金全部返还……”

2020年10月12日，万得公司向王山发出《法务函》，再次要求王山履行竞业限制义务。

另查明，万得公司的经营范围包括：计算机软硬件的开发、销售，计算机专业技术领域及产品的技术开发、技术转让、技术咨询、技术服务。

王山于2020年8月6日加入上海哔哩哔哩科技有限公司（以下简称“哔哩哔哩公司”），按照营业执照记载，该公司经营范围包括：信息科技、计算机软硬件、网络科技领域内的技术开发、技术转让、技术咨询、技术服务等。

王山、万得公司一致确认：王山竞业限制期限为2020年7月28日至2022年7月27日；万得公司已支付王山2020年7月28日至2020年9月27日竞业限制补偿金6 796.92元。

2020年11月13日，万得公司向上海市浦东新区劳动人事争议仲裁委员会申请仲裁，要求王山：1.按双方签订的《竞业限制协议》履行竞业限制义务；2.返还2020年8月、9月支付的竞业限制补偿金6 796元；3.支付竞业限制违约金200万元。2021年2月25日，仲裁委员会作出裁决：王山按双方签订的《竞业限制协议》继续履行竞业限制义务，王山返还万得公司2020年8月、9月支付的竞业限制补偿金6 796元，王山支付万得公司竞业限制违约金200万元。王山不服仲裁裁决，诉至法院。

裁判理由

法院生效裁判认为：关于王山是否违反了竞业限制协议的问题。所谓竞业限制是指对原用人单位负有保密义务的劳动者，于离职后在约定的期限内，不得生产、自营或为他人生产、经营与原用人单位有竞争关系的同类产品及业务，不得在与原用人单位具有竞争关系的用人单位任职。

竞业限制制度的设置系为了防止劳动者利用其所掌握的原用人单位的商业秘密为自己或为他人谋利，从而抢占了原用人单位的市场份额，给原用人单位造成损失。所以考量劳动者是否违反竞业限制协议，最为核心的是应评判原用人单位与劳动者自营或者入职的单位之间是否形成竞争关系。

需要说明的是，正是因为竞业限制制度在保护用人单位权益的同时对劳动者的就业权利有一定的限制，所以在审查劳动者是否违反了竞业限制义务时，应当全面客观地审查劳动者自营或入职公司与原用人单位之间是否形成竞争关系。一方面考虑到实践中往往存在企业登记经营事项和实际经营事项不相一致的情形，另一方面考虑到经营范围登记类别是工商部门划分的大类，所以这种竞争关系的审查，不应拘泥于营业执照登记的营业范围，否则对劳动者抑或对用人单位都可能造成不公平。故在具体案件中，还可以从两家企业实际经营的内容是否重合、服务对象或者所生产产品的受众是否重合、所对应的市场是否重合等多角度进行审查，以还原事实之真相，从而能兼顾用人单位和劳动者的利益，以达到最终的平衡。

本案中，万得公司的经营范围为计算机软硬件的开发、销售、计算机专业技术领域及产品的技术开发、技术转让、技术咨询、技术服务。而哔哩哔哩公司的经营范围包括从事信息科技、计算机软硬件、网络科技领域内的技术开发、技术转让、技术咨询、技术服务等。对比两家公司的经营范围，确实存在一定的重合。但互联网企业往往在注册登记时，经营范围都包含了软硬件开发、技术咨询、技术转让、技术服务。若仅以此为据，显然会对互联网就业人员尤其是软件工程师再就业造成极大障碍，对社会人力资源造成极大的浪费，也有悖于竞业限制制度的立法本意。故在判断是否构成竞争关系时，还应当结合公司实际经营内容及受众等因素加以综合评判。

本案中，王山举证证明万得公司在其 Wind 金融手机终端上宣称

Wind 金融终端是数十万金融专业人士的选择、最佳的中国金融业生产工具和平台。而万得公司的官网亦介绍，“万得公司（下称 Wind）是中国大陆领先的金融数据、信息和软件服务企业，在国内金融信息服务行业处于领先地位，是众多证券公司、基金管理公司、保险公司、银行、投资公司、媒体等机构不可或缺的重要合作伙伴，在国际市场中，Wind 同样受到了众多中国证监会批准的合格境外机构投资者的青睐。此外，知名的金融学术研究机构和权威的监管机构同样是 Wind 的客户；权威的中英文媒体、研究报告、学术论文也经常引用 Wind 提供的数据……”由此可见，万得公司目前的经营模式主要是提供金融信息服务，其主要的受众为相关的金融机构或者金融学术研究机构。反观哔哩哔哩公司，众所周知其主营业务是文化社区和视频平台，即提供网络空间供用户上传视频、进行交流。其受众更广，尤其年轻人对其青睐有加。两者对比，不论是经营模式、对应市场还是受众，都存在显著差别。即使普通百姓，也能轻易判断两者之差异。虽然哔哩哔哩公司还涉猎游戏、音乐、影视等领域，但尚无证据显示其与万得公司经营的金融信息服务存在重合之处。在此前提下，万得公司仅以双方所登记的经营范围存在重合即主张两家企业形成竞争关系，尚未完成其举证义务。且万得公司在竞业限制协议中所附录的重点限制企业均为金融信息行业，足以表明万得公司自己也认为其主要的竞争对手应为金融信息服务企业。故一审法院仅以万得公司与哔哩哔哩公司的经营范围存在重合，即认定王山入职哔哩哔哩公司违反了竞业限制协议的约定，继而判决王山返还竞业限制补偿金并支付违反竞业限制违约金，有欠妥当。

关于王山是否应当继续履行竞业限制协议的问题。王山与万得公司签订的竞业限制协议不存在违反法律法规强制性规定的内容，故该协议合法有效，对双方均有约束力。因协议中约定双方竞业限制期限为 2020 年 7 月 28 日至 2022 年 7 月 27 日，目前尚在竞业限制期限内。故一审法院判决双方继续履行竞业限制协议,并无不当。王山主张无需继续履行竞业限制协议,没有法律依据。需要强调的是,根据双方的竞业限制协议,王山应当按时向万得公司报备工作情况,以供万得公司判断其是否违反了竞业限制协议。本案即是因为王山不履行报备义务导致万得公司产生合理怀疑,进而产生了纠纷。王山在今后履行竞业限制协议时,应恪守约定义务,诚信履行协议。

裁判结果

上海市浦东新区人民法院于 2021 年 6 月 29 日作出(2021)沪 0115 民初 35993 号民事判决:一、王山与万得公司继续履行竞业限制义务;二、王山于本判决生效之日起十日内返还万得公司 2020 年 7 月 28 日至 2020 年 9 月 27 日竞业限制补偿金 6 796 元;三、王山于本判决生效之日起十日内支付万得公司违反竞业限制违约金 240 000 元。王山不服一审判决,提起上诉。上海市第一中级人民法院于 2022 年 1 月 26 日作出(2021)沪 01 民终 12282 号民事判决:一、维持上海市浦东新区人民法院(2021)沪 0115 民初 35993 号民事判决第一项;二、撤销上海市浦东新区人民法院(2021)沪 0115 民初 35993 号民事判决第二项、第三项;三、上诉人王山无需向被上诉人万得公司返还 2020 年 7 月 28 日至 2020 年 9 月 27 日竞业限制补偿金 6 796 元;四、上诉人王山无需向被上诉人万得公司支付违反竞业限制违约金 200 万元。

裁判要旨

人民法院在审理竞业限制纠纷案件时,审查劳动者自营或者新入职单位与原用人单位是否形成竞争关系,不应仅从依法登记的经营范围是否重合进行认定,还应当结合实际经营内容、服务对象或者产品受众、对应市场等方面是否重合进行综合判断。劳动者提供证据证明自营或者新入职单位与原用人单位的实际经营内容、服务对象或者产品受众、对应市场等不相同,主张不存在竞争关系的,人民法院应予支持。

关联索引

相关法条:《中华人民共和国劳动合同法》第二十三条、第二十四条

一审裁判文书案号:(2021)沪 0115 民初 35993 号

二审裁判文书案号:(2021)沪 01 民终 12282 号

二审合议庭成员:王茜(审判长兼主审法官)、周寅、郑东和

7. 德拉甘·可可托维奇诉上海恩渥餐饮管理有限公司、吕恩劳务合同纠纷案*

关键词 民事 劳务合同 《承认及执行外国仲裁裁决公约》 国际单项体育组织 仲裁协议效力

基本案情

2017年1月23日，上海聚运动足球俱乐部有限公司（以下简称“聚运动公司”）与原告塞尔维亚籍教练员 Dragan Kokotovic（中文名：德拉甘·可可托维奇）签订《职业教练工作合同》，约定德拉甘·可可托维奇作为职业教练为聚运动公司名下的足球俱乐部提供教练方面的劳务。2017年7月1日，双方签订《解除合同协议》，约定《职业教练工作合同》自当日终止，聚运动公司向德拉甘·可可托维奇支付剩余工资等款项。关于争议解决，《解除合同协议》第5.1条约定，“与本解除合同协议相关，或由此产生的任何争议或诉讼，应当受限于国际足联球员身份委员（FIFA Players' Status Committee，以下简称‘球员身份委员会’）或任何其他国际足联有权机构的管理。”第5.2条约定，“如果国际足联对于任何争议不享有司法管辖权的，协议方应当将上述争议提交至国际体育仲裁院，根据《与体育相关的仲裁规则》予以受理。相关仲裁程序应当在瑞士洛桑举行。”

---

* 指导性案例201号。

因聚运动公司未按照约定支付相应款项，德拉甘·可可托维奇向球员身份委员会申请解决案涉争议。球员身份委员会于2018年6月5日作出《单一法官裁决》，要求聚运动公司自收到该裁决通知之日起30日内向德拉甘·可可托维奇支付剩余工资等款项。《单一法官裁决》另载明，如果当事人对裁决结果有异议，应当按照规定程序向国际体育仲裁院提起上诉，否则《单一法官裁决》将成为终局性、具有约束力的裁决。后双方均未就《单一法官裁决》向国际体育仲裁院提起上诉。

之后，聚运动公司变更为上海恩渥餐饮管理有限公司（以下简称"恩渥公司"），吕恩为其独资股东及法定代表人。因恩渥公司未按照《单一法官裁决》支付款项，且因聚运动俱乐部已解散并不再在中国足球协会注册，上述裁决无法通过足球行业自治机制获得执行，德拉甘·可可托维奇向上海市徐汇区人民法院提起诉讼，请求法院判令：一、恩渥公司向德拉甘·可可托维奇支付剩余工资等款项；二、吕恩就上述债务承担连带责任。恩渥公司和吕恩在提交答辩状期间对人民法院受理该案提出异议，认为根据《解除合同协议》第5.2条约定，案涉争议应当提交国际体育仲裁院仲裁，人民法院无管辖权，请求裁定对德拉甘·可可托维奇的起诉不予受理。

裁判理由

法院生效裁判认为，本案争议焦点包括两个方面：一是，球员身份委员会作出的《单一法官裁决》是否属于《承认及执行外国仲裁裁决公约》规定的外国仲裁裁决；二是，案涉仲裁条款是否可以排除人民法院的管辖权。

第一，球员身份委员会作出的案涉《单一法官裁决》不属于《承认及执行外国仲裁裁决公约》项下的外国仲裁裁决。根据《承认及执行外国仲裁裁决公约》的目的、宗旨及规定，《承认及执行外国仲裁裁决公约》项下的仲裁裁决是指常设仲裁机关或专案仲裁庭基于当事人的仲裁协议，对当事人提交的争议作出的终局性、有约束力的裁决，而球员身份委员会作出的《单一法官裁决》与上述界定并不相符。国际足联球员身份委员会的决定程序并非仲裁程序，而是行业自治解决纠纷的内部程序。首先，球员身份委员会系依据内部条例和规则受理并处理争议的国际单项体育组织内设的自治纠纷解决机构，并非具有独立性的仲裁机构；其次，球员身份委员会仅就其会员单位和成员之间的争议进行调处，其作出的《单一法官裁决》系国际单项体育组织的内部决定，主要依靠行业内部自治机制获得执行，不具有普遍、严格的约束力，故不符合仲裁裁决的本质特征；最后，依据国际足联《球员身份和转会管理条例》第 22 条、第 23 条第 4 款之规定，国际足联处理相关争议并不影响球员或俱乐部就该争议向法院寻求救济的权利，当事人亦可就球员身份委员会作出的处理决定向国际体育仲裁院提起上诉。上述规定明确了国际足联的处理决定不具有终局性，不排除当事人寻求司法救济的权利。综上，球员身份委员会作出的《单一法官裁决》与《承认及执行外国仲裁裁决公约》项下“仲裁裁决”的界定不符，不宜认定为外国仲裁裁决。

第二，案涉仲裁条款不能排除人民法院对本案行使管辖权。案涉当事人在《解除合同协议》第五条约定，发生纠纷后首先应当提交球员身份委员会或者国际足联的其他内设机构解决，如果国际足联没有管辖权则提交国际体育仲裁院仲裁。既已明确球员身份委员会及国际足联其他内设机构的纠纷解决程序不属于仲裁程序，则相关约定不影响人民法院对本案行使管辖权。但当事人约定应将争议提交至国际体育仲裁院进行仲裁，本质系有关仲裁主管的约定，故需进一步审查仲裁协议的效力及其是否排除人民法院的管辖权。

因案涉协议中的仲裁条款并未明确约定相应的准据法，根据《中华人民共和国涉外民事关系法律适用法》第 18 条之规定，有关案涉仲裁条款效力的准据法应为瑞士法。最高人民法院在依据《最高人民法院关于仲裁司法审查案件报核问题的有关规定》第8条规定审核案涉仲裁协议效力问题期间查明，瑞士关于仲裁协议效力的法律规定为《瑞士联邦国际私法》第一百七十八条。该条就仲裁协议效力规定如下："（一）在形式上，仲裁协议如果是通过书写、电报、电传、传真或其他可构成书面证明的通讯方式作出，即为有效。（二）在实质上，仲裁协议如果符合当事人所选择的法律或支配争议标的的法律尤其是适用于主合同的法律或瑞士的法律所规定的条件，即为有效。（三）对仲裁协议的有效性不得以主合同可能无效或仲裁协议是针对尚未发生的争议为理由而提出异议。"结合查明的事实分析，《解除合同协议》第5.2条的约定符合上述瑞士法律的规定，故该仲裁条款合法有效。但依据该仲裁条款约定，只有在满足"国际足联不享有司法管辖权"的情形下，才可将案涉争议提交国际体育仲裁院进行仲裁。现球员身份委员会已经受理案涉争议并作出《单一法官裁决》，即本案争议已由国际足联行使了管辖权。因此，本案不符合案涉仲裁条款所约定的将争议提交国际体育仲裁院进行仲裁的条件，该仲裁条款不适用于本案，不能排除一审法院作为被告住所地人民法院行使管辖权。

裁判结果

上海市徐汇区人民法院于2020年1月21日作出（2020）沪0104民初1814号民事裁定，驳回德拉甘·可可托维奇的起诉。德拉甘·可可托维奇不服一审裁定，提起上诉。上海市第一中级人民法院经审理，并依据《最高人民法院关于仲裁司法审查案件报核问题的有关规定》第8条规定层报上海市高级人民法院、最高人民法院审核，于2022年6月29日作出（2020）沪01民终3346号民事裁定，一、撤销上海市徐汇区人民法院（2020）沪0104民初1814号民事裁定；二、本案指令上海市徐汇区人民法院审理。

裁判要旨

第一，国际单项体育组织内部纠纷解决机构作出的纠纷处理决定不属于《承认及执行外国仲裁裁决公约》项下的外国仲裁裁决。

第二，当事人约定，发生纠纷后提交国际单项体育组织解决，如果国际单项体育组织没有管辖权则提交国际体育仲裁院仲裁，该约定不存在准据法规定的无效情形的，应认定该约定有效。国际单项体育组织实际行使了管辖权，涉案争议不符合当事人约定的提起仲裁条件的，人民法院对涉案争议依法享有司法管辖权。

关联索引

相关法条：《中华人民共和国涉外民事关系法律适用法》第十八条，《承认及执行外国仲裁裁决公约》第一条第一款、第二款

一审裁判文书案号：(2020)沪0104民初1814号

二审裁判文书案号：(2020)沪01民终3346号

二审合议庭成员：乔林(审判长兼主审法官)、赵鹏、侯晓燕

8. 郎溪某服务外包有限公司诉徐某申确认劳动关系纠纷案*

关键词 民事 确认劳动关系 新业态用工 承揽、合作协议 实际履行情况 劳动管理

基本案情

郎溪某服务外包有限公司(以下简称“郎溪某服务公司”)与某买菜平台的运营者上海某网络科技有限公司(以下简称“上海某网络公司”)于2019年4月1日订立《服务承揽合同》。该合同约定:郎溪某服务公司为上海某网络公司完成商品分拣、配送等工作;双方每月定期对郎溪某服务公司前一个月的承揽费用进行核对后由上海某网络公司支付;郎溪某服务公司自行管理所涉提供服务的人员,并独立承担相应薪酬、商业保险费、福利待遇,以及法律法规规定的雇主责任或者其他责任。

2019年7月,郎溪某服务公司安排徐某申到某买菜平台九亭站从事配送工作。郎溪某服务公司与徐某申订立《自由职业者合作协议》《新业态自由职业者任务承揽协议》。两份协议均约定:徐某申与郎溪某服务公司建立合作关系,二者的合作关系不适用劳动合同法。其中,《新业态自由职业者任务承揽协议》约定:郎溪某服务公司根据合作公司确认的项目服务人员服务标准及费用标准向徐某申支付服务费用;无底薪、无保底服

---

* 指导性案例237号。

务费，实行多劳多得、不劳不得制。但郎溪某服务公司并未按照以上协议约定的服务费计算方式支付费用，实际向徐某申支付的报酬包含基本报酬、按单计酬、奖励等项目。2019 年 8 月 12 日，郎溪某服务公司向徐某申转账人民币 9 042.74 元（币种下同）。2019 年 8 月 13 日，徐某申在站点听从指示做木架，因切割木板意外导致右脚受伤，住院接受治疗，自此未继续在该站点工作。2019 年 9 月 3 日，郎溪某服务公司以“服务费”名义向徐某申支付 15 000 元。徐某申在站点工作期间，出勤时间相对固定，接受站点管理，按照排班表打卡上班，根据系统派单完成配送任务，没有配送任务时便在站内做杂活。

徐某申因就工伤认定问题与郎溪某服务公司发生争议，申请劳动仲裁。上海市松江区劳动人事争议仲裁委员会裁决：徐某申与郎溪某服务公司在 2019 年 7 月 5 日至 2019 年 8 月 13 日期间存在劳动关系。郎溪某服务公司不服，向上海市松江区人民法院提起诉讼。

裁判理由

本案的争议焦点为：在郎溪某服务公司与徐某申订立承揽、合作协议的情况下，能否以及如何认定双方之间存在劳动关系。

是否存在劳动关系，对劳动者的权益有重大影响。存在劳动关系的，劳动者依法享有取得劳动报酬、享受社会保险和福利、获得经济补偿和赔偿金等一系列权利，同时也承担接受用人单位管理等义务。根据《中华人民共和国劳动法》《中华人民共和国劳动合同法》的规定：“用人单位自用工之日起即与劳动者建立劳动关系”，“建立劳动关系应当订立劳动合同”。但实践中存在企业与劳动者签订承揽、合作等合同，以规避与劳动者建立劳动关系的情况。对此，人民法院应当根据用工事实，综合考虑人格从属性、经济从属性、组织从属性等因素，准确认定企业与劳动者是否存在劳动关系，依法处理劳动权益保障案件。《劳动和社会保障部关于确立劳动关系有关事项的通知》（劳社部发〔2005〕12 号）第一条规定：“用人单位招用劳动者未订立书面劳动合同，但同时具备下列情形的，劳动关系成立。（一）用人单位和劳动者符合法律、法规规定的主体资格；（二）用人单位依法制定的各项劳动规章制度适用于劳动者，劳动者受用人单位的劳动管理，从事用人单位安排的有报酬的劳动；（三）劳动者提供的劳动是用人单位业务的组成部分。”可见，劳动关系的本质特征是支配性劳动管理。在新就业形态下，平台企业生产经营方式发生较大变化，劳动管理的具体形式也随之产生许多新的特点，但对劳动关系的认定仍应综合考量人格从属性、经济从属性、组织从属性的有无及强弱。具体而言，应当综合考虑劳动者对工作时间及工作量的自主决定程度、劳动过程受管理控制程度、劳动者是否需要遵守有关工作规则、算法规则、劳动纪律和奖惩办法、劳动者工作的持续性、劳动者能否决定或者改变交易价格等因素，依法作出相应认定。

本案中，虽然郎溪某服务公司与徐某申订立的是承揽、合作协议，但根据相关法律规定，结合法庭查明的事实，应当认定徐某申与郎溪某服务公司之间存在劳动关系。具体而言：其一，徐某申在站点从事配送工作，接受站点管理，按照站点排班表打卡上班，并根据派单按时完成配送任务，在配送时间、配送任务等方面不能自主选择，即使没有配送任务时也要留在站内做杂活。其二，徐某申的报酬组成包含基本报酬、按单计酬及奖励等项目，表明郎溪某服务公司对徐某申的工作情况存在相应的考核与管理，并据此支付报酬。其三，郎溪某服务公司从上海某网络公司承揽商品分拣、配送等业务，徐某申所从事的配送工作属于郎溪某服务公司承揽业务的重要组成部分。综上，徐某申与郎溪某服务公司之间存在用工事实，构成支配性劳动管理，符合劳动关系的本质特征，应当认定存在劳动关系。

裁判结果

上海市松江区人民法院于 2021 年 7 月 5 日作出（2021）沪 0117 民初

600号民事判决:确认徐某申与郎溪某服务外包有限公司在2019年7月5日至2019年8月13日期间存在劳动关系。宣判后,郎溪某服务外包有限公司不服,提起上诉。上海市第一中级人民法院于2022年3月7日作出(2021)沪01民终11591号民事判决:驳回上诉,维持原判。

裁判要旨

平台企业或者平台用工合作企业与劳动者订立承揽、合作协议,劳动者主张与该企业存在劳动关系的,人民法院应当根据用工事实,综合考虑劳动者对工作时间及工作量的自主决定程度,劳动过程受管理控制程度,劳动者是否需要遵守有关工作规则、算法规则、劳动纪律和奖惩办法,劳动者工作的持续性,劳动者能否决定或者改变交易价格等因素,依法作出相应认定。对于存在用工事实,构成支配性劳动管理的,应当依法认定存在劳动关系。

关联索引

相关法条:《中华人民共和国劳动法》第十六条,《中华人民共和国劳动合同法》第七条、第十条

一审裁判文书案号:(2021)沪0117民初600号

二审裁判文书案号:(2021)沪01民终11591号

二审合议庭成员:孙少君(审判长)、唐建芳(主审法官)、沈雯

第二部分

人民法院案例库参考案例及解读

1. 韩某某诉黄某某确认合同无效纠纷案*

关键词 民事 确认合同效力 合同无效 让与担保 优先受偿 清算义务 担保范围

基本案情

原告韩某某诉称：其与被告黄某某签订《上海市房地产买卖合同》，但不存在真实交易，也未支付房款。双方另签订《承诺书》，约定黄某某借给韩某某 404 200 元，用于韩某某之子徐某某还债；待韩某某连本带利全部还清借款后，黄某某将房屋过户返还给韩某某。后黄某某将房屋出售给案外人获得房款 122 万元，将 20 万元转账给原告。双方不存在真实的房屋买卖，黄某某应当将房屋出售款返还给原告，至少应当将超出债务本息的剩余款项予以返还，故请求法院：1.确认原告、被告签订的《上海市房地产买卖合同》无效；2.判令被告赔偿原告损失 102 万元。

被告黄某某辩称：韩某某把房子卖给被告，被告帮其次子清偿 40 万左右债务，后双方完成过户。《承诺书》的内容确实包括韩某某借其 404 200 元用于还债，利息按照同期银行利率计算，如果徐某某、韩某某后续归还了 404 200 元及利息，系争房屋归还给韩某某，恢复过户到韩某某名下。但韩某某是将房屋出售给被告，并非抵押。请求法院驳回原告韩某某的诉讼请求。

---

* 编写人系上海市第一中级人民法院李兴、肖伽琦，入库编号 2023-07-2-076-001。

法院经审理查明:韩某某系闵行区××路131弄××号×××室房屋(以下简称涉案房屋)原产权人。2015年7月21日,韩某某(甲方)与黄某某(乙方)签订网签版《上海市房地产买卖合同》,约定甲方将系争房屋出售给乙方,转让价60万元,在2015年10月20日之前完成过户。双方未约定付款时间,也未约定交房时间。上述合同签订后,黄某某并未支付韩某某60万元房价款,后黄某某办理了房屋产权登记。韩某某与其次子徐某某仍居住在涉案房屋内。

2015年7月23日、7月25日、8月20日,韩某某次子徐某某分别向案外人王某和常某某还款2万元、1万元、1万元。

2015年8月19日,徐某某还信用卡24 500元。同日,徐某某的银行账户存入25 000元,后徐某某又取出17 000元。

2019年4月17日,黄某某与郭某某签订《上海市房地产买卖合同》,约定将涉案房屋以122万元的价格出售,约定在2019年6月20日前,申请办理过户。

2019年5月30日,涉案房屋登记在郭某某名下。

2019年6月10日,黄某某银行转账给韩某某20万元。

2019年6月17日,韩某某到公安机关报案并陈述:“我有两个儿子,平时和小儿子住在一起。2015年的时候,因为要帮我小儿子还债,所以我把涉案房屋过户给黄某某,过户后,他帮小儿子还债40万,另外给了小儿子一辆轿车(没过户),今年黄某某把那套房子卖了122万元,卖完房子,黄某某又给了我20万元。2015年至2019年1月,我把房子过户给黄某某后,还是一直住在那边,直至今年1月卖掉,房钱也没付。除了40万元,其他的我不清楚。黄某某当时为了帮我小儿子还债,当时也写了一张纸条,如果我儿子能把40万本息还清,就把房子还给我们,今年1月卖房子也是因为我小儿子要求他卖,黄某某才卖,不然的话我也可以一直住在那边。”

韩某某自1982年起至2019年3月期间均居住在涉案房屋内。

一审审理中，韩某某出示了韩某某与黄某某于2015年8月17日签订的《承诺书》之照片，上载：本人韩某某将涉案房屋暂时以抵押的形式过户至黄某某名下，黄某某拿出404 200元暂借给韩某某用于替其子徐某某偿还其所欠债务，所借款项黄某某按银行利率计息，在所借款项连本带利全额还清之后，黄某某将其名下的系争房屋过户归还给韩某某。《承诺书》由三方共同签字。黄某某对该《承诺书》照片真实性不予认可，但在二审中表示：双方在当日确实签署过《承诺书》，内容包括约定韩某某借其404 200元用于替徐某某还债，利息按照同期银行利率计算，如果徐某某、韩某某后续归还了404 200元及利息，那么系争房屋就应当归还给韩某某，恢复过户到韩某某名下。双方也没有明确约定还款期间和具体利率。《承诺书》签署后，房屋还是继续由韩某某居住。被上诉人确实没有就系争房屋另外支付过房款。

上海市闵行区人民法院于2020年1月21日作出(2019)沪0112民初27644号民事判决：驳回原告的全部诉讼请求。宣判后，韩某某提起上诉。上海市第一中级人民法院于2020年6月18日作出(2020)沪01民终3375号民事判决：一、撤销上海市闵行区人民法院(2019)沪0112民初27644号民事判决；二、确认韩某某与黄某某于2015年7月21日签订的《上海市房地产买卖合同》无效；三、黄某某于本判决生效之日起15日内返还韩某某人民币539 334元；四、驳回韩某某的其余诉讼请求。

裁判理由

法院生效裁判认为：本案有两处争议焦点。其一，双方就系争房屋达成的合同关系的法律性质如何认定？其二，系争房屋出售的款项应当如何结算？

关于双方就系争房屋达成的合同关系的法律性质如何认定？《上海市房地产买卖合同》没有约定交房与付款时间，而且系争房屋产权虽然形式上过户到了黄某某名下，但韩某某仍继续居住，黄某某未实际支付房款。双方一致确认，2015 年 8 月 17 日，签订了一份《承诺书》，韩某某向黄某某借款 404 200 元用于替徐某某还债，按银行利率计息，如果韩某某后续能够归还该笔借款本金及相应利息，则黄某某应当将系争房屋归还过户给上诉人。由此可见，双方并非真正的房屋产权交易行为，而是让与担保行为。由于双方在签约时并不存在真实的房屋买卖合同意思表示，《上海市房地产买卖合同》应属无效。双方已经完成了系争房屋的形式过户，也并不存在违反法律禁止性规定的“流押”条款，韩某某亦表示认可双方达成的让与担保合意效力，故双方隐藏的让与担保行为应属有效。

系争房屋出售的款项应当如何结算？根据韩某某在公安机关的陈述，其确认黄某某已经实际履行了《承诺书》约定的款项交付义务，其与黄某某之间就 404 200 元的借款合同关系已经生效。韩某某对于系争房屋在 2019 年对外出售的情况是知晓的，对于售房价格也是认可的。黄某某可以根据《承诺书》的约定，就 122 万元的售房款项主张对其担保债权进行优先受偿，但对于超出债务本息范围的剩余款项，黄某某亦应予返还。双方并未就售房款项与担保债权的结算达成一致，现在应当根据《承诺书》约定进行结算。双方虽未明确约定还款期限，但已经达成了支付利息的合意，仅是利率标准约定不明确。鉴于系争房屋在 2019 年 5 月 30 日过户至案外人名下，黄某某已经可以实际通过售房款项受偿，故认定韩某某应当支付自 2015 年 8 月 17 日至 2019 年 5 月 30 日的利息，并参考 2015 年至 2019 年间的同期银行贷款基准利率，酌情认定按照年利率 5% 的标准支付利息。黄某某可以在 122 万元售房款中扣除 404 200 本金、76 466 元利息及已经支付的 20 万元。因此，黄某某应当向韩某某返还 539 334 元。

裁判要旨

让与担保行为效力不受表面交易行为无效的影响，但亦不能产生财产事前归属的法律效果。房屋让与担保的债权人即使取得了物权登记，也不享有真正所有权，不得在债务到期前妨碍真正所有权人的正常使用，亦不能对外随意处分房屋所有权。

债务到期未能清偿，债权人可以在担保人同意的情况下以合理价格出售房屋，但其通过出售款优先受偿的前提是履行对担保人的清算义务，且担保债权范围应以担保合意中的债权本息为限。债权人未与担保人进行清算，担保人主张债权人返还超出担保债权范围的剩余出售款项，人民法院应予支持。

关联索引

《中华人民共和国民法典》第一百四十六条（本案适用的是2017年10月1日施行的《中华人民共和国民法总则》第一百四十六条）

一审：上海市闵行区人民法院(2019)沪0112民初27644号民事判决(2020年1月21日)

二审：上海市第一中级人民法院(2020)沪01民终3375号民事判决(2020年6月18日)

二审合议庭成员：李兴（审判长兼主审法官）、陈蓓蓉、许军

案例评析

让与担保是指债务人或者第三人为担保债务的履行，将标的物转移给债权人，债务清偿后，标的物应返还给债务人或第三人，债务不履行时，债权人可就标的物受偿的一种担保形式。[①]房屋的价值稳定，有登记公示作为安全保障，是最常见的担保物，由此衍生出的让与担保形态也是司法实践的重点领域。与典型担保物权相比，让与担保具有便捷、充分保障债权人利益等优势，但也存在侵害第三人利益和突破禁止流押规定的风险可能。因此，司法审判应当在促进非典型担保正常融资功能与防止真实财产权被侵害之间把握价值平衡。

① 高圣平：《动产让与担保的立法论》，载《中外法学》2017年第5期。

一、让与担保行为性质识别的三项特征

让与担保不存在法定的构成要件，但应当以当事人的真实意思作为基础，只有准确识别其行为性质，才能正确认定行为后果。根据《全国法院民商事审判工作纪要》(以下简称《九民纪要》)第七十一条的表述，可以将此类行为的主要特征归纳为三项：一是债权人与债务人的主债务履行期尚未届满。担保合同是主债务的从合同，只有分离出独立的主债务合意，且债务未届满，才有可能同时存在担保行为。二是债务人或第三人约定以虚假交易行为将财产在形式上转让给债权人。双方的财产转让合同仅仅是一种表面行为，缺乏真实意思，后续既可能已经完成了财产变动的形式要件，也可能没有办理形式手续。三是存在真实合意。包括如果债务人到期清偿主债务，债权人应当返还财产的内容。任何担保权利都会因主债务清偿而消灭，此项内容是让与担保合意的核心，这也是认定表面行为虚假性与非独立性的重要依据。

本案中，双方签订了《房屋买卖合同》，黄某某曾经取得房屋登记，并坚持主张双方存在真实的房屋买卖。双方均认可在《房屋买卖合同》签订后1月内又签订了《承诺书》，并约定韩某某向黄某某借款404 200元，如果后续该笔借款能够归还，则系争房屋应当返还给韩某某。《房屋买卖合同》的签订时间虽然早于《承诺书》，但房屋过户至黄某某名下后的三年间，韩某某依然实际居住在系争房屋内，黄某某也并未支付过约定的房款，且《承诺书》已经明确了借款关系的主合同地位。上述事实足以说明，双方虽然达成了形式上的房屋买卖合同关系，但不存在房屋买卖的真实意思，房屋过户是为了给尚未届满的借款关系提供担保，双方存在真实的让与担保合意。

二、让与担保行为效力认定的双重维度

在让与担保行为有效的前提下，还应当对其法律效果予以具体明确。以房屋让与担保为例，第一，由于作为登记变动原因的表面行为无效，即使债权人在债务届满前获得了所有权登记，也不能获得所有权，而仅仅是形式上的登记人，物权依然属于担保人。第二，让与担保不能发生事先确认所有权归属的效果。根据约定内容，让与担保可分为清算型和归属型，前者指债务人不履行到期债务时，债权人可就担保物拍卖、变卖后的价值优先受偿，此类约定符合《物权法》的基本价值，为确定有效；后者指债务人不履行到期债务时，担保物直接归债权人所有。由于流质（或流押）是《物权法》所明确禁止的行为，容易产生不平等的暴利行为，此类约定应认定为无效。同时，基于法律行为的效力转换理论，法律行为无效时，不发生当事人所欲实现的法律效果，为贯彻私法自治原则，应在一定条件下使该法律行为得以转换为其他行为，使之生效。①因此，为了充分保障当事人约定中的合法部分，《九民纪要》第七十一条也明确了归属型让与担保可自动转化为清算型，而非简单地将无效作为终局效果。第三，完成了登记公示的让与担保才能类推认定优先受偿权。《九民纪要》第七十一条明确了只有完成了财产权利变动公示，才能赋予让与担保物权效力，而这种效力实际上就是可以对抗其他债权人的优先受偿权，未完成公示手续则只能与其他债权人平等受偿②。本案中，系争《房屋买卖合同》因意思表示虚假而被二审法院认定为无效，但隐藏的让与担保行为有效，双方并没有明确约定归属型让与担保，对其担保属性应当认定为清算型，黄某某已

---

① 王泽鉴：《民法总则》，中国政法大学出版社 2001 年版，第 490 页。

② 参见最高人民法院民事审判第二庭编著：《〈全国法院民商事审判工作会议纪要〉理解与适用》，人民法院出版社 2019 年版，第 405 页。

经取得了房屋所有权登记，可以就系争房屋享有优先受偿权。

三、让与担保权利行使的正当程序规则

让与担保权人不是真正的所有权人，让与担保权利的行使应当遵循正当程序规则。实践中，可参照适用与其最相似的担保物权规定，动产、不动产以及股权让与担保分别参照适用动产质押、不动产抵押以及股权质押的规定。[①]尤其是已经取得房屋产权登记的担保权人，在债务到期前，不得利用其名义所有权人的地位损害真实所有权人的合法利益，在最终实现优先受偿权时，也应当履行清算义务，尊重担保人对剩余财产的取回权。

一是对所有权人的使用保障义务。房屋让与担保的功能实现并不需要转移占有，担保人作为真实的所有权人依然可以在债务到期前正常行使对担保物的占有、使用、收益权，债权人不得以名义所有权人的身份妨害担保人的上述权利。二是对担保物的对外处分限制义务。债务履行期届满前，担保物的真正所有权人仍为担保人，债权人的权利行使只能限于维持担保物的正常价值与权属安全，而不能擅自处分担保物，提前受偿。未经真正所有权人同意而擅自处分担保物，属于无权处分。债务履行期届满后，应以合理的程序、公开的价格进行折价、变卖或者拍卖，防止单方低价处分损害担保人的利益。三是优先受偿权应以履行清算义务为前提，清算债权范围应以隐藏担保约定为限。

---

① 最高人民法院民事审判第二庭编著：《〈全国法院民商事审判工作会议纪要〉理解与适用》，人民法院出版社2019年版，第405页。

2. 程某某诉上海某公司、张某、程某股东资格确认纠纷案*

——外籍隐名股东显名的审查标准

关键词 民事 股东资格确认 外商投资 负面清单 股东显名 审查标准

基本案情

原告程某某(美国籍)诉称:其要求被告上海某某公司恢复登记其为显名股东未果,请求判令:1.确认第三人张某名下26%的上海某某公司股权系程某某所有;2.上海某公司配合程某某将第三人张某持有的上海某某公司26%的股权变更登记到程某某名下。

上海某公司辩称:程某某未向上海某公司出资或认缴出资,程某某与第三人签订的《股份协议书》未实际履行;即使程某某出资行为成立,亦违反《中华人民共和国中外合资经营企业法》(以下简称《中外合资经营企业法》)第一条的规定,应属无效。

第三人张某的陈述意见与被告上海某某公司一致。

第三人程某的陈述意见与原告程某某一致。

法院经审理查明:2009年,原告程某某(美国籍)与第三人张某、程某(均为中国籍)决定在国内新设一家贸易公司从事对美贸易。鉴于当时的

---

* 编写人系上海市浦东新区人民法院(原任职于上海市第一中级人民法院)郑天衣、上海市第一中级人民法院陈硕,入库编号2023-10-2-262-002。

政策，程某某无法与国内自然人成立合资公司，三方遂决定以第三人张某、程某两人名义成立上海某公司。2009 年 11 月，程某某与第三人张某、程某签订一份《股份协议书》，约定以第三人张某、程某名义成立公司，实际投资比例为：程某某占 51%，第三人张某占 25%，第三人程某占 24%。

同月，程某某通过第三人程某向第三人张某打款 458 762 元。审理中，程某某和第三人程某均表示，该款项中的 26 万元系程某某以第三人张某名义缴纳的出资，但上海某公司和第三人张某均予否认。

2009 年 11 月 11 日，上海某公司成立，类型为有限责任公司，注册资本 100 万元，第三人张某占股 51%、第三人程某占股 49%，经营范围为：从事货物与技术的进出口业务，机械设备、五金交电、电子产品、建材、化工产品（除危险化学品、监控化学品、烟花爆竹、民用爆炸物品、易制毒化学品）、纺织品、橡胶塑料制品、光学仪器、体育运动器材、机电产品、一类医疗器械、工艺品的销售。

2012 年 10 月，程某某与第三人张某、程某又签订一份《股份协议书》，约定上海某公司收购案外 A 公司，根据三人对上海某公司的持股比例，三人对 A 公司的占股比例为：程某某占 51%，张某占 25%，程某占 24%。

2018 年 8 月，上海某公司向程某某出具一份《出资证明书》，载明程某某于 2009 年向上海某某公司缴纳出资 51 万元。审理中，上海某公司和第三人张某认为该《出资证明书》系第三人程某事后擅自在空白盖章页上伪造。

另查明，2009 年至 2018 年，第三人张某与程某某、程某之间有众多电子邮件往来，汇报上海某公司的运营情况。其中，2013 年 9 月，第三人张某向程某某发送的上海某公司分红方案中，拟分配程某某 510 万元、第三人张某 250 万元、第三人程某 240 万元。

上海市浦东新区人民法院于2020年1月2日作出(2019)沪0115民初6248号民事判决:一、确认登记在第三人张某名下的被告上海某某公司26%的股权系程某某所有;二、上海某公司将第三人张某名下的上海某公司26%的股权变更登记到程某某名下,第三人张某应当予以配合。判决后,上海某公司不服,提起上诉。上海市第一中级人民法院于2020年5月14日作出(2020)沪01民终3024号民事判决:驳回上诉,维持原判。

裁判理由

法院生效裁判认为,本案系一起典型的涉外股东资格确认纠纷,根据《中华人民共和国涉外民事关系法律适用法》第十四条的规定,法人的股东权利义务等事项,适用登记地法律。上海某某公司登记于国内,故本案应当适用中华人民共和国法律。本案的争议焦点是:一、第三人张某是否代持了程某某所有的26%目标公司股权;二、程某某要求办理股权变更登记是否存在法律或政策上的障碍。

一、关于第三人张某是否代持程某某所有的26%上海某公司股权。首先,双方有一系列明确的协议相互印证程某某实际享有上海某某公司51%的股权。2009年11月的《股份协议书》、2012年10月的《股份协议书》以及2018年8月的《出资证明书》均是各方真实意思表示,均能证实程某某实际享有上海某某公司51%的股权,其中26%的股权由第三人张某代持,25%的股权由第三人程某代持。其次,程某某已举证证明其对上海某某公司履行了相应的出资义务。程某某称,2009年11月3日程某向张某打款458 762元中的26万元系程某某以张某名义缴纳的被告出资,第三人程某对此表示认可,同时也承认其出资的49万元中的25万元实际系程某某出资。上海某公司及第三人张某虽然否认,但没有提供充分的证据予以佐证,且根据后来的《股份协议书》《出资证明书》及分红方案等,亦可推断原告程某某已经实际履行了出资义务。最后,从各方往来的一系列电子邮件中可以看出，程某某事实上参与了上海某公司的经营管理，特别是重大事项的决策，履行了其作为大股东的权利和义务。至于上海某公司抗辩《出资证明书》系程某事后伪造。一方面，《司法鉴定意见书》没有得出明确的结论，上海某公司也没有提供其他证据予以佐证；另一方面，各方均认可该《出资证明书》上的公章系真实。第三人程某在空白盖章页上打印《出资证明书》的情况，系上海某某公司内部管理问题，不影响法院综合全案证据认定上海某某公司股权的实际所有人。因此，法院认定程某某系上海某公司的隐名股东，第三人张某名下26%的上海某公司股权的实际拥有人是程某某。

二、关于程某某要求办理股权变更登记是否存在法律或政策上的障碍。上海某公司系有限责任公司，显名股东为第三人张某、程某，均系国内自然人；隐名股东为程某某，系美国国籍。如变更相应的工商登记，使隐名股东显名，主要存在以下争议：

（一）关于国内自然人能否与外国人成立外商投资企业问题。原《中外合资经营企业法》第一条规定，允许外国公司、企业和其他经济组织或个人……同中国的公司、企业或其他经济组织共同举办合资企业。该法规定的中方合资人虽然未包括中国的自然人，但该法已于2020年1月1日废止。后生效的《中华人民共和国外商投资法》（以下简称《外商投资法》）并没有这方面的限制。该法第二条明确规定：外商投资企业，是指全部或者部分由外国投资者投资，依照中国法律在中国境内经登记注册设立的企业。《中华人民共和国外商投资法实施条例》第三条进一步明确：《外商投资法》第二条中的其他投资者，包括中国的自然人在内。同时，根据《最高人民法院关于适用〈中华人民共和国外商投资法〉若干问题的解释》第二条规定：对外商投资准入负面清单之外的领域形成的投资合同，当事人以合同未经有关行政主管部门批准、登记为由主张合同无效或者未生效的，人民法院不予支持。前款规定的投资合同签订于《外商投资法》施行前，但人民法院在《外商投资法》施行时尚未作出生效裁判的，适用前款规定认定合同的效力。因此，本案中，上海某公司及第三人张某要求确认原程某某与第三人共同成立公司的行为无效，法院不予支持。

（二）关于外国人成为公司股东是否需要办理相关审批手续问题。《外商投资法》施行后，我国对外商投资实行“准入前国民待遇 + 负面清单”管理制度。所谓准入前国民待遇，是指在投资准入阶段给予外国投资者及其投资不低于本国投资者及其投资的待遇；所谓负面清单，是指国家规定在特定领域对外商投资实施的准入特别管理措施，国家对负面清单之外的外商投资，给予国民待遇。本案中，法院特别致函上海市商务委员会，就“如确认原告为被告股东，上海市商务委员会是否同意将原告变更为被告股东，并将被告变更为外商投资企业”进行咨询。上海市浦东新区商务委复函称：“上海某公司所从事领域不属于外商投资准入特别管理措施（负面清单）内范围，我委办理程某某变更为上海某某公司股东，并将上海某某公司变更为外商投资企业的备案手续不存在法律障碍。”因此，程某某要求变更为上海某某公司股东，无需履行特别审批手续，亦不存在法律上的障碍。

此外，《最高人民法院关于适用〈中华人民共和国公司法〉若干问题的规定（三）》第二十四条明确规定：“实际出资人请求公司变更股东、签发出资证明书、记载于股东名册、记载于公司章程并办理公司登记机关登记的，应当经公司其他股东半数以上同意。”本案中，除名义股东张某以外的其他股东，暨第三人程某明确认可程某某的股东身份，也同意将程某某变更登记为股东。因此，程某某请求上海某公司将第三人张某代持的26%股权变更登记到程某某名下，符合法律及司法解释规定，法院依法予以支持。

裁判要旨

《外商投资法》施行后，《最高人民法院关于审理外商投资企业纠纷案件若干问题的规定(一)》第十四条确立的“外籍隐名股东的股东资格确认及变更登记”的三项司法审查标准应作如下调整：1.外籍隐名股东已实际投资；2.名义股东以外的其他股东半数以上认可隐名股东股权并同意变更登记；3.对于外商投资准入负面清单内的限制类领域，人民法院及当事人在诉讼期间应征得外商投资企业主管机关的同意；对于负面清单外的领域，无需征得外商投资企业主管机关的同意。

关联索引

《中华人民共和国涉外民事关系法律适用法》第十四条

《中华人民共和国外商投资法》第二条、第四条

《中华人民共和国外商投资法实施条例》第三条

《最高人民法院关于适用〈中华人民共和国公司法〉若干问题的规定(三)》第二十二条、第二十四条

《最高人民法院关于适用〈中华人民共和国外商投资法〉若干问题的解释》第二条

一审：上海市浦东新区人民法院(2019)沪0115民初6248号民事判决(2020年1月2日)

二审：上海市第一中级人民法院(2020)沪01民终3024号民事判决(2020年5月14日)

二审合议庭成员：郑天衣(审判长兼主审法官)、敖颖婕、成阳

案例评析

随着商事制度的不断发展，股权代持现象在公司法实践中已较为普遍，当代持关系破裂，名义股东存在损害隐名股东利益等行为时，隐名股东就有了显名需求。司法实践中，关于外商投资企业中外籍股东的显名流程和法律构成要件存在一定争议。《中华人民共和国外商投资法》施行后，我国探索对外商投资实行准入前国民待遇加负面清单管理制度，即当标的公司所从事领域不属于外商投资准入特别管理措施(负面清单)范围时，作为实际出资人的外国人要求变更为标的公司股东不需要履行特别的审批手续，亦不存在法律上的障碍。

涉外商投资企业的股东资格确认纠纷案件的审查难点在于"外籍自然人成为公司股东是否需要办理相关审批手续""外籍自然人股东显名要件"等问题。显名股东往往以工商变更登记行为发生在《外商投资法》实施之前,应依据之前的"三资企业法"及相关实施条例审批备案提出抗辩。此时,裁判者应明确《外商投资法》及实施条例施行后,原《中外合资经营企业法》《中华人民共和国外资企业法》《中华人民共和国中外合作经营企业法》及其实施条例或实施细则已同时废止。这些已被废止的法律、行政法规中有关审批、备案管理的制度不再实行。《最高人民法院关于适用〈中华人民共和国外商投资法〉若干问题的解释》第二条规定:"对外商投资准入负面清单之外的领域形成的投资合同,当事人以合同未经有关行政主管部门批准、登记为由主张合同无效或者未生效的,人民法院不予支持。"前款规定的投资合同签订于《外商投资法》施行前,但人民法院在《外商投资法》施行时尚未作出生效裁判的,适用前款规定认定合同效力。因此,虽然相关法律行为发生在外商投资法实施之前,但是涉争外商投资企业的股权变更登记不属于外商投资法第四条所称的负面清单的管理范围的,人民法院应当依照"给予国民待遇"和"内外资一致"的原则,对当事人有关应当征得外商投资企业审批机关同意的主张不予支持。此外,对于如何确定"外商投资领域是否属于负面清单范围并纳入管理",除听取当事人的辩论意见外,还应加强与工商行政管理端口的对接,确认变更流程无需履行特别审批手续,亦不存在法律上的障碍。

在构成要件上,外籍隐名股东诉请确认股权并要求显名登记的,除要求隐名股东证明自己已实际投资,且具有被认可的股东身份外,还应当审查与判断该外籍股东所在企业是否属于负面清单范围,如该公司所从事领域不属于外商投资负面清单范围的,人民法院可判决确认其变更为显名股东;如该公司所从事领域属于负面清单内的限制类领域,应征得外商投资主管机关的同意后,再出具法律文书。此外,根据《最高人民法院关于适用〈中华人民共和国公司法〉若干问题的规定(三)》第二十四条的规定，实际出资人请求公司变更股东、签发出资证明书、记载于股东名册、记载于公司章程并办理公司登记机关登记的，应当经公司其他股东半数以上同意。基于有限责任公司人合性的特点，实际出资人显名化在程序上仍需要名义股东以外的其他股东半数以上认可隐名股东股权并同意变更登记。

本案的争议焦点在于判断张某是否代持程某某(外籍自然人)的股份。首先，从合同文义来看，2009 年 11 月 10 日的《股份协议书》言明程某某、张某和程某三人“先期以张某、程某两人名义成立公司，条件成熟后，程某某与该公司成立中外合资公司”，且根据后来的《股份协议书》《出资证明书》及分红方案等，亦可推断程某某已经实际履行了出资义务。其次，结合双方的邮箱往来情况，张某与程某某等人的往来邮件中涉及月度账目明细、财务报表、厂址选择、结汇时间表等内容，程某某事实上参与了某某公司的经营管理，特别是重大事项的决策，履行了其作为大股东的权利和义务。再次，本案中，除名义股东张某以外的其他股东，即程某明确认可程某某的股东身份，也同意将程某某变更登记为某某公司股东。最后，承办法官在诉讼期间致函行政管理机关，得到了“……上海某某公司所从事领域亦不属于外商投资准入特别管理措施(负面清单)内范围……我委办理程某某变更为上海某某公司股东，并将上海某某公司变更为外商投资企业的备案手续不存在法律障碍”的复函。因此，程某某要求上海某公司将张某代持的公司 26%股权变更登记到自己名下，符合法律及司法解释规定，无需履行特别的审批手续，不存在法律和政策上的障碍。

3. 盛某新诉上海市金山区市场监督管理局行政登记案*

关键词 行政 行政登记 公司注销 法定代表人 任职限制 核准登记 审查模式

基本案情

2021年6月21日，上海市金山区市场监督管理局（以下简称"金山区市监局"）收到了上海某公司甲提交的公司变更、备案登记申请材料，其中包括《公司登记（备案）申请书》《股东会决议》《股权转让协议》《增、减、补、换发证照申请书》、报纸公告、身份证明等文件。金山区市监局经审核认为，上海某公司甲提交的法定代表人变更、主要成员备案的上述登记申请材料齐全，符合法定形式，于同年6月23日向上海某某公司甲作出《准予变更（备案）登记通知书》（No.28000003202106210255），决定准予上海某公司甲变更登记，并告知将于5个工作日内通知上海某公司甲换领营业执照。金山区市监局遂向上海某公司甲送达上述《准予变更（备案）登记通知书》和《内资公司备案通知书》，告知上海某公司甲的法定代表人由盛某新变更为徐某及公司执行董事、监事备案情况。盛某新不服，向法院提起行政诉讼，请求判令撤销金山区市监局于2021年6月23日作出的将上海某公司甲的法定代表人由盛某新变更为徐某的行政行为（以下简

* 编写人系上海市第一中级人民法院岳婷婷、上海市闵行区人民法院（原任职于上海市第一中级人民法院）刘月，入库编号2023-12-3-006-001。

称“被诉变更登记行为”），恢复盛某新为上海某某公司甲的法定代表人。

另查明，2020 年 3 月 19 日，金山区市监局对上海某公司乙作出沪市监金处[2022]282019012985 号行政处罚决定，认定该公司成立后无正当理由超过六个月未开业，或者开业后自行停业连续六个月以上，并依据《中华人民共和国公司法》（以下简称公司法）第二百一十一条第一款的规定吊销营业执照。该公司的法定代表人（负责人）为徐某。

上海市闵行区人民法院于 2021 年 11 月 23 日作出（2021）沪 0112 行初 706 号行政判决：驳回原告诉讼请求。盛某新不服，提起上诉。上海市第一中级人民法院于 2022 年 4 月 28 日作出（2022）沪 01 行终 95 号行政判决：一、撤销上海市闵行区人民法院于 2021 年 11 月 23 日作出的（2021）沪 0112 行初 706 号行政判决；二、撤销上海市金山区市场监督管理局于 2021 年 6 月 23 日作出 No.28000003202106210255《准予变更（备案）登记通知书》中对第三人上海某公司甲法定代表人变更登记的行政行为。

裁判理由

法院生效判决认为，根据《中华人民共和国公司登记管理条例》以及 2022 年 3 月 1 日施行的《中华人民共和国市场主体登记管理条例》的相关规定，被上诉人金山区市监局作为公司登记机关，依法具有对其管辖范围内的公司变更登记申请进行处理的法定职责。

本案中，第三人上海某公司甲向被上诉人提交变更公司法定代表人的登记申请后，被上诉人经核准认为，该公司提交的材料齐全、符合法定形式，遂作出被诉变更登记行为，将该公司法定代表人变更为徐某。本案的争议焦点在于被上诉人作出的被诉变更登记行为是否违反企业法定代表人核准登记的法律法规的规定。《企业法人法定代表人登记管理规定》（以下简称“法人登记管理规定”）第四条第（六）项规定，担任因违法被吊销营业执照的企业的法定代表人，并对该企业违法行为负有个人责任，自该企业被吊销营业执照之日起未逾三年的，不得担任法定代表人，企业登记机关不予核准登记。法人登记管理规定已于2022年3月1日废止，同日施行的《中华人民共和国市场主体登记管理条例》第十二条对前述规定亦予以延续。前述法规的立法宗旨系基于营造良好营商环境，维护正常市场经济秩序的考量，而对曾担任过违法被吊销营业执照的企业法定代表人再次担任其他企业法定代表人的资格限制，故登记机关在作出相关登记行为时不仅要对企业提交的申请材料进行形式审查，更应尽到审慎审查义务，确保作出的登记行为符合相关的法律规定。

根据在案证据可以证明，徐某在担任上海某公司乙法定代表人期间，被上诉人于2020年3月19日对该公司以成立后无正当理由超过六个月未开业，或者开业后自行停业连续六个月以上为由作出吊销营业执照的行政处罚决定，并将徐某列入黑名单，对其担任法定代表人资格进行限制。被上诉人于2021年6月23日作出被诉变更登记行为时，距离上海某公司乙被吊销营业执照之日未逾三年，故徐某并不符合可以担任公司法定代表人的条件，被上诉人在审查过程中，未尽审慎审查义务，作出的被诉变更登记行为适用法律错误，依法应当予以撤销。关于被上诉人认为上海某公司乙被注销后，公司不复存在，附着在公司上的行政处罚一并终结，徐某亦从黑名单中移除，故徐某不再受三年禁止担任法定代表人的限制，其符合担任公司法定代表人条件的主张，与法人登记管理规定的相关规定不符，且缺乏相应上位法依据予以进一步佐证，故法院对其意见难以采纳。综上，原审判决驳回上诉人诉讼请求有所不当，法院依法应予纠正。

裁判要旨

市场管理机关在作出登记行为时不仅要对申请材料进行形式审查，更要对材料是否符合登记条件尽到依法全面审查义务，确保登记行为不违反相关法律规定。根据相关规定，担任因违法被吊销营业执照的企业的法定代表人，并对该企业违法行为负有个人责任，自该企业被吊销营业执照之日起未逾三年的，不得担任法定代表人，企业登记机关不予核准登记。公司注销后，法定代表人的前述任职限制并非当然解除，市场管理机关以公司注销为由对未满三年限期的法人移除黑名单、解除其任职限制，并对其再次担任公司法定代表人的登记申请予以核准的，属于未尽到依法全面审查义务，该登记行为应当予以撤销或者变更。

关联索引

《中华人民共和国市场主体登记管理条例》第十二条、第二十条

《企业法人法定代表人登记管理规定》第四条

一审：上海市闵行区人民法院(2021)沪0112行初706号行政判决(2021年11月23日)

二审：上海市第一中级人民法院(2022)沪01行终95号行政判决(2022年4月28日)

二审合议庭成员：岳婷婷(审判长兼主审法官)、侯俊、李弘

案例评析

为督促市场主体遵守诚实信用这一基本原则，我国《公司法》及相关配套规定就公司、企业法定代表人的任职资格加以限制，其中包括担任因违法被吊销营业执照的企业的法定代表人，并负有个人责任的，自被吊销营业执照之日起未逾3年不得担任公司的法定代表人。实践中，市场管理机关在对违法企业作出吊销营业执照的处罚决定的同时，通常会将负有个人责任的法定代表人录入相关警示信息库实行分类监管，以进行信用惩戒。然而，当被吊销营业执照的企业办理注销登记时，市场管理机关往往将该企业法定代表人信息从警示信息库中一并移除，以致丧失对该法定代表人后续监督。若市场管理机关仅以企业已注销且法定代表人信息已从警示信息库中删除为由，而未对法定代表人任职资格作实质审查，即许可其登记申请，则会带来登记行为审核趋于宽松、降低企业以及法定代表人违法成本等不良效应。在认定市场管理机关对于未满任职限制期

限的主体登记为法定代表人是否合法时，宜把握如下原则：

第一，公司注销后法定代表人任职限制并非当然解除。从规范证成角度出发，现《市场主体登记管理条例》及原《企业法人法定代表人登记管理规定》分别属于行政法规及部门规章，两者均仅对任职限制及期限作出规定，而未对任职限制的解除条件进行单独规定，亦无法通过文义解释、目的解释等推导出公司注销后可免除法定代表人任职限制的结论。虽然《国家工商行政管理总局关于进一步做好企业法人法定代表人任职资格限制工作的通知》（以下简称"74 号通知"）规定被吊销的企业办理了注销登记的，登记部门可在数据更新中将该企业法定代表人信息从黑牌数据库中删除，解除相应限制。但 74 号通知系规范性文件，效力层级上低于前述行政法规和部门规章，因此，在其对任职限制解除的规定超出上位法条文本身的函射范围，与上位法产生冲突的情况下，法院不应在司法审查过程中予以适用。从行为厘定角度出发，公司注销与行政处罚消灭并不存在必然联系，且对公司的行政处罚与对法定代表人的任职限制行为是市场管理机关针对不同主体、依据不同规范分别实施的行政行为，对法定代表人的信用惩戒不因企业消亡或责任人离职而终结。

第二，市场管理机关应当审慎审查法定代表人任职条件。根据《市场主体登记管理条例》第二十条，登记机关在对登记申请审查过程中不仅要对材料进行形式审查，对申请条件是否符合法律、行政法规的规定亦属于其法定审查义务。因此，登记机关在审查过程中不仅要主动审查法定代表人是否存在任职限制的情况，更要确保审查结果的正确性。因公司注销导致尚处于任职限制期限内的法定代表人信息被从警示信息库中移除，登记机关由此在审核相关申请时作出错误的登记行为，应属于未尽到审慎审查的义务，且将法定代表人从警示信息库中移除的行为以及将其登记为公司法定代表人的行为均系同一个行政机关作出，故在判断市场管理机关是否尽到审慎审查义务的过程中应将二者联系起来作为整体统一评判，而非将二者割裂独立评价。

第三，登记行为的司法审查应以有利于营商环境的改善为价值导向。将具有任职限制的法定代表人录入数据库是一种信用惩戒手段，不仅有利于对其起到警示惩戒作用，敦促其提高守法意识及管理能力，更有利于提醒其他市场主体尽到谨慎注意义务，促进市场交易安全，提升企业整体依法诚信经营意识。法院在进行裁判时应充分发挥司法能动性，一方面，严格把握法定代表人任职限制的解除条件，不宜对解除条件作任意扩大解释；另一方面，应强化登记机关审慎审查义务，在对登记行为合法性进行审查时，对市场管理机关以公司注销且法定代表人信息被删除作为错误登记行为的免责事由不予认可。

综上所述，市场管理机关在对登记申请材料进行审查时，须尽到依法全面审查义务，确保登记行为不违反相关法律规定。根据相关规定，对企业因违法被吊销营业执照负有个人责任的法定代表人，自该企业被吊销营业执照之日起未逾三年的，不得担任法定代表人，且该任职限制不因公司注销而当然解除。若市场管理机关以公司注销为由将任职限制限期未满的法定代表人移除警示信息库、解除其任职限制，并核准其再次担任公司法定代表人，属于未尽审查义务，该登记行为应当予以撤销或者变更。

4. 上海某甲公司诉浙江某乙公司等买卖合同纠纷案*

——质押权人未实质控制质押物不能认定享有质权

关键词 民事 买卖合同 动产质押 质物交付 转移占有

基本案情

上海某甲公司(以下简称甲公司)诉称:甲公司与被告浙江某乙公司(以下简称“乙公司”)于2016年4月和12月分别签订《2016年度铜材产品销售合同》《2017年度铜材产品销售合同》。同年6月至10月,甲公司与被告浙江某丙公司(以下简称“丙公司”)等签订系列《最高额抵押协议》和《货物质押及监管协议》。甲公司按约向乙公司发货,但乙公司未按约履行付款义务。甲公司起诉至法院要求乙公司支付货款364 296 204.47元及相应利息和违约金、律师费、财产保全保险费,若乙公司未履行上述付款义务,则就相关抵押物和质押财产折价或者拍卖、变卖的价款在最高债权额范围内优先受偿。

被告乙公司、丙公司等辩称:对甲公司主张的尚欠货款金额与违约金计算方式,以及为欠款提供抵押和质押的事实予以认可。就质押担保而言,应当以质押物的现状为准,在现有质押物范围内承担相应的质押担保责任。

---

* 编写人系上海市高级人民法院(原任职于上海市第一中级人民法院)成阳,入库编号2023-07-2-084-001。

法院经审理查明：甲公司向乙公司销售电工圆铜线胚，双方签订《铜材产品销售合同》。为担保主债权获得清偿，乙公司和丙公司共同作为出质人、甲公司作为质权人、上海某丁物流公司（以下简称“丁物流公司”）作为保管人，签订《货物质押及监管协议》，约定出质人同意将其所有的货物质押给质权人，各方均同意将质押财产交由保管人存储监管，保管人同意接受质权人的委托并按照质权人的指示监管质押财产。

随后，丙公司（出租方）与丁物流公司（承租方）、甲公司（见证方）签订《仓库租赁合同》，约定丙公司将其仓库及配套设施出租给丁物流公司使用，丁物流公司同意丙公司安排本合同项下的仓储和装卸，丙公司负责场地和仓库货物的日常保管、进出库，丁物流公司享有监管权，丙公司确认场地仓储之货物系为履行《货物质押及监管协议》而存储。丁物流公司有权就货物质押及监管协议项下的一切义务，包括但不限于仓储义务、保管义务、监管义务，转委托丙公司履行。各方确认仓库中质押货物已远低于《货物质押及监管协议》约定的最低监管数量。

上海市第一中级人民法院于2020年11月20日作出（2019）沪01民初180号民事判决：乙公司向甲公司支付货款、利息及违约金，驳回甲公司实现对丙公司动产质权的请求。宣判后，甲公司以案涉质权已有效设立，甲公司有权对乙公司和丙公司出质的质押财产折价或拍卖、变卖的价款在最高额人民币1亿元（以下币种同）范围内优先受偿为由提起上诉，上海市高级人民法院于2021年9月30日作出（2021）沪民终54号民事判决：驳回上诉，维持原判。

裁判理由

法院生效裁判认为，本案的争议焦点为：甲公司对案涉仓库内的货物是否享有质权。

出质人向质权人移转对质押财产的占有，是质权成立的必备要件。本案中，相关当事人采取了库存货物动态质押监管的交易模式，即质权人不直接占有控制质押财产，而是委托第三方（即监管人）对案涉仓库内的货物进行动态质押监管，在确保库存货物重量或者价值不低于合同约定或者质权人指定的最低控制线的前提下，出质人可以提取、置换及增加库存货物。在此类交易模式中，移转占有表现为出质人将质押财产交付给监管人，监管人根据质权人的委托直接管领控制质押财产。从形式上看，在各方当事人签订2016年《货物质押及监管协议》后，丁物流公司与丙公司签订《仓库租赁合同》，成为案涉仓库的承租人和有权占有人；丁物流公司亦实际指派工作人员常驻案涉仓库，每天汇总货物进出库的信息并发送给甲公司，还在案涉仓库内悬挂了质押监管铭牌，对外表明其对案涉仓库内的货物进行质押监管等，确实具有了案涉仓库内的货物已移转至丁物流公司占有的形式外观。但质权人或者监管人不仅应当实际占有质押财产，而且应当采取有效措施，使质权人或者监管人对质押财产具有足够的控制力，能够排除他人特别是出质人对质押财产的随意占有、支配和处分，而甲公司和丁物流公司对案涉仓库内相应货物的管领控制尚未达到质权设立所应当达到的标准，案涉质权未成立。

首先，从合同约定来看，相关合同不仅未明确约定排除出质人随意占有支配质押财产的具体内容，反而为出质人占有支配质押财产提供了充分的合同依据。丁物流公司在与丙公司签订的《仓库租赁合同》中约定（甲公司见证了该合同的签订），仍由丙公司安排合同项下的仓库和装卸，负责案涉场地和仓库货物的日常保管、进出库等事宜，并明确约定丁物流公司有权将《货物质押及监管协议》项下的一切义务转委托丙公司履行。该合同实际上已将丁物流公司管领控制质押财产的主要权利转委托给丙公司，丙公司对于案涉仓库内的货物可以进行较为自主的占有支配。

其次，从质押监管的实际履行情况看，监管人对案涉货物没有形成质权设立所需要达到的管领控制力。根据动态质押监管交易模式的特点，监管人可以将质押财产仓储、日常保管等具体事宜转委托他人履行,但必须保留对库存货物进行动态监管的权利。从本案实际情况看,案涉仓库原属丙公司,在地理位置上与丙公司的生产经营场所毗邻,丁物流公司生产经营场所与案涉仓库相距遥远,管领控制存在较大难度。丁物流公司仅派两名工作人员驻在案涉仓库,又未取得或者控制仓库钥匙,且两名工作人员也只是白天到仓库上班,晚上仓库即处于无人看管状态。甲公司及丁物流公司对案涉仓库内的货物显然难以形成有效的控制力。

最后,从质押监管的实际效果来看,《货物质押及监管协议》和《仓库租赁合同》签订后,丙公司分别于2018年年底和2020年年底,先后两次对案涉仓库内共计2 000余吨的铜材进行了出库并将其对外销售,丁物流公司和甲公司对此均未能有效阻止。

关于案涉货物是否已实际交付。交付质押财产与(质权人或者监管人)对质押财产进行实际管领控制是一个问题的两个方面,不能割裂开来进行片面分析。质押财产的交付虽然只是一个瞬间性的行为,但必须以质押财产在移转占有后由质权人或者监管人进行实际管领控制为条件。如果在当事人之间虽然发生了“交付”质押财产的瞬间行为,但质押财产在交付后随即恢复至仍由出质人占有控制的状态,则“交付”行为没有实质意义,不能认定质押财产已完成交付。丙公司与丁物流公司之间虽然存在移转案涉货物占有的形式外观,但在所谓的交付手续完成后,案涉货物实际上仍然处在丙公司的管领控制之下,丁物流公司并未取得对案涉货物的实际管领控制。据此,应当认定案涉货物未实际交付,对甲公司主张实现系争质权的诉讼请求,不予支持,甲公司可另行向质押人乙公司、丙公司及监管人丁物流公司主张违约责任。

裁判要旨

在库存货物动态质押监管交易模式下,质权人或者监管人不仅应当在形式外观上实际占有质押财产,而且应当采取有效措施,使质权人或者监管人对质押财产具有足够的控制力，能够排除他人特别是出质人对质押财产的随意占有、支配和处分。当事人之间虽然有“交付”质押财产的手续，但质押财产实际仍由出质人占有控制的，不能认定动产质权已经设立。

关联索引

《中华人民共和国民法典》第四百二十五条、第四百二十九条（本案适用的是2007年10月1日施行的《中华人民共和国物权法》第二百零八条、第二百一十二条）

一审：上海市第一中级人民法院（2019）沪01民初180号民事判决（2020年11月20日）

一审合议庭成员：成阳（审判长兼主审法官）、庞建新、潘雪雅（人民陪审员）

二审：上海市高级人民法院（2021）沪民终54号民事判决（2021年9月30日）

案例评析

本案中，出质人、监管人和质权人之间的核心争议是：系争流动质押是否已设立，质权人甲公司能否实现动产质权。围绕该核心争议，法院判决认为，在流动质押是否设立的问题上，须回应两方面问题：一是关于出质人，其交付财产是否须受到“由监管人持续控制”的约束；二是关于监管人，其监管的财产怎样才算达到“实际管领控制”的程度。

一、出质人交付财产的判断

无论是在原《物权法》还是现行《民法典》的框架下，法律并未规定交付的具体认定标准。在动产流动质押中，出质人应将货物实际交付给质权人委托的监管人。此处的问题是：出质人交付财产是否须受到“由监管人持续控制”的约束？本案中，法院生效裁判认为，“交付”不仅包括将财产交给监管人的瞬间行为，也包括由监管人实施持续控制。这是质权担保功能的要求与企业融资需求相互角力的产物。

第一，质权担保功能的实现要求出质人在实质上交付动产。物权变动的公示原则要求物权的变动应具有可取信于社会公众的外部形式。动产物权的变动，原则上以交付为生效要件，法律另有规定的除外。动产质权的设立亦有赖于交付，而交付须能实现担保功能的要求。质权担保功能的实现，取决于质权的留置效力与优先受偿效力。①质权的实现要求在实现质权的时间点上能够留置质物。更为重要的是，在交付出质财产后，出质人无法再处分质物，故而质权人不会因出质人处分质物而丧失担保。唯其如此，当债务人不履行到期债务或者发生当事人约定的实现质权的情形时，质权人才得以与出质人协议以质押财产折价，或就拍卖、变卖质押财产所得的价款优先受偿。基于以上原因，质物在“交付”后必须处于质权人（及其委托的监管人）的控制之下，这是质权得以实现的基础条件。

第二，流动质押中企业就动产再融资的需求也要求存货维持在一定数量的基础上。之所以存在流动质押，是由于企业用于抵押的并非闲置存货，而是可能随时进入市场销售以维持经营所需的货物（如本案中的漆包线、铜管、铜块等）。在债务人以其所有的动产为其自身债务提供质押担保时，只有保障存货质物的流动性，才能够提高利用动产存货再融资的能力，增强债务人的偿债能力，亦利于质权人利益的保障。流动质押涉及出质人、监管人和质权人三方，通过委托第三方监管来实现对质物的占有和控制。监管方的介入使得质物既可保持流动性以确保生产经营所需，亦可维持在质押约定的最低价值或数量以上。因此，质物的持续受控也是维持存货流动性的保障。

综上，尽管流动质押允许通过以指定交付的方式由监管人代质权人控制质物，然而，监管人不仅需要“接收”质物，且须对质物进行“持续”监管。

---

① 参见谢在全：《民法物权论（下册）》（修订五版），中国政法大学出版社 2011 年版，第 964 页。

二、监管人实际控制的认定

质物不仅须由监管人接收，且应当受到监管人的实际管领控制。此处的问题是，怎样才算达到由监管人实际控制的程度？应从合同约定内容和实际监管情况两方面予以认定。

第一，从合同约定看，质押监管合同应当为监管人代质权人占有支配质押财产提供依据和保障。从本案中各合同约定可见，实际承担质物监管职能的主体已不再是监管人丁物流公司，而是出质人自身。而质权人甲公司作为《仓库租赁合同》的见证人，对该监管安排亦是明知。因此，从合同约定来看，监管人与出质人签订的《仓库租赁合同》从实质上变更了《货物质押及监管协议》项下的监管义务承担，不仅未明确排除出质人随意占有支配质押财产的具体内容，反而将表面上已由出质人交付给监管人的质押财产又返还给了出质人，导致出质人实际上仍可占有、处分质押财产。

第二，从监管方式看，监管人须履行对质物的审核查验、保管监管等义务，实现有效的管领控制。质权人通过监管人这样的专业机构协助，得以准确评估存货价值，提高债权实现的概率。具体而言，监管人应履行以下的监管义务：一是在质物交付时，监管人负有审核查验义务。监管人应核验、清点出质人的交货是否符合合同的约定，质权人基于与监管人的委托关系间接占有质物。二是在质权存续期间，监管人应提供合适的仓储条件，确保质物与其他财产隔离，定期检查质物，准确记录数量、规格等，并向质权人反馈。三是当因出质人提取质物等原因而导致质物数量减少时，监管人应审核出质人是否符合提取条件。一旦质物价值减少至约定以下，监管人应立即通知质权人，并及时采取应对措施。质押监管在流动质押融资交易中的地位至关重要，只有在监管人能够对质物采取有效监管时,才能保障质权人既有可能从出质人的增值中获得受偿,也能够在债务人无法清偿时实现质权。

从本案中合同约定内容和实际监管方式可见,质权人甲公司及监管人丁物流公司对仓库内的质物并未进行有效的动态监管或控制,出质人对质物仍可进行较为自主的占有支配。本案中质物实际上仍然由出质人管领控制。因此,质物并未实际交付,质权亦未有效设立。

5. 吴某某诉上海某某生物科技有限公司买卖合同纠纷案*

——干细胞买卖合同效力认定及法律适用

关键词 民事 买卖合同 干细胞 性质 效力

基本案情

原告吴某某诉称：原告与被告上海某某生物科技有限公司（以下简称某某公司）的法定代表人王某某经朋友介绍相识。2018 年 4 月 5 日，原告通过微信与王某某沟通，确认原告向被告购买 30 份“人胎盘来源的间质干细胞”，即原告委托被告培养“干细胞”，之后被告提供地点进行“干细胞”回输，双方口头约定每份“干细胞”价格为 3.50 万元，但未签订书面合同。原告于同日通过银行转账的方式向被告公司账户转账了预定货款一半的预付款金额 52.50 万元，并且双方口头约定：之后每使用 1 份“干细胞”，除从该预付款中扣除 1.75 万元外，原告仍需另行支付 1.75 万元。自 2018 年 4 月 20 日起至 2018 年 7 月 6 日被告向原告共计交付了 8 份“干细胞”，剩余“干细胞”均未交付。原告多次要求被告履行合同项下剩余“干细胞”的交货义务，被告均拒绝履行。据原告了解，被告已经因失去经营场地使用权而无法继续履行，之后经原告多次催讨，被告至今未返还预付款。因此，原告为维护自身合法权益而提起诉讼。请求判令：1.解除原

* 编写人系上海市第一中级人民法院何建，入库编号 2023-07-2-084-002。

告与被告之间的“干细胞”买卖口头合同；2.请求判令被告返还原告尚未使用的预付款39.75万元并支付资金占用利息（以39.75万元为基数，自2019年2月起按年利率6%计算至实际支付之日止）；3.本案诉讼费由被告承担。

被告某某公司辩称：原告吴某某要求解除合同并要求被告返还认购款无事实及法律依据，其要求被告支付资金占用利息也无法律依据。双方之间关于购买“干细胞”的合同虽然原告并未签字，但是双方已经按该合同履行了各自义务，原告在合同履行期间背着被告擅自与“干细胞”回输机构合作违反了商业模式，导致“干细胞”回输机构不再进行继续合作。现被告对外售价每份“干细胞”为8万—10万元，双方约定每份“干细胞”单价为3.5万元是基于原告认购30人份的优惠价格，而非单份市场价格，即使原告要求退款，也不能以优惠价格予以退款。现被告不存在拒绝履行合同的事实，是可以继续履行合同的，故原告要求解除合同无法律依据。因此，不同意原告的全部诉讼请求。

法院经审理查明：2018年4月5日，原告吴某某与被告某某公司的法定代表人王某某通过微信进行沟通，双方约定吴某某向某某公司购买30份“人胎盘来源的间质干细胞”，即吴某某委托某某公司培养“干细胞”，之后某某公司提供相关场所进行“干细胞”回输，约定每份“干细胞”价格为3.50万元，但双方并未签订书面合同。吴某某于同日通过银行转账的方式向某某公司账户转账了上述预定“干细胞”货款的半数预付款52.50万元，并且双方口头约定之后每购买使用1份“干细胞”除由该预付款中扣除1.75万元外，吴某某仍需另行支付1.75万元。自2018年4月20日起至2018年7月6日某某公司向吴某某共计交付了8份“干细胞”，剩余“干细胞”均未交付。之后吴某某多次要求某某公司履行合同项下剩余“干细胞”的交货义务，某某公司均未履行。另查明，2018年4月20日至2018年7月6日期间，上诉人某某公司共向被上诉人吴某某交付了8

份“干细胞”。前3份“干细胞”按3.50万元/份的价格计算，在预付款中按1.75万元/份进行扣除，再由吴某某另行支付1.75万元/份；后5份“干细胞”按1.50万元/份的价格计算后直接在预付款项中扣除。经结算，预付款已扣除12.75万元，目前尚剩余预付款39.75万元。

上诉人某某公司提供的《细胞培养委托合同》载明，第一条第1项："甲方向乙方订购以下数量的细胞”中，项目名称一栏写明为“细胞培养（细胞种类）”，数量、合计均为空白。第二条第2项“本合同第一条第一项中，甲方向乙方提供第一次订购的特惠价格；特惠价格为人民币35 000元/份（大写：人民币叁万伍仟圆整/份），此价格已包括细胞制备费及细胞回输的医疗机构服务费用”，第4项“上述特惠价格，仅限于本合同中双方约定的份数：100份，相应需支付的金额为人民币350万元（大写：叁佰伍拾万圆整）。合同签署之后，甲方需在2018年4月5日前支付人民币75万元（大写：柒拾伍万圆整），然后在2018年4月30日前，支付人民币100万元（大写：壹佰万圆整）；余款在甲方使用细胞前按照订单数量逐批支付”。某某公司及其法定代表人王某某在合同落款乙方处盖章及签字，合同落款时间及甲方处均为空白。

上海市浦东新区人民法院于2020年1月3日作出（2019）沪0115民初71447号民事判决：一、解除原告吴某某与被告上海某某生物科技有限公司间的“干细胞”买卖合同；二、被告上海某某生物科技有限公司于判决生效之日起十五日内返还原告吴某某预付货款397 500元；三、驳回原告吴某某其余诉讼请求。宣判后，某某公司不服提起上诉。上海市第一中级人民法院于2020年8月11日作出（2020）沪01民终4321号民事判决：一、撤销上海市浦东新区人民法院（2019）沪0115民初71447号民事判决；二、吴某某与上海某某生物科技有限公司之间的“干细胞”买卖合同无效；三、上海某某生物科技有限公司应于本判决生效之日起十日内返还吴某某剩余预付款397 500元；四、驳回吴某某的全部一审诉讼请求。

裁判理由

法院生效裁判认为，本案的主要争议焦点为：一、本案双方存在何种形式的合同；二、涉案合同的效力应当如何认定；三、如果涉案合同解除或被认定无效，法律后果应当如何处理。

关于本案双方存在何种形式的合同。原《中华人民共和国合同法》第十条规定：“当事人订立合同，有书面形式、口头形式和其他形式。”第三十二条规定：“当事人采用合同书形式订立合同的，自双方当事人签字或者盖章时合同成立。”首先，订立合同，应采取要约、承诺方式。虽然上诉人某某公司在本案中主张，《细胞培养委托合同》依法成立，其已按照约定履行合同义务，但是《细胞培养委托合同》上仅有乙方某某公司的盖章和法定代表人王某某签字，并无落款时间，被上诉人吴某某未在《细胞培养委托合同》甲方处签字。其次，采用合同书形式订立合同，在签字或者盖章之前，当事人一方已经履行主要义务，对方接受的，该合同成立。吴某某与某某公司的法定代表人王某某通过微信进行联系，约定吴某某向某某公司购买30份“干细胞”，其中双方谈妥的标的价款、数量、款项支付、履行方式等内容与《细胞培养委托合同》的内容并不一致，存在实质性不同。因此，某某公司认为《细胞培养委托合同》依法成立，应按照此合同履行的上诉主张，不予采信。最后，书面形式是指合同书、信件和数据电文（包括电报、电传、传真、电子数据交换和电子邮件）等可以有形地表现所载内容的形式。吴某某辩称其与某某公司系通过微信沟通、洽谈，双方之间存在口头形式的买卖合同。对此，法院认为，微信作为能够有形地表现所载内容，并可以随时调取查用的数据电文，亦属于书面形式范畴，故某某公司与吴某某之间存在书面形式的“干细胞”买卖合同。

关于涉案合同的效力应当如何认定。原《中华人民共和国合同法》第七条规定：“当事人订立、履行合同，应当遵守法律、行政法规，尊重社会公德，不得扰乱社会经济秩序，损害社会公共利益。”二审法院认为，人民法院在审理合同纠纷案件过程中，应当依职权审查合同是否存在无效的情形。本案双方当事人之间成立的“干细胞”买卖合同不符合原国家卫生计生委会同原国家食品药品监管总局联合制定的《干细胞临床研究管理办法（试行）》之规定，损害了社会公共利益，依据原《中华人民共和国合同法》第五十二条第四项之规定，该合同应当认定为无效。对此，结合干细胞特性，具体阐述如下：

首先，干细胞来源于人体，具有特别的生物属性。干细胞是一类具有不同分化潜能，并在非分化状态下自我更新的细胞。而干细胞治疗是指应用人自体或异体来源的干细胞经体外操作（干细胞在体外的分离、纯化、培养、扩增、诱导分化、冻存及复苏等）后输入或植入人体，用于疾病治疗的过程。用于细胞治疗的干细胞主要包括成体干细胞、胚胎干细胞及诱导的多能性干细胞。从干细胞采集的来源看，存在不同供体或组织来源，包括自体来源和异体来源。不管是异体来源的干细胞，还是经过复杂的体外培养和操作后的自体来源的干细胞，均含有供者的生物学性状信息，可服务于临床研究和应用。我国《干细胞临床研究管理办法（试行）》规定，开展干细胞临床研究的医疗机构不得收取相关费用，不得发布或变相发布干细胞临床研究广告。《脐带血造血干细胞库管理办法（试行）》第二条第二款规定：“任何单位和个人不得以营利为目的进行脐带血采供活动。”因此，基于干细胞的生物属性，从人体提取的干细胞在法律上不得直接作为交易标的物。

其次，干细胞作为一种新型的生物治疗技术，具有特殊的管理属性。《中华人民共和国基本医疗卫生与健康促进法》第四十四条第一款规定：“国家对医疗卫生技术的临床应用进行分类管理，对技术难度大、医疗风险高，服务能力、人员专业技术水平要求较高的医疗卫生技术实行严格管理。”我国建立了以医疗机构为责任主体，干细胞临床研究机构和项目双备案的管理机制。《干细胞临床研究管理办法（试行）》第五十二条规定：

“未经干细胞临床研究备案擅自开展干细胞临床研究，以及违反规定直接进入临床应用的机构和人员，按《中华人民共和国药品管理法》和《医疗机构管理条例》等法律法规处理。”《干细胞临床研究管理办法(试行)》《干细胞制剂质量控制及临床前研究指导原则(试行)》均对干细胞予以严格管控，其中规定干细胞的临床转化需要注册申报和临床试验申请；干细胞的来源和获取过程应当符合伦理等。《人胚胎干细胞研究伦理指导原则》亦规定，对于人胚胎干细胞的研究，应当符合生命伦理规范。由此可见，干细胞的研究和应用必须遵循科学、规范、公开、符合伦理等原则，应当遵守法律、行政法规和国家有关规定以及各项技术操作规程和制度。上诉人某某公司未取得干细胞临床研究的立项与备案，不具备从事干细胞临床研究的条件与资质。同时，涉案“干细胞”未经药物临床试验或获得药品上市许可，亦非用于严重危及生命且无有效治疗手段的疾病治疗或者重大医疗卫生需求。某某公司制备“干细胞”后销售给被上诉人吴某某并协助完成部分“干细胞”回输的行为，显然违反了《干细胞临床研究管理办法(试行)》等相关管理规定。

再次，干细胞的临床研究和转化应用面向医疗卫生需求，具有特定的市场属性。目前，除已有成熟技术规范的造血干细胞治疗血液系统疾病外，其他干细胞治疗尚未进入临床应用，安全性、有效性均不确定。用于干细胞治疗的细胞制备技术和治疗方案，具有多样性、复杂性和特殊性。不可否认，干细胞治疗是生物医学技术的一项创新和进步，对人类健康事业具有重大意义，但它也蕴含着极大的临床安全风险。我国对干细胞治疗产品加强监管的同时，正在进一步提升和促进干细胞的临床研究和转化应用。干细胞可以按照《干细胞临床研究管理办法(试行)》在已备案的干细胞临床研究机构完成临床研究后，将已获得的临床研究结果作为技术性申报资料提交，用于申请药品注册临床试验；也可以直接根据《药品注册管理办法》申请药品注册临床试验。上诉人某某公司既非干细胞临床研究机构或从事干细胞制剂或相关药品的研制、生产、经营的企业，亦未举证证明涉案“干细胞”系医疗技术的临床应用或符合药品管理规范。因此，某某公司销售“干细胞”的行为游离于国家有关部门的监管之外，不但增加了国家对干细胞临床研究和药品试验的管控风险，而且影响公众用药安全和合法权益，扰乱社会经济秩序。

最后，与干细胞相关的管理规范具有公共利益属性。虽然《干细胞临床研究管理办法（试行）》不属于法律、行政法规，在法律规范的效力位阶上属于部门规章，但是该管理办法系依据《中华人民共和国药品管理法》《医疗机构管理条例》等法律、行政法规而制定，旨在规范和促进干细胞临床研究健康、有序发展。该管理办法的制定与《中华人民共和国药品管理法》《医疗机构管理条例》的立法目的是一致的，都是为了规范疾病治疗的临床研究，促进医疗卫生事业发展，保障医疗安全和公众生命健康。需要指出，即便出于干细胞临床研究需要而制备的干细胞制剂，也要遵循《中华人民共和国药品管理法》的规定，获得国家药品监督管理部门注册批准后，方可进入临床应用。上诉人某某公司销售“干细胞”给他人直接用于人体回输，违反了《干细胞临床研究管理办法（试行）》第五十二条关于禁止干细胞直接进入临床应用的规定的同时，严重违背了伦理规范，破坏国家医疗监管制度，危及不特定个体生命健康安全，进而损害社会公共利益。

综上所述，社会公共利益是明确国家和个人权利的行使边界，判断民事法律行为正当性与合法性的标准。医疗卫生技术的进步和有序发展、干细胞应用的安全性和有效性、药品市场的管理秩序、公众用药安全和生命健康等均涉及社会公共利益。因此，上诉人某某公司与被上诉人吴某某之间订立的“干细胞”买卖合同因损害社会公共利益而无效。一审对涉案合同的效力认定有误，二审依法予以纠正。

关于涉案合同无效后的法律后果处理。原《中华人民共和国合同法》

第五十八条规定:“合同无效或者被撤销后,因该合同取得的财产,应当予以返还;不能返还或者没有必要返还的,应当折价补偿。有过错的一方应当赔偿对方因此所受到的损失,双方都有过错的,应当各自承担相应的责任。”首先,鉴于涉案合同无效是自始、确定、绝对、当然地不发生法律约束力的,被上诉人吴某某在一审中提出要求解除合同的事实基础和法律依据均不成立,不予支持。其次,在二审庭审中,法院就合同无效的法律后果向双方当事人进行释明。双方当事人同意由法院一并处理,均明确表示对于已经交付的“干细胞”和扣除的价款,不再向对方主张标的物返还或价款返还,亦不向对方主张因合同无效后所受到的损失,故法院对此予以确认。最后,双方当事人一致确认尚有22份“干细胞”未制备,现就是否应当返还剩余的预付款存在争议:上诉人某某公司认为已交付的8份“干细胞”价格系吴某某预定购买30份基础上所损失的优惠价,现应当按8万—10万元/份的市场价计算,吴某某不应享受优惠价,故某某公司无需向吴某某返还剩余的预付款;吴某某主张双方在微信中约定了“干细胞”的交易价格,某某公司应当返还剩余的预付款。对此,法院认为,双方当事人在微信中就“干细胞”价格进行了明确约定,某某公司亦按照约定价格从预付款中扣除了部分价款,并无证据证明双方对“干细胞”价格做出过其他约定。因此,合同无效后,因该合同取得的财产,应当予以返还,某某公司理应将剩余预付款39.75万元返还给吴某某。某某公司认为按照市场价格进行计算,不应返还剩余预付款的上诉主张,缺乏相应的事实和法律依据,不予支持。

裁判要旨

干细胞来源于人体,基于独特的生物属性,在法律上不得直接作为交易标的物。干细胞技术作为一种新型的生物治疗技术,相关的临床研究和转化应用应面向医疗卫生需求,因此,与干细胞相关的管理规范具有公共利益属性。干细胞买卖合同因损害社会公共利益而无效。

关联索引

《中华人民共和国民法典》第一百五十三条（本案适用的是 1991 年 10 月 1 日施行的《中华人民共和国合同法》第五十二条）

一审：上海市浦东新区人民法院(2019)沪 0115 民初 71447 号民事判决(2020 年 1 月 3 日)

二审：上海市第一中级人民法院(2020)沪 01 民终 4321 号民事判决(2020 年 8 月 11 日)

二审合议庭成员：何建（审判长兼主审法官）、韩朝炜、娄永

案例评析

该案系全国首例干细胞买卖案。我国现行法律法规缺乏干细胞买卖的规定，本案明确了脱离人体组织后的干细胞属于民法上的物，结合干细胞的生物属性、管理属性与市场属性，明确干细胞管理规范具有公共利益属性，以干细胞为标的物的买卖合同因损害社会公共利益而无效。本案呼应《民法典》第一千零七条规定："禁止以任何形式买卖人体细胞……违反前款规定的买卖行为无效"，有效填补了当前法律漏洞，充分发挥司法裁判指引作用，促进干细胞研究和应用监管体系的完善，更好地规范和推动我国干细胞技术的发展和进步。干细胞行业乱象下亟须厘清干细胞的法律属性及干细胞买卖合同的效力，方能规范市场，促进干细胞产业的健康发展，维护公众利益。

一、干细胞的法律属性厘定

干细胞是指具有强大的多方向分化潜能和自我更新能力的未分化细胞。法理上，民法上的物是指存在于人体之外，能够为人力所控制或支配并能够满足人类社会生活需要的有体物和自然力。人在民法领域里与物相对立，是绝对的民事主体，但脱离人体的细胞、器官、组织应属于物的范畴还是限定的人的范畴存在争议。人体的器官和组织一旦与人体脱离，

且其脱离之方法并不违反公序良俗，如自愿遗弃、捐赠等，便脱离了人格载体，不再享有人格权利，从而具有了物的属性。涉案干细胞以不违反公序良俗之方法脱离人体，经由相关人员进行体外操作，以有体物形式存在，并具有可能的医学价值，故属于民法上的物。干细胞来源于人体，不管是异体来源的干细胞，还是经过复杂的体外培养和操作后的自体来源的干细胞，均含有供者的生物学性状信息。故基于干细胞的生物属性，从人体提取的干细胞在法律上不得直接作为交易标的物。

二、干细胞买卖合同的效力认定

干细胞作为新兴的生物治疗技术，临床研究和转化应用面向医疗卫生需求，具有特殊的管理属性及特定的市场属性。干细胞具备极大的研究价值及市场价值，但因安全性与有效性的不确定存在潜在风险。因此，我国对干细胞的研究应用进行特殊严格管理，建立了以医疗机构为责任主体，干细胞临床研究机构和项目双备案的管理机制。《干细胞临床研究管理办法（试行）》等规定干细胞的临床转化需要注册申报和临床试验申请，干细胞的来源和获取过程应当符合伦理。某某公司未取得干细胞临床研究的立项与备案，不具备从事干细胞临床研究的条件与资质。同时，涉案“干细胞”未经药物临床试验或获得药品上市许可，亦非用于严重危及生命且无有效治疗手段的疾病治疗或者重大医疗卫生需求。某某公司制备“干细胞”后销售给吴某某并协助完成部分“干细胞”回输的行为，显然违反了《干细胞临床研究管理办法（试行）》等相关管理规定。

虽然《干细胞临床研究管理办法（试行）》系部门规章，但是该管理办法系依据《中华人民共和国药品管理法》《医疗机构管理条例》等法律、行政法规而制定，与上位法的立法目的一致。同时涉案干细胞买卖行为严重违背了伦理规范，破坏国家医疗监管制度，危及不特定个体生命健康安全，进而损害社会公共利益。社会公共利益是明确国家和个人权利的行使边界，判断法律行为正当性与合法性的标准。社会公共利益优越于个体利益，个体利益应服从于社会公共利益保护的需要。具体到本案，医疗卫生技术的进步和有序发展、干细胞应用的安全性和有效性、药品市场的管理秩序、公众用药安全和生命健康等均涉及社会公共利益。双方成立的干细胞买卖合同因损害社会公共利益而无效。

三、合同无效的法律后果处理

《中华人民共和国民法典》第一百五十七条规定："民事法律行为无效、被撤销或者确定不发生效力后，行为人因该行为取得的财产，应当予以返还；不能返还或者没有必要返还的，应当折价补偿。有过错的一方应当赔偿对方由此所受到的损失；各方都有过错的，应当各自承担相应的责任。法律另有规定的，依照其规定。"已输入体内的干细胞已脱离民法上的物的范畴，与人成为一体，属不能返还，应当折价补偿，但如何确定价格值得思考。本案中，二审法院在认定合同无效后，根据《九民纪要》的规定，对双方当事人进行了释明。双方当事人均同意在本案中一并处理合同无效的法律后果且明确表示对于已经交付的"干细胞"和扣除的价款，不再向对方主张标的物返还或价款返还，亦不向对方主张因合同无效后所受到的损失。合同无效后，因该合同取得的财产，应当予以返还，双方当事人确认尚有 22 份"干细胞"未制备，故某某公司理应将剩余预付款返还。

6. 赵某明故意杀人案*

——在一般性排查询问中就如实交代罪行的可认定为自首

关键词 刑事 故意杀人罪 一般性排查 如实供述 自动投案 自首

基本案情

2005年下半年，被告人赵某明结识被害人王某某（女），后两人因感情纠纷多次发生争执。2008年12月4日下午，赵某明在上海市闵行区王某某的住处与王某某再次发生争执，用双手紧扼王某某的颈部，并用湿纸巾捂住王某某的口、鼻，致王某某呼吸道受阻窒息死亡。嗣后，赵某明用电脑网线捆绑王的尸体，装入塑料袋内并驾驶越野客车，将尸体抛入浙江省嘉善县张泾卫塘河内。群众发现尸体后报警，公安机关确认死者系王某某后，经调查得知王某某与赵某明有恋爱关系，赵某明家有妻儿，在王某某失踪前二人曾发生争执，故传唤赵某明。赵某明到公安机关后即如实供述其故意杀人并抛尸的犯罪事实。

上海市第一中级人民法院于2009年7月22日作出（2009）沪一中刑初字第101号刑事判决：被告人赵某明犯故意杀人罪，判处死刑，缓期二年执行，剥夺政治权利终身。宣判后，在法定期限内未上诉、抗诉。上海市高级人民法院于2009年12月9日作出（2009）沪高刑复字第74号刑

* 编写人系上海市第一中级人民法院张金玉，入库编号2023-02-1-177-007。

事裁定，核准上海市第一中级人民法院（2009）沪一中刑初字第 101 号对被告人赵某某以故意杀人罪判处死刑，缓期二年执行，剥夺政治权利终身的刑事判决。

裁判理由

法院生效裁判认为，本案中，被告人赵某明作案后并未逃匿，在侦查人员对其传唤后，其完全有机会选择驾车外逃，但却在没有受到任何外力强制的情况下，自己到了公安机关，体现了其到案的主动性。公安机关传唤赵某明时，并未掌握任何赵某明杀害王某某的证据，仅是因为赵某明与王某某的特殊关系而对其产生了怀疑，从而决定对赵进行一般性排查询问，而且当时公安机关并未将其确定为犯罪嫌疑人，公安拟将传唤排查的还有其他人员，而赵某明到公安机关后即供述了其杀人抛尸的全部犯罪事实，其从第一次供述到判决前的供述一直稳定，公安机关根据赵某明的供述找到了其作案的客观证据，其供述足以体现其投案的自愿性。因此，可以认定赵某明的行为系自动投案，且成立自首。故法院依法作出如上裁判。

裁判要旨

司法机关尚未掌握客观证据，仅是基于行为人与被害人具有特定关系等因素，传唤行为人进行一般性排查询问时，行为人到公安机关后即如实交代罪行的，可以认定为自首。

关联索引

《中华人民共和国刑法》第六十七条、第二百三十二条

一审：上海市第一中级人民法院（2009）沪一中刑初字第 101 号刑事判决（2009 年 7 月 22 日）

一审合议庭成员：蒋红玮（审判长兼主审法官）、蒋晓静、刘晓虎

复核：上海市高级人民法院（2009）沪高刑复字第 74 号刑事裁定（2009 年 12 月 9 日）

案例评析

司法实践中，对于没有目击证人或者监控录像等直接证据的故意杀人案件，侦查机关通常难以直接锁定犯罪嫌疑人，需要不断收集证据、逐步缩小排查范围。在侦查机关尚未掌握客观证据，仅是基于被告人与被害人具有特定关系等因素对被告人产生怀疑的情况下，传唤被告人，被告人到公安机关后即如实交代罪行的，能否认定为自首，时存在争议。

一、具备自动投案的主动性和自愿性，是自动投案的实质要件

判断自动投案，应从自动投案的两个本质属性进行考察：一是投案主动性，即行为人主观上具有投案的意愿，并表现为外在行为，而非系他人强迫或者是不得已而为之；二是投案的自愿性，即行为人的投案是基于其意志自由的选择，愿意把自己的人身交给司法机关处置。正是基于以上两种属性，使自动投案与被群众扭送或被公安机关抓获或无处可逃后才投案等被动归案形式区别开来。

本案被告人赵某明作案后并未逃匿，在侦查人员对其传唤后，其完全有机会选择驾车外逃，但却在没有受到任何外力强制的情况下，自己到了公安机关，体现了其到案的主动性。公安机关传唤赵某明时，并未掌握任何赵某明杀害被害人的证据，仅是因为赵某明与被害人的特殊关系而对其产生了怀疑，从而决定对赵某明进行一般性排查询问，而且当时公安机关并未将其确定为犯罪嫌疑人，公安拟将传唤排查的还有其他人员，而赵某明到公安机关后即供述了其杀人抛尸的全部犯罪事实，其从第一次供述到判决前的供述一直稳定，公安机关根据赵某明的供述找到了其作案的客观证据，其供述足以体现其投案的自愿性。因此，可以认定赵某明的行为系自动投案。

二、公安机关在案件侦查过程中依据工作经验对某些人员产生怀疑,并不表明上述人员具有犯罪嫌疑,相关人员因此接受询问并交代罪行的,属于自动投案

关于经询问而交代罪行的行为性质,《最高人民法院关于处理自首和立功若干具体问题的意见》(以下简称《意见》)明确了"形迹可疑"和"犯罪嫌疑"两种情况:若被告人仅因形迹可疑,被有关组织或者司法机关盘问、教育后,主动交代自己罪行的,应当认定为自动投案,这种情况主要发生在日常检查过程中,司法机关尚未发现被告人与犯罪事实的任何关联;若被告人已被锁定为犯罪嫌疑人,经讯问交代罪行的,不可认定为自动投案,这种情况主要发生在案件侦查过程中,司法机关已经掌握证明案件基本事实的某些证据。但由于现实案件的复杂性,两种情况并非泾渭分明,而是存在交叉和转化。例如司法机关在日常盘查过程中,从相关人员随身携带物品中查获毒品、尸体、带血刀具等物品的情形,虽然起因于日常检查,但在查获可疑物品时,这项检查活动已经变更为案件侦查性质,故判断相关人员经讯问而交代罪行的行为是否构成自动投案,实际就是判断司法机关对其的怀疑是否达到犯罪嫌疑的程度,由于这种情况中查获的涉案物品通常是直接指向犯罪事实的关键证据,故相关人员被认定为犯罪嫌疑人通常不存异议。在实践中,还有一种情况较为常见,即在案件侦查过程中,司法机关仅依据工作经验或者其他情况认为被告人较为可疑,并在无充足证据的情况下将被告人传唤至公安机关。这种情形中司法机关对被告人的怀疑程度实际居于《意见》规定的两种情形之间,即认为被告人与案件有所关联但并无充足证据。由于此种情形发生于案件侦查过程中,显然不能适用"形迹可疑"条款,故判断被告人的交代罪行是否构成自动投案,关键还在于判断侦查机关对其的怀疑是否达到犯罪嫌疑

的程度。由于侦查机关并未掌握直接指向案件事实的关键证据，故在判断相关被告人在询问时是否已为犯罪嫌疑人时，争议较大。

实践中，侦查机关通常将与怀疑对象的谈话内容制成讯问笔录。有观点据此认为，讯问笔录意味着侦查机关已将被告人列为犯罪嫌疑人，因此，经讯问而交代罪行的，不能认定为自动投案。对于这种情形，我们认为犯罪嫌疑的判断应从实质层面出发，而不应仅以笔录的名称为标准。具体而言，宜着眼于侦查机关对相关人员的怀疑是否有客观证据支持来判断，理由如下：

第一，这种判断标准符合《最高人民法院关于处理自首和立功具体应用法律若干问题的解释》（以下简称《解释》）的立法精神。如前所述，投案主动性和自愿性是自动投案的两大属性。例如《解释》中规定的犯罪后逃跑，在被通缉、追捕过程中，主动投案的，可以认定为自动投案，是重点考虑投案主动性的具体体现，因为既然公安机关已经对被告人展开通缉或者追捕，就表明公安机关已经查明案件基本事实，在这种情况下仍设置自动投案的规定，主要是考虑到被告人具有投案主动性。在被告人因被怀疑询问而交代罪行的情况中，若侦查机关对被告人的怀疑有客观证据支持，则被告人就难以抵赖，其供述罪行的行为是在证据面前被迫作出的无奈之举，属于被迫交代，无从体现投案主动性；若侦查机关对被告人的怀疑没有客观证据支持，则被告人就能够轻易否定侦查机关的判断，被告人在能够轻易排除侦查机关对自己的怀疑的情况下，主动交代罪行则表明其具有投案主动性。因此，以侦查机关对被告人的怀疑是否具有相应证据支持为标准，能够准确判断被告人是否具有投案主动性，据此认定自动投案符合《解释》的立法精神。第二，这种判断标准可以最大限度实现自首制度鼓励投案和缩减司法成本的作用。若侦查机关仅是对被告人有所怀疑，而对其进行排查询问时，被告人交代罪行就不能认定为自动投案，则会导致自首的成立范围过于狭窄，不利于鼓励被告人尽早交代犯罪事实；若要求侦查机关掌握证明案件主要事实的关键证据之后，才能将被告人列为犯罪嫌疑人，则会导致自首的成立范围过于宽泛，难以发挥自首制度减少司法成本的作用。综上所述，在案件侦查过程中，若侦查机关对被告人的怀疑并非基于相应证据，而是基于主观经验或者其他情况，则被告人不能被视为犯罪嫌疑人，其经询问而交代罪行的行为就可以认定为自动投案。

具体到本案，侦查机关从被害人父母处得知被害人失踪前曾与被告人赵某明有过争执，而且经调查获知被告人已有妻儿的情况下与被害人保持恋爱关系。根据工作经验，侦查机关怀疑被告人极有可能与被害人因感情纠葛产生矛盾，故对赵某明实施传唤并展开询问。因此，侦查机关在询问前并未掌握任何证明赵某明实施杀人行为的证据，仅是根据工作经验对被告人赵某明产生主观上的怀疑，故其对赵某明的怀疑不能被视为犯罪嫌疑，赵某明在未被列为犯罪嫌疑人的情况下主动交代罪行，可以认定为自动投案。

需要注意的是，接到传唤后，行为人前往司法机关接受询问的主观心理各有不同，有的是前去投案，接受审查；有的可能是存在侥幸心理，而前往办案机关探听其犯罪证据的掌握情况。因此，行为人到司法机关后是否如实供述犯罪事实就成了判断其是否自动投案的关键。一般而言，行为人在接到传唤后，不仅要自行到案，而且到案后的第一次供述就应该如实供述犯罪事实，否则，不宜认定其为自动投案。

综上所述，本案被告人赵某明在接受侦查机关的第一次询问时，就如实供述了其犯罪事实，而此时，侦查机关仅是依据工作经验对其产生怀疑，但并无相应证据支持，也未达到将赵某明确定为犯罪嫌疑人的程度，询问过程中，侦查机关也没有向赵某明出示任何客观证据，因此，赵某明的行为表明其具有投案主动性、自愿性，具备自动投案的本质属性，且一直如实交代罪行，可认定为自首。

7. 丁某、王某受贿、贪污案*

——礼尚往来与受贿犯罪的界分

关键词　刑事　受贿罪　贪污罪　权钱交易　礼尚往来

基本案情

被告人丁某、王某系夫妻关系。2003年至2019年，丁某利用担任某中央国家机关副司长、驻上海特派办副特派员等职务及职权、地位的便利条件，王某利用担任某银行上海长宁支行行长、上海分行营销四部总经理等职务上的便利，为他人谋取利益，共同收受他人给予的财物共计744万余元，丁某还单独收受他人44.9万元。其中，丁某、王某为何某实际控制的公司获取贷款提供帮助，共同收受何某345万余元。

被告人王某还利用职务上的便利，贪污某银行上海分行营销费用共计1 228.61万余元。

2019年8月13日，被告人丁某、王某被采取留置措施，后如实供述共同收受何某贿赂的事实，并主动交代办案机关尚未掌握的其他受贿事实，王某还主动交代办案机关尚未掌握的贪污事实。受贿、贪污赃款赃物已全部追缴。

上海市第一中级人民法院于2021年2月1日作出(2020)沪01刑初26号刑事判决：一、被告人丁某犯受贿罪，判处有期徒刑十年三个月，并

---

*　编写人系上海市高级人民法院(原任职于上海市第一中级人民法院)李长坤、上海市第一中级人民法院张亚男，入库编号2023-03-1-404-031。

处罚金人民币 50 万元。二、被告人王某犯受贿罪，判处有期徒刑十年，并处罚金人民币 50 万元；犯贪污罪，判处有期徒刑六年，并处罚金人民币 130 万元，决定执行有期徒刑十三年，并处罚金人民币 180 万元。三、受贿违法所得予以追缴，上缴国库；贪污违法所得予以追缴，发还被害单位。一审宣判后，丁某、王某未上诉，检察机关未抗诉，判决已发生法律效力。

裁判理由

法院生效判决认为：本案争议焦点是，被告人丁某、王某与何某存在互送财物行为，丁某、王某收受何某 345 万余元是礼尚往来还是受贿犯罪。在案证据反映，双方互送财物目的并不相同，何某是为了利用因丁某、王某的职务便利及职权、地位形成的便利条件解决贷款问题，丁某、王某则是为了利用何某人脉资源解决职务提拔、工作调动等事宜；双方互送财物时间也不同步，何某从 2011 年左右开始给予丁某、王某财物，与何某在某银行贷款的时间一致，丁某、王某自 2014 年左右开始给予何某财物，与二人请托何某帮忙协调解决丁某职务提拔问题的时间相吻合；何某给予丁某、王某财物的价值要远高于丁某、王某给予何某财物的价值。即使双方存在一定人情往来，当权钱交易与人情往来交织无法明确区分时，可一并认定为受贿，其他可能存在的因素可在量刑时酌情考虑。故一审作出如上判决。

裁判要旨

受贿犯罪中被告人与行贿人之间存在互送财物的情况，应当根据双方互送财物的目的、时间、事由、价值等情况，综合分析判断是权钱交易还是礼尚往来。若被告人收受财物与利用职务上的便利或者职权、地位形成的便利条件为他人谋取利益密切相关，双方互送财物目的各不相同，时间、事由不具有对应性，送给行贿人财物与收受财物价值悬殊，均不影响受贿性质和犯罪数额的认定。

关联索引

《中华人民共和国刑法》第三百八十五条、第三百八十八条

一审：上海市第一中级人民法院(2020)沪01刑初26号刑事判决(2021年2月1日)

一审合议庭成员：李长坤(审判长兼主审法官)、顾苹洲、朱振麟(人民陪审员)

案例评析

《礼记·曲礼上》有言，“礼尚往来，往而不来，非礼也；来而不往，亦非礼也”。保持正常、适度的人情往来系约定俗成的社会交往规则，不受法律约束。司法实践中，受贿、行贿双方互送财物的情形时有发生，受贿人常常以礼尚往来作为出罪事由予以抗辩，故准确划分“礼尚往来”与受贿罪的界限，对于正确认定互送财物行为的性质及犯罪数额具有重要意义。

受贿罪的核心在于权钱交易，即收受财物行为与国家工作人员职务行为存在对价关系；礼尚往来则系基于人情世故建立在平等主体之间的社交规范，来往的皆是正常的私人利益，与国家工作人员的职务行为无关。礼尚往来的出罪功能，应当是在构成要件层面发挥作用，即属于一种构成要件排除事由。如前所述，受贿罪的核心是财物与职务行为之间的对价关系，而出罪的关键也在于否定或破除这种对价关系。司法实践中，判断国家工作人员与请托人互送财物的行为系礼尚往来还是权钱交易，应当从交往双方的关系，互送财物的目的、事由、时间以及价值等方面综合判断：

其一，审查互送财物双方的关系，判断二者是否具有人情交往的感情基础。从实践来看，礼尚往来型的互送行为往往发生在亲友、同学或者其他良好的私人关系之间，且维系时间一般较长且相对稳定；贿赂行为既可能发生在上述人员之间，也可能发生在不具备人情交往基础的人员之间。在查明双方基本交往关系的基础上，还要重点查明国家工作人员一方及其所在单位与对方是否存在业务往来关系。

其二，审查双方互送财物的目的是否具有一致性。礼尚往来型的互送行为中，国家工作人员与对方互送财物的目的是简单纯粹且具有一致性的，即在不掺杂任何职务行为与请托事项的前提下，保持正常的社会交往。当二者互送财物目的不一致时，则可能出现以下几种情形：第一种情形是，他人出于行贿目的向国家工作人员赠送财物，而国家工作人员因无受贿故意而通过回送形式将收受财物的价值退还给行贿人。根据《最高人民法院　最高人民检察院关于办理受贿刑事案件适用法律若干问题的意见》（以下简称《意见》）第九条第一款的规定，“国家工作人员收受请托人财物后及时退还或者上交的，不是受贿”。第二种情形是，他人出于行贿目的向国家工作人员赠送财物，国家工作人员受贿后，因自身或者与其受贿有关联的人、事被查处，为掩饰犯罪而退还相关财物或因实物灭失而“回送”同等价值财物的，根据《意见》第九条第二款规定，不影响认定构成受贿罪。第三种情形是，双方互送财物系为了分别利用对方的职务便利或社会影响力谋取各自的不正当利益，此时应当对二者分别予以评价。

其三，审查双方互送财物的事由和时间是否具有对应性。特别是当互送财物的事由既存在权钱交易又存在人情往来因素时，应当根据收送财物时间与请托时间、谋利时间的吻合情况等，判断二者能否截然分离。如果无法明确区分哪些财物系基于人情往来所送，哪些又因贿赂因素所送的，应当整体评价为受贿，同时将可能存在人情往来因素的情形在量刑时酌情予以考虑。同时需要注意的是，礼尚往来型互送财物中，并不要求双方互送财物的事由和时间必须保持一致或同步。因为从社会经验看，红白喜事往往是礼尚往来的常见事由，但因受到年龄、经历等因素的影响，客观上很难保证双方在操办红白喜事的时间上具有同步性。当国家工作人员在不涉及职务行为的情况下，纯粹因红白喜事等事由先行收受合理数额礼金的，只要其在送礼者之后出现类似事由时回馈了相当数额的礼金，即使事由不完全一致、时间亦不同步，仍属于礼尚往来范畴。

其四,审查双方互送财物的价值并判断二者是否具有相当性。礼尚往来型互送财物中,涉及的财物价值相对较小,且双方送予对方的财物价值大致是相当的。而贿赂情形中,涉及的贿赂财物价值普遍较高,且超出了一般人际交往的认知水平。实践中,若国家工作人员给予对方的财物与对方给予国家工作人员的财物价值相差较大,且国家工作人员利用职权便利为对方谋取利益的,应当认定为受贿。

本案中,被告人丁某、王某与何某一开始并不具备纯粹的私人交往关系,后因与王某所在银行开展贷款业务逐渐交往密切;双方虽具备互送财物的经济基础,并实施了互送财物的行为,但目的是分别利用对方的职务便利或者社会影响力谋取各自的不正当利益,且互送财物的时间也与提出请托事项的时间相吻合;而且,何某给予丁某、王某财物的价值远高于二人回送何某的财物价值。此外,丁某、王某二人还就该节事实的性质进行过串供,企图以人情往来对抗组织调查。综上,应认定丁某、王某收受何某财物的行为并非礼尚往来,而是受贿。

8. 唐某等开设赌场案*

——建立聊天群组织他人利用棋牌软件赌博的，构成开设赌场罪

关键词　刑事　开设赌场罪　网络赌博　情节严重

基本案情

被告人唐某伙同被告人王某、徐某某，利用手机“闲聊”聊天软件建立赌博群纠集参赌人员，唐某在“哈灵麻将”软件内设置亲友圈，参赌人员经唐某审核加入亲友圈，并进入游戏软件内的虚拟房间玩麻将，麻将玩法规则由唐某事先选定。每局结束后，参赌人员根据唐渊等人设置的 1 分等同 1 元的比例，依照输赢分数在赌博群进行资金结算，输家向赢家支付赌资，赢家向唐某等人支付 4 元、5 元的台费，输家没有按照规则支付赌资时，唐某等人要为其垫付给赢家。唐某等人通过收取台费获利，唐某与王某按照比例分成，徐某某按周领取工资。唐某系群主，负责建立赌博群、招揽赌博人员、收取台费；王某系群内管理人员，负责收取台费、协调群内矛盾、维持群内秩序。该群累计收取台费共计 24 万余元。

2019 年 10 月 28 日，被告人唐某被公安机关抓获归案，12 月 5 日，被告人王某被公安机关抓获归案，两名被告人到案后均如实供述上述犯罪事实。案发后，唐某退出违法所得 195 203 元，王某退出违法所得 45 711 元。

---

* 编写人系上海市第一中级人民法院张金玉、上海市浦东新区人民法院(原任职于上海市第一中级人民法院)潘自强，入库编号 2023-06-1-286-004。

上海市浦东新区人民法院于2020年9月23日作出(2020)沪0115刑初923号刑事判决:“一、被告人唐某犯赌博罪,判处有期徒刑一年,缓刑一年,并处罚金人民币1万元。二、被告人王某犯赌博罪,判处有期徒刑十个月,并处罚金人民币8 000元。三、扣押在案的物品、已经退出的违法所得均依法没收。”宣判后,上海市浦东新区人民检察院以原判适用法律错误为由提出抗诉。上海市第一中级人民法院于2021年6月29日作出(2020)沪01刑终1701号刑事判决:“一、维持上海市浦东新区人民法院(2020)沪0115刑初923号刑事判决第三项。二、撤销上海市浦东新区人民法院(2020)沪0115刑初923号刑事判决第一、二项。三、被告人唐某犯开设赌场罪,判处有期徒刑一年,缓刑一年,并处罚金人民币1万元。四、被告人王某犯开设赌场罪,判处有期徒刑十个月,并处罚金人民币8 000元。”

裁判理由

法院生效裁判认为:被告人唐某、王某以营利为目的,通过邀请人员加入网络聊天群组的方式招揽赌客,依托正规棋牌软件的输赢规则,设定赌博项目和积分兑换规则,并利用聊天群组进行控制管理,在一定时间内持续组织网络赌博活动,符合开设赌场的经营性和管理性特征,属于刑法规定的开设赌场行为,其行为已构成开设赌场罪。考虑两名被告人在设置赌博项目时依托网络棋牌软件,每局赌资不大且由赌客自行结算,而且两名被告人到案后均能如实供述罪行,退缴违法所得等,综合两名被告人的主观恶性及其行为的社会危害性等裁量刑罚,依法作出如上裁判。

裁判要旨

开设赌场罪必须以赌场为依托从事营利性活动,赌场一般具有专门场所、面向不特定人群、专设赌博项目、提供资金结算、固定盈利方式等要素。行为人是否构成犯罪,不应片面适用“赌资数额”“渔利数额”的单一入罪标准,应综合考虑抽头渔利数额、赌资数额、参赌人数和社会影响等客观情况；当构成开设赌场罪时，还应综合考量上述日均数额、运营时长等，审慎认定“情节严重”，正确量刑。

关联索引

《中华人民共和国刑法》第三百零三条

一审：上海市浦东新区人民法院（2020）沪 0115 刑初 923 号刑事判决（2020 年 9 月 23 日）

二审：上海市第一中级人民法院（2020）沪 01 刑终 1701 号刑事裁定（2021 年 6 月 29 日）

二审合议庭成员：张金玉（审判长兼主审法官）、陈光锋、邬小骋

案例评析

2006 年《刑法修正案（六）》将开设赌场行为从赌博罪中剥离出来，增设开设赌场罪，但罪状描述极为简洁，难以把握其犯罪构成。开设赌场与聚众赌博同属赌博类犯罪行为，在主客观方面相互交叉包容，在网络场域下，两者区分更加模糊，对利用棋牌软件实施的新型网络开设赌场犯罪的刑罚裁量亦较难把握。

一、经营性和管理性是区分开设赌场与聚众赌博的实质特征

从条文文义解释看，开设赌场侧重于“开设”，其特征是“开办”和“设立”赌场，具有建立、运用赌场的含义，而聚众赌博是“聚集”或“召集”赌博人员进行赌博，不具有经营赌场的含义。从司法解释规定看，对开设赌场具体行为的界定体现经营性，对聚众赌博的界定主要体现组织性。2010 年最高人民法院、最高人民检察院、公安部发布的《关于办理网络赌博犯罪案件适用法律若干问题的意见》（公通字〔2010〕40 号，以下简称《意见》）规定的四种开设赌场行为，除建立赌博网站的建立行为之外，还必须具备能接受投注等经营赌博网站的行为；建立赌博网站供他人赌博和参

与利润分成，本质也是以营利为目的的经营行为。2005 年最高人民法院、最高人民检察院发布的《关于办理赌博刑事案件具体应用法律若干问题的解释》（法释〔2005〕3 号，以下简称《解释》）规定的四种聚众赌博行为，则强调组织性，未体现经营性。从赌场核心要素看，设置赌博规则和管理资金结算是赌场的两大实质功能，体现了开设赌场的控制性，正因赌场具有上述两大功能，才大大增加开设赌场的社会危害性；聚众赌博通常没有固定场所、不设立赌博输赢规则，也不提供赌资结算服务，控制性较弱。

实践中，应着重审查行为人对赌场的经营管理情况和对赌博活动的控制支配程度。本案中，唐某等人依托聊天软件和游戏软件，为赌客提供赌博项目和赌博场所；制定聊天群管理规则，招募人员发放“房卡”、收取“房费”，维护群内秩序；设置积分现金兑换比例，维持资金结算秩序；每局收取 4 元或 5 元的“房费”作为固定的营利模式。唐某等人行为具有明显的经营性和管理性特征，符合开设赌场罪的行为构成。

二、以充分评价“社会危害性”为原则综合考虑各罪量要素

开设赌场罪属于行为犯，开设赌场行为是否构成犯罪，是否属于“情节严重”，仍需进行危害性判断。对于情节显著轻微、危害不大的，可依据《刑法》第十三条予以出罪，给治安管理处罚留出空间。对新类型的网络开设赌场行为的社会危害性判断，应综合考虑抽头渔利数额、赌资数额、参赌人数、违法所得、经营时长和社会影响等客观要素，审慎认定“情节严重”，合理量刑。

因为网络赌场每局都有投注记录，实践中极易选用赌资累计数额作为量刑标准，且在判断开设赌场犯罪的危害性时，赌场吸收资金是重要的考量要素。若在认定赌资时累计计算每局赌资数额，会导致用于赌博资金的重复计算，不能真实反映赌场的资金规模，可能会出现以少量资金参

与赌博，因反复投注而累计赌资过高的情况。对每次赌资较小但赌局较为频繁的开设赌场行为，仅考虑累计数额而不考虑单日、单次的赌资或者抽头渔利数额，难免导致罪刑失衡。对此，《意见》还规定了抽头渔利累计数额、赌资累计数额、参赌人员累计数量、违法所得四个主要罪量要素，但考虑到侦查工作的实际情况，线下开设赌场通常仅能以现场查获的全部资金作为赌资、现场查获的全部人员作为参赌人员。现场赌资和现场人员可以直接反映赌场规模，但无法实现赌资和参赌人员的累计计算，无法反映赌场的持续经营情况；而网络开设赌场则因每次赌博活动均有电子信息记录，能够实现赌资、参赌人员的累计计算，可以反映网络赌场的持续经营情况，却无法反映网络赌场的实际规模。因此，在现有的罪量要素基础上，可以结合运营时间、日均赌资、日均参赌人员等要素综合考量。若赌资或者抽头渔利的累计数额较高，但日均数额不大，不宜认定“情节严重”。

本案中，唐某等人招揽赌客的方式多是熟人拉熟人，每局输赢不大，不能直接依据赌资累计金额和违法所得认定“情节严重”，还应综合行为的客观要素评价行为的社会危害性。一是唐某等人以抽取固定小额台位费获利，与按比例抽成存在区别；二是唐某等人不参赌坐庄，较少出现赌客输掉大额钱款倾家荡产的情况；三是唐某等人虽设置了资金结算规则，但对赌博资金的控制程度仍较低，出现输家赖账时，唐某等人仅为逃单赌客垫付赌资，没有暴力催讨赌资的情况。综上，唐某等人行为与“赌博网站型”开设赌场在获利程度、赌博规则设置、赌博资金管控等方面均存在较大差异，不宜认定唐某等人“情节严重”。

9. 上海某某公司诉南通某某公司装饰装修合同纠纷案*

——被挂靠单位不得以出借资质为由拒绝支付工程款

关键词 民事 装饰装修合同 挂靠 合同无效 付款责任

基本案情

2016 年 4 月 28 日，南通某某公司及其分公司作为承包方，与作为发包方的丙公司签订了《建筑装饰工程施工合同》，合同加盖南通某某公司印章。合同约定，由南通某某公司承接酒店室内装饰工程，该公司指派宋某为其驻工地代表并出具授权书委托宋某为其合法代理人。

2016 年 8 月 23 日，上海某某公司作为承包方、南通某某公司作为发包方签订了《内部承包合同》，合同落款处加盖了南通某某公司项目专用章，并有宋某签字。

2019 年 7 月 24 日，宋某曾向公安机关出具情况说明，认可挂靠南通某某公司签订施工协议以及私刻南通某某公司公章及项目专用章的事实，并称上海某某公司知晓其私刻上述印章事实。

各方进行结算后，尚欠上海某某公司部分工程款，上海某某公司遂诉至法院请求判令南通某某公司支付工程款 767 145.15 元。

上海市浦东新区人民法院于 2020 年 11 月 4 日作出(2020)沪 0115

---

* 编写人系上海市杨浦区人民法院(原任职于上海市第一中级人民法院)叶兰、上海市第一中级人民法院鲁彦岐，入库编号 2023-07-2-115-002。

民初 27070 号民事判决：驳回上海某某公司的诉讼请求。宣判后，上海某某公司提出上诉。上海市第一中级人民法院于 2021 年 6 月 3 日作出（2021）沪 01 民终 1830 号民事判决，认定挂靠关系是发生在南通某某公司与宋某之间的内部关系，对外并不具有约束力，南通某某公司作为合同主体对外仍应承担合同项下的权利义务，遂判决：一、撤销上海市浦东新区人民法院（2020）沪 0115 民初 27070 号民事判决；二、南通某某公司于本判决生效之日起十日内支付上海某某公司工程款 767 145.15 元。

裁判理由

法院生效裁判认为，丙公司和南通某某公司签订了《建筑装饰工程施工合同》，宋某是南通某某公司指派的驻工地代表及合法代理人，挂靠关系是发生在其与宋某之间的内部关系，对外并不具有约束力，南通某某公司作为合同主体对外仍应承担合同项下的权利义务。南通某某公司将其中部分工程分包给上海某某公司施工，虽然南通某某公司主张该合同上加盖的印章系宋某私刻，但工程系以南通某某公司名义承接，宋某持南通某某公司出具的授权委托书，也是南通某某公司驻工地代表、负责合同履行。南通某某公司确认其与宋某之间系挂靠关系，即使其未参与工程的施工、管理，宋某也具有相应的代理权，其对外以南通某某公司名义签订的《内部承包合同》对南通某某公司具有约束力，应由南通某某公司承担责任。《班组应付款协议》中关于南通某某公司如何付款仅是双方对具体付款流程作出的约定，协议内容并不能体现各施工班组明确表示放弃向总包方南通某某公司主张工程款的权利。故南通某某公司应向上海某某公司支付相应工程款。

裁判要旨

被挂靠人是对外从事法律行为的名义主体，其不仅是付款义务的承担者，也是主张应得款项的权利主体。被挂靠人有义务积极追讨合同项下的工程款，而不应以挂靠为由拒绝承担义务。

关联索引

《中华人民共和国民法典》第七百九十三条

《中华人民共和国建筑法》第十二条、第二十六条

《最高人民法院关于审理建设工程施工合同纠纷案件适用法律问题的解释（一）》第一条

一审：上海市浦东新区人民法院（2020）沪 0115 民初 27070 号民事判决（2020 年 11 月 4 日）

二审：上海市第一中级人民法院（2021）沪 01 民终 1830 号民事判决（2021 年 6 月 3 日）

二审合议庭成员：陈福才（审判长）、叶兰（主审法官）、严佳维

案例评析

建设工程施工领域中，常见承包人因不具备相应资质而挂靠在有资质的单位名下，以被挂靠人的名义对外承接工程并实际负责施工项目，被挂靠人收取管理费的情形，以此来规避国家对施工资质的相关规定。建筑工程事关重大，不仅事关民生还涉及社会稳定，但建筑市场施工主体的能力参差不齐，故需要通过资质管理筛选出具有相应专业能力的施工人员从而促进建筑市场的规范发展，当施工资质成为建筑行业的获利工具，建设工程领域的市场秩序便无从谈起。但目前司法实践中因出借资质而导致纠纷的案件数量依然不容小觑，发包方出于低成本和便捷性的角度考虑选择无资质的承包人往往会引发一系列的法律问题。《建筑法》《最高人民法院关于审理建设工程施工合同纠纷案件适用法律问题的解释（一）》（以下简称《建设工程司法解释（一）》）及《民法典》中均明确了关于施工资质的效力性强制性规定，但对于挂靠情况下的工程款支付义务尚无明确规定。该案例认为，被挂靠人不得以未实际施工为由拒绝承担付款义务或拒绝配合追讨合同项下的工程款，主要原因如下：

第一，被挂靠人承担工程款的付款责任具有法律依据。首先，《建筑法》在第十二条、第二十六条中明确规定，建筑施工企业应当取得相应资

质，禁止超越资质等级施工或者用其他建筑施工企业的名义承揽工程。其次，《建设工程司法解释（一）》第一条规定，不具备施工资质的个人或者单位承包或者发包工程的合同依法应认定无效。再次，《民法典》第793条亦明确规定，建设工程施工合同无效，实际施工人主张工程款的，在验收合格的情况下可以依据双方的合同约定折价补偿实际施工人。《民法典》的规定考虑到了建设工程施工领域的特殊性，施工项目完毕后，通常不具备恢复原状的可操作性，若强制要求双方恢复到合同订立之前的初始状态也不符合经济高效的市场原则。考虑到施工项目的各项实际支出，以及施工人员的群体性利益，即使根据《建筑法》和《建设工程司法解释（一）》的规定合同自始被认定为无效，但仍存在工程款的支付义务。

第二，在认定工程款支付义务的承担主体时，虽然法律并无明确规定被挂靠人应当承担付款义务，但是可以从法律相关规定中探究其立法原意。其一，《建设工程司法解释（一）》第七条规定，缺乏资质的单位或者个人借用有资质的建筑施工企业名义签订建设工程施工合同，发包人请求出借方与借用方对建设工程质量不合格等因出借资质造成的损失承担连带赔偿责任的，人民法院应予支持。可见，被挂靠人在建设工程项目中需要承担一定的责任。但至于挂靠关系中的被挂靠人是否应当承担付款责任，司法解释并无明确规定。然根据文义解释，出借方和借用方需要承担连带责任的范围系"因出借资质造成的损失"，并非仅限于质量不合格的情况，因此，对于施工方而言，出借资质产生的损失亦可以理解为原本可以依合同约定主张的工程价款。其二，结合《民法典》诚实信用原则的相关规定，各民事主体从事民事行为应遵循基本的诚信，借用资质的两方主体规避法律强制性规定，违法对外承接项目、发包工程，实际上违反了法律的基本原则，若被挂靠人能够以出借资质为由拒绝承担相应的付款义务，则违背了《民法典》的基本精神。

第三，被挂靠人承担工程款的付款责任有利于规范市场行为。首先，从维护建筑市场资质管理制度来看，若挂靠人系实际施工人，被挂靠人以自己不是实际施工人为由拒绝承担相应的权利义务，实际上的法律后果是无资质的施工单位直接成为建设工程施工合同的主体，虽然合同无效，但是实际施工人在工程验收合格后依然有权参照合同约定主张施工导致的损失，本质上可以获得“工程款”，在此情况下，有资质的施工单位成为实际施工人取得施工资质的跳板；若挂靠人又将工程分包给其他施工方，实际施工人若仅能向挂靠人主张权利，实际使得被挂靠人从各方的法律关系中逃脱出来，不会因其出借资质扰乱市场管理的行为而承担任何后果。即从结果来看，各方通过挂靠规避了法律的强制性规定，显然有悖于资质管理制度的目的，也会使得国家设立资质管理制度的初衷落空。其次，从遵循收益与风险相对应的市场原则来看，被挂靠人通过出借资质可以获得相应的管理费，而在整个建设工程施工过程中，被挂靠人仅需以其名义订立合同，无需付出任何成本即可获取高额管理费，该获利显然与其付出的成本不相匹配。作为具有施工资质的施工单位，被挂靠人理应清楚建设工程施工领域应有的法律风险，也应知晓法律对于资质管理的强制性规定，其既然对外签订建设工程施工合同，即应清楚合同项下的权利义务内容以及签订合同后产生的法律约束力，其获得管理费的对价即合同关系项下应负的各项义务。再次，作为建设工程施工合同的订立主体，被挂靠人是对外从事法律行为的名义主体，其不仅是付款义务的承担者，也是主张应得款项的权利主体，当需要向总发包方主张相关权利时，被挂靠人有义务积极追讨合同项下的工程款，而不应以挂靠为由拒绝主张权利。

本案中，南通某某公司和宋某之间系挂靠关系，而南通某某公司以自己的名义和上海某某公司签订《内部承包合同》，系南通某某公司和上海某某公司之间的合同关系，南通某某公司应按照该合同的约定承担合同项下的权利义务,其有权向丙公司主张工程款。而在丙公司破产清算过程中,南通某某公司以该装饰装修合同系宋某挂靠且需等待宋某的指令为由,主张应由宋某申报债权,系怠于行使追讨相应工程款的权利,也系逃避承担支付相应工程款的义务,上述行为显然与其获得的高额管理费不相符,亦与我国法律法规的精神不符。

10. 贾某某非法行医案*

——非法行医案件中医疗行为与危害后果之间因果关系的认定

关键词 刑事 非法行医罪 非法行医行为 死亡后果 因果关系 直接致害因素 结果加重犯

基本案情

被告人贾某某在没有取得医疗机构执业许可证的情况下，在上海市松江区佘山镇高家村其暂住处非法行医。2010 年 11 月 4 日 12 时许，被害人褚某某因感冒发烧至贾某某的诊所就诊，贾某某使用清开灵注射液为褚某某静脉滴注。在输液过程中褚某某突感不适，出现神志不清等过敏不良反应。此后，褚某某被先后送往复旦大学附属中山医院青浦分院、复旦大学附属中山医院抢救，终因抢救无效于次日 4 时 58 分死亡。经鉴定，褚某某之死符合过敏反应并发 DIC 导致循环衰竭死亡。2011 年 5 月 9 日，贾某某被公安人员抓获。

上海市松江区人民法院于 2011 年 12 月 20 日作出(2011)松刑初字第 1067 号刑事附带民事判决：被告人贾某某犯非法行医罪，判处有期徒刑二年，并处罚金人民币 2 000 元。二、被告人贾某某赔偿原告人经济损失 654 754.80 元。宣判后，上海市松江区人民检察院提出抗诉。上海市第一中级人民法院于 2012 年 7 月 9 日作出(2012)沪一中刑终字第 127

---

* 编写人系上海市第一中级人民法院陈星、陈兵，入库编号 2023-06-1-336-001。

号刑事判决：一、撤销上海市松江区人民法院(2011)松刑初字第1067号刑事附带民事判决主文第一项，即“被告人贾某某犯非法行医罪，判处有期徒刑二年，并处罚金人民币2 000元”；二、被告人贾某某犯非法行医罪，判处有期徒刑十年，并处罚金人民币1万元。

裁判理由

法院生效裁判认为：被告人贾某某未取得医生执业资格和执业许可证而非法行医，其行为已构成非法行医罪。贾某某的非法行医行为直接导致了被害人褚某某的死亡，应认定为“造成就诊人死亡”。理由是：其一，贾某某为褚某某注射清开灵的医疗行为本身是非法行医行为；其二，本案所涉之清开灵注射液，因可能引起严重不良反应，早在2009年就被国家食品药品监督管理总局进行相关通报，事实也表明，使用清开灵注射液会导致过敏性休克、急性喉头水肿等严重过敏反应，甚至可导致死亡；其三，贾某某的非法行医行为导致褚某某出现高热、神志不清、休克等严重不良反应，经送医抢救无效死亡，其死亡原因经鉴定符合过敏反应并发DIC导致循环衰竭死亡；其四，褚某某被先后送至中山医院青浦分院和中山医院进行抢救，两家医院抢救无效并不构成因果关系的中断。贾某某非法行医，造成就诊人死亡，依法应处十年以上有期徒刑，并处罚金。鉴于贾某某到案后尚能如实供述自己的罪行，当庭自愿认罪，并能够赔偿被害人家属部分损失，故可依法对其从轻处罚。故法院依法作出如上裁判。

裁判要旨

就诊人死亡的非法行医案件中，如果行为人的非法行医行为是就诊人死亡后果医学上的直接致害因素，则通常行为人构成非法行医罪的结果加重犯。如果医院没有明显过错的抢救行为，不能中断非法行医行为与死亡后果之间的因果关系。

关联索引

《中华人民共和国刑法》第三百三十六条

一审：上海市松江区人民法院(2011)松刑初字第1067号刑事附带民事判决(2011年12月20日)

二审：上海市第一中级人民法院(2012)沪一中刑终字第127号刑事判决(2012年7月9日)

二审合议庭成员：陈星(审判长兼主审法官)、王晓越、徐洁

案例评析

根据《刑法》第三百三十六条规定，非法行医造成就诊人死亡的，处十年以上有期徒刑，并处罚金。由此，非法行医案件中，非法行医行为与就诊人死亡结果之间是否具有因果关系，直接关系行为人是否成立非法行医罪的结果加重犯。现具体详述如下：

一、结果加重犯中的非法行医行为与就诊人死亡后果之间应当具有典型的因果关系

结果加重犯是指，行为人实施的基本犯罪，引起了可归责于行为人的加重结果。结果加重犯的法定刑相对基本犯一般较重。因此，应当严格限定其成立范围，以体现刑法的严肃性和谦抑性。从犯罪构成上分析，除了行为人基本犯的主体条件与主观罪过外，行为人应当实施了基本犯罪行为，且基本犯罪行为造成了加重结果，即两者之间应当具有因果关系，只有满足以上条件，才能构成结果加重犯。换言之，基本犯罪行为与加重结果之间的因果关系是行为人承担结果加重刑事责任的客观基础。

典型的因果关系是行为与结果之间一种引起与被引起的关系，具有客观性、直接性和特定性。一般而言，行为与结果之间如存在无前者即无后者的关系，即可认为因果关系成立，判断依据为生活逻辑，具体到非法

行医案件，则为医学原理。如一起非法行医案中，非法行医的行为人对腹泻、发烧多日的就诊人（系婴儿）进行了初步诊治，并告知监护人应当立即送到正规医院，但监护人并未带就诊人去正规医院就医，后就诊人因急性肠炎并发间质性肺炎和支气管炎，终至循环、呼吸衰竭死亡。该案就诊人的死亡是其本身的疾病所致，行为人的非法行医行为并未引起就诊人的死亡。就诊人死亡的非法行医案件中，就诊时间被耽误是常态，但不宜直接据此认定非法行医和死亡后果之间具有因果关系。否则，一方面有违因果关系特点，另一方面也不当地扩大了非法行医罪结果加重犯的处罚范围，有违刑法谦抑性。

以本案为例，被害人所患的是通常情况下并不会导致死亡的感冒发烧，但贾某某的非法行医行为所涉之清开灵注射液，因可能引起严重不良反应甚至死亡早就被国家食品药品监督管理总局进行相关通报。被害人在接受贾某某诊治并进行清开灵注射液静脉滴注后即出现高热、神志不清、休克等严重不良反应，经送医抢救无效死亡，其死亡原因经鉴定符合过敏反应并发 DIC 导致循环衰竭死亡。可见，贾某某为被害人静脉滴注清开灵注射液直接导致了被害人出现严重过敏反应，被害人终因过敏性反应并发 DIC 导致循环衰竭死亡。没有被告人非法注射清开灵行为，就不会发生被害人死亡后果，两者之间存在着明显的因果关系。

二、非法行医行为与就诊人死亡后果之间的因果关系不因医院正常抢救无效而中断

就诊人死亡的非法行医案件中，类似医院抢救失误导致被害人死亡，也即多因一果的情形并不鲜见。此时非法行医行为与死亡结果之间的因果关系认定相对复杂，需要我们考虑先前的非法行医行为与死亡后果之间的因果关系是否被介入因素中断。

第一,本案中并不存在介入因素。介入因素,是指介入到危害行为的发生过程而导致发生某种结果的其他因素,如被害人的行为、第三者的行为、特殊的自然事件等。刑法意义上的介入因素也是原因之一,而所有原因均应当是对结果的发生起到引起或加速作用的事件,而非广义上所理解的因果进程中介入进来的所有事件,例如非法行医后送被害人到医院、医院正常的抢救行为等,以免将介入因素扩大化、复杂化。本案中,医院对其抢救行为并无明显过错,且该抢救行为对于被告人的死亡并未起到加速作用,只是未能阻止被告人死亡后果的发生。因此,贾某某为被害人静脉滴注清开灵注射液直接导致被害人出现严重过敏反应,并发 DIC 导致循环衰竭死亡的过程是一个直接、连续、符合规律且没有其他外因介入的病情发展、恶化过程,介入因素并不存在,并非多因一果。

第二,如存在实践中经常出现的医生过错导致被告人死亡等情况,则需要进行综合考量:其一,如介入因素与先行行为无关,且该介入因素独立地导致了危害结果的发生,则先行行为与危害结果的因果关系中断,如非法行医导致就诊人病情危重,就诊人在被送往医院抢救途中遭遇车祸身亡,非法行医行为与就诊人死亡后果之间因果关系中断。其二,依据先行行为导致危害结果发生的可能性和作用、介入因素对结果作用、介入因素的异常性,判断先行行为与危害后果因果关系是否中断。如行为人的非法行医行为导致了就诊人濒临死亡的重伤,而该伤势通常情况下也会导致就诊人死亡时,虽然医院的误诊加速了就诊人的死亡,但还是认定非法行医行为与死亡后果之间因果关系不中断为宜。如果行为人的非法行医行为仅仅导致就诊人轻伤或者是正常情况下能够抢救回来的重伤,但因医生的重大过失导致被害人死亡时,则非法行医行为与死亡后果之间因果关系中断。该类型案件在司法实践中还存在着一些较为少见的情况,例如医生因刚好与被害人或被告人有隙,故意不施救甚至加速被害人死亡,该类介入因素较为异常,其对非法行医行为与死亡后果因果关系的阻断作用相对于一般案件更大。故在个案裁量时,需对其加以注意,综合判断。

11. 天津某教育公司诉上海某泵业公司等股东出资纠纷案*

——瑕疵股东主张抽逃股东返还出资的认定标准

关键词 民事 股东出资 瑕疵股东 抽逃出资 主体资格 返还出资 连带责任

基本案情

天津某教育公司诉称：天津某教育公司通过司法拍卖从上海某创业公司处取得上海某小贷公司10%股份并经法院生效裁定确认所有权。经查上海某小贷公司涉诉信息发现，法院生效判决认定上海某泵业公司及其他八家股东抽逃出资并将其追加为被执行人。可见，上海某泵业公司构成抽逃出资，应当返还出资；林某某作为上海某小贷公司董事长、董事，协助上海某泵业公司抽逃出资，应当承担连带责任。请求判令：1.上海某泵业公司向上海某小贷公司返还其抽逃出资600万元；2.林某某就上述诉讼请求承担连带责任。

上海某泵业公司、林某某辩称，天津某教育公司不具有股东资格身份，无权提出本案诉讼。天津某教育公司通过拍卖方式继受取得股权，但未按协议内容办理工商变更登记手续，在知道转让方上海某创业公司也抽逃出资的情况下，并未向上海某小贷公司履行出资义务。上海某小贷

---

* 编写人系上海市第一中级人民法院郑军欢、上海市长宁区人民法院（原任职于上海市第一中级人民法院）刘洁，入库编号 2023-08-2-265-002。

公司自2016年之后不再经营并办理相关工商变更手续,其权益并未受到侵害。林某某非本案适格被告,没有证据证明其协助抽逃出资。

上海某小贷公司述称,当时股东都没有出资,天津某教育公司要求上海某泵业公司返还抽逃的出资不合理。上海某小贷公司经营时由上海某创业公司管理,自2012年起未再经营,目前也无负债。

法院经审理查明:上海某小贷公司成立时有包括上海某泵业公司、上海某创业公司在内的九名股东。成立前,九名股东收到案外人上海某发展公司汇款共计6 000万元,当日即分别转汇至上海某小贷公司账户,以货币出资形式缴足上海某小贷公司的注册资本6 000万元。其中上海某创业公司汇入注册资本600万元,上海某泵业公司汇入了注册资本1 200万元整。成立后两天左右,所有股东再以本票形式分别将6 000万元的注册资本由上海某小贷公司账户转回上海某发展公司账户。

其后,上海某小贷公司因涉诉被申请强制执行,法院追加上海某泵业公司等为共同被执行人,上海某泵业公司所缴代管款被法院划扣。上海某创业公司进入破产清算程序,名下上海某小贷公司10%股权被法院裁定归买受人天津某教育公司所有。双方协议约定:转让标的为上海某创业公司合法持有的上海某小贷公司10%的股权(对应注册资本为600万元),转让股权包括对应的所有权利和利益。本次交易系在司法拍卖平台以1元价格变卖进行,天津某教育公司对标的股权及目标公司的现状及瑕疵均明知并自愿接受,成交价为16 000元。双方确认以法院作出破产裁定之日为标的股权的交割日。

另查明,林某某系上海某泵业公司的法定代表人,兼上海某小贷公司董事长。2016年,上海某小贷公司关于取消本市小额贷款公司试点资格的申请被相关部门批复同意,不得开展新的小额贷款业务。

上海市闵行区人民法院于2021年9月26日作出(2021)沪0112民初19563号民事判决:驳回天津某教育公司的诉讼请求。宣判后,天津某教育公司不服一审判决，提起上诉。上海市第一中级人民法院于 2022 年 6 月 30 日作出(2021)沪 01 民终 14513 号民事判决：一、撤销上海市闵行区人民法院(2021)沪 0112 民初 19563 号民事判决；二、上海某泵业公司于判决生效之日起十日内向上海某小贷公司返还出资 600 万元；三、驳回天津某教育公司的其余诉讼请求。

裁判理由

法院生效裁判认为，本案主要争议是：第一，天津某教育公司是否有权主张上海某泵业公司向上海某小贷公司返还抽逃出资；第二，林某某应否承担连带责任。

一、天津某教育公司是否有权主张上海某泵业公司向上海某小贷公司返还抽逃出资

首先，上海某泵业公司通过第三方代垫出资并将其出资抽回的行为并未经过法定程序，属于《最高人民法院关于适用〈中华人民共和国公司法〉若干问题的规定(三)》(以下简称《公司法司法解释三》)第十二条第一条第(四)项规定的情形，构成抽逃出资。另案生效裁定也对此进行认定。

其次，天津某教育公司通过法院公开拍卖获得上海某创业公司持有的上海某小贷公司 10%股权并支付股权转让款，所有权已获生效裁定确认，应享有上海某小贷公司的股东权利，根据《公司法司法解释三》第十四条规定，有权提起本案诉讼。

最后，即便受让的股权有瑕疵，天津某教育公司作为股东仍有权请求抽逃出资的股东上海某泵业公司向上海某小贷公司返还全部出资(需扣除上海某泵业公司已因抽逃出资被法院执行并划扣以清偿上海某小贷公司对外债务的款项金额)。理由如下：第一，法律没有明确规定《公司法司法解释三》第十四条中的其他股东应限定为守约股东。从促进公司资本充实的目的看，也不应将抽逃出资股东或者受让瑕疵股权的股东排除在该法条中请求其他抽逃出资股东向公司返还出资本息的其他股东之外。对未履行出资义务或者抽逃出资的股东提起股东出资诉讼是法律赋予其他股东的权利，对该条中其他股东的资格进行限缩，与公司资本制度不符。第二，全体股东都有向公司出资的义务，该出资并非股东之间的对待给付，权利主体是上海某小贷公司，包括上海某泵业公司在内的任一股东均不得以对方未履行出资义务或者抽逃出资或者受让之股权存在瑕疵为由拒绝履行自身的出资义务。第三，股东抽逃出资侵害的是公司财产权益，股东行使出资请求权属于共益权范畴。况且，从公司资本维持的角度来看，未履行出资义务或者抽逃出资的股东之间互相催缴出资，有利于公司资本充实。第四，股东的出资义务具有法定性，公司资本维持是股东承担有限责任的基础，公司资本缺失显然会降低公司的履约能力和偿债能力，故不应以公司意志予以免除。

二、林某某应否对上海某泵业公司的返还出资义务承担连带责任

上海某泵业公司作为上海某小贷公司股东，其抽逃出资侵犯了公司财产权。如果公司其他股东、董事、高级管理人员或者实际控制人协助抽逃出资，则构成共同侵权，应与上海某泵业公司承担连带责任。但据上海某小贷公司企业公示信息显示，林某某虽系上海某小贷公司董事长，但并非法定代表人，现有证据也不能证明林某某系上海某小贷公司实际控制人，或者上海某小贷公司发起设立时通过案外人代垫验资事宜系由林某某经办。因此，天津某教育公司主张林某某协助抽逃出资缺乏事实依据。

裁判要旨

股东抽逃出资侵害的是目标公司财产权益，公司其他股东依据《公司法司法解释三》第十四条行使出资请求权属于共益权范畴，目的是维持公

司资本，对该法条中行使出资请求权的“其他股东”进行限缩与公司资本制度也不符。即便行权股东自身出资存在瑕疵，或公司明确表示无需返还，从出资责任、请求权性质、价值选择三个方面考虑，抽逃出资的股东也不能以此主张免除自己的返还义务。在公司尚未经法定清算、清偿债权债务的情况下，为保障公司债权人的合法权益，股东抽逃的公司资本仍需补足，可主张返还出资的主体应包括所有股东。

关联索引

《中华人民共和国公司法》第九十一条

《最高人民法院关于适用〈中华人民共和国公司法〉若干问题的规定（三）》第十四条

《最高人民法院关于适用〈中华人民共和国民事诉讼法〉的解释》第九十条

一审：上海市闵行区人民法院（2021）沪 0112 民初 19563 号民事判决（2021 年 9 月 26 日）

二审：上海市第一中级人民法院（2021）沪 01 民终 14513 号民事判决（2022 年 6 月 30 日）

二审合议庭成员：郑军欢（审判长兼主审法官）、胡瑜、胡玉凌

案例评析

注册资本是公司的资金来源，对于公司的运作和发展至关重要，该笔资金是公司承担责任的保证，也是对股东的责任限制。股东抽逃出资，不仅会造成公司资本缺失，不利于资本维持，而且会损害公司债权人利益，有违公平诚信。为维持公司资本，《公司法司法解释三》第十四条第一款赋予公司和其他股东请求抽逃出资股东返还出资本息的权利。此处的“其他股东”如何理解，若行权主体自身出资也存在瑕疵，或公司明确表示无需返还，那么抽逃出资的股东能否以此主张免除自己的返还义务？就前述问题详述如下：

第一，从出资责任的法定性分析。首先，股东出资不仅是约定义务，更是法定义务，具有对世性。若存在虚假或抽逃出资等出资瑕疵，股东应

依法补足或返还，不能援引双务合同抗辩权，也不能以共同侵权为由主张免除自己的法定义务。其次，公司资本是公司独立人格、独立承担责任的核心要素，也是公司对外偿债与建立信用的基础。维持公司资本是股东承担有限责任的基础，不因公司意志而免除，亦不得通过股东间的协商而豁免，否则将有损外部债权人利益。主张抽逃出资股东返还出资的行权主体应包含瑕疵股东，这有利于公司资本利益及外部信用的维护。再次，股东抽逃出资侵害的是公司财产权益，《公司法司法解释三》第十四条第一款所涉出资请求权属于共益权，目的是维持公司资本，对行权主体进行限缩与公司资本制度不符。准许瑕疵股东向其他未履行或者抽逃出资义务股东行权，不代表豁免其自身出资义务或应承担的法律责任，反而有利于资本充实。最后，若因“其他股东”系出资瑕疵股东而否定其请求权，而公司又怠于向股东主张权利，则可能出现全体股东均不履行出资义务的僵局，也可能造成公司对自身财产的处分权被滥用。即便在公司解散时或在破产程序中，股东亦应补足出资。本案中，上海某小贷公司虽已停止经营，但尚未进入清算。此时驳回天津某教育公司要求上海某泵业公司返还出资的诉请，缺乏充分依据。

第二，从请求权的共益性分析。一方面，公司资本是公司自有的、具有排他性支配权的独立财产，股东不得随意挪用或抽逃。股东依法行使返还出资请求权，不仅是为了自身利益，更有利于公司和社会利益，该请求权具有共益性，应当予以鼓励。另一方面，立法规定返还出资请求权是为了充实公司资本，维持资本稳定，行权主体范围应尽可能扩大，包括但不限于守约股东。即便是非诚信股东主张其他未出资股东返还出资，从结果来看，对于公司和债权人有益而无害。若要求非诚信股东先弥补自己的出资瑕疵后才能行权，会放任甚至助长股东抽逃出资的发生，阻碍共益权的行使，不利于公司和债权人利益的保护。本案中，天津某教育公司的主张得到法院支持后，上海某泵业公司抽逃的出资返还至上海某小贷公司账户。若其余被抽逃的出资也通过此种方式返还至上海某小贷公司账户，则公司资本得到进一步充实，有利于维护公司和债权人利益。

第三，从价值选择导向分析。“寻求公正之人不应行不公正之事”，净手原则的要义是一方不能因其不当行为而获得法律上的救济。该原则在我国《公司法》中没有明确规定，也不应适用于本案。首先，依据司法解释的规定，天津某教育公司要求上海某泵业公司向目标公司上海某小贷公司返还抽逃出资，可见诉讼利益直接归属于目标公司而非瑕疵股东自己，不满足净手原则的适用条件。其次，天津某教育公司本身的瑕疵出资行为，与上海某泵业公司向目标公司返还出资之间缺乏关联性。即便作为本案原告的股东本身存在不当行为，亦不得对其适用净手原则。再次，公司除了自身经营获取收益之外，还应承担更多的社会责任。停止经营不代表公司对内对外的债权债务已经清算并履行完毕，司法实践中被未出资的股东所控制的公司并不少见，若对行权股东范围进行限缩，将不利于维护公司和社会利益，故在公司尚未经法定清算、清偿债务的情况下，为保障公司债权人的合法权益，股东抽逃的公司资本仍需补足，可主张返还出资的主体应包括所有股东。本案中，虽然上海某小贷公司已经停止经营并自称对外已无债权债务，无需各股东返还出资，但其尚未进入清算程序，不排除对外尚欠债务，仍需对外承担社会责任，故包括上海某泵业公司在内的所有抽逃出资的股东均应承担返还出资的义务。对于上海某泵业公司而言，若其认为天津某教育公司受让的股权存在出资瑕疵，也有权另案主张。即便股东抽逃出资的行为可能会引发连环诉讼，但最终结果是上海某小贷公司的资本愈加充实及清偿能力的加强，债权人的合法权益得到有效保护，而各股东待公司清算完成后也会获得自己应得的财产，公司的社会价值和股东的价值最终均会实现。

12. 金某诉某公司修理合同纠纷案*

——保修期内经营者收取维修费用应履行告知义务

关键词 民事 承揽合同 修理合同 消费者权益保护 三包服务 正当程序原则 合理告知及证明义务

基本案情

金某诉称:2017 年 7 月 1 日,其购买了 P 品牌电脑一台,之后频频出现故障。2017 年 12 月 18 日中午,金某前往维修,但被告知要支付修理费后才能维修,为尽快取回,金某被迫支付修理费。电脑系于 2017 年 7 月 1 日购买,完全符合整机和主要部件的三包规定,某公司理应免费维修,且修理过程中污损了电脑。故起诉要求:1.判令某公司退还收取的修理费用 443.83 元;2.判令某公司赔偿损失 1 元。

某公司辩称:第一,金某理应向电脑产品销售方主张相关责任,而非该公司;第二,电脑系外力导致 IPD 线路断裂,致使无法开机工作,不属于法律规定的三包范围;第三,某公司在替金某更换 IPD 线之前,已经向金某说明了付费维修情况,征得金某同意后才进行维修;第四,某公司并未对金某的电脑进行污损,金某理应承担举证责任;第五,金某已经向销售方进行退货,其不存在损失。

---

* 编写人系上海市第一中级人民法院李兴、上海市徐汇区人民法院(原任职于上海市第一中级人民法院)戴欣媛、安徽省滁州市中级人民法院(原于上海市第一中级人民法院实习)张菲菲,入库编号 2023-07-2-114-002。

法院经审理查明:2017年7月1日,金某在某商城网购P品牌笔记本电脑一台(以下简称“系争电脑”)。系争电脑的P品牌商品三包凭证上注明:“一、P品牌严格按照《维修计算机商品修理更换退货责任规定》,为购买P品牌电脑商品的消费者实行三包。二、请注意:凡有下列情况之一者,不属于三包范围。1.超过三包有效期的;2.未按产品使用说明的要求使用、维护、保管而造成损失的。”2017年12月18日,金某将系争电脑送至某公司南京东路店维修。2017年12月26日,某公司南京东路店向金某出具维修收据载明,维修配件FLEX, IPD-MLB(ANSL/IOS)94元,硬件维修劳务费349.83元,共计443.83元。金某支付了上述费用。之后金某在某商城网将电脑退货。后因与某公司就维修费协商未果,金某起诉至法院。

一审审理中,某公司提交了一份《Genius Bar授权文件》以证明系争电脑存在外力损坏。该文件注明日期为2018年1月17日,客户信息为金某,记载保修状态为:“使用不当级别2(OW)”,顾客姓名及接收人签字栏均为空白。该文件的问题说明/诊断为:“客户描述该设备无法开机”;外观状况为:“右上角和左上角存在磕痕”。建议的解决方案为:“初步怀疑Power按键故障,建议优先更换Topcase。”维修估价说明为:“Input Device(IPD) to logic Board Flex Cable(ANSI/ISO)应付金额80元,Hardware Repair Labor应付金额299元,增值税64元,共计444元。”同时,该公司提交了一份金某的电子签名网页截屏,并称其系金某在取回电脑当天签署《Genius Bar授权文件》时所留。金某则否认签署《Genius Bar授权文件》。此外,该公司还提交了一份内部邮件截图,显示了两张电脑照片,分别备注“主板有黏滞物”“拆卸底壳时,发现IPD已断裂在设备内”,但未记载电脑型号及客户名称。

二审审理中,某公司认可系争电脑在送修时处于整机保修期之内,并且是正规产品。同时,某公司官方网站的“中国官方保修政策- P品牌官方支持”网页显示：电脑整机及所含附件自原始购买之日起享有 1 年保修期。

上海市浦东新区人民法院于 2018 年 9 月 28 日作出（2018）沪 0115 民初 51372 号民事判决，判决驳回金某的诉讼请求。宣判后，金某不服，提起上诉。上海市第一中级人民法院于 2019 年 4 月 1 日作出（2019）沪 01 民终 50 号民事判决，判决：一、撤销一审判决；二、某公司于本判决生效之日起十日内返还金某人民币 443.83 元；三、驳回金某的其余诉讼请求。

裁判理由

法院生效裁判认为，金某通过正规渠道购买了某公司所认可的在中国区域内合法销售的笔记本电脑，其发现系争电脑存在无法开机的故障后，随即送往某公司门店进行维修，某公司亦提供了检测、维修服务。因此，金某虽未与某公司签订书面维修合同，但其与某公司之间的维修合同关系已经依法成立，并属合法有效。现金某主张某公司返还维修费，并赔偿电脑污损损失；某公司则主张其并不对金某承担免费保修义务，且系争电脑故障不属于免费保修范围，其未对电脑造成污损。因此，本案争议焦点在于：一、某公司是否应当对金某承担免费保修义务？二、某公司收取 443.83 元维修费是否具有合法依据？三、某公司的维修行为是否对系争电脑造成了损害？对此分述如下：

一、关于某公司是否应当对金某承担免费保修义务的问题

根据某公司在其官方网站及产品三包凭证中所作的承诺，其向购买合法 P 品牌电脑商品的消费者直接提供三包服务。该承诺系某公司对所有合法购买 P 产品的消费者所作的公开意思表示，金某与某公司就系争电脑虽不存在买卖合同关系，但金某购买系争电脑后就已经成为某公司上述承诺所指明的对象。金某现表示其接受某公司的相关三包服务承诺,同意按照上述承诺履行维修合同,故双方之间的三包服务合意已经达成。系争电脑销售者的三包服务义务与某公司的单方服务承诺并不矛盾,消费者有权进行选择。国家质量监督检验检疫总局、信息产业部于2002年7月23日颁布的《微型计算机商品修理更换退货责任规定》第十条第一款规定,在整机三包有效期内,微型计算机商品出现质量问题,应当由修理者负责免费维护、修理,并保证修理后的商品能够正常使用30日以上。某公司在二审审理中表示认可系争电脑在送修时处于整机保修期之内,故其应当向金某履行整机免费保修义务。某公司主张其对金某不承担免费保修义务,与其上述承诺及部门规章规定不符,法院不予支持,并同时认定本案维修合同内容中应当包含某公司对消费者所作的公开承诺事项。

二、关于某公司收取443.83元维修费是否具有合法依据的问题

第一,本案维修合同关系建立在某公司的整机免费保修义务基础之上,因此,消费者能够合理预期其将享受到免费维修服务,某公司的维修费用请求权在合同成立时则并不确定,而是应当根据实际检测、维修状况,由某公司履行合理告知及证明程序后方能产生。P品牌商品三包凭证中载明,未按产品使用说明的要求使用、维护、保管而造成损失的不属于三包范围。现某公司主张系争电脑因外力损坏导致IPD线断裂,根据上述条款,该故障故不属于免费保修范围,而金某则称某公司收取维修费时并未告知合理依据,故某公司应当对其主张的事实承担必要的举证责任。需要说明的是,维修收据虽能证明金某在付费后知晓了维修事项,但并不能证明其与某公司达成了确认维修事项不属于免费保修范围的合意。因为,微型计算机维修属于技术需求较高的专业活动,故障原因及维

修方法并非普通消费者所能识别与查证，如果修理者没有履行基本的证明与告知程序，消费者则无从判断收费行为是否符合三包承诺条款。一审法院认定某公司在本案中已经无需就收费依据承担举证责任，系属不当，二审法院予以纠正。但是，在付款行为完成的情况下，某公司的举证责任亦应当限定在证明其告知程序的形式合理性，而非告知内容的实体真实性。

第二，《微型计算机商品修理更换退货责任规定》第六条第七项规定，“修理者应当承担以下责任和义务：……（七）认真、如实、完整地填写维修记录，记录故障、修理情况和修理后的质量状况，向消费者当面交验修理好的微型计算机商品和维修记录……根据上述规定，某公司应当在维修活动中完整保存维修记录，并在维修完成后向消费者出示说明维修过程，以正当程序证明其主张维修费用的请求权基础。本案一审审理中，某公司提交了《Genius Bar 授权文件》以证明其主张，二审法院对此分析如下：首先，该文件记载的日期为 2018 年 1 月 17 日，某公司提交的电子签名并未附着于该份文件，而金某取回系争电脑的时间为 2017 年 12 月 26 日，二者日期明显不相符，故某公司关于金某在取回系争电脑时已阅看签署该份文件的主张难以成立。其次，既然该文件标注的形成时间晚于维修结束时间，从常理分析，应当是对整个维修过程的总结。但从实际内容看，该文件确认了“设备无法开机”的故障，记载的“建议解决方案”为“初步怀疑 Power 按键故障，建议优先更换 Topcase”，而页尾用英文、数字标注的“维修估价”项目却与页首的“建议解决方案”并不相符，整个文件既没有记载具体检测与维修过程，也没有描述实际维修与建议方案不一致的原因。再次，虽然文件右上角记载保修状态为“使用不当级别 2（OW）”，外观描述也记载“存在磕痕”，但该两处描述并非形成于维修过程中，文件亦没有对二者的关联性进行具体描述，无法单独作为认定金某人为损坏系争电脑的依据。

综合上述分析，二审法院认定该份《Genius Bar 授权文件》缺少金某的附着签名，所记载的形成时间与某公司的主张自相矛盾，而且内容不符合《微型计算机商品修理更换退货责任规定》的要求。某公司虽在一审审理中还提交了其内部邮件截图，但该截图既没有得到金某的确认，也与系争电脑缺乏对应性。因此，综合本案证据事实，二审法院认定某公司未能举证证明其在收费前向金某履行了正当的告知程序。

第三，尽管系争电脑已经维修完毕，且金某已经将系争电脑退还给销售者，但由于某公司作为修理者未在收费前履行正当告知程序，故其在免费保修义务基础上的维修费请求权基础不能成立。原《中华人民共和国民法总则》第一百二十二条规定，没有合法根据，取得不当利益，造成他人损失的，应当将取得的不当利益返还受损失的人。金某现主张某公司返还所收取的 443.83 元维修费，符合上述法律规定，且无需解除系争维修合同，应予支持；某公司主张其收取维修费具有合法依据，缺乏事实与法律依据，法院不予支持。

三、关于某公司的维修行为是否对系争电脑造成损害的问题

金某称某公司的维修人员在维修过程中污损了系争电脑，某公司对此予以否认，金某也没有就其主张的该项事实提供任何证据予以证明。而且维修完毕后，系争电脑已经能够正常开机运行，并不存在其他影响使用的受损情况。因此，金某主张某公司在履行维修合同过程中造成了其财产损失，缺乏事实与法律依据，法院不予支持。

综上所述，对金某的上诉请求予以部分支持。判决：撤销一审判决，某公司应当返还金某人民币 443.83 元，并驳回金某的其余诉讼请求。

裁判要旨

经营者应当对保修期内的微型计算机商品提供免费三包服务，其向

消费者主张其维修服务属于付费项目时,应当依正当程序原则履行合理证明及告知义务。经营者在维修收费时未履行正当告知程序,在诉讼中又无法提供符合基本形式要件的维修记录,或所提供的收费依据存在明显瑕疵,消费者请求经营者返还已支付的维修费的,人民法院应予支持。

关联索引

《中华人民共和国民法典》第一百二十二条(本案适用的是2017年10月1日施行的《中华人民共和国民法总则》第一百二十二条)

一审:上海市浦东新区人民法院(2018)沪0115民初51372号民事判决(2018年9月28日)

二审:上海市第一中级人民法院(2019)沪01民终50号民事判决(2019年4月1日)

二审合议庭成员:李兴(审判长兼主审法官)、许鹏飞、吴慧琼

案例评析

三包责任,是指经营者提供的商品或者服务不符合质量要求的,消费者可以要求经营者履行更换、修理、退货等义务。就其相关规定,狭义立法上可见于《中华人民共和国消费者权益保护法》(以下简称《消保法》)第二十四条以及《中华人民共和国产品质量法》第四十条之规定,并散见于各类行政规章中。基于"强化经营者的义务,进一步保护消费者的合法权益"的立法目的,三包责任本质上系立法就特定商品所规定的最低限度要求,法律亦鼓励经营者作出更有利于维护消费者合法权益的严于法定要求的三包承诺。同时,根据消费环节"经营者首问制",当发生如质量违约等消费纠纷时,原则上由销售者或服务者对其出售的商品或提供的服务负责,但非实际出售商品或提供服务的经营者也可以自愿作出三包承诺。

第一,保修期内三包服务合同因消费者承诺而成立。本案中,金某通过正规渠道购买了某公司所认可的在中国区域内合法销售的笔记本电脑,其在保修期内发现系争电脑存在无法开机的故障后,随即送往某公司门店进行维修,某公司亦提供了检测、维修服务。但据此并不足以直接认

定金某意欲与某公司之间订立有偿维修合同，而非三包服务合同。

首先，某公司在其官方网站及三包凭证中所作承诺系在销售环节针对不特定消费者所作的公开意思表示，当金某前往某公司进行维修时即推定其做出接受某公司上述承诺的承诺，故双方之间的三包服务合意已经达成。依据《微型计算机商品修理更换退货责任规定》第十条第一款规定，在整机三包有效期内，微型计算机商品出现质量问题，应当由修理者负责免费维护、修理，并保证修理后的商品能够正常使用 30 日以上，金某虽未与某公司签订书面维修合同，但其与某公司之间的维修合同关系已经依法成立生效。某公司在二审审理中认可系争电脑在送修时处于整机保修期之内，故其应当对金某承担保修义务。

其次，维修合同本质上属于承揽合同，而承揽合同的债权人在债权未能如期获得清偿时，可留置已先行合法占有的动产作为债权实现的担保。当消费者拒绝支付维修价款时，经营者通常则会主张留置权以留置消费者的动产。因此，基于取回所有物之考量，金某先行支付维修款项并不足以推定其存在有偿维修的意思表示。

最后，当双方当事人的内心真意不一致时，应从交易上的典型理解出发，通过对相关事实的查明以及消费习惯的考察，得出意思表示的规范意义。具体而言：其一，金某于 2017 年 7 月 1 日网购系争电脑，于 2017 年 12 月 18 日将其送至某公司维修，购买后不足六个月商品发生故障，一个客观理性的消费者的消费习惯必然是通过三包售后服务解决；其二，金某将系争电脑送至某公司维修，而非它店维修，也足以佐证其并非意在成立一个有偿的维修合同。

第二，保修期内经营者主张系非三包范围的收费维修业务时，须履行合理证明及告知义务。因为微型计算机维修属于技术需求较高的专业活动，故障原因及维修方法并非普通消费者所能识别与查证，如果修理者没有履行基本的证明与告知程序，消费者则无从判断收费行为是否符合三包承诺条款。合理证明及告知程序是消费者维权与知情权保障的关键，要求经营者须适时履行如下义务：其一，向消费者告知产品的故障原因、修理情况以及修理后的质量状况；其二，告知并说明产品故障不实行三包的情形及原因；其三，消费者主动要求的说明释理义务；其四，向消费者当面交验维修记录等。

对微型计算机商品经营者是否已经履行了合理证明及告知义务的认定，需在具体案件中综合理性人能够理解的客观标准和消费者能够理解的主观标准来确定。根据《微型计算机商品修理更换退货责任规定》第六条第七款规定，某公司应当在维修活动中完整保存维修记录，并在维修完成后向消费者告知产品的故障原因、修理情况、修理后的质量状况，说明产品故障不实行三包的情形及原因并交验维修记录，以证明其具有主张维修费用的合理依据。

本案中，某公司提交了《Genius Bar 授权文件》以证明其主张，而该份《Genius Bar 授权文件》不足以证明某公司履行了合理证明及告知程序。原因在于：一是该文件缺少金某的附着签名；二是该文件形成时间晚于系争电脑维修结束时间；三是内容缺乏具体检测与维修过程的记载，也没有描述实际维修与建议方案不一致的原因；四是保修状态上记载的“使用不当级别 2（OW）”与“存在磕痕”的关联性缺乏具体描述，无法单独作为认定金某人为损坏系争电脑的依据。因此，可以认定某公司未能证明其在收费前向金某履行了正当的证明及告知程序，无权收取维修费用。

第三，在保修期内的维修费用纠纷，推定由经营者对不实行三包的法律事实承担举证证明责任；超出保修期的维修费用纠纷，则由消费者承担相关事项的举证证明责任。其中，就微型计算机商品是否存在人为损坏、经营者是否履行合理证明及告知义务的举证证明责任，前者属于经营者不履行三包服务的免责事由，后者是其主张维修费用请求权的前提，两者本质上均是由经营者主张其与消费者之间存在有偿维修合同或免费三包服务合同关系。依据《最高人民法院关于适用〈中华人民共和国民事诉讼法〉的解释》第九十一条第一项规定，由主张存在该法律关系存在的经营者对基本事实提供证据并承担举证证明责任。在经营者是否履行合理证明及告知义务的证明程度上，基于对特定行业、特定产品基本特性的尊重，不宜苛责过高标准，尤其在消费者完成付款行为的前提下，经营者在本案中的举证证明责任应限定于证明其告知程序的形式合理性。

同时，就微型计算机商品是否存在质量瑕疵的举证证明责任，应适用举证证明责任倒置。依据《消保法》第二十三条第三款规定，经营者提供的机动车、计算机、电视机、电冰箱、空调器、洗衣机等耐用商品或者装饰装修等服务，消费者自接受商品或者服务之日起六个月内发现瑕疵，发生争议的，由经营者承担有关瑕疵的举证责任。本案中，金某网购系争电脑后不足六个月即发生故障，故有关微型计算机商品的质量瑕疵应由某公司承担举证证明责任。

13. 杨某某诉某航空公司服务合同纠纷案*

——常旅客计划中旅客不当行为的规制与权益保护

关键词 民事 服务合同 会员积分 财产属性 格式条款 滥用权利 合同解除 通知义务

基本案情

杨某某于 2016 年 7 月起成为某航空公司“某万里行”白金卡会员，其通过购买并乘坐某航空公司的航班，获取了大量的“达人券”（购买机票的优惠券）及积分（截至 2018 年 12 月 3 日，杨某某账户共有消费积分 432 999，另有因杨某某退票而产生的尚未到账的积分 547 000）。为延长“达人券”的使用期限（该券有效期为航班成行后 180 个自然日内），杨某某使用“达人券”购买可能迟延的航班，再予以退票。一方面退票后返还的“达人券”使用期限可自动顺延一个月，另一方面因航班迟延可全额退票。自 2017 年 1 月至 2019 年 1 月，杨某某本人共计购买机票 1 118 张，退票 830 张，已使用的客票为 161 张。某航空公司发现杨某某存在上述行为后，以滥用会员权利做出处理，并于 2018 年 11 月 27 日、12 月 4 日通过电邮将处理措施两次告知杨某某：已将其会员账户降级为普卡；其“某万里行”会员账户将于 2018 年 12 月 31 日关闭。鉴于账户中仍有未使用的消费积分 432 999 点，如需要继续使用账户内的消费积分，请提前七个

---

* 编写人系上海市第一中级人民法院唐春雷、上海市嘉定区人民法院（原任职于上海市第一中级人民法院）张秀，入库编号 2024-07-2-137-001。

工作日致电会员服务热线申请，之后账户将自动关闭。

杨某某向一审法院起诉请求判令：1.某航空公司继续履行合同，恢复其白金卡会员等级以及其所应当享有的会员权利；2.某航空公司恢复其会员卡内 979 999 积分、“达人券”220 张；3.某航空公司赔偿其因会员卡降级以及会员卡关闭所导致的各项损失 6 000 元。

某航空公司辩称，杨某某作为其白金卡会员，为延长“达人券”使用期限，利用会员身份频繁大量购买机票后又大量退票，严重影响某航空公司机票的正常销售，造成航空公司经济损失并损害旅客权益，其购、退票的目的不具有正当性，行为亦有失诚信。鉴于杨某某的不当行为，某航空公司依照《会员手册》相关约定采取关闭会员账户、清空会员积分等举措，完全合理合法，请求驳回杨某某全部诉请。

上海市浦东新区人民法院于 2019 年 7 月 1 日作出（2019）沪 0115 民初 966 号民事判决：驳回杨某某的全部诉讼请求。杨某某不服一审判决，提起上诉。上海市第一中级人民法院于 2019 年 12 月 11 日作出（2019）沪 01 民终 11751 号民事判决：一、撤销上海市浦东新区人民法院（2019）沪 0115 民初 966 号民事判决；二、某航空公司应于本判决生效之日起十日内返还杨某某积分 432 999 点；三、驳回杨某某的其余诉讼请求。

裁判理由

某航空公司推出“某万里行”常旅客积分奖励计划，制定《会员手册》，明确某航空公司与旅客的权利义务，符合行业惯例，亦不违反《合同法》之规定。某航空公司给杨某某邮寄白金卡片和会员手册并开通 App 和网站查询服务。会员卡背面以文字约定：“使用此卡表明您已接受‘某万里行’常旅客积分奖励计划的各项规则、条款、相关内容以及可能产生的变动和补充。”杨某某以使用会员卡等实际行为就履行《会员手册》合同项下全部条款与某航空公司达成了合意，双方合同关系依法成立并生效。虽然《会员手册》系某航空公司单方提供的格式条款，但某航空公司已履行提示和说明义务,相应条款中亦不存在免除合同提供方义务、加重相对方责任、排除相对方主要权利等情形,《会员手册》内容合法、有效,对双方均具有约束力。

杨某某在依据《会员手册》使用会员权益过程中应当讲诚实、守信用,以善意的方式行使权利、履行义务,保护对方的合理期待与信赖,尊重他人的合法权益,尊重社会公共利益,不得滥用权利。杨某某于 2017 年 1 月至 2019 年 1 月期间在某航空公司共购买机票 1 118 张,其中退票 830 张,正常使用率为 14.40%,退票率 74.24%,其中杨某某个人购买同一航班多张机票又全部退票的情况有 30 起。显然有违合同诚信和信赖义务,亦与《会员手册》确定的合同主要目的相悖,杨某某的上述行为不具有正当性。杨某某在未搭乘特定航班或有效消费的前提下,以会员身份通过频繁购退票行为使用会员积分、达人券以达到延长"达人券"使用期限的目的,超出了正常积累和使用积分、"达人券"的方式。杨某某的退票时间绝大部分晚于航班计划起飞时间,此行为占用了航空出行资源,影响机票的二次销售,不仅给某航空公司机票销售和正常运营带来不利影响,使某航空公司承担了减少或丧失预期的交易机会,而且损害了其他旅客的合法利益。故杨某某的频繁购退票行为构成不当行为,予以确认。

鉴于杨某某履约中的不当行为,某航空公司依约享有合同解除权,取消杨某某会员资格、积分的权利。杨某某由于频繁退票尚未到账的积分有 547 000 点,某航空公司取消该笔积分具有相应的事实和法律依据。某航空公司未提前 6 个月通知即关闭杨某某账户导致账户内消费积分 432 999 点无法使用,违反了《会员手册》的约定,杨某某要求恢复该笔积分的上诉请求,具有相应的事实和法律依据,予以支持。

裁判要旨

第一,《会员手册》的性质。从常旅客计划的初衷来看,常旅客计划又称客户忠诚计划,会给航空公司产生特定利益,如提高其市场占有份额。

从常旅客计划的运作来看，航空公司仅为符合条件的旅客履行特定义务，无论积分的获得还是之后的使用以及航空公司对杨某某的处理行为，都可以看出合同具有双务属性，并非单纯的奖励性质，双方实际进行了利益或价值交换。综上，系争合同非单纯奖励性质，而应归属于双务合同。

第二，《会员手册》的效力和格式条款的认定。考虑到航空运输业的特殊性及会员服务内容较多，航空公司将权利义务内容统一写入《会员手册》，通过邀请参加、邮寄会员卡并开通服务热线、航空公司 App 应用程序、官方网站等方式发出要约，相对人可以决定是否选择加入该计划，若以一定行为表示承诺即与某航空公司形成合同关系。《会员手册》虽系航空公司单方提供的格式条款，但航空公司已履行提示和说明义务，相应条款中亦不存在免除合同提供方义务、加重相对方责任、排除相对方主要权利等情形，故《会员手册》内容合法、有效。

第三，会员积分的财产属性。旅客通过履行购买并搭乘航班等义务获得相应会员积分，而积分可以抵扣相应票价，兑换免费机票和礼品或者获取免行李费等其他实际权益。如果积分不足，旅客可购买积分补足，加之近几年积分货币化趋势兴起，会员积分其实质就是一种无形财产权利（权益）凭证，显然具有财产属性。

第四，行使合同解除权方式应恰当合规。航空公司作为合同的制定者，应重视维护旅客权益，按照合同约定妥善处理双方纠纷，履行提前通知义务，防范简单粗暴地处理问题。旅客亦应以善意的方式行使权利、履行义务，不得滥用权利。

关联索引

《中华人民共和国民法典》第三条、第一百二十七条、第四百九十六条（本案适用的是2007年10月1日施行的《中华人民共和国民法总则》第3条、第127条、第41条）

一审：上海市浦东新区人民法院（2019）沪0115民初966号民事判决（2019年7月1日）

二审:上海市第一中级人民法院(2019)沪 01 民终 11751 号民事判决(2019 年 12 月 11 日)

二审合议庭成员:唐春雷(审判长兼主审法官)、何建、潘俊秀

案例评析

随着航空运输业的迅速发展,越来越多的乘客选择加入常旅客计划,享受会员等级、积分等相应权益。而常旅客计划作为航空公司稳定用户群体、提高市场占有份额的促销手段,旅客对其的认知大多停留在商业促销的层面,不少航空公司也认为该合同系单务奖励性质合同,在双方就此发生纠纷时,航空公司容易采用简单粗暴处理方式,如直接取消会员资格或积分。如何认定常旅客计划的法律性质、会员积分是否具有财产属性、航空公司自治管理行为的规范性、双方权利义务如何平衡,是常旅客关注的热点问题,亦是常旅客计划健康发展的关键问题。

一、常旅客计划合同的性质、效力

从常旅客计划起源来看,在发达国家航空客运市场长期运作中,航空公司与旅客基于互利目的而创设了相关规则。从常旅客计划的初衷来看,常旅客计划又称客户忠诚计划,要求旅客履行特定的搭乘义务等,而这种特定行为会给航空公司产生特定利益,如提高其市场占有份额。从常旅客计划的运作来看,航空公司仅向符合条件的旅客履行特定义务。无论是旅客积分的获得还是之后的使用以及航空公司对旅客的处理行为,都可看出常旅客计划合同具有双务属性,并非单纯的奖励性质,航空公司和特定旅客实际进行了利益或价值交换。故常旅客计划合同非单纯奖励性质,而应归属于双务合同。

航空公司推出常旅客积分奖励计划,通过邀请参加、邮寄会员卡并开通服务热线、App 应用程序、官方网站等方式发出要约,相对人可以决定

是否选择加入该计划，若以使用会员卡等行为表示承诺即与某航空公司形成合同关系。考虑到航空运输业的特殊性及会员服务内容较多，航空公司将权利义务内容统一写入《会员手册》，故实质构成双方合同的主要内容。《会员手册》系航空公司提供的格式合同，如航空公司已履行提示和说明义务，相应条款中不存在免除合同提供方义务、加重相对方责任、排除相对方主要权利等情形，则《会员手册》内容合法有效，对双方均具有约束力。

二、会员积分的财产属性

虚拟财产是指为所有人支配和控制，能带来经济利益或精神利益的存于虚拟空间的数字化、非物化财产。《中华人民共和国民法典》第一百二十七条规定“法律对于数据、网络虚拟财产的保护有规定的，依照其规定”，系对网络虚拟财产保护做了原则性肯定。

旅客通过购票、搭乘航班等义务的履行获得相应会员积分，而积分可以抵扣相应票价，兑换免费机票和礼品或者获取免行李费等其他实际权益，且如果积分不足，旅客可购买积分补足，加之近几年积分货币化趋势兴起，会员积分其实质就是一种无形财产权利（权益）凭证，具有财产属性。案例中，杨某某账户积分共 979 999 点，涉及财产权益较大，应谨慎对待，切实保障当事人合法的财产权益。

三、旅客不当行为的认定

合同双方均应按照约定全面履行自己的义务，遵循诚实信用原则，根据合同的性质、目的和交易习惯履行相应权利义务。案例中，杨某某利用规则和系统漏洞频繁购票退票以延长“达人券”使用期限的行为较为新颖，航空公司自述该行为系首次发现，涉案合同并无明确约定。评价该行为适当与否具体分析如下：

第一，从合同双方的权利义务来看，在依据《会员手册》使用会员权益过程中应当讲诚实、守信用，以善意的方式行使权利、履行义务，保护对方的合理期待与信赖，尊重他人的合法权益，尊重社会公共利益，不得滥用权利。从合同条款内容来看，系争《会员手册》中的法律条款第 4 条通过列举及兜底条款明确了不当行为的内涵和范围，其中兜底条款“其他由航空公司认定为不当的行为”旨在补充对滥用权利新情况的规制，即适用于合同文本制定时难以预测与包含的情况。

第二，从行为本身分析，杨某某于 2017 年 1 月至 2019 年 1 月期间在某航空公司共购买机票 1 118 张，其中退票 830 张，正常使用率仅为 14.40%，退票率达到了 74.24%，其中，杨某某个人购买同一航班多张机票又全部退票的情况有 30 起，上述行为明显超出了正常积累和使用积分及“达人券”的方式，杨某某亦自述其行为系为了延长“达人券”的使用期限及避免被收取退票费。

第三，从行为后果来看，杨某某在未搭乘特定航班或有效消费的前提下频繁购退票，目的在于延长要到期的“达人券”使用期限并积累会员积分，而且其退票时间绝大部分晚于航班计划起飞时间，此行为占用了航空出行资源，影响机票的二次销售，增加问题航程的处理难度，不仅给航空公司机票销售和正常运营带来不利影响，而且挤占了其他旅客的购票空间，损害了其他旅客的合法利益。故此行为有违合同诚信和信赖义务，亦与《会员手册》确定的合同主要目的相悖，系争行为应被认定为不当行为。

四、航空公司自治管理行为的规范性

航空公司在行使自治管理权时应边界清晰、规则稳定，履行相应提示或告知义务，尤其是合同解除权。《会员手册》约定航空公司拥有合同条款的解释权及对不当行为处理的权利。基于双方权利义务平衡的考量，应重视对航空公司行使解除权的合规、合理性审查，防止航空公司利用优势地位强加对方义务、减轻或免除己方义务。本案中，针对杨某某不当行为，航空公司依约享有合同解除权，取消杨某某会员资格、积分。而杨某某系争积分包括两部分，分别为消费积分 432 999 点和因退票尚未到账的积分 547 000 点。对于杨某某退票尚未到账的积分，因与其不当行为直接相关，某航空公司不予返还该笔积分具有相应的事实和法律依据。

对于消费积分 432 999 点，《会员手册》法律条款第一条约定“航空公司保留终止常旅客积分奖励计划的权利，但至少提前 6 个月通知会员以尽量降低会员因积分无效造成的损失”。航空公司辩称，该期限系针对整个业态调整而非会员的不当行为。双方对格式合同条款产生不同理解时，应作出不利于格式提供方的解释，即航空公司在关闭账户前应至少提前 6 个月予以通知。现某航空公司未按约定履行通知义务导致账户内正常积分无法使用，杨某某要求恢复该账户原有的正常积分，具有相应的事实和法律依据。

常旅客计划已成为旅客航空利益的重要组成部分，旅客应当按照合同约定、遵循诚实信用原则合理行使相关权利，切勿自以为是利用漏洞谋取不当利益。航空公司应重视维护旅客权益，依约妥善处理双方纠纷，防范简单粗暴地处理问题。对于航空领域新问题的研究，既要尊重航空公司作为市场主体的自主性，保障航空运输业持续健康发展，又要最大限度保护旅客的合法权益，平衡航空公司与旅客的权利义务。

14. 钟某甲诉上海某文化传媒有限公司其他合同纠纷案*

——合同僵局下违约方请求解除合同的审查规则

关键词　民事　演艺经纪合同　合同僵局　违约方起诉解除

基本案情

钟某甲诉称，要求判决解除钟某甲与上海某文化传媒有限公司（以下简称"上海某文化传媒有限公司"）签订的《上海某文化传媒有限公司艺人合同》（以下简称《艺人合同》）。本案事实与理由为：艺人合同签订之时，钟某甲未满16周岁，尚为限制民事行为能力人，其法定代理人代为签署合同的行为不能代替钟某甲的真实意思表示。现钟某甲明确表示想要回家乡重庆完成自己的学业，并拒绝追认此《艺人合同》，该合同应属无效合同的范畴。即便该合同有效，钟某甲享有法定解除权，《艺人合同》已经解除。2018年8月23日，钟某甲已向上海某文化传媒有限公司发送解除合同的律师函，且律师函已签收，根据《合同法》第94条规定，上海某文化传媒有限公司在合同履行期间，并未给钟某甲提供良好的培训环境、演艺环境，导致其高中课程的学习基本停滞，如继续在上海某文化传媒有限公司处从事演艺工作，将直接导致无法完成高中学业，更无法进入大学继续深造，直接影响其将来发展，并且上海某文化传媒有限公司未在演艺领域

---

* 编写人系上海市第一中级人民法院郭海云、张译元，入库编号2023-14-2-483-001。

为钟某甲提供实质性外演机会，该《艺人合同》目的无法实现。即便钟某甲不享有法定解除权，《艺人合同》也无继续履行的可能，理应解除。《艺人合同》不同于其他类型的合同，因具有人身专属性，且应当建立在诚实信用、自愿公平的基础上，并有利于公司和演员的共同发展。现双方已经缺乏信赖基础，若强制继续履行，不仅会给钟某甲增加负担，也不利于上海某文化传媒有限公司今后的演艺活动的安排与开展。庭审中，钟某甲还提出上海某文化传媒有限公司未履行分配收益义务；上海某文化传媒有限公司安排钟某甲参加的《这就是街舞》节目，在视频中对钟某甲面部进行打码处理，是对钟某甲人格侮辱，不利于钟某甲事业发展，上海某文化传媒有限公司没有宣传钟某甲，不履行合同义务，并且唆使钟某甲外出喝酒，未对钟某甲尽到保护义务。

上海某文化传媒有限公司辩称，“1.《艺人合同》是双方真实意思的体现，合法有效，且双方已实际履行。2.上海某文化传媒有限公司已经依约履行《艺人合同》约定义务，钟某甲无权解除合同。上海某文化传媒有限公司履约的行为包括：将钟某甲安排在上海市某重点中学学习并支付教育费用，按约向钟某甲支付生活补助；签约以来安排钟某甲参与 20 多档节目；安排钟某甲学习声乐才艺等培训。钟某甲无权解除合同，钟某甲单方解除合同既不符合合同约定，也不符合法定解除情形；钟某甲作为违约方，不享有任意解除权。不符合规定的解除通知不应发生法律效力。3.该合同不存在不能履行的情形：上海某文化传媒有限公司为培养钟某甲付出时间及商业代价；钟某甲基于人身属性认为无法履行合同违背契约精神”。

法院经审理查明：2017 年 8 月 16 日，上海某文化传媒有限公司作为甲方，钟某甲作为乙方，双方签署了《上海某文化传媒有限公司艺人合同》。钟某甲的父母（监护人）钟某乙、李某某与上海某文化传媒有限公司于该合同签名、盖章，合同期限 11 年，自 2017 年 8 月 16 日起至 2028 年 8

月15日止。其中相关合同条款约定：

一、合作方式与内容

1. 本合同生效之日起，双方依本合同约定确立乙方对甲方的独家演艺经纪委托合作关系，乙方即成为甲方培训练习生及专属艺人，乙方及乙方监护人同意甲方作为乙方的独家经纪方、代理人，处理和管理本合同约定范围的乙方演艺活动并代表乙方与有关方签署和履行演艺活动合同。甲方为乙方提供包括但不限于舞蹈、声乐等各类培训，并协助乙方发展演艺事业，辅助乙方在各媒体的宣传和推介。

……

六、合同解除与终止

在下列情况下，甲方有权提前解除本合同，且不视为违约：1. 乙方因为自身原因或者经甲方考察后认为乙方无法达到培训效果，无法继续进行演艺事业的，甲方有权提前10日通知乙方及乙方监护人解除本合同。2. 甲乙双方协商一致，提前解除本合同。

……

在下列情况下，乙方有权提前解除本合同，且不视为违约：1. 甲方因资质问题被国家相关机关勒令停业，无法继续履行本合同，且超过12个月仍无法获得相关法律法规批准继续经营的，乙方有权提前通知甲方解除本合同。2. 甲乙双方协商一致，提前解除本合同。除法律规定情形或本合同明确约定的合同解除条件外，任何一方不得擅自解除本合同。签约后，双方开始履行合同。上海某文化传媒有限公司为钟某甲提供上海市某重点中学借读，借读时间为2017年9月至2018年6月；并安排钟某甲参与了舞台类、综艺、舞台剧、动画、直播、舞蹈秀类等节目。

后双方产生纠纷。2018年8月21日，钟某甲委托律师向上海某文化传媒有限公司发出《律师函》，函告双方的合同属无效合同，即使有效，自收到函件之日宣告解除。上海某文化传媒有限公司于 2018 年 8 月 23 日收到函件。

上海某文化传媒有限公司于 2018 年 12 月 28 日向钟某甲法定代表人李某某发出《上海某文化传媒有限公司 2018 年度艺人分成明细》，告知无分成，于 2019 年 1 月 1 日送达。

另查明，钟某甲于 2018 年暑假结束后即从上海返回重庆，其学籍在重庆市某某中学，目前在该校 2020 届 21 班就读。

上海市奉贤区人民法院于 2019 年 9 月 30 日作出（2019）沪 0120 民初 4067 号民事判决：驳回钟某甲的全部诉讼请求。宣判后，钟某甲提出上诉。上海市第一中级人民法院于 2020 年 4 月 26 日作出（2019）沪 01 民终 14952 号民事判决：一、撤销上海市奉贤区人民法院于 2019 年 9 月 30 日作出的民事判决；二、解除上诉人钟某甲及其法定代理人钟某乙、李某某与被上诉人上海某文化传媒有限公司于 2017 年 8 月 16 日签订的《上海某文化传媒有限公司艺人合同》。

裁判理由

法院生效裁判认为，《艺人合同》成立有效，对双方均有法律约束力。钟某甲关于上海某文化传媒有限公司未安排符合要求的教育培训属违约行为并导致其无法实现合同目的、存在隐匿瞒报未支付演出活动收益等上诉理由，均缺乏事实和法律依据，不予采信。同时认为：

一、《艺人合同》已陷入合同僵局状态，任一方均无法实现合同目的。本案中，《艺人合同》涉及演艺经纪公司与签约练习生之间在较长时期内的艺能培训、形象包装、宣传推广、演出安排、商业运作、收入分配、行为约束等一系列内容，以最终实现艺人发展演艺事业、公司拓展市场、双方共同获得经济利益的合同目的。因此，《艺人合同》具有独特的人身依附和约束属性，并非双方当事人简单的利益交换，而是需要双方长期协作、相互配合，共同达成各自的合同目的。然而双方经过多次调解未成，明显存在难以调和的矛盾，已经缺乏继续履行《艺人合同》所需要的信任基础。在本案审理过程中，钟某甲表示当前就想安心学习，认真准备参加高考，且在《艺人合同》履行一年之后其确已返回原籍专心学业，致使系争合同已近二年未能实际履行，在此情形下《艺人合同》明显缺乏继续履行的现实基础。合同已经不适合再强制履行，且任一方均无法实现合同目的，钟某甲想要解除合同但上海某文化传媒有限公司拒绝行使解除权，双方陷入僵持状态。

二、钟某甲起诉解除合同主观上并非恶意。本案中，上海某文化传媒有限公司并无证据证明钟某甲主张解除与上海某文化传媒有限公司的《艺人合同》系为转而寻求其他平台继续从事演艺事业，法院亦未发现钟某甲不再履行合同而希望专心学业的理由存在恶意毁约或违约的情形。

三、强制钟某甲继续履行合同对其显失公平。是否解除系争合同对于合同双方当事人各自利益而言，其重要性并不对等。根据现有相关教育政策及现实情况，继续履行《艺人合同》必然影响钟某甲完成高中学业参加高考争取接受高等教育，进而可能影响其今后更长时间内的人生规划与发展道路，而对于上海某文化传媒有限公司而言，其作为有一定规模的演艺经纪行业从业单位，在一定时期并非只与个别的、特定的练习生签订类似合同，是大量招收练习生加以培训后，挑选个别优秀者加大投入进行包装并重点推广，以实现利益最大化。因此，从保障钟某甲受教育权的出发点考量，继续履行对其而言也将显失公平。

四、上海某文化传媒有限公司要求继续履行合同系违反了诚实信用原则。合同关系应当是合作共赢的关系，合同双方当事人都应当照顾对方的合理期待，尊重另一方的利益。守约方在合同出现僵局的情况下仍坚持履行合同，且继续履行合同将对相对方显失公平，涉嫌违反诚实信用原则的权利滥用。本案中，在经各方再三就解约赔偿问题进行协商调解未成之后，上海某文化传媒有限公司已经明确知晓钟某甲愿意承担赔偿责任而不愿再继续履行，《艺人合同》事实上也因钟某甲本人早已返回原籍就学而无法继续履行，仍坚持不同意解除系争《艺人合同》，其真实意思并非认为放弃钟某甲会对其经营造成重大损失，而是为取得高额违约赔偿而占据有利地位，同时也是为警示其旗下其他"练习生"不得轻易提出解约。因此，应认定其有违诚实信用原则。

综上所述，根据系争《艺人合同》内容、履行情况及双方当事人各自的诉辩意见进行综合判断，合同双方对于合同履行已经形成僵局，《艺人合同》继续履行既非必要，也无现实可能，且任何一方均已无法实现合同目的。在此情况之下，对于钟某甲通过诉讼方式主张解除合同，二审法院予以支持。合同解除的时间为诉讼中二审法院判决所确定的时间。

《艺人合同》解除后，当事人认为合同对方存在违约行为造成其损失的，可以依照法律规定和《艺人合同》的约定，另行提出相应主张。

裁判要旨

演艺经纪合同属于长期性合同，对于涉未成年人的演艺经纪合同，如自然人违约方不存在恶意毁约的情形且继续履行对自然人违约方显失公平，在守约方明知合同缺乏继续履行的信任基础和现实基础但仍拒绝解除合同的情况下，自然人违约方通过诉讼方式主张解除合同的，法院应予支持，但不影响违约责任的承担。

关联索引

《中华人民共和国民法典》第六条、第七条（本案适用的是1999年10月1日施行的《中华人民共和国合同法》第五条、第六条）

《全国法院民商事审判工作会议纪要》第四十八条

一审：上海市奉贤区人民法院(2019)沪0120民初4067号民事判决（2019年9月30日）

二审：上海市第一中级人民法院(2019)沪01民终14952号民事判决（2020年4月26日）

二审合议庭成员：郭海云（审判长兼主审法官）、王列宾、孔美君

案例评析

近年来，越来越多的未成年人选择与演艺公司签订艺人合同，成为练习生。但是演艺公司往往利用其强势地位在艺人合同中设置倾斜条款，使得未成年人存在合法权益被侵害但解约无门的可能。作为《民法典》的新增内容，《民法典》第五百八十条第二款为破解合同僵局提供了有效的途径，彰显了“赋予违约方解除合同的权利，以破解合同僵局，实现实质正义，促进市场经济发展”①的立法精神。但在司法实践中，判断违约方起诉解除合同主张能否成立的具体条件仍不明晰。同时，在前述情形下未成年人作为违约方起诉解除合同的案件中，应对未成年人的合法权益予以特别关注，从最有利于未成年人原则角度出发考量其解除合同的主张能否成立。现就判断违约方主张解除合同诉请能否成立的具体条件解读如下：

一、合同已陷入僵局状态，任一方均无法实现合同目的

合同既无继续履行的必要，也缺乏继续履行的现实基础和信任基础，任何一方均已无法实现合同目的，此时合同双方对于合同履行形成僵局。本案中，《艺人合同》具有独特的人身依附和约束属性，并非双方当事人简单的利益交换，而是需要双方长期协作、相互配合，共同达成各自的合同目的。然而双方经过多次调解未成，明显存在难以调和的矛盾，已经缺乏继续履行《艺人合同》所需要的信任基础。且钟某甲在《艺人合同》履行一年之后确已返回原籍专心学业，致使系争合同已近二年未能实际履行，合同明显缺乏继续履行的现实基础。合同已经不适合再强制履行，钟某甲想要解除合同但某文化传媒有限公司拒绝行使解除权，双方陷入僵持状

① 最高人民法院民法典贯彻实施工作领导小组主编：《中华人民共和国民法典合同编理解与适用(二)》，人民法院出版社 2020 年版，第 740 页。

态，任一方均无法实现合同目的。合同双方对于合同履行已形成僵局。

二、违约方起诉解除合同并非恶意

该要件旨在防止违约方实施机会主义行为而侵害守约方的利益[①]，避免违约方不考虑守约方的利益而恶意违约。违约方的违约行为不应是趋利型违约，而至少应为避害型违约。违约方也不得因合约解除而恶意逃避违约责任。本案中，某文化传媒有限公司并无证据证明钟某甲解除与某文化传媒有限公司的《艺人合同》系为寻求其他平台继续从事演艺事业，法院亦未发现钟某甲不再履行合同而希望专心学业的理由存在恶意毁约或违约的情形。

三、强制违约方继续履行合同对其显失公平

公平原则在合同法上体现为合同正义原则，强调双务合同中对待给付的对等性和风险的合理分配，对违约方也应惩罚有度。[②]在合同僵局情况下，违约方履行合同往往将耗费巨大成本或面临巨大阻碍。此时是否解除系争合同对于合同双方当事人各自利益而言，其重要性并不对等。守约方拒绝解除合同会导致双方当事人利益关系显失公平。本案中，继续履行合同将使未成年人钟某甲受教育权受到损害，进而可能影响其今后更长时间内的人生发展。而对于有一定规模的某文化传媒有限公司，钟某甲仅为其大量招收并加以培训的练习生之一。因此，继续履行对钟

① 最高人民法院民法典贯彻实施工作领导小组主编：《中华人民共和国民法典合同编理解与适用（二）》，人民法院出版社 2020 年版，第 742 页。

② 陈斯、于海砚：《合同僵局的司法破解——基于民法典违约方解除权之分析》，载《地方立法研究》2020 年第 5 期。

某甲而言也将显失公平。

四、守约方拒绝解除合同系违反诚实信用原则

诚实信用原则要求民事主体在民事活动中维持双方的利益平衡以及当事人利益与社会利益平衡。[①]合同双方应通力协作、实现共赢。在合同僵局的情况下,守约方可以获得赔偿而拒绝解除合同,往往是为了己方利益最大化,且继续履行合同会使相对方的利益遭受重大损失,该行为涉嫌违反诚实信用原则的权利滥用。本案中,双方再三就解约赔偿问题进行协商调解未成之后,某文化传媒有限公司已经明确知晓钟某甲愿意承担赔偿责任而不愿再继续履行。在钟某甲本人早已返回原籍就学而无法继续履行的情形下,某文化传媒有限公司仍坚持不同意解除系争合同,其真实意思并非认为放弃钟某甲会对其经营造成重大损失,而是为取得高额违约赔偿而占据有利地位,同时也是为警示其旗下其他练习生不得轻易提出解约,因此应认定其有违诚实信用原则。

综上所述,违约方在满足一定条件时能够主张合同解除,但是违约方在解除合同的同时必然要承担违约责任等一系列后果,以保障守约方不因合同解除而导致预期利益损失。本案生效判决即指出,《艺人合同》解除后,当事人认为合同对方存在违约行为造成其损失的,可以依照法律规定和《艺人合同》的约定,另行提出相应主张。从而给予守约方救济的途径,以弥补其因合同解除而造成的损失。

---

① 徐国栋:《民法基本原则解释》,中国政法大学出版社2001年版,第79页。

15. 张某诉上海某国际货物运输代理有限公司劳动合同纠纷案*

——劳动合同到期终止，用人单位无需支付经济补偿金情形的认定

关键词 民事 劳动合同 到期终止 经济补偿金 免除

基本案情

张某诉请：1.判令上海某国际货物运输代理有限公司（以下简称某公司）支付张某2017年4月1日至2020年5月30日期间的工资差额人民币27 300元；2.判令某公司支付张某2020年6月1日至2020年7月31日期间的工资差额5 200元；3.判令某公司支付张某终止劳动合同经济补偿金104 500元。张某于2009年11月9日入职某公司，双方签订的最后一份劳动合同期限为2015年8月1日至2020年7月31日。2020年7月2日，某公司通过微信向张某发送《劳动合同续签通知书》，但未将劳动合同文本交予张某。某公司未足额发放张某工资，应予补足。某公司应当支付张某相应的经济补偿金。

某公司辩称，张某的工资组成为基本工资+绩效的浮动工资制，某公司已经足额发放了张某上述期间的工资，不存在差额。某公司不同意支付张某主张的工龄工资。某公司在2020年7月2日即通知张某劳动合

---

* 编写人系上海市黄浦区人民法院（原任职于上海市第一中级人民法院）王茜、上海市浦东新区人民法院（原任职于上海市第一中级人民法院）钟嫣然，入库编号2023-07-2-186-005。

同将于2020年7月31日期满，要求其到公司办公室续签，但张某并未前往续签，而且在合同期满后自行离岗，应视为张某不同意续签劳动合同，故某公司无需支付经济补偿金。综上，不同意张某的诉讼请求。

法院经审理查明，张某于2009年11月9日进入某公司工作。双方签订的最后一份劳动合同期限为2015年8月1日起至2020年7月31日止，劳动合同约定工资计发形式为基本工资2 020元/月＋其他。2020年7月2日，某公司代理人成某通过微信向张某发送了落款日期为2020年4月30日的《通知》，载明“张某：因公司受物流行业大环境和疫情影响，公司原有业务萎缩，公司变更业务模式，调整了管理模式，自2020年4月开始你以不愿意接受其他公司人员管理为由拒绝履行工作职责，公司决定取消你的岗位工资”；以及落款日期为2020年7月1日的《劳动合同续签通知书》，载明“张某你好，公司与你签订的《劳动合同》将于2020年7月31日到期，现通知你于2020年7月20日前至公司办公室办理续签劳动合同”。当日，张某通过微信回复某公司“一、愿意续签合同；二、不同意取消工资”。某公司按照3 500元/月的标准支付了张某2020年6月1日至2020年7月31日期间的工资，双方劳动合同于2020年7月31日到期终止。张某离职前12个月的平均工资为7 000元/月。2020年9月8日，张某向上海市浦东新区劳动人事争议仲裁委员会（以下简称“仲裁委员会”）申请仲裁，仲裁委员会于2020年9月14日依法受理，张某申请仲裁要求某公司支付：1.2017年4月1日至2020年5月30日期间工资差额27 300元；2.2020年6月1日至2020年7月31日期间工资差额13 504元；3.终止劳动合同经济补偿金104 500元；4.2019年1月1日至2020年7月31日期间未休年休假折算工资13 080元。在仲裁审理阶段，仲裁员询问“申请人是否不同意续签劳动合同?”张某回答“合同终止原因是被申请人取消岗位工资，故申请人不愿意续订”。仲裁员询问“被申请人，与申请人续签劳动合同时候，新合同里是否取消了岗位工资?”某公司回答“没有取消，且申请人从未就岗位工资事宜与我方进行沟通。之前不发放岗位工资是因为申请人没有履行理货的岗位职责”。仲裁委员会于 2020 年 11 月 12 日作出仲裁裁决，裁令某公司支付张某 2020 年 2 月至 2020 年 5 月的工资差额 7 750 元、2020 年 6 月至 2020 年 7 月的工资差额 4 500 元、2019 年 1 月 1 日至 2020 年 7 月 31 日期间未休年休假工资 7 356.32 元，对张某的其他请求不予支持。张某不服该裁决结果，遂向上海市浦东新区人民法院提起诉讼。

另查明，1.2020 年 6 月 30 日，某公司通过银行转账的方式支付了张某 2020 年 4 月的税后工资 2 742.20 元以及 2020 年 5 月的税后工资 2 742.20 元；2.2020 年 7 月 1 日，张某通过微信向某公司实际控制人李某发送消息“李总成总你们好我工资发得不对希望尽快给我补齐”，李某未予回复。

上海市浦东新区人民法院于 2021 年 4 月 27 日作出（2021）沪 0115 民初 9755 号民事判决：一、上海某国际货物运输代理有限公司于本判决生效之日十日内支付张某 2020 年 2 月 1 日至 2020 年 5 月 31 日期间的工资差额 7 750 元；二、上海某国际货物运输代理有限公司于本判决生效之日十日内支付张某 2020 年 6 月 1 日至 2020 年 7 月 31 日期间的工资差额 4 500 元；三、上海某国际货物运输代理有限公司于本判决生效之日十日内支付张某 2019 年 1 月 1 日至 2020 年 7 月 31 日期间的未休年休假折算工资 7 356.32 元；四、驳回张某的其余诉讼请求。

一审判决后，张某不服，提起上诉，要求撤销一审判决第四项，改判某公司支付经济补偿金 77 000 元。上海市第一中级人民法院于 2021 年 10 月 25 日作出（2021）沪 01 民终 10455 号民事判决：一、维持上海市浦东新区人民法院（2021）沪 0115 民初 9755 号民事判决第一、二、三项；二、撤销上海市浦东新区人民法院（2021）沪 0115 民初 9755 号民事判决第四项；三、上海某国际货物运输代理有限公司于本判决生效之日起十日内支付张某终止劳动合同的经济补偿金 77 000 元。

裁判理由

法院生效裁判认为：其一，劳动合同因期满而终止的情况下，如用人单位主张其无需支付经济补偿金，应当举证证明存在《中华人民共和国劳动合同法》第四十六条第五项规定的无需支付经济补偿金的情形。本案中，从某公司于 2020 年 7 月 1 日发送给张某的《劳动合同续签通知书》的内容来看，并未明确是否维持或提高原劳动合同条件。

其二，某公司于同日向张某发送了续订劳动合同通知与取消岗位工资通知，张某据此理解某公司的意思表示为以取消岗位工资为条件续签劳动合同，亦符合通常逻辑。在张某明确回复“一、愿意续签合同；二、不同意取消工资”的情况下，某公司也未再进一步与张某解释或沟通确认，故有理由认为某公司的实际意思表示确为以取消岗位工资为条件续签劳动合同。

其三，就某公司取消张某岗位工资事宜，某公司虽称其此前已经跟张某口头沟通过，但对此未能提供证据证明。反之，其公司于 2020 年 6 月 30 日方才通过银行转账方式支付张某 2020 年 4 月及 5 月的税后工资，张某次日即对工资金额提出异议，可见 2020 年 7 月 1 日某公司通知张某续签劳动合同时，双方对于取消岗位工资事宜并未达成一致，即双方对于原劳动合同约定的工资标准的降低尚未达成一致。而就岗位工资的取消，某公司所举证据尚不足以证明该降薪行为充分合理。在此前提下，其提出取消岗位工资并续订劳动合同，难谓以维持原劳动合同约定条件续订。

综上所述，本案不符合用人单位以维持或提高原劳动合同约定条件续订合同而劳动者不同意续签的情形，某公司应支付张某终止劳动合同经济补偿金。

裁判要旨

劳动合同到期终止后，用人单位主张无需支付经济补偿金的，应就其以维持或者提高劳动合同约定的条件续订劳动合同而劳动者不同意续订承担举证责任。续订条件是否相对维持或提高应以原合同终止前所达成的约定条件为基准。劳动者因不满降薪决定而拒绝续订合同，用人单位需举证证明双方就此达成一致或者降薪具备合理性，否则用人单位以劳动者不同意续订为由主张无需支付经济补偿金的，人民法院不予支持。

关联索引

《中华人民共和国劳动合同法》第四十六条

一审：上海市浦东新区人民法院（2021）沪 0115 民初 9755 号民事判决（2021 年 4 月 27 日）

二审：上海市第一中级人民法院（2021）沪 01 民终 10455 号民事判决（2021 年 10 月 25 日）

二审独任法官：王茜

案例评析

经济补偿金，是法律规定用人单位在非劳动者主观过错情况下，依法与劳动者解除劳动合同或劳动合同终止时，用人单位必须给予劳动者一定的经济补助，以满足劳动者离职后在一段时期内生活的需要。《中华人民共和国劳动合同法》在《中华人民共和国劳动法》所确定的经济补偿金制度的基础上增设了劳动合同到期终止情形下用人单位支付经济补偿金的义务。一方面旨在以企业责任法定化的方式为被动终止劳动关系的劳动者提供失业期间的过渡性物质补助，另一方面旨在限制劳动关系短期化现象以构建和谐稳定的劳动关系。

以《劳动合同法》第 46 条为基础，在劳动合同到期终止的情况下，向劳动者支付经济补偿金系用人单位的法定义务，该法定义务仅在用人单位维持或者提高劳动合同约定条件续订劳动合同而劳动者不同意续订的法定情形下得以免除。在劳动合同到期终止情况下，对是否属法定无需支付补偿金的情形进行客观审查，既有利于保障劳动者生存权，又有利于避免用人单位付出非必要用工成本。实践中劳动者不同意续订合同的原因多元,若仅因劳动者不同意续订即认定用人单位无需支付经济补偿金,则可能损害劳动者权益。故应回归法律本身及劳动者不同意续订的原因力。

就用人单位“续订”意思表示的作出。该意思表示的作出应符合如下标准:时间上,一方面,因劳动合同期限届满产生劳动关系自然终止的法律效果,另一方面,为使劳动者对原劳动合同到期后是否续订有合理预期,以便提前准备再就业等,用人单位基于诚实信用原则负有提前通知劳动者是否续订劳动合同的义务,故用人单位提出续订劳动合同的时间应于原劳动合同期满之前。形式上,用人单位作出上述续订劳动合同的意思表示需足以明确:一是须足以让劳动者认识到用人单位有与之继续签订劳动合同的意愿;二是续签的条件须明确,用人单位应举证证明双方在协商续签过程中其向劳动者明确过签订条件。

就“维持或提高原合同条件”的识别。“原劳动合同条件”应当包括劳动合同期限、工作内容和工作地点、工作时间和休息休假、劳动报酬、社会保险等实质性影响劳动者权利义务的劳动合同条款。审查用人单位所提出的续订合同的条件相较于原合同是否属于维持或提高,可遵循以下思路:一是应以原劳动合同终止前所达成的约定条件为基准,对于原合同终止前用人单位就已降低相关条件的,如降薪等,则需用人单位举证证明双方就变更条件已协商一致且实际履行超过一个月,此时原合同所约定条件变更,以变更后的条件为新条件提出续订合同的,不构成降低原合同标准。若用人单位未能就此举证证明,则需结合先行为即原合同履行过程中相应条件的降低是否合理进行综合评判。二是应以劳动者的视角认定其所接收到的用人单位续订合同条件,对于双方就用人单位所提条件的理解存在分歧的,应站在劳动者的视角,结合协商过程前后劳动合同的实际履行情况、协商过程中双方陈述的内容等去判断劳动者的理解是否符合一般理性人的标准。三是应以劳动者权益保护为原则考量续订条件是否构成相对维持或提高。

就“劳动者不同意续订”的审查。对于劳动者系出于对用人单位所提出的续订条件不满而明确回复用人单位不愿意续订，或直接回复愿意续订但不同意续订条件的，均应注重对劳动者不愿意续订的原因进行审查，亦即续订条件是否构成维持或提高原合同约定条件，若构成，则用人单位无需再支付经济补偿金，反之，则用人单位不能免除经济补偿金。而对于劳动者对用人单位的续订通知未予回复的，因根据《民法典》第 140 条之规定，沉默只有在法律规定、当事人约定或者符合当事人之间交易习惯时才可视为意思表示。故除非用人单位能举证证明双方存在有效的书面约定据以认定沉默产生相应的意思表示效果，否则难以仅凭用人单位单方通知而认定劳动者的沉默产生了拒绝续订的意思表示效果；此时则需用人单位提供其积极磋商的记录、证人证言等其他证据进一步予以佐证，当用人单位所举证据能够互相印证，充分令人信服时，方才足以将举证责任转移至劳动者。

本案中，公司虽在原劳动合同到期前向张某发送续签通知书，但该通知并未明确相应续签条件，又因另有取消岗位工资通知一同发出，张某因此将续订条件理解为取消岗位工资，符合通常人的理解。且在张某明确回复“一、愿意续签合同；二、不同意取消工资”的情况下，公司也未再进一步与其解释或沟通确认，故有理由认为公司的实际意思表示确为以取消岗位工资为条件续订劳动合同。公司未能举证证明双方曾就该项降薪达成一致，亦未能举证证明降薪决定的合理性，故应认定该续订条件相较于原条件显属降低。鉴于公司未能举证证明存在其公司维持或者提高原劳动合同约定条件续订劳动合同而张某不同意续订的情形，故其以张某未按照公司通知时间及时办理续签手续为由主张无需支付经济补偿金，依据不足。

16. 牛某某诉上海某物流有限公司劳动合同纠纷案*

——用人单位的知情权仅限于与劳动合同直接相关的基本情况

关键词　民事　劳动合同　知情权　隐私权　披露义务

基本案情

牛某某诉称：其在上海某物流有限公司（以下简称物流公司）担任叉车工。某日上班与领导的车辆碰擦，对方全责，领导要求私了，因其未同意而被物流公司开除。物流公司解除劳动合同违法，应当支付赔偿金。

物流公司辩称：物流公司要求劳动者“健康”，牛某某持有残疾证，影响其从事叉车工作。牛某某入职前故意隐瞒身体残疾的情况，有违诚信，入职后以此为由索要优待未果，辱骂领导。物流公司并非因牛某某身体残疾而解除劳动合同，而是因其隐瞒持有残疾证及威胁领导，故解除劳动合同合法。

法院经审理查明，牛某某左手大拇指部分缺失，其于2019年10月10日到物流公司工作，担任叉车工。牛某某入职时提交了在有效期内的叉车证，并参加了入职体检，体检合格。物流公司要求填写员工登记表，登记表上列明有无大病病史、家族病史、工伤史、传染病史，并列了“其他”栏。牛某某均勾选了“无”。牛某某正常完成了工作。2020年7月4日，物流公司以牛某某隐瞒持有残疾证，且威胁领导、恐吓上级，属于严重违

---

* 编写人系上海市第一中级人民法院蔡建辉、王婧，入库编号2023-07-2-186-008。

纪为由解除劳动合同。2020 年 7 月 10 日，牛某某向上海市浦东新区劳动人事争议仲裁委员会申请仲裁，要求物流公司支付违法解除劳动合同赔偿金 30 000 元。审理中牛某某表示，其可以正常工作，并不要求物流公司额外支付残疾人的福利待遇，所以没有告知物流公司其身有残疾。2020 年 10 月 13 日，该仲裁委员会按牛某某工资 2 930 元为标准，裁决物流公司支付牛某某违法解除劳动合同赔偿金 5 860 元。牛某某向一审法院起诉请求物流公司支付其违法解除劳动合同赔偿金 30 000 元。

上海市浦东新区人民法院于 2021 年 1 月 27 日作出（2020）沪 0115 民初 92996 号民事判决：物流公司于判决生效之日起十日内支付牛某某违法解除劳动合同赔偿金 5 860 元。物流公司不服一审判决，向上海市第一中级人民法院提起上诉。上海市第一中级人民法院于 2021 年 9 月 14 日作出（2021）沪 01 民终 6197 号民事判决：驳回上诉，维持原判。

裁判理由

法院生效裁判认为，因用人单位作出的开除、除名、辞退、解除劳动合同的决定而发生的劳动争议，用人单位负举证责任。本案中，物流公司向牛某某出具的处罚通告中载明的一项解除理由为隐瞒持有残疾证及威胁领导。为此，物流公司申请证人出庭作证并提交了视频证据，但牛某某对证人证言真实性不予认可，认为证人与物流公司存在利害关系，并表示视频内容并无牛某某威胁领导、恐吓上级的内容。鉴于物流公司未提供充足有效的证据证明牛某某存在威胁领导、恐吓上级的行为，物流公司该项解除理由不能成立。物流公司的另一项解除理由为牛某某隐瞒残疾证。法院认为，虽然用人单位为了保障人尽其用、提高劳动效率、保障劳动成果，提高企业的经营效益，需要了解劳动者的学历、履历、薪酬要求等详细信息，但用人单位的知情权应有合理边界。《中华人民共和国劳动合同法》第 8 条规定，用人单位有权了解劳动者与劳动合同直接相关的基本情况，劳动者应当如实说明。依照该规定，对不属于与劳动合同直接相关的基本情况，劳动者不负有如实说明的义务。通常而言，“与劳动合同直接相关”的信息应当是指与工作岗位相匹配的信息，比如教育经历、工作经验、技术技能、研究成果等，而婚姻状况、生育情况与意愿、家庭条件、个人爱好等通常与岗位、工作能力不直接相关的信息，则不属于劳动者应当如实说明的范围。

本案中，物流公司招用牛某某系从事叉车工作，而牛某某亦提供了有效期内的叉车证，入职时体检合格。从牛某某近9个月的工作情况来看，其都能顺利完成工作任务，这也印证本案中其拇指残疾不属于“与劳动合同直接相关”的信息。此外，《中华人民共和国残疾人保障法》第三十四条规定，“在职工的招用、聘用、转正、晋级、职称评定、劳动报酬、生活福利、劳动保险等方面，不得歧视残疾人”。牛某某作为一名残疾人，其享有的权利不应停留于基本的社会保障，还应包括平等就业机会。鼓励帮助残疾人体面地融入工作环境，使得他们在劳动力市场中获得无差别、非歧视的对待，以自己的劳动获取报酬，自立于社会，这也与社会主义核心价值观相契合。因此用人单位对残疾员工应有必要的包容而非歧视，应尊重、关爱、帮助他们，使他们拥有和正常人一样的平等就业机会。本案中，物流公司以牛某某隐瞒残疾证为由解除劳动合同，不仅是对残疾人的歧视，违反《中华人民共和国残疾人保障法》，也违反了《中华人民共和国劳动合同法》的规定，系违法解除，应支付牛某某违法解除劳动合同赔偿金5 860元。

裁判要旨

用人单位对劳动者享有知情权，可以了解劳动者的学历、履历、薪酬要求、劳动技能等，以保障劳动成果，提高经营效益。但用人单位知情权的范围限于“与劳动合同直接相关的基本情况”，通常包括与工作岗位相匹配的信息，如教育经历、工作经验、技术技能等。与岗位、工作能力不直接相关的信息，不属于用人单位知情权的范围。

关联索引

《中华人民共和国劳动合同法》第三条、第八条、第二十六条

一审:上海市浦东新区人民法院(2020)沪 0115 民初 92996 号民事判决(2021 年 1 月 27 日)

二审:上海市第一中级人民法院(2021)沪 01 民终 6197 号民事判决(2021 年 9 月 14 日)

二审合议庭成员:蔡建辉(审判长兼主审法官)、徐焰、顾恩廉

案例评析

劳动关系具有人身性和隶属性,劳动关系一旦建立,意味着劳动者要服从用人单位的管理,遵守相应规章制度,履行劳动义务,获得劳动报酬,实现自身的经济利益。用人单位对劳动者享有管理权,则必然享有知情权,否则管理权就会落空。《劳动合同法》第八条体现出用人单位的知情权,即“用人单位有权了解劳动者与劳动合同直接相关的基本情况,劳动者应当如实说明”。与此相对应,劳动关系中劳动者必须让渡出一部分隐私权。本案中,劳动者未向用人单位披露残疾状况,用人单位以此为由解除劳动合同,这就涉及劳动者的隐私权和用人单位的知情权之间的冲突。

一方面,法律法规对两种权利的边界没有划定,由于实践中用人单位经营范围、工作岗位、劳动者能力禀赋等方面的差异,法律法规也不可能十分具体地划出一条清晰的边界。另一方面,普通劳动者往往处于弱势地位,用人单位享有选择权,劳动者处于“被选择”的地位。在这种情况下,用人单位会不断扩张其知情权。而如前所述,现代社会又越来越重视隐私权的保护,许多劳动者不愿意披露相关信息。也有部分劳动者担心披露真实情况会丧失就业机会而不愿意披露。

要解决用人单位知情权与劳动者隐私权的冲突,就应当明确两者之间的界限。根据《劳动合同法》第八条的规定,用人单位了解劳动者的基本情况要限制在“与劳动合同直接相关”的范围内,即用人单位的知情权

应当基于对劳动合同能否履行的考量。与劳动合同的履行不直接相关的事项,用人单位不应享有过于宽泛的知情权。“与劳动合同直接相关”的信息应当是指与工作岗位相匹配的信息,比如教育经历、工作经验、技术技能、研究成果等,而婚姻状况、生育情况与意愿、家庭条件、个人爱好等通常与岗位、工作能力不直接相关的信息,则不属于劳动者在劳动关系中让渡的隐私权中包含的内容。结合本案来看,上海某物流有限公司招聘的岗位是叉车工,牛某某持有叉车证,虽然左手拇指残疾,但并不影响其操作叉车。从牛某某实际工作近 9 个月都能顺利完成工作来看,亦可印证该残疾情况不属于“与劳动合同直接相关”,牛某某可不主动向上海某物流有限公司披露。

进而言之,在处理两种权利之间,应以维护劳动者的人格尊严为基础,兼顾用人单位知情权与劳动者隐私权的平衡。一是劳动者的人格尊严依法受到保护。《民法典》第九百九十条、第九百九十一条规定,人格权是民事主体享有的生命权、身体权、健康权、肖像权、名誉权、隐私权等权利,任何组织或者个人不得侵害。在劳动关系中,劳动者要接受企业的管理,但其人格权应当得到尊重和保护。如不得非法搜查劳动者私人物品,不得非法搜查劳动者的身体,不得采集或宣扬劳动者的生理隐私、身体隐私等。二是用人单位依法享有招聘选择权。用人单位有权询问和了解劳动者的知识技能、受教育情况、工作技能、健康状况,以保障招用的劳动者符合经营管理需要。与此同时亦应注意到,《劳动法》第十二条规定,“劳动者就业,不因民族、种族、性别、宗教信仰不同而受歧视”。《就业促进法》第三条规定,“劳动者依法享有平等就业和自主择业的权利;劳动者就业,不因民族、种族、性别、宗教信仰等不同而受歧视”。故用人单位享有招聘选择权,但不得以各种理由对劳动者就业歧视。三是劳动者亦应遵守诚实信用原则。《劳动合同法》第三条规定,“订立劳动合同应当遵循诚实信用原则。用人单位和劳动者在订立劳动合同的磋商过程中,应本着公平、自愿、诚信的原则进行。劳动者提供的信息是否真实、准确，对用人单位决定是否订立劳动合同产生重要影响，劳动者亦应遵守诚实信用原则”。

那么，劳动者享有隐私权与遵守诚实信用原则之间有什么关联呢？若用人单位向劳动者了解并非“与劳动合同相关”的信息，劳动者拒绝披露，是否违反诚实信用原则？如果劳动者拒绝披露，是否构成《劳动合同法》第二十六条规定的以欺诈手段订立的劳动合同无效或者部分无效？对此，可从两个层次进行分析：一是用人单位要求了解的信息是否明确。如果用人单位的要求不明确，劳动者不知道要披露而没有披露，则自然不违反诚实信用原则。如本案中，上海某物流有限公司要求牛某某填写的员工登记表，登记表上仅列明有无大病病史、家族病史、工伤史、传染病史，列了“其他”栏。牛某某大拇指缺失残疾，并不明确属于登记表上所列的内容，牛某某勾选“无”，不违反诚实信用原则。二是用人单位了解的信息是否“与劳动合同相关”。若用人单位不能证明其要了解的信息“与劳动合同相关”，则属于劳动者隐私权的范畴，劳动者可拒绝披露。用人单位了解相关信息是为了决定是否订立劳动合同，系经营管理权的范畴。从这个意义上来讲，个体的隐私权高于用人单位的经营管理权，劳动者不披露不违反诚实信用原则，不构成劳动合同无效或部分无效。

劳动者残疾的具体情况不同，致残的原因也不一而足，对工作的影响亦不可一概而论。在残疾不影响工作的前提下，劳动者可以不主动向用人单位披露其身有残疾的事实，而是作为一名普通人付出劳动，获得劳动报酬，自立于社会，这也与社会主义核心价值观相契合。《残疾人保障法》第三十四条规定，“在职工的招用、聘用、转正、晋级、职称评定、劳动报酬、生活福利、劳动保险等方面，不得歧视残疾人”。本案一二审判决均否定了上海某物流有限公司对残疾人就业的歧视行为，有助于为残疾人平等就业树立良好的法治环境。

17. 曹某诉苏州某通信科技股份有限公司劳动合同纠纷案*

——用人单位以未完成“军令状”为由解除劳动合同的，人民法院不予支持

关键词 民事 劳动合同 军令状 解除劳动合同 意思自治 约束效力

基本案情

曹某诉称：曹某虽在销售人员“军令状”上签字，但不是曹某的真实意思表示，曹某是被迫签字。苏州某通信科技股份有限公司（以下简称某通信公司）违法解除双方的劳动合同。故请求判令：1.某通信公司支付曹某违法解除劳动合同赔偿金人民币 122 641.83 元；2.某通信公司支付曹某未提前三十日通知解除劳动合同的一个月工资 12 139.5 元等。

某通信公司辩称，曹某的第一项诉讼请求未经仲裁前置，而且曹某是基于承诺自行离职，并非某通信公司违法解除劳动合同，故不同意曹某的第一、二项诉讼请求。

法院经审理查明，曹某于 2015 年 11 月 12 日入职某通信公司，双方的最近一份劳动合同期限为 2018 年 11 月 13 日至 2021 年 11 月 13 日。某通信公司支付曹某 2020 年 2 月工资 2 020 元。

---

* 编写人系上海市第一中级人民法院王剑平、徐文进，入库编号 2023-07-2-186-009。

曹某于2019年1月19日签订销售人员“军令状”，承诺曹某自愿选择2019年的业绩目标为2 700万元，完成率低于30%则自动离职。曹某实际2019年度完成业绩264万元。

2020年3月17日，某通信公司向曹某出具通知书，上载：“曹某先生：因您于2019年销售业绩未能完成《销售人员军令状》的销售承诺，且销售业绩完成率低于业绩目标的30%。该情形触发了‘您将在业绩未达到目标30%时自动离职’的许诺，现公司根据上述约定，通知您：自2020年3月17日起，公司与您的劳动合同即告终止。请于2020年3月20日以前办理好工作交接及其他离职手续……”曹某、某通信公司于当日进行交接。

2020年3月26日，曹某向上海市闵行区劳动人事争议仲裁委员会申请仲裁，要求某通信公司支付解除劳动合同的经济补偿54 627.5元、未提前三十日通知解除劳动合同的一个月工资12 139.5元等。该仲裁委员会于2020年5月19日作出闵劳人仲(2020)办字第795号裁决书，对曹某上述两项仲裁请求不予支持。曹某不服裁决，提起诉讼。

上海市闵行区人民法院于2020年8月14日作出(2020)沪0112民初22927号民事判决：一、某通信公司于本判决生效之日起十日内支付曹某违法解除劳动合同赔偿金122 641.83元；二、某通信公司于本判决生效之日起十日内支付曹某提成6 060元；三、某通信公司于本判决生效之日起十日内支付曹某工资差额6 980元；四、驳回曹某的其余诉讼请求。宣判后，某通信公司提起上诉。上海市第一中级人民法院于2020年12月16日作出(2020)沪01民终11389号民事判决：驳回上诉，维持原判。

裁判理由

法院生效裁判认为，《中华人民共和国劳动合同法》对劳动合同的解除及终止的情形已作出明确规定。某通信公司主张曹某未达到销售人员“军令状”的销售业绩自动离职，但曹某从未向某通信公司作出过解除劳动合同的意思表示。某通信公司表示双方系协商一致解除劳动合同，但提供的证据并不能证明其主张。此外，曹某虽在销售人员“军令状”上签字，但在曹某的销售业绩达不到预期目标时，某通信公司应对其进行培训或者调整工作岗位，仍不能胜任工作的，某通信公司方可依法解除劳动合同。现某通信公司直接以曹某销售业绩未达到目标30%为由解除双方的劳动合同确属违法，应当依法向曹某支付违法解除劳动合同赔偿金。

裁判要旨

劳动者与用人单位就工作内容、工作目标订立“军令状”，未违反法律强制性规定的，应当认定有效。以解除劳动关系作为惩戒措施的“军令状”中，若约定的解除条件违反法律强制性规定的，应当认定约定无效。用人单位以“军令状”约定目标未完成为由主张依据约定解除劳动合同的，人民法院不予支持。

关联索引

《中华人民共和国劳动合同法》第二条、第三十条、第四十八条、第八十七条

一审：上海市闵行区人民法院(2020)沪0112民初22927号民事判决(2020年8月14日)

二审：上海市第一中级人民法院(2020)沪01民终11389号民事判决(2020年12月16日)

二审合议庭成员：王剑平(审判长兼主审法官)、郑东和、周寅

案例评析

在劳动关系中，军令状作为用人单位与劳动者之间就工作内容、工作目标所作出的奖惩性约定，在本质上属于劳资双方经协商一致后对劳动力交换内容作出的合意变更。军令状属于双方当事人对权利义务的自由约定，在未违反强制性规定的情形下，双方的意思自治并不会受到法律的否定性评价。因此，在具体案件中，需要判断军令状的约定是否属于双方可以自由约定的范围，这就要对军令状中意思自治的效力边界加以界定。

劳动法律中有劳动基准的概念，对最长工作时间、最低工资等作出底线性的约束，且对用人单位单方解除劳动关系的情形予以严格限定，防止劳资双方的“意思自治”给劳动者的合法权益造成不当损害。因此，当劳资双方对工作内容、工作目标以军令状的方式作出约定时，劳资双方当事人的意思自治不能突破劳动法律的强制性规定。本案军令状中，曹某与苏州某通信科技股份有限公司约定上调年度销售目标的同时提高工作底薪，并在未达年销售目标30%时以曹某自动离职作为惩戒。曹某对工作底薪、年度销售目标进行约定并不违反劳动法律的强行规定，而双方约定在目标未完成30%时曹某自动离职的约定，显然超出了劳动法律中意思自治的效力边界，已超出用工自主权的限度，因违背劳动法律强制性规定而归于无效。

劳动关系中军令状的效力边界被劳动法律强制性规定限制后，相关案件的审理需要从两个维度对军令状的内容加以解析——关于目标事项的约定与关于目标完成或未完成之结果的约定。在劳动关系的军令状中，对目标事项的约定往往并不会违反劳动法律的规定，而目标完成时的奖励举措则因有利于劳动者，劳动法律对此无需作出限制。目标未完成时的惩戒后果则多为以下三类：行为惩罚、扣减工资收入及解除劳动关系。具而言之，应从以下几个方面进行判断：

首先，应充分尊重双方意思自治。军令状在公司治理过程中能够有效激发劳动者的工作积极性，在约定目标完成后往往用人单位也会给予超常的福利待遇或职级晋升。从权利义务的对等性角度考量，我们应当充分尊重劳资双方对于工作目标及完成结果的约定。实际上，在劳动法律、劳动合同有效保护劳动者权利的前提下，劳动者不签军令状并不会导致劳动者权益丧失保障。因此军令状不具有客观上的强制性，法院应当尊重双方在缔结过程中的意思自治。

其次，应切实保障劳动者人格尊严。劳动者作为劳动关系的天然弱势方，在行使企业用工自主权的劳动管理过程中，经常发生侵犯劳动者人权的情形。这在军令状目标未达成的惩戒后果上表现得更为明显——除常规的扣减工资收入、解除劳动合同之外，还有诸如学狗叫、爬行、体罚等约定。在裁处纠纷过程中，法院应当始终注重保护劳动者体面劳动，享有人格尊严。这主要体现在惩戒时不得违法解除劳动合同、不得扣减导致低于最低工资标准、不得对员工进行人格侮辱等。

再次，应区分目标约定的拘束效力。以约定未达目标则解除劳动关系的军令状案件中，固然双方对惩戒后果的自行约定因违反劳动法律的强制性规定而无效，用人单位无法依据军令状约定而直接单方解除劳动合同，但并不必然意味着军令状中约定的工作目标对双方亦不产生拘束效力。换言之，双方对工作目标和工作内容的约定，应当视作劳资双方对工作内容的协议变更，如不存在其他无效情形，应对双方产生拘束力——也即在劳动者未能完成军令状约定目标时，用人单位据此认为劳动者“不能胜任工作”，法院应予支持。需要指出的是，用人单位不能依据军令状径直单方解除劳动合同——对于是否可以解除其劳动关系，需要回归到劳动法律的强制性规定上来审查判断。

最后，应审慎厘清意思表示的作出时间。在劳动合同订立、续订、变更时，劳动者天然的弱势地位使得对劳动关系解除事由的“自由约定”极易造成对劳动者权益的实质减损，因此需要公权力介入的倾斜保护。然而，法律对用人单位单方解除劳动合同的情形予以严格限定，但并不禁止劳资双方在劳动合同订立后通过协商一致解除劳动关系。这是因为在劳动合同依法订立后，劳动者的合法权益得到劳动法律、劳动合同的明确保护。需要指出的是，《劳动合同法》第三十六条规定解除劳动合同的协商应仅限于以解除劳动合同为目标的磋商过程，而不包括在续订、变更劳动合同时进行的复合协商过程。因此在续订、变更劳动合同磋商时“合意约定”的解除条件，并不属于《劳动合同法》第36条规定的协商解除。实践中甚至存在订立军令状时由劳动者签署空白日期的辞职报告等情形。因此，法院需要审慎审查双方当事人是否存在解除劳动关系的合意，以及该合意具体、真实的形成时间。

本案中，苏州某通信科技股份有限公司与曹某在军令状中的确已约定当销售业绩未达目标30％时曹某承诺“自行离职”。虽然军令状系双方协商一致的意思表示，但由于该意思表示系以军令状形式变更劳动合同时作出，且当时双方显然并非以解除劳动合同作为磋商目的，故此处协商“合意解除”的表意效力，法院不予支持。

18. 广州某影城公司深圳福田分公司诉某广告公司、上海某信息技术公司广告合同纠纷案*

——常态化疫情防控背景下情势变更的适用规则

关键词 民事 广告合同 情势变更 适用条件 司法介入 变更原则

基本案情

广州某影城公司深圳福田分公司(以下简称某影城福田公司)诉称:2018 年 4 月,案外人上海某文化传播公司作为其上级单位,与某广告公司签订框架合同,约定开展广告合作,上海某信息技术公司对某广告公司的全部权利义务承担保证责任。后其与某广告公司签订《影院银幕广告项目合同》,约定了某广告公司购买所有映前广告的独家招商权、发布权及电影贴片广告的独家结算权。后因疫情原因影院于 2020 年 1 月 24 日暂停营业。2020 年 7 月 17 日,某广告公司提出单方解除合同,某影城福田公司明确拒绝解约要求,并在影院复工后要求某广告公司继续提供片源,但某广告公司除继续拖欠广告费用外,不再提供广告片源,故其在 2020 年 11 月 20 日发函要求解除合同,双方为此发生争议。某影城福田公司遂起诉要求某广告公司支付影院停业前、影院复工后至合同解除前的广告费用,同时要求上海某信息技术公司承担连带责任。

---

* 编写人系上海市高级人民法院(原任职于上海市第一中级人民法)曹克睿、上海市长宁区人民法院(原于上海市第一中级人民法院轮岗锻炼)赵琛琛,入库编号 2024-08-2-141-001。

某广告公司、上海某信息技术公司辩称：影院停业前的费用因没有开具发票故不应当支付，影院复工以后至2020年9月30日期间的费用，双方通过往来函件已经确认免于支付，2020年9月30日以后的费用按照双方当时沟通约定按对折支付；同时认为某影城福田公司违约在先，播放了第三方的广告，故9月30日至解约日11月20日期间费用也不应当支付，某广告公司也不存在违约行为，故不应当支付违约金；上海某信息技术公司仅是提供财务支持，并不是系争合同的保证人。

法院经审理查明：

2018年4月17日，某广告公司与案外人上海某文化传播公司签订《广告合作框架合同》，约定就上海某文化传播公司旗下包含某影城福田公司在内的21家影院开展广告合作，同时约定上海某信息技术公司承诺对某广告公司的全部义务和责任，在必要时提供财务支持。上海某信息技术公司在上述合同上盖章。

2019年9月23日，某广告公司与某影城福田公司签订《影院银幕广告项目合同》约定：某广告公司购买所有映前广告的独家招商权、发布权及电影贴片广告的独家结算权，合作期间自2019年10月1日起至2021年12月31日止，在合作期限内，某广告公司以约定的固定价格购买某影城福田公司名下影院正式电影所有播放场次前的影院银幕广告；广告费用按年度计算分季度支付；在符合合同约定的条件下某影城福田公司可以播放直接客户的付费广告，但需履行相应的报备程序；未经某广告公司书面同意，某影城福田公司擅自发布任何第三方银幕广告的，应支付合同金额30%的违约金；某广告公司擅自终止本合同或拒不履行义务超过7日的，应支付合同总金额50%的违约金。

合同签订后，双方开始履行合同。2020年1月，新冠疫情暴发，涉案影院于2020年1月24日暂停营业。

2020年4月26日，某广告公司告知某影城福田公司提前3—6个月通知其恢复营业时间,并在同年7月8日再次提出,同时也提出希望与对方协商合同变更事宜。

2020年7月16日,国家电影局发出《关于在疫情防控常态化条件下有序推进电影院恢复开放的通知》,要求低风险地区可于7月20日有序恢复开放营业,并落实各项防控工作,包括:实行交叉隔座售票,保证陌生观众间距1米以上;每场上座率不得超过30%;电影放映场所减少放映场次,日排片减至正常时期的一半等。

2020年7月17日,某广告公司向某影城福田公司发出解约函,写明,因受疫情影响,双方合作的影院均处于停业关店状态,致使原合同无法正常履行,因不可抗力,自2020年7月18日起解除原合同。

2020年7月21日,某影城福田公司向某广告公司发送关于CGV深圳某中心店恢复营业时间的告知函,告知涉案影院于2020年7月21日恢复营业,客户广告可恢复上刊。

2020年7月23日,案外人上海某文化传播公司向某广告公司发送《解约函回函》提出,因疫情而停业期间(2020年1月24日至影院实际复工之日)的广告费全部免除;就影院开业后的合作,以继续履行为前提,在原合同相关约定的基础上,可对2020年第三、四季度的商务条件进行友好协商。

2020年8月16日,涉案影院在映前播放了一段非某广告公司代理的男士洁面广告。

2020年8月24日,某广告公司提出变更原合同,主要内容为自疫情停业之日起至2020年9月30日的合作金额不计费,2020年10月1日至2020年12月31日合作金额变更为原合同约定的50%,2021年度合作影院减少为40家等。

2020年8月28日,案外人上海某文化传播公司回函,提出停业期间至2020年9月30日免收广告费用(无论是否播放银幕广告);2020年10

月 1 日至 12 月 31 日期间广告费用减半收取，但是 2021 年 1 月 1 日起应当如约支付。

2020 年 9 月 1 日，某广告公司向案外人上海某文化传播公司发出《违约提示函》，提出某影城福田公司的上述广告播放行为构成违约。2020 年 9 月 7 日，案外人上海某文化传播公司就《违约提示函》回函，表示其为了减少损失，确实发布了一条非某广告公司代理的广告，同时提示其仍欠付的广告费用。

2020 年 11 月 20 日，某影城福田公司向某广告公司发出通知函，提出鉴于其已明确反对某广告公司单方解约的行为，并在影院复工后通知某广告公司提供广告片源，但某广告公司拒不履行合同，也不支付广告费用，因此要求解除合同。双方对合同解除时间为 2020 年 11 月 20 日无争议。上述期间，某广告公司未提供广告。2021 年 1 月 25 日，该影院亦于映前播放了非某广告公司代理的广告。

一审中，某影城福田公司向某广告公司开具了增值税专用发票。

上海市闵行区人民法院于 2021 年 10 月 25 日作出（2021）沪 0112 民初 7783 号民事判决，判决：一、某广告公司于判决生效之日起十日内支付广州某影城公司深圳福田分公司广告费 1 384 301 元；二、驳回广州某影城公司深圳福田分公司的其他诉讼请求。

宣判后，某影城福田公司、某广告公司均向上海市第一中级人民法院提起上诉。

上海市第一中级人民法院于 2022 年 7 月 29 日作出（2021）沪 01 民终 16356 号民事判决，判决：驳回上诉、维持原判。

裁判理由

法院生效裁判认为，本案主要争议焦点在于：1.影院恢复营业后至合同解除前的广告费用如何认定；2.本案中双方是否存在违约情形及相应责任如何认定。

一、关于影院恢复营业后至合同解除前的广告费用认定问题

第一,关于影院恢复营业后的一定期间内是否可以适用情势变更的问题。关于情势变更规则,《最高人民法院关于适用〈中华人民共和国合同法〉若干问题的解释(二)》(以下简称合同法司法解释二)和《中华人民共和国民法典》(以下简称《民法典》)均有相应规定。合同法司法解释二规定的"情势变更"制度适用要件为:一是情势变化条件,即"合同成立后客观情况发生了当事人无法预见的、非不可抗力造成的不属于商业风险的重要变化";二是合同履行后果,即"继续履行合同对于一方当事人明显不公平或者不能实现合同目的";三是救济途径,即"当事人可以请求法院变更或解除合同"。而《民法典》中关于情势变更制度进行了更为全面的设计,完善了情势变更的适用条件,不再将不可抗力排除在适用情势变更的事由之外,并且将情势变更制度与合同解除制度加以区分,明确情势变更对合同继续履行造成的不利后果是"明显不公平"而非"不能实现合同目的",同时在救济途径中增加了重新协商制度,更强调对当事人意思自治的尊重。此外,考虑到情势变更的适用与否并非基于当事人约定,而是一种法定状态,当事人在缔约时对于是否可以适用情势变更原则无法形成预期,不涉及打破当事人合理预期的情形。因此,结合本案具体情况,虽然本案事实发生于民法典生效前,但考虑到疫情作为不可抗力因素对社会经济生活造成的客观影响,适用《民法典》关于情势变更的规定,不仅不会造成当事人既存权利的减损,反而有利于重新协调当事人之间因继续履行原合同可能带来的合同利益失衡状态,更好地维护各方当事人合法权益,也有利于鼓励交易、稳定交易秩序,符合有利溯及适用民法典的条件。因此,本案应当适用民法典中关于情势变更的相关规定。

第二,关于适用情势变更后,本案广告费用如何变更的问题。根据法

律规定，构成情势变更的情况下，当事人可以重新就合同后续履行条件进行再协商，协商不成的情况下，可以由法院根据公平原则解除合同或变更合同。因此，本案广告费用可以由法院进行变更，具体理由如下：

第一，本案当事人已经重新协商，但协商不成。民法典对于情势变更原则的规定中增加了重新协商程序，系出于对当事人意思自治和风险管理能力的尊重，留给当事人足够的协商空间，鼓励当事人秉持诚实信用原则重新充分磋商，共同努力修复原本正常的合同关系。本案中，双方当事人在疫情发生后就涉案合同的履行进行了充分协商，但出于对各自商业利益的考量，提出的后续履行方案均未能得到对方的确认，并无证据证明双方已经就后续履行方案达成一致。至于某广告公司主张双方就复工后至 9 月 30 日期间的广告费免除已达成一致，法院认为，从双方沟通过程来看，上海某文化传播公司提出的方案系建立在确保双方后续继续合作的基础上而进行的让步，在双方并未实际再行合作的情况下，上海某文化传播公司承诺减免一定阶段广告费的条件并未成就，因此某广告公司无权主张该部分广告费的减免。

第二，在当事人协商不成的情况下，法院基于公平原则具体考量以下因素，对合同进行变更。

一是当事人的过错程度，主要考量当事人在情势变更后的履约行为是否适当、是否善意促进合同关系修复、是否主动采取减损措施等。本案中，某影城福田公司为确保合同继续正常履行，多次提出可以减免一定期间的广告费，系诚信守约行为；而某广告公司在未提前得到关于涉案影院复工具体时间的情况下，在影院复工伊始未能及时提供广告片源，亦符合情理；同时某影城福田公司在未得到某广告公司提供的片源的情况下也自行采取了一定的减损措施，并无不当。

二是市场变化程度，主要考量因情势变更而对市场环境的影响程度。本案中，电影行业因营业条件的特殊性，受疫情防控政策的影响较大，影厅数量、放映场次、排片量和观众人数都需遵照防疫要求进行调整,直接影响着电影院的营业效果,属于市场变化程度较大的情况。虽然某影城福田公司依据第三方统计数据提出影院恢复营业后的上座率、票房数据较以往并未下降反而有所提升,对此法院认为,一方面不能以事后的数据统计倒推复工伊始双方的市场预期,另一方面复工初期不排除市场易受“报复性消费”等心理因素影响而产生波动,因此,衡量市场变化程度还是需要综合考虑政策具体内容、市场客观状态、一般公众认知和后疫情时代消费心理的特殊性等因素。

三是当事人预期利益。在情势变更的情况下,双方已经进行了重新协商,对己方可能面临的履行障碍和预期损失已经进行了充分考量和评估,故从协商过程可以看出双方对于合同后续履行可能带来的预期利益的初步预判,对于变更合同内容具有一定的参考价值。本案中,双方在重新协商的过程中均提出过减免一定期限的广告费用来变更合同履行的方案,可以推定双方对于影院复工后一定阶段内合同履行效果会受到减损均具有一定的预期,并都提出了减免幅度为50%的履行条件。

综合上述因素考量,一审法院将影院恢复营业后至合同解除前的广告费用酌定调整为按合同约定的50%计算,符合公平原则,也具有一定的合理性。

二、本案中违约责任的认定问题

第一,关于本案合同解除性质的认定。法院认为,本案系争合同系双方协议解除,理由如下:首先,根据法律规定,当事人协商一致,可以解除合同。本案中,双方对于解除合同已达成合意。虽然某广告公司曾在7月17日提出过解除合同,但其在某影城福田公司未同意解除的情况下,仍以实际行为参与了对后续合同履行条件的磋商,某广告公司提出解约的行为实际并未发生解除合同的法律效果，可视为疫情期间对合同履行的一种商榷方案。并且，某广告公司在此后明确确认合同解除时间为某影城福田公司发出解约函之日，故双方合同解除的合意已于11月20日形成。其次，本案合同不构成因根本违约而解除。虽然某影城福田公司提出某广告公司一直未支付广告费，但考虑到双方在复工后一直在就合同后续履行方案包括广告费用的具体金额进行协商，在双方尚未达成一致且也未继续履行本案合同的情况下，某广告公司迟延支付广告费的行为具有一定的合理因素，不宜认定为根本违约。最后，本案合同也不构成因不可抗力而解除。一方面，疫情因素并不必然导致合同解除；另一方面，疫情缓解后已可复工，不可抗力已消除，不存在无法继续履行的情况，双方未能继续履行原合同的根本原因并不在于存在不可抗力导致无法履行，而在于均认为原履行条件因疫情防控政策影响而有失公平，并且在协商未果后，已就合同解除达成合意，因此，本案合同的解除本质上系双方协议解除。

第二，关于某广告公司是否存在违约行为，是否应当支付违约金的问题。法院认为，本案合同历经正常履行阶段（合同签订后至2020年1月24日前）、疫情阶段（2020年1月24日至7月20日）和复工阶段（2020年7月21日至11月20日合同解除），在不同阶段存在不同的可能影响合同履行的因素，为此，对某广告公司的行为评价也应当根据各阶段情况分别认定：

首先，在合同正常履行阶段，此时合同履行并未受新冠疫情因素影响，故在该阶段，某广告公司应当恪守合同约定，按约定金额按期支付该阶段的广告费用。根据合同约定，该阶段广告费应当于2020年2月20日前支付，但某广告公司未及时支付该部分广告费，虽其抗辩系因某影城福田公司未开具发票故不同意付款，但开具发票属于合同附随义务，不能以此作为不履行价款支付义务的合理理由，因此，某广告公司未按约支付该阶段广告费的行为构成违约。

其次,在疫情阶段,因疫情因素影响,涉案影院均无法正常营业,致使该阶段合同无法履行。根据法律规定,不可抗力是指不能预见、不能避免且不能克服的客观情况,故疫情及疫情措施一般属于法律规定的不可抗力。而不可抗力制度的适用前提是因不可抗力造成当事人不能履行合同的后果,因此本案合同在疫情阶段依法应当适用不可抗力制度。适用不可抗力制度的法律效果体现为免责,即对于因不可抗力造成的履行不能,免除全部或部分责任,但并不导致合同内容变更,合同一时不能履行的,影响消除后仍应继续履行。本案中,疫情阶段合同无法履行系因不可抗力所致,双方均可免责,且某影城福田公司也同意减免该阶段的广告费用,该行为充分体谅了合同相对方损失,符合诚信原则,故某广告公司无需支付该阶段的广告费用。

最后,在复工阶段,合同已经恢复继续履行的可能,不再具备适用不可抗力制度的前提。对于该阶段中某广告公司未及时提供片源的行为,考虑到疫情因素对案涉合同的履行影响较大,某广告公司在未提前收到涉案影院具体复工时间的情况下,短期内准备片源确实存在一定困难,应当在合同恢复履行后给予其合理的准备期。但在双方重新协商过程中,某广告公司依旧迟迟未提供片源,也未就不提供片源给予合理解释,确系怠于履行合同义务的违约行为。

因此,综合某广告公司在本案合同履行的三个阶段的具体违约情形以及造成的实际损失情况,法院认为某广告公司在本案中的违约程度相对轻微,考虑到一审法院已酌定某广告公司承担了复工后的部分广告费用,其酌定结果已可以覆盖相关违约后果,因此,一审法院未再支持某影城福田公司关于违约金的主张,尚属合理。

关于某影城福田公司是否构成违约的问题。法院认为,当事人作为合同利益的直接主体,对采取何种措施能够更好维护自身利益、修复合同关系破裂造成的不利后果，具有更清晰的认知能力和处理能力，特别是在因情势变更，原合同继续履行条件尚不具备的情况下，应当鼓励当事人在面临风险时积极自救，自我减损。本案中，根据双方合同约定，在某广告公司的广告时间未播满的情况下，某影城福田公司可以在一定条件下承接第三方的付费广告，现某影城福田公司主张其播放的非某广告公司代理的广告系属于合同约定的直接客户广告，该广告合同也系与品牌方直接合作，虽然未按合同约定履行报备程序，但考虑到当时影院刚恢复营业，某广告公司也发函提出了解约，并且未再提供广告片源，在此情况下，某影城福田公司为防止损失持续扩大，出于减损目的，寻找替代片源的自救型行为不宜认定为违约。

裁判要旨

在常态化疫情防控背景下，当事人主张适用情势变更的，法院应从疫情防控措施对不同合同履行的差异性影响、影响程度、履行后果等方面审查是否构成情势变更。若构成，在当事人无法协商一致的情况下，法院可以介入调整合同关系，具体考量市场变化程度、当事人预期利益、当事人过错程度等因素对合同内容进行变更，公平合理分配合同风险。

关联索引

《最高人民法院关于适用〈中华人民共和国民法典〉时间效力的若干规定》第二条

《中华人民共和国民法典》第五百三十三条

一审：上海市闵行区人民法院（2021）沪 0112 民初 7783 号民事判决（2021 年 10 月 25 日）

二审：上海市第一中级人民法院（2021）沪 01 民终 16356 号民事判决（2022 年 7 月 29 日）

二审合议庭成员：曹克睿（审判长）、赵琛琛（主审法官）、吴慧琼

案例评析

司法实务中，虽然普遍认可疫情及防控措施构成不可抗力，允许适用

不可抗力免除相应责任[①]，但对于复工后仍存在的常态化疫情防控措施是否构成情势变更，并无明确规定，对法院在此情形下介入调整合同关系造成一定障碍。特别是在《民法典》重构情势变更制度后，法院在审判实践中如何准确适用情势变更、合理分配合同风险有待进一步探究。

根据《民法典》第五百三十三条之规定，情势变更制度的构成要件应为：一是情势要件，系订立合同时无法预见的、不属于商业风险的“合同基础条件”；二是变化程度要件，属于“重大变化”的程度；三是履行障碍要件，不是不能实现合同目的，也不是合同无法履行，而是合同履行上显失公平；四是救济程序要件，当事人负有重新协商义务，协商不成方可寻求司法途径救济。对于疫情防控常态化背景下的合同履行而言，不能当然排除情势变更的适用可能，可基于以下要件审查是否适用：

一是常态化疫情防控措施对不同行业领域的影响差异。疫情期间，社会经济生活受疫情防控政策影响明显，复工后，正常生产生活秩序原则上已经恢复，但由于各行业领域性质的不同，部分行业正常复工后仍会受后疫情时代防控政策的影响，而此类疫情防控要求多由国家根据疫情防控形势动态调整，并不受市场调节因素影响，不属于商业风险。因此，对于复工后仍可能受防控措施影响的领域，比如本案所涉的影院等娱乐行业，仍可能存在当事人缔约时无法预见的情势变更。

二是合同的基础条件受常态化疫情防控措施影响的程度大小。情势变更制度核心是基础条件的重大变化，导致一方利益处于极端失衡状况。[②]也就是说，这种变化非当事人过错所致，在程度上必须使得约定义务发生履行困难，但不包括履行不能的情况，且不发生该情况是合同订立的基本假设。比如本案中，防控措施要求影院每场上座率不得超过30%，

---

① 参见最高人民法院《关于依法妥善审理涉新冠肺炎疫情民事案件若干问题的指导意见(一)》及上海市高级人民法院《关于涉新冠肺炎疫情案件法律适用问题的系列问答之三》。

② 参见[德]吕特斯等：《德国民法总论》，于森等译，法律出版社2017年版，第429—430页。

排片量也要求减少至正常时期的一半，显然构成合同基础条件的重大变化。

三是继续按原合同条件履行对当事人明显不公。即在此情况下继续履行会让当事人承担比法律要求更沉重的负担。例如本案合同中，虽然价款为定额支付，但考虑到合同内容系广告投放，相关影院数量、上座率、排片量均是广告效果的重要因素，仍按原价款支付势必会造成广告投放一方的利益失衡。

四是协商义务和减损义务的履行情况。《民法典》对于情势变更原则的规定中增加了重新协商程序，留给当事人足够的协商空间，鼓励当事人自主修复原本正常的合同关系。基于此，遇到履行障碍的不利方也应当在合理期限内，通知对方当事人自身不能依约履行合同的情况。对方经通知了解疫情对履行影响后，应当采取积极措施尽量减少或避免损失扩大。[①]否则，该部分扩大损失不应属于情势变更的调整范围。

适用情势变更规定的最终目的是解决合同风险的负担问题。而情势变更的本质是一种法定状态，此类风险能够由当事人协商分配的可能性较小，由此情势变更一定程度上就变成了，法院在什么条件下有必要介入合同，来确定风险分配。对此，现行法律规定是相对模糊的，从情势变更的经济逻辑和法理基础出发，法院介入合同关系调整时可以遵循以下思路：

一是介入时机，要准确区分合同履行的不同阶段。正常情况下，合同履行具有持续性，而涉疫情案件在不同阶段存在不同的可能影响合同履行的因素。如本案中，合同履行经历了正常履行阶段、疫情停业阶段、复

① 参见《民法典》第590条："当事人一方因不可抗力不能履行合同的，根据不可抗力的影响，部分或者全部免除责任，但是法律另有规定的除外。因不可抗力不能履行合同的，应当及时通知对方，以减轻可能给对方造成的损失，并应当在合理期限内提供证明……"《民法典》第591条："当事人一方违约后，对方应当采取适当措施防止损失的扩大；没有采取适当措施致使损失扩大的，不得就扩大的损失请求赔偿……"

工阶段。在正常履行阶段，由于并未受新冠疫情因素影响，故在该阶段，双方应当恪守合同约定，法院对双方该阶段行为的评价也应当恪守合同约定进行判断。在疫情停业阶段，此时合同属于客观上无法履行，符合不可抗力的适用条件。而在复工阶段，客观上合同已经恢复继续履行的可能，不再具备适用不可抗力制度的前提，此时需要审查是否具备情势变更的适用条件，如存在情势变更，才涉及法院对合同关系的介入及合同内容的变更。

二是变更原则，需遵循主客观相结合的公平原则。法院对合同自由的干涉是有限度的，要遵循“再协商—变更—解除”的步骤。法院不是不宜评判合同价值，但应尽量避免因法官专断对当事人意思的僭越，以及结果的不确定性。当事人是自己利益最好的裁判者，有动力与能力以更好更合理的方式通过合同来分配风险，应激励其尽量通过“再协商”来防止不确定性，以及可能产生的灾难性后果。①只有在当事人重新协商不成的情况下，法院可以基于公平原则，并充分考量以下因素，变更合同内容：

首先，当事人的过错程度。主要考量当事人在情势变更后的履约行为是否适当、是否善意促进合同关系修复、是否主动采取减损措施等。其次，市场变化程度。主要考量因情势变更而对市场环境的影响程度。衡量市场变化程度还是需要综合考虑政策具体内容、市场客观状态、一般公众认知和后疫情时代消费心理的特殊性等因素。再次，当事人预期利益。在情势变更的情况下，双方已经进行了重新协商，对己方可能面临的履行障碍和预期损失已经进行了充分考量和评估，故从协商过程可以看出双方对于合同后续履行可能带来的预期利益的初步预判，对于法院介入变更合同内容具有一定的参考价值。

需要说明的是，法院介入毕竟是公权进入私权领域，只有在合同约束

---

① [法]泰雷等：《法国债法：契约篇（下册）》，罗结珍译，中国法制出版社 2018 年版，第 917 页。

下导致“产生无法忍受的、不符合公平的利益平衡”，给交易基础注入“规范性因素”，才最终获得介入正当性。[①]对于法院而言，还是应当尽量优先维持原合同的效力，除非无法消除该合同履行的不公平结果，或者变更还不能消除利益失衡，或者履行到了无可期待可能的地步，才有法院介入解除合同之必要。

---

① 参见[美]费里尔等：《美国合同法精解》，陈彦明译，北京大学出版社 2009 年版，第 505 页。

19. 上海某水务设备有限公司诉宿迁市某装饰工程有限公司买卖合同纠纷案*

——违约方合同解除权之债权人在合理期限内未请求履行的认定

关键词 民事 买卖合同 违约方合同解除权 债权人请求履行 合理期限

基本案情

原告上海某水务设备有限公司(以下简称“某设备公司”)诉称:某设备公司、宿迁市某装饰工程有限公司(以下简称“某装饰公司”)签订的《工业产品购销合同》约定货物全部送达交货地点为付款条件之一。合同签订后某装饰公司支付预付款,后某设备公司向某装饰公司部分供货,某装饰公司至今尚欠货款。2018 年,某设备公司曾向某装饰公司员工提出解除合同并支付已供货部分货款,而某装饰公司经营异常,继续履行会给某设备公司造成更大损失。故请求判令:1.解除某设备公司、某装饰公司于 2016 年 10 月 7 日签订的《工业产品购销合同》;2.某装饰公司支付货款 403 074 元及违约金(以 403 074 元为基数,自 2016 年 12 月 28 日起按月息 2 分计算至实际给付之日止)。

某装饰公司辩称:1.某设备公司未按照合同约定时间交付全部货物,

---

* 编写人系上海市第一中级人民法院郑军欢、上海市嘉定区人民法院(原任职于上海市第一中级人民法院)俞悦,入库编号 2024-08-2-084-006。

已构成违约；2.某设备公司未将全部货物送达交货地点，某装饰公司未签收，支付货款的条件尚未成就；3.某装饰公司不存在违约情形，保留向某设备公司追索违约金要求其承担经济损失的权利；4.某设备公司要求解除合同不适用合同第13条违约情形，亦不属于法定解除，要求某设备公司继续履行案涉合同的交货义务；5.如法院认定某装饰公司违约，某设备公司主张的违约金过高要求法院予以调整。

法院经审理查明：2016年10月7日，某设备公司、某装饰公司签订《工业产品购销合同》，约定某装饰公司向某设备公司购买热镀锌钢管等产品。合同还约定：交货期90日内全部供完，自某装饰公司预付款到达某设备公司指定账户之日起算……；付款方式为合同生效之日起3日内某装饰公司支付合同总金额20%的预付款，货物全部送达交货地点某装饰公司组织签收完毕5日内再支付合同总金额60%的货到款，调试验收完毕5日内某装饰公司支付合同总金额15%的调试款，留质量保证金5%一年，质量保证期满一周内一次性付清。违约责任约定：1.某设备公司非因不可抗力及意外事件导致的迟延交货，每迟延一日应按延期交货金额1‰向某装饰公司支付违约金……；2.某装饰公司迟延付款的，每迟延一日应按延期付款金额1‰向某设备公司支付违约金；3.产品生产完毕后，某装饰公司提出暂缓发货的，由某设备公司代为保管的期限为30日……某装饰公司超过代管期仍未提货的，视为某装饰公司拒收货物致某设备公司合同目的不能实现，某设备公司可行使单方合同解除权，解除合同的通知自到达某装饰公司时生效，某装饰公司应按合同总额的30%承担违约责任，若某设备公司的实际损失超过30%的，则按实际损失追偿。

2016年10月9日，某装饰公司从陈某某账户向某设备公司转账支付合同总金额20%预付款164 000元。

2016年10月17日，某设备公司、某装饰公司双方签订《合同补充协议》，某装饰公司根据工程建设需要，补充采购 114 沟槽三通一批，金额 2 760 元，补充后合同总金额 822 760 元。

2016 年 10 月 20 日、11 月 30 日，某设备公司共分三批次向某装饰公司交付部分热镀锌钢管及全部 114 沟槽弯头、114 沟槽蝶阀等。

2016 年 12 月 17 日，某装饰公司向某设备公司发送《催货通知书》，称急需该批货物用于施工，而某设备公司未及时供货已造成工期延误，要求某设备公司接函后立即供货，否则将追究某设备公司的违约责任及赔偿损失。某设备公司的业务代表于同年 12 月 18 日签字确认“收到通知书”。

2016 年 12 月 20 日、12 月 23 日，某设备公司向案外人转账 20 000 元预付款及 78 487 元货款。

2018 年 1 月 15 日，某装饰公司委托江苏某律师事务所向某设备公司发送《律师函》，称因某设备公司的严重违约导致某装饰公司无法施工，已造成巨额损失及第三方索赔，要求某设备公司在接函三日内解决违约一事，否则将通过诉讼途径解决此事。

一审庭审中，某装饰公司明确暂不提起反诉要求某设备公司继续履行合同。

二审法院另查明，根据金投网等显示的热镀锌钢管价格行情，热镀锌钢管的价格呈逐年上涨趋势，与案涉合同同类热镀锌钢管的价格，2017 年 5 月 24 日为 4 300 元/吨，2021 年 5 月 8 日为 6 560 元/吨。

上海市金山区人民法院于 2020 年 12 月 22 日作出(2020)沪 0116 民初 10613 号民事判决：驳回某设备公司的全部诉讼请求。某设备公司向上海市第一中级人民法院提起上诉认为，某装饰公司未在合理期限内要求履行，也未作为善意商事主体提出或同意解除合同，刻意造成付款条件不成就，形成合同僵局，违反了诚信和公平原则。由于某装饰公司怠于行使要求继续履行的权利已远超合理期限，该权利已不受法律保护，应准予另一方要求解除合同，以避免双方利益失衡。上海市第一中级人民法院于2021年5月27日作出（2021）沪01民终2526号民事判决：一、撤销上海市金山区人民法院（2020）沪0116民初10613号民事判决；二、某设备公司和某装饰公司于2016年10月7日签订的《工业产品购销合同》于2020年11月23日解除；三、某装饰公司于判决生效之日起十日内支付某设备公司货款308 187.20元；四、驳回某设备公司的其余诉讼请求。

裁判理由

法院生效裁判认为，本案主要争议是某设备公司是否有权主张解除合同，包含三方面的认定：第一，某设备公司未按约定履行合同义务，系违约方；第二，某装饰公司作为债权人未在合理期限内行使权利；第三，某设备公司作为违约方有权解除案涉《工业产品购销合同》。

第一，某设备公司未按约定履行合同义务，构成违约。案涉《工业产品购销合同》约定，某设备公司应自某装饰公司预付款到账之日起90日内交货完毕。某设备公司于2016年10月、11月分三批向某装饰公司交付部分货物，合计货款472 187.20元。某设备公司另主张其通过第三方向某装饰公司交付98 487元的货物，但某装饰公司未予确认，某设备公司对此亦未能充分举证证明，故不予认定。某设备公司嗣后未按合同约定的交货期限向某装饰公司交付剩余货物，显然已构成违约。

第二，某装饰公司作为债权人在合理期限内未要求债务人履行。合同约定的交货期届满后，某装饰公司于2018年1月15日委托律师发出《律师函》，要求某设备公司于接函后3日内解决违约一事，否则依法通过诉讼主张巨额赔偿或者违约金。但某设备公司未继续履行，某装饰公司亦未积极主张权利。某装饰公司在之后长达两年多时间内，既未向某设备公司主张履行，也未通过向法院起诉请求履行或者解除合同并要求某设备公司赔偿损失。况且，在某设备公司向一审法院起诉请求解除合同并要求某装饰公司支付货款后，某装饰公司既不同意某设备公司的诉请，也未提出反诉要求某设备公司承担继续履行等违约责任。由此可见，虽然某装饰公司在合同约定的交货期届满前曾向某设备公司主张履行，但其之后长期怠于向某设备公司主张履行的行为已构成《民法典》第五百八十条第一款规定的“债权人在合理期限内未要求履行的”的除外情形。

第三，某设备公司有权解除案涉《工业产品购销合同》。根据现已查明的案件事实，某设备公司作为违约方，其在主观上就其违约行为并不具有恶意。鉴于合同标的物即热镀锌钢管目前的市场价格明显高于合同约定的单价，若现在要求某设备公司继续履行合同约定的交货义务，则会对其明显不公平。而某装饰公司作为守约方，其未在合理期限内要求履行，同时又拒绝解除合同，显然有违诚信原则。上述合同僵局情形会造成某设备公司因未履行全部交货义务而无法获得已履行部分的相应对价，继而导致双方利益的失衡。因此，虽然本案争议的合同成立及法律事实均发生在《民法典》施行前，但根据《最高人民法院关于适用〈中华人民共和国民法典〉时间效力的若干规定》第十一条规定，本案应适用《民法典》第五百八十条第二款规定，故某设备公司起诉请求解除合同，具有事实和法律依据。案涉合同自某设备公司关于解除合同的诉讼请求到达某装饰公司时解除。合同解除后，尚未履行的，终止履行，对于某设备公司已交付的货物，某装饰公司应支付相应货款。因某装饰公司并非违约方，故某设备公司的违约金请求于法无据，不予支持。某装饰公司未在本案中提出反诉追究某设备公司的违约责任，若其认为某设备公司违约给其造成损失，其可另行起诉主张损害赔偿。

裁判要旨

《民法典》第五百八十条规定，不履行非金钱债务或者履行非金钱债务不符合约定的一方在债权人于合理期限内未请求履行时致使不能实现合同目的，违约方亦有权终止合同的权利义务关系。其中，合理期限的识别路径为当事人事先约定、事后补充约定、按照合同条款或交易习惯确定以及参照法律规定。合理期限应符合当事人的预期与社会公众的一般评价标准，综合涉案合同的种类、标的、性质、目的、履行情况、交易习惯等因素，并遵循诚实信用原则予以确定。合理期限经过应导致违约方受保护法益处于无法实现的状态、继续履行对违约方明显不公等合同目的无法实现之情形。

关联索引

《中华人民共和国民法典》第五百八十条

一审：上海市金山区人民法院(2020)沪0116民初10613号民事判决(2020年12月22日)

二审：上海市第一中级人民法院(2021)沪01民终2526号(2021年5月27日)

二审合议庭成员：郑军欢(审判长兼主审法官)、胡瑜、胡玉凌

案例评析

遵循合同严守精神和诚实信用原则，当事人应按照合同约定全面履行自己的义务。依照《民法典》第五百七十七条之规定并出于尊重当事人意思自治、尽力促进合同目的实现的考虑，当一方当事人出现违约行为时，继续履行是违约方承担责任的首选方式。但随着社会经济发展及商事交易的多样化，影响合同顺利履行的因素逐渐增加。若存在一方未按约履行非金钱债务，但存在不能或不适于强制履行的情形，而守约方又不积极主张权利，则极易形成合同僵局。《民法典》第五百八十条吸收了《全国法院民商事审判工作会议纪要》第四十八条的精神，规定当事人一方不履行非金钱债务或者履行非金钱债务不符合约定的，对方可以请求履行，但是有下列情形之一的除外：(一)法律上或者事实上不能履行；(二)债务的标的不适于强制履行或者履行费用过高；(三)债权人在合理期限内未请求履行。有前款规定的除外情形之一，致使不能实现合同目的的，人民法院或者仲裁机构可以根据当事人的请求终止合同权利义务关系，但是不影响违约责任的承担，即在符合上述规定的法律要件时，违约方亦可请

求人民法院或仲裁机构终止合同权利义务关系，结束合同僵局。其中，如何认定债权人在合理期限内未请求履行的法律规定较为概括，实践中如何适用有待明确。在审查债权人是否符合在合理期限内未请求履行的法定情形时，应注意以下问题：

第一，期限合理性的审查前提为已形成合同僵局。合同僵局通常是指一方履行合同出现根本违约行为，但守约方不同意解除合同，违约方又不享有合同解除权，双方既无法实现合同目的，又无法终结双方既定的权利义务架构，当事人实际权利义务处于“僵化”状态。首先，按照文义解释，《民法典》第五百八十条规范的对象为非金钱债务违约或履行不能而形成的合同僵局。其次，该合同僵局不应立足于非金钱债务的债务人为牟利而主动采取的机会主义行为，而应是由于客观因素变化而导致的现实困境。最后，守约方依据合同条款并不存在违约行为，但其基于自身利益最大化的考虑，放任权利义务失衡的状态长期持续，亦属于有违诚实信用原则的行为。因此，该条款的适用应采用从宏观到微观的审理思路，先行判断合同整体的履行状态，再行分析是否符合法律规定的守约方不得请求继续履行的特定形式。

第二，期限合理性的认定应结合个案事实综合评判。法律条款中的合理期限是不确定概念，在性质上可以理解为失权期间。从立法目的看，法律就合理期限的规定具有双向性，一方面督促债权人积极行使权利，尽早明确债务人的责任承担方式；另一方面对债权人怠于行使权利的行为予以惩戒，推动合同争议的解决。具体到个案中，合理期限应符合当事人的预期与社会公众的一般评价标准。当事人的意思表示可以从合同约定、沟通记录、履行过程等方面予以探知。在关注非金钱债务的约定外，亦应关注与非金钱债务相对应的金钱债务的履行期限及方式。社会公众的评价标准可参照法律规定、行业惯例、交易习惯等予以确定。具体的期限长短可比较相关的诉讼时效、解除权行使期间、撤销权行使期间等予以确定。

第三，债权人请求履行为非要式行为。债权人在合理期限内可通过口头、书面、电子、提起诉讼等多种形式要求债务人履行债务，但相应履约主张应具体明确。因独立的要求履行无法产生类似诉讼时效中止、中断的效力，债权人应在一定时期内连续行使权利，即前期的积极行权并不能豁免后期的消极的权利滥用。

第四，合理期限经过导致的结果应达到合同目的无法实现的严重程度。违约方向人民法院或者仲裁机构申请终止双方权利义务关系的法律后果处理与一般的合同解除的法律后果具有一致性。因此，合理期限经过的结果应与合同解除的法定情形具有相当性。实践中，较为常见的情形包括：债权人怠于行使权利致使违约方应受到保护的法利益始终处于无法实现的状态；履行成本在期限内发生显著变化，继续履行对违约方明显不公平；债务人履约能力发生巨大减损等等。

本案中，某设备公司、某装饰公司于 2016 年 10 月签订《工业产品购销合同》，约定交货期限为 90 日。合同约定的交货期届满后，某设备公司未按约履行供货义务，存在违约。某装饰公司于 2018 年 1 月发出《律师函》，催促某设备公司尽快履行。但面对某设备公司仍未继续履行的情况，某装饰公司后续始终未再次主张权利。2020 年，某设备公司向法院起诉请求解除合同并要求某装饰公司支付货款后，某装饰公司既不同意某设备公司的诉请，也未提出反诉要求某设备公司承担继续履行等违约责任，涉案合同已陷入僵局。对照合同约定的交货时间及一般商事交易的周期，可以认定某装饰公司虽属于守约方，但其怠于向某设备公司主张履行的行为已经超出合理期限。诉讼时，涉案合同交易材料的市场价格较合同约定的供货周期已出现明显上涨。一方面，合同僵局状态既使得某设备公司无法依约获得已供货部分的价款；另一方面，履约成本大幅上涨，要求某设备公司继续履行合同有悖于公平原则。在此情况下，法院支持某设备公司终止合同权利义务的请求，能够对双方失衡的权利进行有效救济。

20. 李某某等操纵证券市场案*

——操纵证券市场犯罪违法所得的认定

关键词　刑事　操纵证券市场罪　违法所得　操纵期间

基本案情

2019年9月至2020年11月，被告人李某某为谋取非法利益，使用其实际控制的450余个他人名下证券账户，集中资金优势及持股优势，连续买卖"大连A""B轴承""C科技"三只股票，操纵相关股票的交易价格和交易量。其间，被告人邱某某协助李某某发布交易指令，组织李某、胡某某、唐某某(均另案处理)等人实施下单交易。

2019年9月18日至2020年11月27日连续289个交易日，李某某控制的证券账户组持有"大连A"证券的流通股份数量达到该股实际流通股份总量的10%以上，其中，连续10个交易日的累计成交量达同期该股总成交量的50%以上。2019年10月8日至2020年2月13日连续86个交易日，李某某控制的证券账户组持有"B轴承"证券的流通股份数量达到该股实际流通股总量的10%以上。其中，连续10个交易日的累计成交量达同期该股总成交量的20%以上。2020年9月30日至同年11月4日连续20个交易日，李某某控制的证券账户组内持有"C科技"证券的流通股份数量达到该股实际流通股总量的10%以上，其中，连续10个

* 编写人系上海市高级人民法院(原任职于上海市第一中级人民法院)李长坤、上海市第一中级人民法院吕曌清，入库编号：2024-04-1-124-001。

交易日的累计成交量达同期该股总成交量的20%以上。

上海市第一中级人民法院于2023年6月29日作出(2022)沪01刑初13号刑事判决：被告人李某某犯操纵证券市场罪，判处有期徒刑六年，并处罚金人民币1 000万元；违法所得予以追缴，犯罪工具予以没收。宣判后，没有上诉、抗诉，判决已发生法律效力。

裁判理由

法院生效判决认为：本案操纵证券市场的违法所得不宜以浮盈金额2.81亿余元认定，以实际获利情况认定违法所得更为妥当。理由如下：其一，根据被告人李某某等被控制日等日期，审计认定李某某、邱某某等人操纵股票账面浮盈合计2.81亿余元。其二，审计截止日后，李某某实际控制的证券账户组内仍持有大量股票未能出仓，主要持仓股票“大连A”与“C科技”在审计截止日后连续数日跌停，持股股价大幅下跌。综上，李某某等人所持股票在审计日后总体出现大幅亏损。审计日后虽非操纵证券市场行为实行期间，但与操纵证券市场行为紧密相关，以实际获利情况认定其违法所得更为妥当。

裁判要旨

第一，操纵行为获利的本质是通过扭曲市场价格机制获取利益。应当将证券交易价量受到操纵行为影响的期间作为计算违法所得的时间依据。操纵行为的终点原则上是操纵影响消除日，在交易型操纵中，如行为人被控制或账户被限制交易的，则应当以操纵行为终止日作为操纵行为的终点。

第二，违法所得应当先确认操纵期间内的交易价差、余券价值等获利，而后从中剔除正常交易成本。受其他市场因素影响产生的获利原则上不予扣除，配资利息、账户租借费等违法成本并非正常交易行为产生的必要费用，亦不应扣除。

第三，以违法所得数额作为操纵证券市场犯罪情节严重程度的判断标准，是为了对行为人科处与其罪责相适应的刑罚，故应以操纵期间的不法获利作为犯罪情节的认定依据；对行为人追缴违法所得，是为了不让违法者从犯罪行为中获得收益，故应按照亏损产生的具体原因进行区分认定，因行为人自身原因导致股票未能及时抛售的，按照操纵期间的获利金额进行追缴；因侦查行为等客观因素导致股票未能及时抛售的，按照实际获利金额进行追缴。

关联索引

《中华人民共和国刑法》第一百八十二条

一审：上海市第一中级人民法院(2022)沪01刑初13号(2023年6月29日)

一审合议庭成员：李长坤(审判长兼主审法官)、顾苹洲、姜励超(人民陪审员)

案例评析

根据最高人民法院、最高人民检察院《关于办理操纵证券、期货市场刑事案件适用法律若干问题的解释》(以下简称《操纵司法解释》)，操纵证券市场的违法所得是指通过操纵证券市场所获利益或者避免的损失，但未明确所获利益或者避免的损失的计算规则。对此，应以操纵期间的获利作为操纵证券市场犯罪违法所得的计算基础，包括交易价差和余券价值，而后从中剔除合法交易成本。此外，还需根据适用场域的不同对违法所得进行区分认定。

一、操纵证券市场违法所得的期间认定

证券市场中，交易机构按照“价格优先、时间优先”的交易规则，将买方与卖方的申报价格和申报数量撮合，形成市场成交价。而操纵行为人往往通过资金、持股等优势虚假造势，放大市场正常需求量，制造供求及价格变动的假象，误导投资者跟风购买，从而控制证券交易价格实现获利。由此可见，操纵行为获利的本质是通过扭曲市场价格机制获取收益。

因此，应当将证券交易价量因操纵行为受到影响的期间作为违法所得计算的时间依据，行为人在该期间的不法获利即为违法所得。

操纵行为极易隐藏在证券市场的巨额交易量中。司法实践中的一种做法是，抓取行为人持有涉案证券的全部交易数据，将达到《操纵司法解释》中“情节严重”交易数量标准的区间认定为操纵期间。然而，情节严重的交易量标准并非操纵证券市场罪的必要构成要件，过度依赖交易数据，将操纵期间限定于“情节严重”的达标区间，实际上混淆了情节严重标准和操纵行为标准。确认操纵期间时，应当着眼行为人滥用优势的完整过程以及证券交易价量变动的金融学原理。在操纵期间，股票具有更高波动率和流动性，股票价格呈上涨趋势，而操纵结束后，股票价格呈下跌趋势。因此，审查操纵行为需要关注行为人持有涉案股票的时间段内，该股在日收益率、有效价差、换手率和交易规模等市场指征方面的异常表现，以异常交易日作为操纵期间的认定基础，再结合证人证言、被告人供述等在案证据综合认定行为人操纵故意的产生时间，以主客观相统一的原则判定具体的操纵行为起止日。

二、操纵证券市场违法所得的内容涵摄

实务中，市场影响因素的复杂性与股价走向的难以预测性，决定了绝对精确计算获利金额的难度，套用任何算法模型都将不可避免产生偏差。对此，可以通过明确各项违法所得构成内容的计算方式，并对必要支出等成本予以扣减，使计算结果尽可能接近实际获利。操纵证券市场的不法获利主要包括交易价差、余券收益等。如果行为人的操纵行为已完成平仓，那么对于该部分已出售的股票，收益应为卖出价与买入价的差值。实务中，交易价差的计算方式主要存在先进先出法、后进先出法、加权平均法等。但后进先出法会导致期末余券的价值无法被正确衡量，且该计算

方式已被新会计准则予以取消;加权平均法可以简化计算方式,但在价值波动较大的证券市场中往往难以实现公允;采用先进先出法更能体现实际交易情况,且符合证券市场的通常操作规则。此外,如涉案账户仍持有余券,期末余券的获利也应计入违法所得金额。

违法所得的计算过程中,还应合理确定金额扣减因素,以实现对操纵行为的客观评价。行为人在实施操纵行为时,对于其他市场因素会导致价格波动有主观明知,亦是试图通过操纵行为与其他市场因素的交织对证券市场产生影响并从中获利。因此,在刑事案件中,受其他市场因素影响产生的获利原则上不予扣除。

三、操纵证券市场违法所得在场域中的金额调整

司法解释将违法所得列为操纵证券市场的"罪量"评价标准之一,此时的违法所得虽不是决定犯罪成立的必要要件,但作为非构成要件结果对构成要件的成立起到补充判断作用,是在确认涉案行为构成操纵证券市场行为的前提下,通过获利情况衡量行为对证券市场影响的严重程度。操纵行为完成后的余券价值变动等,虽使实际获利有所增减,但并不意味着对金融市场造成的危害程度发生变化。因此,在以违法所得对犯罪情节进行评价时,应当严格遵循"优势滥用的经济价值转化"原则,将违法所得金额限定为操纵期间内的不法获利,以体现对操纵行为危害结果的客观评价。

根据《刑法》总则的规定,对操纵证券市场罪的违法所得应当予以追缴。追缴违法所得的目的在于对行为人施以财产性的痛苦,通过盈亏权衡体现刑罚的威慑性,利用行为经济利益的丧失抑制其犯罪意图。对于有实际获利的操纵行为,违法所得应当予以全额追缴。然而实务中,在操纵期间实现获利的行为人在终止日后并不一定能够维持盈利状态,未出

仓的股票会因后期股价波动产生亏损。此时应当按照亏损产生的具体原因区分应追缴的违法所得金额。对于因行为人自身原因导致股票未能及时抛售的，如行为人在操纵行为结束后决定继续持有，或是行政机关责令限期平仓但未予平仓的，行为人应当对后期产生的亏损负责，对其仍以操纵期间的获利金额进行追缴。对于因侦查行为等客观因素导致股票未能及时抛售的，此时如以操纵期间的高额违法所得对行为人进行全额追缴，对行为人的罪责认定会过于严苛。此种情况下，以实际获利为依据对行为人追缴违法所得，可以避免对行为人过度苛责。

21. 某乙公司诉某甲公司服务合同纠纷管辖权异议案*

——涉外民事案件中“先裁后审”协议效力的认定

关键词 民事 管辖权异议 涉外 争议解决方式 先裁后审 一裁终局

基本案情

2015年5月，某乙公司（乙方）与某甲公司（甲方）签订《并购财务顾问服务协议》，约定甲方及其关联方聘请乙方提供并购财务顾问服务等内容。该合同第6条法律适用与管辖约定：“6.1 本协议根据中国法律订立、执行和解释；本协议争议的解决适用中国法律。6.2 因本协议所引起的或与本协议有关的任何纠纷或争议（包括关于本协议约定条款之存在、效力或终止，或无效之后果等争议），首先通过新加坡国际仲裁中心进行仲裁解决。若双方对新加坡国际仲裁中心的仲裁结果无法达成一致，任何一方均有权将争议提交于甲方住所所在地有管辖权的商业法庭以诉讼方式解决。”某乙公司向法院提起服务合同纠纷，于2020年5月29日立案，某甲公司在提交答辩状期间对管辖权提出异议。

上海市浦东新区人民法院于2020年7月10日作出（2020）沪0115民初34710号民事裁定：一、某甲公司对本案管辖权提出的异议成立；二、驳

---

* 编写人系上海市第一中级人民法院盛萍，入库编号2024-10-2-137-001。

回某乙公司的起诉。某乙公司不服，以本案所涉协议第 6.2 条的约定违反了仲裁“一裁终局”的基本原则，属于“或裁或审”条款，应当认定无效为由，请求撤销原审裁定，向上海市第一中级人民法院提起上诉。上海市第一中级人民法院于 2020 年 10 月 29 日作出(2020)沪 01 民辖终 780 号民事裁定：驳回上诉，维持原裁定。

裁判理由

法院生效裁判认为，本案系涉外民事案件。依据双方当事人的约定，争议的解决适用中国法律。本案所涉《并购财务顾问服务协议》第 6.2 条约定“首先通过新加坡国际仲裁中心进行仲裁解决”，对于仲裁方式和诉讼方式之间明确了仲裁优先，对仲裁机构的选择具体、明确、唯一，并不具有“或裁或审”的选择的特点，故法院对该仲裁条款的约定予以认定。对于双方当事人进一步约定“若双方对新加坡国际仲裁中心的仲裁结果无法达成一致，任何一方均有权将争议提交于甲方住所所在地有管辖权的商业法庭以诉讼方式解决”，不符合《中华人民共和国仲裁法》第九条第一款关于“仲裁实行一裁终局”的规定，违反了仲裁排除法院管辖的基本原则，应认定该约定为无效。本案应提交新加坡国际仲裁中心进行仲裁解决。

裁判要旨

当事人虽就同一争议约定了仲裁和诉讼两种争议解决方式，但约定先适用仲裁，后适用诉讼的，属于“先裁后审”协议。在涉外民事案件中，应准确认定“先裁后审”协议效力适用的法律。“先仲裁条款”依据其应当适用的法律认定为合法有效，但“后诉讼条款”因违反仲裁一裁终局而无效时，“后诉讼条款无效”不影响“先仲裁条款”的效力。

关联索引

《中华人民共和国仲裁法》第九条第一款

一审：上海市浦东新区人民法院(2020)沪 0115 民初 34710 号民事裁定(2020 年 7 月 10 日)

二审:上海市第一中级人民法院(2020)沪 01 民辖终 780 号民事裁定(2020 年 10 月 29 日)

二审独任法官:盛萍

案例评析

尊重当事人意思自治是仲裁领域的一项基本原则。当事人意思自治原则的高度发展不仅体现在当事人可以对实体性权利进行一定的处分以满足彼此间的利益,更表现在可以对争议方式进行选择以满足其诉求,如约定双方之间的争议解决方式为提交仲裁机构进行仲裁解决。实践中,当事人可能会约定"先裁后审"条款,即双方通过合同约定,一旦各方之间出现纠纷,则通过仲裁机构进行仲裁,仲裁不成或对仲裁结果不服的,其中一方有权向法院提起诉讼。对于"先裁后审"的仲裁条款约定,应当如何进行效力认定,是否与《仲裁法》"或裁或审"的处理原则不同,是否违反"一裁终局"制度,是司法实务中的一大难题。

《仲裁法》第五条明确规定了"或裁或审"的处理原则,即当事人达成仲裁协议,一方向人民法院起诉的,人民法院不予受理,但仲裁协议无效的除外。该原则是相对于我国以往实行的"既裁又审、裁审混合"制度而言的,是尊重当事人选择争议解决途径的制度,是区分案件进入仲裁还是诉讼程序的一条基本原则。在此情形下,当事人达成仲裁协议的,应当向仲裁机构申请仲裁,不能向法院起诉;人民法院应尊重当事人选择的解决争议方式的初衷,不受理有仲裁协议的起诉。如果双方当事人之间达成了"或裁或审"条款(比较典型的"或裁或审"条款通常表述为:可以向某仲裁委员会申请仲裁或向某人民法院起诉),则根据《仲裁法司法解释》第 7 条的规定,仲裁协议应认定无效。同时《仲裁法》第九条规定了"一裁终局"制度,即裁决作出后,当事人就同一纠纷再申请仲裁或者向人民法院起诉的,仲裁委员会或者人民法院不予受理。实际上,当事人选择仲裁方法解决争议,除受仲裁的保密、迅速等特点所吸引外,最主要的就是期望获得一份终局裁决，避免繁琐、漫长的上诉程序，从而节约时间与金钱成本。可见，“或裁或审”的处理原则清除了争议解决不明的障碍，而“一裁终局”制度本质上亦是对当事人的意愿和约定的充分尊重。

那么，在充分尊重当事人意思自治的前提下，对于当事人约定的“先裁后审”条款，应当如何进行效力认定呢？从我国《仲裁法》的立法宗旨来看，仲裁实行一裁终局制度。对于当事人来说，裁决作出后，不得就同一纠纷向人民法院起诉或者再次向仲裁机构申请仲裁。对仲裁机构和人民法院来说，当事人就同一纠纷再次申请仲裁或者向人民法院起诉的，仲裁机构、人民法院均不予受理。实际上，“先裁后审”条款并不等同于“或裁或审”条款。对于该问题，最高人民法院于 2021 年 12 月 31 日发布的《全国法院涉外商事海事审判工作座谈会会议纪要》第 94 条明确指出：“当事人在仲裁协议中约定争议发生后‘先仲裁、后诉讼’的，不属于仲裁法司法解释第七条规定的仲裁协议无效的情形。根据仲裁法第九条第一款关于仲裁裁决作出后当事人不得就同一纠纷向人民法院起诉的规定，‘先仲裁、后诉讼’关于诉讼的约定无效，但不影响仲裁协议的效力。”根据上述规定，“先裁后审”条款关于诉讼的约定是无效的，但该约定不影响对仲裁协议效力的判断。只要关于仲裁协议的约定符合《仲裁法》和司法解释的相关规定，仲裁协议即应认定为有效。

本案中，围绕涉外“先裁后审”条款的效力认定这一争议焦点，首先，双方约定并认可仲裁协议适用中华人民共和国法律，故合同中的涉外仲裁条款效力认定应适用我国法律。其次，对于“先裁后审”条款的效力，因当事人通过签订协议明确约定“因本协议所引起的或与本协议有关的任何纠纷或争议，首先通过新加坡国际仲裁中心进行仲裁解决”，对于仲裁方式和诉讼方式之间明确了仲裁优先，对仲裁机构的选择具体、明确、唯一，故法院对该仲裁条款的约定予以认定。对于双方当事人进一步约定“若双方对新加坡国际仲裁中心的仲裁结果无法达成一致，任何一方均有权将争议提交于甲方住所所在地有管辖权的商业法庭以诉讼方式解决”,不符合《仲裁法》第九条第一款关于“仲裁实行一裁终局”的规定,违反了仲裁排除法院管辖的基本原则,应认定该约定为无效。综上所述,本案应提交新加坡国际仲裁中心进行仲裁解决。

在涉外民事案件中,应准确认定“先裁后审”协议效力适用的法律。先仲裁条款依据其应当适用的法律认定为合法有效的,鉴于后诉讼条款因违反法院地即我国的仲裁一裁终局法律制度而无效,后诉讼条款无效不影响先仲裁条款效力,故应认定涉外“先裁后审”协议中仲裁条款有效。本案通过对程序法的深入解读,准确界定了“先裁后审”条款的效力,有利于进一步统一裁判尺度。在“一带一路”倡议覆盖地区范围不断拓展,党中央支持推进高水平制度型开放的背景下,本案作为全国首例支持涉外“先裁后审”协议中仲裁条款有效的案例,体现了人民法院着力推动仲裁制度型开放、接轨国际通行规则、深化商事争端解决扩大开放的创新态度,助力打造国际化、法治化营商环境,有利于诉讼与仲裁的良性互动。

22. 陈某交通肇事案*

——道路交通事故认定书的审查与认定

关键词 刑事 交通肇事罪 道路交通事故认定书 逃逸 实质审查

基本案情

2018年8月6日15时40分许，被告人陈某驾驶不符合安全技术标准的电动自行车，在与被害人储某驾驶的电动自行车近距离并行时，由于安装在陈某车辆后备厢处的保温箱左侧碰撞到储某驾驶的电动自行车右前车把，致使储某车辆失控、储某倒地受伤。陈某回头观望到储某倒地后立即停车查看，但在拨打110报警电话时隐瞒储某摔倒系其所造成，并在公安民警到场前逃离案发现场。经鉴定，储某为脑挫裂伤，伴神经症状和体征，构成重伤。经道路交通事故认定，陈某负事故全部责任。

上海市长宁区人民法院于2019年1月30日作出(2018)沪0105刑初1180号刑事判决：被告人陈某犯交通肇事罪，判处有期徒刑一年六个月。宣判后，陈某提出上诉。上海市第一中级人民法院于2019年8月2日作出(2019)沪01刑终588号刑事判决：一、撤销上海市长宁区人民法院(2018)沪0105刑初1180号刑事判决。二、陈某犯交通肇事罪，判处有期徒刑十一个月。

---

* 编写人系上海市第一中级人民法院周婧，入库编号2024-06-1-054-003。

裁判理由

法院生效裁判认为:根据《刑法》第一百三十三条的规定,违反交通运输管理法规,因而发生重大事故,致人重伤、死亡或者使公私财产遭受重大损失的,构成交通肇事罪。《最高人民法院关于审理交通肇事刑事案件具体应用法律若干问题的解释》(法释〔2000〕33 号)第二条第二款进一步明确,交通肇事致一人以上重伤,负事故全部或者主要责任,并具有为逃避法律追究逃离事故现场情节的,以交通肇事罪定罪处罚。本案中,被告人陈某交通肇事致一人重伤,负事故全部责任,并为逃避法律追究逃离事故现场,构成交通肇事罪。

本案中,陈某及其辩护人提出对逃逸情节存在重复评价。经查,在交通事故责任认定中,交通管理部门基于肇事者的逃逸情节即可以认定其负全部责任。但就本案而言,被告人陈某在超车过程中未尽到谨慎观察义务,因其碰擦被害人车辆导致事故发生,且其驾驶的电动自行车不符合安全技术标准,即使剔除其交通事故后的逃逸情节,亦足以认定其对本起交通事故负全部责任,故认定其负有全部责任并未对逃逸情节加以评价。在此基础上,依据交通肇事致一人重伤、负事故全部责任和逃逸情节认定陈某构成交通肇事罪,不违反禁止重复评价原则。

经综合考虑被告人陈某在二审期间认罪悔罪,并积极赔偿被害人经济损失,取得被害人的谅解等情节,二审法院对陈某的量刑酌情予以调整,依法作出如上裁判。

裁判要旨

第一,办理交通肇事刑事案件,应当对公安机关出具的道路交通事故认定书进行实质审查,剔除特殊加重责任情节,结合其他证据,依据对事故发生的原因力大小确定事故责任。

第二,根据《刑法》和第一百三十三条和《最高人民法院关于审理交通肇事刑事案件具体应用法律若干问题的解释》(法释〔2000〕33 号)第二条第二款的规定，交通肇事致一人以上重伤，负事故全部或者主要责任，并具有为逃避法律追究逃离事故现场情节的，以交通肇事罪定罪处罚。对于交通肇事致一人以上重伤，并具有逃避法律追究逃离事故现场情节的，如果不考虑逃逸情节亦可以认定行为人负事故全部或者主要责任的，依法以交通肇事罪定罪处罚。

关联索引

《中华人民共和国刑法》第133条

《最高人民法院关于审理交通肇事刑事案件具体应用法律若干问题的解释》（法释〔2000〕33号）第2条

一审：上海市长宁区人民法院(2018)沪0105刑初1180号刑事判决(2019年1月30日)

二审：上海市第一中级人民法院(2019)沪01刑终588号刑事判决(2019年8月2日)

二审合议庭成员：马燕燕(审判长)、郭震(主审法官)、康乐

案例评析

《刑法》第一百三十三条规定了交通肇事罪。为依法惩治交通肇事犯罪，最高人民法院于2000年发布《关于审理交通肇事刑事案件具体应用法律若干问题的解释》(以下简称《解释》)，将事故责任作为认定交通肇事罪的重要条件。《道路交通安全法实施条例》第九十一条规定："公安机关交通管理部门应当根据交通事故当事人的行为对发生交通事故所起的作用以及过错的严重程度，确定当事人的责任。"而根据《刑事诉讼法》第五十条第一款的规定，可以用于证明案件事实的材料都是证据。据此，道路交通事故认定书无疑属于证据材料，具有刑事证据资格。但与之同时，在刑事案件的办理中，应当对道路交通事故认定书进行实质审查，不能因为道路交通事故认定书确定行为人承担何种责任，即不加区分地直接援用，而应当对事故责任认定进行实质判断。

道路交通事故认定书是公安机关交通管理部门根据交通事故现场勘

验、检查、调查情况和有关检验、鉴定结论等及时制作，载明交通事故的基本事实、成因和当事人责任的书面材料。需要注意的是，道路交通事故认定书中的责任确定，因其并非一律基于事故发生的因果关系，故确定的责任与当事人实际对事故发生所起作用可能存在不一致。例如，《道路交通安全法实施条例》第九十二条第一款规定：“发生交通事故后当事人逃逸的，逃逸的当事人承担全部责任。但是，有证据证明对方当事人也有过错的，可以减轻责任。”《道路交通事故处理程序规定》第六十一条第二款进一步规定：“为逃避法律责任追究，当事人弃车逃逸以及潜逃藏匿的，如有证据证明其他当事人也有过错，可以适当减轻责任……”显而易见，道路交通事故认定书对逃逸者定责并非以因果关系为主，而是采用特殊加重原则。但是，刑事责任的根据是行为与危害结果之间具有刑法意义上的因果关系，即行为人的危害行为是犯罪结果的原因。具体就交通肇事罪而言，《解释》所规定的“负事故全部或者主要责任”“负事故同等责任”系指对引发交通事故的责任。道路交通事故认定书中用于确定交通事故责任的逃逸或者故意破坏、伪造现场、毁灭证据等情节，发生在交通事故之后，显然不属于交通事故的原因。鉴于此，认定是否成立交通肇事罪，应当对道路交通事故认定书中的事故责任认定进行实质审查与判断。

一方面，应当剔除特殊加重责任情节认定事故责任。如前所述，特殊加重责任不一定符合事实上的因果关系。道路交通事故认定书中的特殊加重责任主要目的在于维护道路交通的安全和秩序，以及划清责任解决后续损害赔偿责任等。而交通肇事罪构成要件中的事故责任要件，需要对交通事故发生的事实进行实质判别，故不能将道路交通事故认定书中的特殊加重责任当然作为认定交通肇事罪中事故责任的依据。在具体认定中，可以将道路交通事故认定书作为基础，但应当剔除特殊加重责任情节，结合现场勘查、录像、证人证言、检验报告、痕迹等证据对事故的原因及案发时双方的过错程度作出分析，分清事故责任。

另一方面，剔除的特殊加重责任情节可以作为事故责任以外的定罪量刑情节予以评价。尽管特殊加重责任情节应当在事故责任认定审查中予以排除，但不影响将所涉情节作为定罪量刑情节予以评价。例如，《刑法》及相关司法解释明确将逃逸情节规定为入罪情节和加重处罚情节：根据《刑法》第一百三十三条的规定，交通肇事后“逃逸”的，处三年以上七年以下有期徒刑；因“逃逸”致人死亡的，处七年以上有期徒刑；根据《解释》第二条第二款的规定，交通肇事致一人以上重伤，负事故全部或者主要责任，并具有“逃逸”情节的，以交通肇事罪定罪处罚。对此，在道路交通事故认定书实质审查之中剔除的逃逸情节，仍然可以用于评价所涉行为是否构成交通肇事罪及应否升档量刑，这并不属于重复评价。

本案中，经过对道路交通事故认定书进行实质审查，结合其他在案证据查明，被告人陈某在超车过程中未尽到谨慎观察义务，因其碰擦被害人车辆导致事故发生，且其驾驶的电动自行车不符合安全技术标准，据此认定其对本案交通事故发生负全部责任，并非依据陈某的逃逸情节直接推定其对交通事故负全部责任。基于此，在事故责任认定已经剔除逃逸情节的前提下，依据逃逸情节和致一人重伤、负事故全部责任等情节认定陈某构成交通肇事罪，不违反禁止重复评价原则，故法院对陈某及其辩护人所提出的相关意见未予采纳。在此基础上，本参考案例的裁判要旨进一步明确：“……对于交通肇事致一人以上重伤，并具为逃避法律追究逃离事故现场情节的，如果不考虑逃逸情节亦可以认定行为人负事故全部或者主要责任的，依法以交通肇事罪定罪处罚。”

23. 蒋某某组织他人偷越国(边)境案*

——“确已准备去投案”型自首的审查判断

关键词 刑事 组织他人偷越国(边)境罪 自动投案 自首

基本案情

2016年底至2018年,被告人蒋某某伙同他人为牟取非法利益,在境内外相互勾结、分工协作,向多人出售身份信息虚假的缅甸联邦共和国护照,并组织多人多次从中缅边境通过便道或持身份信息虚假的缅甸联邦共和国护照出入境,参与共同犯罪违法所得超过人民币100万元。2018年5月10日,蒋某某在香港特别行政区获悉涉案同伙被抓获后,仍按照预定航班返回上海市,并与他人约定回上海市后见面商谈、找人咨询,当晚到达浦东国际机场时被公安人员抓获。到案后蒋某某如实供述犯罪事实,声称自己回到上海市后准备去投案自首。

上海市第一中级人民法院于2020年1月17日作出(2019)沪01刑初31号刑事判决:被告人蒋某某犯组织他人偷越国(边)境罪,判处有期徒刑九年,剥夺政治权利二年,并处罚金人民币50万元。宣判后,在法定期限内没有上诉、抗诉。判决已发生法律效力。

裁判理由

法院生效裁判认为:被告人蒋某某多次组织他人偷越国(边)境,组织

---

* 编写人系上海市第一中级人民法院朱哲灿,入库编号2024-06-1-309-001。

他人偷越国(边)境人数众多,参与共同犯罪违法所得数额巨大,其行为已构成组织他人偷越国(边)境罪。蒋某某系从香港特别行政区抵达上海市时被公安机关在机场抓获。根据蒋某某的供述、相关证人证言以及微信联系记录,蒋某某并未主动打报警电话投案或者委托家人、朋友代为投案,而是心存侥幸,约他人见面商谈、找人咨询、打招呼,本案证实蒋某某声称将自动投案的证据不足,依法不能认定其有自首情节。故法院依法作出上述判决。

裁判要旨

判断行为人是否确已准备去投案,应当审查被告人投案的意思表示是否具有明确性、连续性,准备行为是否具有必要性、及时性和现实可能性,证据上是否达到“确已”的程度,综合判断被告人是否具有自动投案的意愿。

关联索引

《中华人民共和国刑法》第六十七条第一款、第三百一十八条

一审:上海市第一中级人民法院(2019)沪01刑初31号刑事判决(2020年1月17日)

一审合议庭成员:马燕燕(审判长兼主审法官)、康乐、黄健(人民陪审员)

案例评析

《中华人民共和国刑法》第六十七条规定了自首,犯罪以后自动投案,如实供述自己的罪行的是自首。对于自首的犯罪分子可以从轻或者减轻处罚。其中,犯罪较轻的,可以免除处罚。《最高人民法院关于处理自首和立功具体应用法律若干问题的解释》(法释〔1998〕8号)规定,“经查实确已准备去投案,或者正在投案途中,被公安机关捕获的,应当视为自动投案”。实践中,一些被告人被捕获后,往往辩称自己确已准备去投案,该辩解直接影响自首的认定。对此,本案例要旨就如何判断被告人是否具有自动投案意愿进一步明晰,现就有关问题解读如下:

一、投案的意思表示应当具有明确性、连续性

投案的意思表示分为明示和默示。明示的意思采用口头、书面方式,比如拨打报警电话、书写自首书表达投案意愿;默示的意思表示采用行为方式,比如明知他人报案而在现场等待,抓捕时无拒捕行为,供认犯罪事实。被告人投案的意思表示应当具有明确性、连续性,否则不能认定其具有投案意愿。投案意思表示的明确性是指,被告人投案的意思表示必须表达清晰、意思确切,不容含糊其词、模棱两可、有所隐瞒。投案意思表示的连续性是指,明确表达投案自首的意愿后,没有犹豫不决或者改变投案初衷。实践中,有被告人主动打电话向公安机关表达了投案意愿,却隐瞒了真实身份、投案时间或藏匿地点等必要信息,则其投案的意思表示不具有明确性;也有被告人向公安机关表达了明确的投案意愿后,拒不与侦查人员联系、失去行踪轨迹、抗拒抓捕或者完成准备行为后不及时投案,则其投案的意思表示不具有连续性。

本案中,被告人蒋某某并未明确提出要去公安机关自首,而是等公安机关来找他,“确已准备去投案的被告人”应当有主动至公安机关交代案件事实的意愿。故蒋某某投案的意思表示不具有明确性,不能认定其具有投案意愿。

二、实施的准备行为应当具有必要性、及时性和现实可能性

认定被告人是否具有投案意愿,不仅需要审查其投案的意思表示是否具有明确性、连续性,还需审查其为投案实施的准备行为是否具有必要性、及时性和现实可能性。“确已准备去投案”的被告人往往会实施一系列的行为,被抓获后,辩称这些行为都是在为投案准备,这就需要审查这

些行为是否属于投案必要的准备行为。投案必要的准备行为一般分为两种：一是为投案制造条件，如了解立案机关、查询投案路线、准备交通工具、让亲友陪同归案、书写罪状、因病委托他人代为投案等；二是为投案消除后顾之忧，如安顿家中妻小、解决老人养老、处理财物、交代后事、聘请律师为自己辩护等。准备行为除了必要性，还需及时性和现实可能性，被告人在表达明确的投案意思表示后，应及时实施必要的准备行为，且该准备行为具有现实可能性；否则，应当认定其投案意愿发生了改变，不属于"确已准备去投案"。

本案中，被告人蒋某某从香港回沪后先约他人见面商谈、找人咨询、打招呼。上述行为不是投案必要的准备行为，故不应当认定其具有投案意愿；且投案意愿是指将自己主动、自愿地交付法律制裁的意图，被告人蒋某某实施的准备行为是希望通过找"熟人"来解决问题，逃避法律制裁，从这个角度讲，也不应当认定其具有投案意愿。

三、证据上达到"确已"的程度

根据《最高人民法院关于处理自首和立功具体应用法律若干问题的解释》，"确已准备去投案"的证明标准需要达到"查实"的程度，严格审查证据的客观性、关联性、合法性，如被告人的供述是否前后一致、被告人的辩解是否符合常理、证人和被告人的亲疏利害关系、证据获取的时间和方式、是否有其他证据印证等等，综合审查判断，不能动辄以存疑有利于被告人为由，认定其"确已准备去投案"。

本案中，辩护人提供了蒋友董某某的证言，以证明蒋在香港特别行政区机场对董说过其准备回上海自首。首先，被告人蒋某某在侦查阶段仅供述其向妻子张某和朋友陈某某等人表示过要自首。但从蒋妻张某的证言、蒋友陈某某的证言来看，蒋均未明确提出要去公安机关自首。蒋对其妻未明确流露自首的意愿，仅表示“今晚可能要去接受调查”，却对许久未见的朋友董某某说自己准备去自首，显然不合常理。其次，证人董某某系被告人蒋某某的朋友，其证人证言与电子数据相比，客观性较差。微信联系记录亦未表明蒋某某有主动至公安机关交代案件事实的意愿。最后，辩护人时隔十月有余才向董某某询问并向法院提交了该份证据，董某某证言的真实性存疑。故在案证据不能证实蒋某某确已准备去投案。

综上所述，本案被告人蒋某某投案的意思表示不具有明确性，实施的准备行为不具有必要性，“确已准备去投案”没有达到查实的程度，不能认定其“确已准备去投案”，依法不构成自首。本参考案例的裁判要旨确立审查被告人是否“确已准备去投案”，应当综合审查其投案的意思表示是否具明确性、连续性，实施的准备行为是否具有必要性、及时性和现实可能性，证据上是否达到“确已”的程度，以便于司法实践在类似案件的办理中予以参考。

24. 周某诉上海某有限公司生命权、健康权、身体权纠纷案*

——消费者体验 VR 游戏遭受人身损害时侵权责任的认定

关键词　民事　生命权、身体权、健康权　VR 游戏　消费者　人身损害　不作为侵权

基本案情

原告周某诉称：2018 年 8 月 19 日晚，原告周某到“某某 VR 虚拟现实游艺馆”体验 VR 游戏。体验前，原告周某明确告知被告上海某有限公司（以下简称“某公司”）员工，这是其第一次体验 VR 游戏。然而，整个游戏过程中，被告某公司并未告知原告周某注意事项，且除原告周某按门铃让被告某公司员工进场调换游戏场景外，被告某公司没有任何员工陪同。原告周某一再要求被告某公司派员工陪同，但被告某公司对此置之不理。后原告周某在游戏中因受到惊吓而摔倒受伤，遭受各项损失。因双方就赔偿事宜协商未果，原告周某提起诉讼，请求判令：(1)被告某公司赔偿医疗费 2 602.7 元、交通费 356 元、营养费 180 元、护理费 450 元、误工费 615 元、精神损害抚慰金 5 000 元、后续治疗费 1 800 元；(2)被告某公司赔偿律师费 5 000 元。

被告某公司辩称：其对原告周某摔倒受伤的事实予以确认，但对原告

* 编写人系上海市第一中级人民法院韩朝炜、刘雨薇，入库编号 2023-07-2-001-002。

周某诉称的摔倒原因不予认可。原告周某体验的是一款在国外正规平台STEAM上发售的恐怖VR游戏。游戏中，原告周某需要头戴VR眼镜从停在高空的电梯中走出，然后跳下去。由于原告周某恐高而迟迟不敢往前走，其同行的朋友为了好玩，就推原告周某往前走，结果将原告周某推倒受伤。涉案游戏是恐怖游戏，并非危险游戏。而且，某公司员工一直在原告周某身旁进行游戏指导。因此，原告周某摔倒受伤与被告某公司无关，被告某公司不同意原告周某的诉讼请求。同时，被告某公司表示，鉴于原告周某系其顾客，其愿意补偿原告周某医疗费2 602.70元、交通费356元、营养费90元、护理费120元、误工费615元，合计3 783.70元。

法院经审理查明：2018年8月19日，原告周某与其朋友到被告某公司经营的某某VR游戏体验馆，体验VR游戏。原告周某体验的VR游戏场景为：游戏者在游戏中乘坐电梯至楼房高层，电梯门打开后，直接连接高空，游戏者沿一块木板走入空中，然后跳下去。原告周某在体验该游戏时摔倒受伤。事发后，被告某公司的员工陪同原告周某至上海交通大学医学院附属第九人民医院治疗。经治疗，医生开具病情证明单，建议休息3日。原告周某在受伤后，已支出医疗费2 598.70元、交通费358元以及律师费5 000元。因双方就赔偿事宜协商未果，原告周某提起诉讼。被告某公司表示，原告周某系被其同行的朋友在游戏中推倒受伤。为此，被告某公司提供了录音证据。同时，被告某公司表示，虽然原告周某摔倒受伤与该公司无关，但因原告周某系本公司顾客，本公司愿意出于人道主义补偿原告周某医疗费2 602.70元、交通费356元、营养费90元、护理费120元、误工费615元，合计3 783.7元。原告周某表示，被告某公司提供的录音仅是片段，不能证明其系被朋友推倒。原告周某的朋友推周某，是因为原告周某头戴VR眼镜无法观察外部环境，在原告周某将要撞到墙壁的时候，其朋友才推了一下，防止原告周某撞到墙壁。

上海市徐汇区人民法院于2019年4月12日作出（2019）沪0104民

初 2553 号民事判决：一、驳回原告周某的全部诉讼请求；二、被告某公司于本判决生效之日起 10 日内补偿原告周某 3 783.7 元。一审宣判后，原告周某提出上诉。上海市第一中级人民法院于 2019 年 8 月 26 日作出(2019)沪 01 民终 7689 号民事判决：一、撤销上海市徐汇区人民法院(2019)沪 0104 民初 2553 号民事判决；二、被上诉人某公司应于本判决生效之日起 10 日内向上诉人周某赔偿款项共计 4 454.7 元(包含医疗费 2 598.7 元、交通费 356 元以及律师费 1 500 元)；三、驳回上诉人周某的一审其余诉讼请求；四、被上诉人某公司应于本判决生效之日起 10 日内向上诉人周某自愿补偿款项共计 829 元(包含医疗费 4 元、营养费 90 元、护理费 120 元以及误工费 615 元)。

裁判理由

法院生效裁判认为：第一，关于 VR 游戏的特性及其对经营者的要求。VR 是借助特殊设备把人的意识带入一个由多种技术所生成的集视觉、听觉、触觉为一体的逼真虚拟环境中。沉浸性是 VR 最主要的特点，临境感是 VR 体验的核心。VR 游戏中所显示的虚拟环境使玩家沉浸在计算机的虚拟世界中，玩家可以体验各种形式的恐怖、惊悚场景从而产生紧张情绪和行为。由于身处 VR 世界中，人的认知能力将不可避免地受到这种全新环境的影响，即玩家的身体和意识的原有连接已被打破，其自我认知、空间感、距离感和记忆受到虚拟世界的较大影响，导致其大脑对身体的控制必然受到较大影响。VR 游戏的玩家较其在现实世界中玩游戏更加容易遭受人身损害。因此，玩家在体验 VR 游戏时，需要游戏经营者履行人身安全保障义务。第二，关于侵权责任的认定。某公司在客观上未对周某履行人身安全保障义务，造成周某人身损害，某公司不履行人身安全保障义务与周某遭受人身损害之间存在因果关系，且某公司在主观上存在过错。因此，某公司应当对周某遭受的人身损害承担不作为侵权责任。第三，关于赔偿项目及其金额的认定。根据法律及相关司法解释的规定，并结合现有证据，某公司应当向上诉人周某赔偿医疗费 2 598.7 元、交通费 356 元以及律师费 1 500 元(共计金额 4 454.7 元)，并向周某补偿医疗费 4 元、营养费 90 元、护理费 120 元以及误工费 615 元(共计金额 829 元)。需要指出的是，某公司在一审期间自愿向周某补偿医疗费 2 602.7 元、交通费 356 元。鉴于民法中的填平原则以及侵权法的补偿功能，周某就医疗费 2 598.7 元和交通费 356 元不应当获得双倍填补。

裁判要旨

身处 VR 环境中，玩家身体和意识的原有连接被打破，导致玩家大脑对身体的控制受到较大影响，较其在现实世界中玩游戏更加容易遭受人身损害。因此，经营者负有以积极行为防免危险、保护玩家人身安全的义务，即经营者应当事先询问玩家的身体状况，并告知其体验时的具体注意事项；当玩家体验时，经营者应当在现场派员工全程保护；经营者应当确保体验区域满足地面平整、可视可控、硬物软包等硬件安全要求。否则，经营者对消费者的人身损害存在过错，应当承担不作为侵权责任。

关联索引

《中华人民共和国民法典》第三条、第一千一百六十五条、第一千一百七十九条、第一千一百八十三条(本案适用的是 2017 年 10 月 1 日施行的《中华人民共和国民法总则》第三条、2010 年 7 月 1 日施行的《中华人民共和国侵权责任法》第六条、第十六条、第二十二条)

《中华人民共和国消费者权益保护法》第七条、第十八条

《最高人民法院关于审理人身损害赔偿案件适用法律若干问题的解释》第十九条、第二十条、第二十二条、第二十四条

一审：上海市徐汇区人民法院(2019)沪 0104 民初 2553 号民事判决(2019 年 4 月 12 日)

二审：上海市第一中级人民法院(2019)沪 01 民终 7689 号民事判决(2019 年 8 月 26 日)

二审合议庭成员：韩朝炜(审判长兼主审法官)、赵鹃、王峥

案例评析

VR是指由计算机生成一种多元信息融合的可交互三维环境，用户通过这个集合多个领域技术于一体打造出来的计算机仿真系统，可以进入一个虚拟的三维空间，并且用户会感觉眼前的一切都是真实的。VR具有沉浸性、交互性、多感知性、构想性、自主性等特征。其中，沉浸性是VR最主要的特征，即让用户成为并感受到自己是计算机系统所创造环境中的一部分。临境感是VR体验的核心。VR游戏中所显示的虚拟环境使玩家沉浸在计算机的虚拟世界中，玩家可以体验各种形式的恐怖、惊悚场景，从而产生紧张情绪和行为。由于身处VR环境中，人的认知能力将不可避免地受到这种全新环境的影响，且VR游戏更富有冒险性、刺激性，VR游戏的玩家较其在现实世界中玩游戏更加容易遭受人身损害。

本案中，周某体验的VR游戏场景为，玩家在游戏中乘坐电梯至楼房高层，电梯门打开后，可以看到电梯门直接连接高空，玩家必须沿一块木板走入空中，然后往下跳。在现实世界中，除非有特殊保护或者发生异常情况，人是不会有此种体验和经历的。当玩家佩戴上VR游戏显示器后，在体验VR游戏时，其将看不到自己真实的身体，从而使玩家忽略自己原本身体的存在。虽然从旁观者的角度来看，玩家是站在没有危险的体验区域的平地上，但此时玩家的身体和意识的原有连接已被打破，玩家的大脑突然进入一个并不熟悉的虚拟世界，玩家的自我认知、空间感、距离感和记忆受到虚拟世界的影响较大，导致其大脑对身体的控制必然受到较大影响。更何况，如果长时间沉浸在VR世界中，人会感到恶心、头晕，严重的甚至会呕吐、休克，即出现"VR晕动症"。本案中，周某受伤的部位是下颌（裂伤），这就与玩家在体验涉案VR游戏时存在身体向前倾的本能反应是相吻合的。当周某在游戏中从高空中的木板上往下跳时，出于本能自然而然身体会向前倾，但由于在虚拟环境中人的大脑对身体的控制会受到较大的影响，最终导致周某摔倒受伤。

基于VR游戏的特性，玩家在体验VR游戏时需要游戏经营者积极作为，履行对消费者的人身安全保障义务，即经营者应当事先询问玩家的身体状况，并告知其体验时的具体注意事项；当玩家选择某款游戏后，经营者应当向玩家告知该款游戏的基本情况以及操作要点；当玩家在体验时，经营者应当派工作人员在现场全程进行保护，且该工作人员应当与玩家保持能够有效阻止危险发生的距离，或者对玩家的身体予以半固定；当玩家在体验时，经营者的工作人员应当禁止他人进行言语怂恿以及擅自进入体验区域。同时，在硬件方面，经营者在体验区域应当安装摄像头，并保证该摄像头的正常运行；经营者应当确保体验区域的地面平整、干燥以及覆盖有安全地垫，且体验区域的面积应当符合游戏的要求；经营者应当对体验区域内容易发生人身损害的硬物进行软包。否则，经营者对消费者的人身损害存在过错，应当承担不作为侵权责任。

本案中，上海某有限公司没有积极履行对周某的人身安全保障义务，即不作为。首先，上海某有限公司没有提供充分证据证明其在周某体验VR游戏前确认过周某的身体状况并履行过安全告知义务。其次，上海某有限公司没有提供充分证据证明周某在体验VR游戏时，该公司工作人员全程陪同且与周某保持能够有效阻止危险发生的距离。再次，上海某有限公司提供录音证据主张周某系被其同行的朋友推倒，这恰恰表明上海某有限公司自认其在周某体验VR游戏时，未能及时有效地制止旁观的非体验者擅自进入体验区域。从次，从上海某有限公司提供的体验区域的照片来看，体验区域的地面是硬质的木地板，其上并未覆盖安全地垫。最后，尽管上海某有限公司在一审期间表示VR游戏体验区域安装有摄像头，但其却无法提供当时的监控视频，对此该公司只是解释说摄像头当时因发生故障而无法正常运行。因此，上海某有限公司对周某的加害行为系其不作为，即未积极采取措施排除潜在威胁周某人身安全的危险。

上海某有限公司在主观上存在过错。该公司并非普通的民事主体，而是专业经营 VR 游戏体验馆的商事主体，其对所提供游戏的内容非常熟悉，对游戏可能给消费者造成的正常心理和生理反应应当能够预见。而且，上海某有限公司本身完全具备预防、控制消费者因体验 VR 游戏而发生人身损害事故的能力。但是，上海某有限公司却未尽到应有的安全注意义务。事实上，鉴于 VR 游戏体验对玩家的心理认知会产生较大影响，且是一种“出于本能”的体验，与现实世界中的游戏体验相比更加容易发生人身损害事故，上海某有限公司对安全的注意程度必然要比普通游戏经营者的注意程度更高。同时，尽管周某系具有完全民事行为能力的成年人，但涉案 VR 游戏内容恐怖、惊悚和刺激，周某在体验过程中因其大脑无法如在现实世界中那样，能够安全、合理地控制自己的身体而摔倒受伤，系其因体验而产生的完全正常的心理和生理反应所致，无可指责。而且，上海某有限公司并未提供充分证据证明周某在整个体验过程中存在主观过错。

25. 张某诉韦某生命权、身体权、健康权纠纷案*

——适用民法典自甘风险但书条款认定体育比赛中的犯规行为应综合考量各项因素

关键词 民事 自甘风险 体育竞技 犯规 人身损害 过错认定

基本案情

2019 年 10 月 11 日，某大学在校学生张某和韦某参加学校组织的篮球比赛，二人分属两队。比赛过程中，张某起跳上篮时，韦某起跳防守，双方在空中发生碰撞，张某倒地受伤，韦某被当值裁判吹罚为违体犯规，即违反体育运动精神的犯规。事故发生后，张某立即被送往医院，经诊断为左肩外伤。张某诉至法院，请求判令：韦某赔偿医疗费等费用共计 6 万余元。

上海市松江区人民法院于 2020 年 11 月 30 日作出（2020）沪 0117 民初 12479 号民事判决：一、韦某于判决生效之日起十日内赔偿张某医疗费等共计 27 397.93 元；二、韦某于判决生效之日起十日内赔偿张某律师费 4 000 元。韦某不服一审判决，提出上诉。上海市第一中级人民法院于 2021 年 6 月 22 日作出（2021）沪 01 民终 732 号民事判决：一、撤销上海市松江区人民法院（2021）沪 01 民终 732 号民事判决；二、驳回张某的诉讼请求。

---

* 编写人系上海市第一中级人民法院韩朝炜，入库编号 2023-07-2-001-005。

裁判理由

法院生效裁判认为：自甘风险规则的构成要件包括四个方面：一是受害人自愿参加具有一定风险的文体活动；二是受害人遭受损害；三是其他参加者的行为与受害人所遭受的损害之间存在因果关系；四是其他参加者对受害人所遭受损害的发生在主观上没有故意或者重大过失。本案中，张某自愿参加学校组织的篮球比赛，在比赛中摔倒受伤，韦某的防守行为与张某所遭受的人身损害之间存在因果关系。对于韦某关于依据自甘风险规则免除自己对张某人身损害赔偿责任的主张能否得到支持，关键是对韦某主观是否具有故意或者重大过失的认定。

竞技性体育比赛中，参赛者的违体犯规行为导致其他参赛者受到损害，此时不能简单地将参赛者犯规时的主观心理状态与一般侵权行为构成中作为主观要件的故意或者重大过失画等号，而是需要具体情况具体分析。对此，可以从以下四个方面进行考量：首先，从参赛者的具体行为进行考量。根据篮球规则，即便参赛者被当值主裁吹罚违体犯规，这并不意味着该犯规行为针对的对象是其他参赛者的人身，也有可能是针对其他参赛者所控制的篮球，只不过是被吹罚犯规的参赛者在与对方争抢中有不必要的身体接触。考虑到篮球运动要求参赛者在防守时具有侵略性，不应当对参赛者在防守时为阻止对方进攻所造成的一定的身体接触进行过多苛责。张某进攻上篮时，韦某立即做出的应对动作是为了进行正常防守而非专门针对张某的人身。其次，从体育活动的种类特性进行考量。篮球比赛中，高度紧张的氛围会导致参赛者将全部注意力集中于运动本身，每位参赛者需要在瞬息之间作出判断，然后决定采取何种技术动作。因此，很难要求参赛者每次做动作都经过慎重考虑，即不能用平时一般合理人标准去评判赛场上的参赛者。在张某快速进攻上篮的关键时刻，不能苛求韦某在做出封盖的防守动作时经过深思熟虑，且必须做到合理规范。再次，从体育活动的举办规格进行考量。校园篮球比赛纯属业余性质，参赛者无论是对比赛规则的理解，对技术动作的运用，还是对风险的防范准备，都无法与职业参赛者相比。同时，如果比赛系学校组织，其风险性显然高于普通体育课中或者业余时间作为游戏活动的篮球比赛。因此，对于作为业余参赛者的韦某的犯规行为不能过于苛责。最后，从体育活动的开展目的进行考量。为鼓励校园篮球运动的开展，对参赛者在比赛场上各种进攻与防守动作不宜苛责。

综上所述，张某尽管在涉案篮球比赛中因韦某的防守行为而摔倒受伤，但韦某的防守行为只构成违体犯规，其在主观上仅有一般过失而无故意或者重大过失，故韦某不应当承担侵权责任。

裁判要旨

竞技性体育比赛中，参赛者的违体犯规行为致其他参赛者人身损害的，能否适用自甘风险规则主张免责，应当着重审查其犯规行为是否构成侵权法上的故意或者重大过失。违反比赛规则可作为判断行为人是否存在故意或者重大过失的重要参考因素，但不能将体育竞技中的犯规简单地等同于侵权法上的故意或者重大过失。参赛者的犯规行为是为了进行正常防守而非针对其他参赛者人身的，应当综合考虑涉案体育活动的对抗性程度、体育比赛的具体规格等因素，结合促进体育运动发展的目的考量，认定参赛者的犯规行为是否构成重大过失或者故意。

关联索引

《中华人民共和国民法典》第一千一百七十六条

一审：上海市松江区人民法院(2020)沪0117民初12479号民事判决(2020年11月30日)

二审：上海市第一中级人民法院(2021)沪01民终732号民事判决(2021年6月22日)

二审合议庭成员：方方(审判长)、韩朝炜(主审法官)、赵鹃

案例评析

《中华人民共和国民法典》第1176条在我国首次于法律层面正式确立自甘风险规则。该规则被写入法典“侵权责任”编的“一般规定”中，具有独立性。同时，《中华人民共和国民法典》在将自甘风险作为侵权责任的抗辩事由的同时，规定了其他参加者在主观上存在故意或者重大过失时的当然可归责性。也就是说，其他参赛者若基于故意或者重大过失导致受害人人身损害的，仍应承担侵权责任。该“但书”体现了社会主义核心价值观和民法基本原则对民事活动的根本要求。因为，其他参加者基于故意或者重大过失所导致的受害人的人身损害已经不属于活动本身所固有的风险范畴，且这种人身损害也不是受害人事先能够预见并自愿承担的。

从司法实践来看，自甘风险规则阻却违法的理论主要适用于对抗性体育运动所造成的损害案件。如果受害人所受损害系由体育运动中固有风险所造成，则可以认为因受害人自愿承担该风险而阻却其他参加者行为的违法性。此时，无需进一步探讨其他参加者的行为是否存在过错。但是，如果受害人所受损害超越体育运动中固有风险的范围，则因非属受害人自愿承担而无阻却其他参加者行为具有违法性的效果。司法实践中所生疑问者为，如果参加者违反比赛规则，是否因其行为具有违法性而需向受害人负赔偿责任。对此，存在不同观点：一种观点认为，只有当其他参加者不违反比赛规则时，才能对受害人适用自甘风险规则。另一种观点认为，受害人因其他参加者正常或者非严重地违反比赛规则的行为造成人身损害时，不得请求其他参加者进行损害赔偿，除非其他参加者基于故意或者重大过失而违反比赛规则。

本案中，韦某为防止张某投篮而做出“盖帽”行为，其身体在空中与张某发生碰撞，导致张某摔倒受伤，而韦某则被当值主裁吹罚违体犯规。此时，韦某的犯规行为是否必然具有侵害行为的违法性？这是本案审理的核心问题。对此,我们认为,现代体育竞技项目都有自身的一套完整规则。这些规则体现了对参加者权益的平等合理保护,以试图将风险降到最低程度,避免人身伤害结果的出现。体育竞技项目规则是参加者运用运动技能的规范,是惩罚竞技中不当行为的依据,是现代法治理念在竞技中的体现。因此,引入违反比赛规则因素对于合理判断行为人是否存在故意或者重大过失具有一定合理性。但是,不能将体育竞技项目中的犯规简单地等同于侵权法上的故意或者重大过失。因为,这种看法不符合长期形成的竞技传统。比赛中,有些手段虽然不为规则所允许,但是为了比赛目的,具有社会正当性,仍然可以成为正当行为。而且,这种看法没有考虑参加者在体育竞技中的心理状态。所以,只有当参加者在体育竞技项目中从事规则所允许范围之外的行为而损害其他参加者时,且这种行为是对规则的严重违背,显然系置他人人身安全于不顾,造成的损害完全超出可预见的范围,此时该参加者才需要承担侵权责任。否则,单纯是违反规则的行为,不必然具有侵权行为的违法性。本案中,尽管韦某的防守行为构成违体犯规,但这并不必然使张某有权请求韦某承担侵权责任。从现有证据来看,韦某在主观上仅有一般过失而无故意或者重大过失。

由于违反比赛规则并不能简单地等同于侵权法上的“故意或者重大过失”,如何厘清体育意义上的“故意犯规”和法律意义上的“故意或者重大过失伤害”之间的关系,就显得尤为重要。具体而言,在案件审理中对于行为人实施的“故意犯规”,应当结合具体情况合理区分哪些属于体育意义上的“故意犯规”,哪些属于法律意义上的“故意或者重大过失伤害”。如果最终认定其他参加者对损害的发生有故意或者重大过失,那么就应当适用《中华人民共和国民法典》第一千一百六十五条第一款关于过错责任的规定,确定损害赔偿责任,即对于故意造成的人身损害,直接适用全部赔偿原则;对于重大过失造成的人身损害,可以适当减轻赔偿责任。

实践中,我们可以考量以下四个方面的因素:一是考量参赛者的具体行为，审查参赛者的犯规行为是为了进行正常防守还是针对其他参赛者人身。本案中，当张某进攻上篮时，韦某立即做出的应对动作是为了进行防守而非专门针对张某的人身。二是考量竞技性体育比赛的特征，将参赛者的注意义务限定在较一般注意义务更为宽松的范围内。本案中，在张某快速进攻上篮的关键时刻，不宜苛求韦某的防守动作必须做到合理规范。否则，显然有悖于人类自身的自然规律。三是考量体育比赛的举办规格，对于业余性质的比赛，既要考虑到业余参赛者能力的相对不足，也要考虑到比赛相较于体育教学或者游戏活动具有更强的对抗性和更高的风险性。涉案篮球比赛是由学校组织的，从参赛者到裁判员都是在校大学生，属于业余性质。四是考量体育活动的开展目的，以创造相对宽松的侵权责任认定的司法环境。为鼓励校园体育运动的开展，法院对参赛者在比赛场上各种进攻与防守动作不宜苛责。

26. 某资源国际公司诉某贸易有限公司申请承认与执行外国仲裁裁决案*

——国际商事仲裁中当事人的特别约定与当事人选择适用的仲裁规则之间冲突时的司法审查标准

关键词　民事　申请承认与执行外国仲裁裁决　纽约公约　仲裁庭组成　仲裁规则

基本案情

申请人某资源国际公司申请称：其作为卖方，与被申请人某贸易公司作为买方，于2014年10月29日签订的《铁矿石买卖合同》约定，某资源国际公司销售170 000吨铁矿石给某贸易公司。在该买卖合同下，某贸易公司未能接受某资源国际公司在CFR项下对承运铁矿石船舶的指定，且某贸易公司未能开立信用证以支付货款。2014年12月16日，某资源国际公司接受了某国际公司的实质性毁约，买卖合同终止。2015年1月14日，某资源国际公司依据双方合同中的仲裁条款，向新加坡国际仲裁中心（以下简称SIAC）提出仲裁申请并于2015年2月17日受理。2015年4月20日，SIAC指定了独任仲裁员进行审理，7月16日开庭审理该案。仲裁庭于2015年8月26日作出最终裁决，责令某贸易公司向某资源国际公司立即支付：1.违约赔偿1 603 100美元。2.违约赔偿1 603 100

---

*　编写人系上海市第一中级人民法院任明艳、上海市长宁区人民法院（原任职于上海市第一中级人民法院）闫伟伟，入库编号2023-10-2-463-001。

美元以每年4.5%的利率计算的利息，不足一年按比例计算，利息自2014年12月16日起计算至裁决之日止。3.仲裁费用63 011.18新加坡元。4.某资源国际公司发生的法律服务费用55 295.10美元。经某资源国际公司书面催告，某贸易公司至今仍未能履行仲裁裁决项下的付款义务，故向人民法院提出如下请求：1.裁定承认SIAC于2015年8月26日作出的最终仲裁裁决；2.裁定某贸易公司立即向其支付违约损害赔偿金1 603 100美元；3.裁定某贸易公司立即向其支付上述违约损害赔偿金项下的利息（自2014年12月16日至裁决作出之日）共计50 898.43美元；4.裁定某贸易公司立即向其支付仲裁费用63 011.18新加坡元，折合45 089.54美元（2015年10月12日新加坡币兑换美元汇率1：0.715 58）；5.裁定某贸易公司立即向其支付所发生的法律服务费用55 295.10美元；6.某贸易公司应支付其自2015年8月26日起至实际付款日止的双倍罚息，按照中国人民银行同期贷款利率4.9%暂计至2015年12月31日，共计人民币384 363元；并裁定某贸易公司承担因申请承认与执行本案所涉仲裁裁决所发生的全部费用，暂计为人民币10万元。

被申请人某贸易公司辩称：一、双方未就涉案裁决所处理的争议事项达成书面仲裁协议。二、案涉仲裁庭的组成方式与当事人约定不符，构成《承认与执行外国仲裁裁决公约》（以下简称《纽约公约》）第五条第一款（丁）项规定的不予承认与执行仲裁裁决的情形。1.《Global ORE标准铁矿石贸易协议》（以下简称《标准协议》）第16.1.1条明确规定"仲裁庭应当由三名仲裁员组成"，但案涉仲裁裁决却由独任仲裁员作出。某贸易公司从未以任何方式同意变更仲裁庭的组成，且对独任仲裁提出强烈反对。2.SIAC有关"快速程序"的仲裁规则不应适用于该案。SIAC根据其仲裁规则强行启动快速程序，将《标准协议》明确规定的三人仲裁变更为独任仲裁，违反了"正当程序"原则。三、某贸易公司因他故而未能申辩，案涉仲裁裁决是在某贸易公司缺席、未进行任何答辩的情形下作出。故案涉仲裁裁决不应当被承认与执行。

法院经审理查明:2014 年 10 月 29 日,某资源国际公司与某贸易公司通过电子邮件签订的《铁矿石买卖合同》约定,由某资源国际公司销售铁矿石给某贸易公司。合同还约定以引述方式根据《标准协议》版本 L2.4 第二部分的条款和条件出售并交付铁矿石。其中,《标准协议》版本 L2.4 第二部分第十六条“争议”规定:“16.1 因交易和/或本协议引起的或与其有关的任何争议和索赔,包括与其存在、有效性或终止有关的任何问题,应根据当时有效的 SIAC《仲裁规则》提交新加坡仲裁,该等规则视为经引述被并入本条款。16.1.1 仲裁庭应由三名仲裁员组成……”

双方在合同履行过程中发生争议,某资源国际公司于 2015 年 1 月 14 日依据《标准协议》中的仲裁条款,向 SIAC 提出仲裁申请,主张某贸易公司构成根本违约,要求某贸易公司承担违约赔偿责任,同时申请仲裁程序按照快速程序进行。

2015 年 1 月 16 日,SIAC 致函某贸易公司,要求其对某资源国际公司提出的快速程序申请提出意见。某贸易公司分别于 1 月 29 日、2 月 5 日、2 月 6 日回函,明确表示不同意快速程序申请,并要求由三名仲裁员组成仲裁庭。2 月 17 日,SIAC 通知双方当事人,称该中心主席已经批准了某资源国际公司关于快速程序的申请,决定对该案根据快速程序由独任仲裁员仲裁。2 月 27 日,某贸易公司再次致函 SIAC,再次表明其反对简易程序和独任仲裁,要求组成三人仲裁庭。同时表示,如 SIAC 忽略其提议,则拒绝接受 SIAC 仲裁。同年 4 月 20 日,SIAC 依据其 2013 年第五版仲裁规则,以双方当事人未就快速程序下独任仲裁员人选达成合意为由,指定独任仲裁员审理该案,某贸易公司缺席该案审理。

2015 年 8 月 26 日,仲裁庭作出 2015 年 005 号最终裁决,支持了某资源国际公司全部仲裁请求。仲裁裁决作出后,某贸易公司未履行裁决项下的义务。2016 年 2 月,某资源国际公司作为申请人,向上海市第一中级人民法院申请承认并执行该仲裁裁决。

另,SIAC 2013 年第五版《仲裁规则》第 5.1 条规定,“在仲裁庭完成组庭之前,存在下列情形之一时,一方当事人可以向主簿提出书面申请,请求依照本条所称‘快速程序’进行仲裁:1.由仲裁请求、反请求以及任何抵销辩护所构成的争议金额合计不超过五百万元新加坡元;2.当事人约定适用快速程序进行仲裁;或 3.遇异常紧急情况”。第 5.2 条规定:“当事人已依据本规则第 5.1 条向主簿申请快速程序时,主席考虑各方当事人观点后决定仲裁应当适用本条‘快速程序’的,仲裁程序应当按照如下规定进行:a.主簿有权缩短本规则的任何期限;b.案件应当由独任仲裁员审理,但主席另有决定的除外……”

上海市第一中级人民法院于 2017 年 8 月 11 日作出(2016)沪 01 民认 1 号裁定:不予承认和执行 SIAC 所作 2015 年 005 号仲裁裁决。

裁判理由

法院生效裁判认为,本案系当事人申请承认与执行外国仲裁裁决纠纷,案涉仲裁裁决由 SIAC 在新加坡领土内作出。鉴于我国和新加坡均为《纽约公约》缔约国,根据《中华人民共和国民事诉讼法》第二百八十三条之规定,案涉仲裁裁决的承认和执行应当适用《纽约公约》的相关规定进行审查。某资源国际公司已经向该院提交了《纽约公约》第四条规定的文件,包括仲裁裁决及双方当事人之间的仲裁协议,该院对此予以确认。

本案的争议焦点为:案涉仲裁裁决是否存在《纽约公约》第五条第一款(丁)项所规定的“仲裁机关之组成或仲裁程序与各造间之协议不符”之情形。

首先,本案双方当事人签订的《铁矿石买卖合同》约定援引适用《标准协议》L2.4 第二部分之条款和条件,而《标准协议》L2.4 第二部分含有仲裁条款,故该仲裁条款被有效并入买卖合同,双方当事人之间存在有效的书面仲裁条款。仲裁条款第 16.1 条明确规定:争议和索赔根据当时有效的 SIAC 仲裁规则提交新加坡仲裁,仲裁庭应由三名仲裁员组成。因此,涉案仲裁的仲裁程序及仲裁庭组成均应遵循当事人在仲裁条款中的上述约定。

其次,关于本案适用快速仲裁程序与当事人约定是否相符的问题。案涉争议提交仲裁时适用的仲裁规则为 SIAC 2013 年第五版《仲裁规则》。该《仲裁规则》第 5.1 条规定:“在仲裁庭完成组庭之前,存在下列情形之一时,一方当事人可以向主簿提出书面申请,请求依照本条所称‘快速程序’进行仲裁:1.由仲裁请求、反请求以及任何抵销辩护所构成的争议金额合计不超过五百万元新加坡元;2.当事人约定适用快速程序进行仲裁;或 3.遇异常紧急情况。”涉案仲裁案件标的额低于五百万元新加坡元,且双方当事人并未在仲裁条款中排除“快速程序”的适用,故 SIAC 根据某资源国际公司的书面申请适用“快速程序”进行仲裁,符合仲裁规则的规定,不存在与当事人约定不符的情形。

最后,关于仲裁庭的组成与当事人约定是否相符的问题。SIAC 2013 年第五版《仲裁规则》第 5.2 条规定:“当事人已依据本规则第 5.1 条向主簿申请快速程序时,主席考虑各方当事人观点后决定仲裁应当适用本条快速程序的,仲裁程序应当按照如下规定进行……b.案件应当由独任仲裁员审理,但主席另有决定的除外……”从上述规定看,SIAC 2013 年第五版仲裁规则并未排除“快速程序”中适用其他的仲裁庭组成方式,亦没有规定在当事人已约定适用其他的仲裁庭组成方式时,SIAC 主席仍然有权强制适用第 5.2 条 b 项关于独任仲裁的规定。当事人意思自治是仲裁制度运作的基石,而仲裁庭的组成方式属于仲裁基本程序规则,因此 SIAC 2013 年第五版《仲裁规则》第 5.2 条 b 项所规定的“主席另有决定的除外”不应解释为 SIAC 主席对仲裁庭的组成方式享有任意决定权;相反,在其行使决定权时应当充分尊重当事人关于仲裁庭组成方式的合意,保障当事人的意思自治。

由于本案双方当事人已在仲裁条款中明确约定应由三名仲裁员组成仲裁庭，且未排除该组成方式在仲裁“快速程序”中的适用，因此，适用“快速程序”进行仲裁不影响当事人依据仲裁条款获得三名仲裁员组庭进行仲裁的基本程序权利。SIAC 在仲裁条款约定仲裁庭由三名仲裁员组成且某明确反对独任仲裁的情况下，仍然依据其《仲裁规则》(2013 年第五版)第 5.2 条的规定决定采取独任仲裁员的组成方式，违反了案涉仲裁条款的约定，属于《纽约公约》第五条第一款(丁)项所规定的“仲裁机关之组成或仲裁程序与各造间之协议不符”的情形，故案涉仲裁裁决不应当被承认与执行。

裁判要旨

当事人在仲裁条款中的约定与当事人援引的仲裁规则相冲突时，在仲裁条款的相关约定不违背仲裁的强制性规定前提下，仲裁条款的约定应当优于仲裁规则的规定；仲裁机构作为经当事人授权而取得仲裁管辖权的仲裁程序管理方，应当对该特别约定予以充分尊重并优先适用，否则相关的仲裁裁决不应当被承认与执行。

关联索引

《中华人民共和国民事诉讼法》第二百八十三条

《承认与执行外国仲裁裁决公约》第五条第一款

上海市第一中级人民法院(2016)沪 01 协外认 1 号民事裁定(2017 年 8 月 11 日)

一审合议庭成员：黄英(审判长)、任明艳(主审法官)、杨苏

案例评析

国际商事仲裁是跨境争议解决的重要方式之一。伴随着国际经济与贸易的现代化发展，国际商事仲裁制度所面临的环境正在悄然且快速地发生变化。与此同时，本着为当事人提供更高效的争议解决程序选项的初衷，以国际知名仲裁机构为引领的仲裁规则不断引入新制度，引发整个

国际仲裁领域的规则升级潮，也给申请承认与执行外国仲裁裁决的司法审查带来极大挑战。在制度不断迭代的过程中，仲裁规则与当事人意思自治发生冲突的情况不可避免。在仲裁司法审查实践中，依据《纽约公约》，国际商事仲裁裁决的作出地和执行地分处不同缔约国，由于各国立法关于对仲裁司法审查的法律适用、法律概念以及对公约条款的理解不同，对于有可能依赖其他法域的法院协助执行的仲裁裁决来说，上述冲突问题的不同处理可能会与我国的司法审查产生截然相反的结果。此时，我国司法审查的价值取向对于国际仲裁裁决能否在法域内被承认与执行至关重要。针对本案情形，现就相关司法审查方法具体解读如下：

第一，当事人意思自治是仲裁制度运作的基石。在仲裁程序的价值系统中，当事人意思自治原则、仲裁程序的公平原则和程序效益原则是其中最为核心的原则；而程序公平对于仲裁程序而言，最核心的便是要尊重当事人的意思自治，这也是仲裁程序的最大正义。仲裁庭的组成方式属于仲裁的基本程序规则，当事人在仲裁庭组成方面的意思自治，集中体现在对仲裁庭组成人数以及仲裁员的选定方式上。各方当事人享有的委任仲裁员的权利，是当事人仲裁程序意思自治的基础所在。这意味着当事人意思自治必须在仲裁员的选择上发挥作用，而该项意思自治的有效实现是仲裁权公正行使的一大保障。本案中，当事人已经在仲裁协议中明确约定“仲裁庭应当由三名仲裁员组成”，体现了当事人对于仲裁庭组成方式的特殊要求。

第二，当事人的特别约定应当受到尊重并优先适用。不可否认，当事人在约定适用某仲裁规则时，便已彰显了当事人的自主决定，这与仲裁条款中的其他约定一样，均是当事人意思自治的体现；但是如果当事人就仲裁规则中的相关规定，如就仲裁庭的组成又作出与选定的仲裁规则相冲突的特别约定时，在此种约定不违背仲裁地强制性规定的前提下，仲裁程序的进行应当遵循当事人之间的特别约定。仲裁机构作为经当事人授权而取得仲裁管辖权的仲裁程序管控方，应当对该特别约定予以充分尊重并优先适用。本案中，对于当事人的特别约定可以理解为对所有可能适用的仲裁程序中独任仲裁的默示排除。退一步而言，双方当事人用这种特别约定尽可能去避免甚至排除“非三人仲裁庭”在仲裁程序中的适用；而仲裁规则中“主席另行决定”的但书条款，其管控权限不可以超越当事人的特别合意。

第三，遵从规则发展趋势的同时不可以牺牲当事人意思自治为代价。《纽约公约》第五条第一款（丁）项所规定之内容简明扼要“仲裁机关之组成或仲裁程序与各造间之协议不符”。国际仲裁机构不同时期的仲裁规则会根据与当事人约定之间的冲突情况进行调整，例如 SIAC 2016 年版《仲裁规则》新增第 5.3 条“当事人如果同意依照本规则进行仲裁，当案件根据本规则第五条规定的快速程度进行仲裁时，则第 5.2 条的规定应被视为当事人已经同意予以适用，即使其仲裁协议中有相反的规定”；ICC 2017 年版规则第 30.1 条规定，“当事人同意按照仲裁规则进行仲裁，即同意本第三十条和附件六所述的快速程序规则应优先于仲裁协议的任何相反条款”。如此一来，当事人将失去对特定程序以及仲裁庭组成方式的选择权，该部分的当事人意思自治权利不可让渡，相应仲裁规则的升级调整不宜在当事人基础权利方面超越当事人的意思自治。

本案中，某资源国际公司与某贸易有限公司约定根据 SIAC 仲裁规则提交仲裁解决争议，同时明确仲裁庭应由三名仲裁员组成。仲裁过程中，仲裁机构依据当时 2013 年版《仲裁规则》适用“快速程序”并由独任仲裁员审理案件。对此，当事人之间并未排除适用“快速程序”，但依据仲裁规则适用“快速程序”并不意味着可以排除当事人就仲裁庭组成方式的选择权。仲裁机构在当事人一方提出异议的情况下，仍然适用独任仲裁员组成方式，违反了双方当事人之间的仲裁条款约定，符合《纽约公约》第五条第一款（丁）项所规定的“仲裁机关之组成或仲裁程序与各造间之协议不符”的情形，故案涉仲裁裁决不应当被承认与执行。需要指出的是，本案系依照 SIAC 2013 年版《仲裁规则》进行审查，虽然现在版本已更新，且如前所述新增了与当事人约定相反时以仲裁规则为准的内容，而该种规则是否与《纽约公约》精神以及当事人意思自治原则相悖，仍有待司法实践进一步探究，但本案裁判要旨确立的审查规则在类似案件中仍然可予参考。

27. 方某诉上海某集团有限公司保证合同纠纷案*

——主合同当事人双方协议以新贷偿还旧贷，

保证人担保责任的认定

关键词　民事　保证合同　民间借贷　借新还旧　保证责任

基本案情

法院经审理查明：2011 年 7 月 1 日，方某等六人为出借方，周某为借款方，某集团公司为担保方，三方签订《借款担保合同》，约定借款方向方某借款用于周转，在某集团公司为借款方提供担保的情况下，方某同意将合同约定款项出借给借款方；合同项下借款金额为 1 亿 5 000 万元整，借款期限自 2011 年 7 月 1 日起至 2012 年 7 月 2 日止，借款月利率为 2.5%；自实际提款日起按日计息，借款到期，利随本清，利息按月支付；合同项下借款的担保方式为某集团公司承担连带责任的保证担保；担保范围包括合同项下的借款本金、利息；保证期间为合同确定的借款到期之日次日起两年；某集团公司应完全了解借款方的借款用途，为其提供连带责任的保证担保完全出自自愿，并对借款方的借款的使用有监督责任等。合同签订后，周某分别于 2011 年 7 月 30 日、8 月 10 日、8 月 18 日、8 月 23 日出具借条 5 张，借款金额分别为 925 万元、275 万元、100 万元、200 万元、20 万元，共计 1 520 万元。方某就相关借条提供的转账凭证统计：

---

* 编写人系上海市第一中级人民法院沈洁，入库编号 2023-16-2-104-001。

金额为925万元借条，资金均于2011年1月至6月期间由方某账户转出，分别通过若干案外人账户，最终转至周某账户。金额为275万元借条，其中90万元转账时间发生在2011年7月1日之前。100万元借条，对应资金实际于2011年1月17日，转入周某账户110万元。200万元借条对应转账凭证为171.52万元。2011年9月16日，由方某账户转入周某账户50万元。2008年9月1日至2011年7月29日期间，由周某经案外人转入某集团公司账户大量款项。2011年11月28日，周某因涉嫌集资诈骗，被温州市乐清市公安局立案侦查。后周某因犯集资诈骗罪被判处无期徒刑，刑事判决书认定的被害人及集资款金额均不包括方某及相关案外人款项。因周某到期未能还款，方某起诉要求某集团公司承担连带担保责任，归还1 520万元借款及相应利息。一审法院提审周某，周某表示：方某的5张借条均由其出具，但借条中的借款的时间与实际转账时间不一致；借条中的金额包括利息，其偿还过部分本金及利息；方某起诉状中所述借款金额属实，通过其他案外人账户转账也是事实；周某每次收款后向方某出具借条，再更换借条时收回原来的借条。方某对此表示：对周某陈述的大部分内容予以认可，但周某所述借条金额包括利息并没有反映真实情况，因为利息是经过计算得出，借条的金额不可能是整数。某集团公司对此表示：周某的陈述与事实严重不符，对于借条是否其本人所签的回答前后矛盾，无法印证客观事实。

上海市徐汇区人民法院于2012年11月15日作出(2011)徐民二(商)初字第1798号民事判决：一、某集团公司返还方某借款15 200 000元；二、某集团公司按每月2%的标准支付方某截至还款之日止的利息。某集团公司不服一审判决，提起上诉。上海市第一中级人民法院于2013年3月26日作出(2013)沪一中民一(民)终字第40号民事判决：一、撤销(2011)徐民二(商)初字第1798号民事判决；二、某集团公司返还方某借款319万元；三、某集团公司于判决生效之日起十日内按同期银行贷款利率的四倍支付方某截至还款之日的利息。方某不服二审判决,申请再审。上海市第一中级人民法院于2015年5月15日作出(2015)沪一中民一(民)再终字第7号民事判决:一、撤销(2013)沪一中民一(民)终字第40号民事判决;二、维持(2011)徐民二(商)初字第1798号民事判决。

裁判理由

法院生效裁判认为:本案争议焦点为系争借款是否存在借新还旧之情形以及某集团公司应承担担保责任的范围。

一是关于借款是否存在借新还旧的问题。方某主张系争五张借条是其与周某借款本息的结算确认,周某供述中也承认其收到钱时出具借条,之后按月付息,并在与方某结算时更换过借条,同时某集团公司亦认为借条是周某、方某对之前借款的展期。本院根据上述借款担保合同三方当事人的陈述,结合方某、周某在借款关系存续期间存在的多轮资金往来的事实,确认本案具有滚动借款的特征,方某同周某更换借条的行为属于借新还旧。鉴于方某提供的银行对账单所记载的转账金额与本案借条金额基本吻合,故对借款的真实性予以认定。即双方截至2011年8月23日最后一份借条为止,周某尚欠方某1 520万元。

二是某集团公司应承担担保责任的范围。根据相关法律规定,主合同当事人双方协议以新贷偿还旧贷,除保证人知道或者应当知道的外,保证人不承担民事责任。故某集团公司是否应当承担担保责任,应当审查其是否知道方某与周某之间借款用于借新还旧之用途。根据方某等借款人付款给周某及其代理人,周某再打款给某集团公司或某集团公司工作人员这一资金走向来看,可认定某集团公司是系争借款的实际用款人。还需要指出,借款担保合同中明确约定借款用途为资金流转,同时约定了担保人"应完全了解借款用途"以及"借条作为合同附件与借款担保合同同具法律效力"等内容。周某为资金周转采取借新还旧的借款方式,由某集团公司对其借款提供担保，该合同目的与合同条款内容完全吻合。综合上述事实，可以认定某集团公司对于方某、周某之间的借款用途为借新还旧是明知的。

至于周某向方某的还款（即 2011 年 7 月 28 日 1 万元），根据相关法律规定，债务人的给付不足以清偿其对同一债权人所负的数笔相同种类的全部债务，应当优先抵充已到期的债务；几项债务均到期的，优先抵充对债权人缺乏担保或者担保数额最少的债务；负担相同的，按照债务到期先后顺序抵充。根据上述规定，因 2011 年 7 月 1 日以后的债务到期时间为 2012 年 7 月 2 日，周某向方某的还款，应当优先抵充其在 2011 年 7 月 1 日之前发生的债务。因周某与方某之间是滚动型借款，因此双方对债权债务的确认也并非一次性完成，而是通过分多次、多张借条分别结算。因前述 1 万元支付时间早于周某最后一张借条出具时间，因此应当认定周某的还款已在多次借条更新中一并计算，而不能作为周某对借条所确定的债务范围内的还款。故原二审判决认定周某的还款冲抵 7 月 1 日后债务的认定有所不当，应予以纠正。

裁判要旨

根据相关法律规定，主合同当事人双方协议以新贷偿还旧贷，除保证人知道或者应当知道的外，保证人不承担民事责任。本案中，某集团公司是否应当承担担保责任，应当审查其是否知道方某与周某之间借款用于借新还旧之用途。

关联索引

《最高人民法院关于适用〈中华人民共和国民法典〉有关担保制度的解释》第十六条（本案适用的是 2000 年 12 月 13 日施行的《最高人民法院关于适用〈中华人民共和国担保法〉若干问题的解释》第三十九条）

一审：上海市徐汇区人民法院（2011）徐民二（商）初字第 1798 号民事判决（2012 年 11 月 15 日）

二审：上海市第一中级人民法院(2013)沪一中民一(民)终字第 40 号民事判决(2013 年 3 月 26 日)

再审：上海市第一中级人民法院(2015)沪一中民一(民)再终字第 7 号民事判决(2015 年 5 月 15 日)

再审合议庭成员：刘琳敏(审判长)、沈洁(主审法官)、朱雁军

案例评析

《最高人民法院关于适用〈中华人民共和国民法典〉有关担保制度的解释》第十六条规定，主合同当事人协议以新贷偿还旧贷，债权人请求旧贷的担保人承担担保责任的，人民法院不予支持。债权人请求新贷的担保人承担担保责任的，按照下列情形处理：(一)新贷与旧贷的担保人相同的，人民法院应予支持；(二)新贷与旧贷担保人不同，或者旧贷无担保新贷有担保的，人民法院不予支持，但是债权人有证据证明新贷的担保人提供担保时对以新贷偿还旧贷的事实知道或者应当知道的除外。

上述规定文字表述虽有不同，但就借款类案件中，债权人与债务人约定借新还旧后，新债担保人是否应承担担保责任作出了明确的规定。审判实践中，对上述规定的适用，难点在于如何判定"借新还旧"以及担保人"知道或者应当知道"借款用于借新还旧。现就相关内容分析如下：

第一，关于"借新还旧"的认定。所谓"借新还旧"就是债权人与债务人在旧的债尚未清偿的情况下，再次签订借款合同，以新的借款清偿部分或全部旧的债的行为。这种行为属于债务更新，即通过设立新的债的方式消灭旧的债。在借新还旧的情况下，由于旧的债已经消灭，旧债上如果曾经设定担保，也随之消灭。

从前述"借新还旧"概念中可以总结其特征在于债权人与债务人以新的债消灭旧的债。这是与无还本续贷、借款展期、借款延期概念的主要区别。无还本续贷是指借款人在借款到期时向债权人(一般是银行)申请续贷，但不需要归还本金；借款展期是指借款人在借款到期后无法偿还，与

借款人协商一致延长还款期限；借款延期是指借款人在借款到期前与债权人协商推迟还款日期。上述三种情况均是就原有的债权债务关系进行协商变更，但没有形成新的债权债务关系。

由此可见，对借新还旧的认定，主要从以下三个特征分析：一是否构成新的债，二是新的债的用途是否用于消灭旧债，三是新债的形成时间在旧债到期之前。如本案中，方某、周某在借款关系存续期间存在多轮资金往来，鉴于方某提供的银行对账单所记载的转账金额与本案借条金额基本吻合，且从资金往来及方某同周某更换借条的行为判断，借款真实存在，且每次形成的新债均用于归还此前确认的旧债。上述行为符合前述借新还旧的三个特征，故该借款认定为“借新还旧”的新债。

第二，关于新债担保人担保责任的认定。无论是本案审理时适用的《最高人民法院关于适用〈中华人民共和国担保法〉若干问题的解释》第三十九条，还是当前适用的《最高人民法院关于适用〈中华人民共和国民法典〉有关担保制度的解释》第十六条，对借新还旧中新债的担保人的责任划分均是一致的：在旧债与新债均有担保人，且担保人为同一人的情况下，由于借款人用新债偿还了旧债，从而免除了担保人对旧债的担保责任，担保人承担的风险和责任就只是针对新债，因此即使担保人不知道借款用途是借新还旧，由于新债没有加重担保人的负担，不构成对担保人的利益的损害，担保合同合法有效，担保人仍应承担对新债的保证责任。从公平的角度看，对担保人而言也不会产生有失公平的结果。

在旧债没有担保，或旧债与新债的担保人不是同一人的情况下，新债的担保人如果不知道主合同双方当事人在借新还旧的，担保人不承担民事责任。因为在这种情况下的借新还旧，不仅是债权人与债务人串通实际变更主合同借款用途、未征得担保人的同意，而且担保人承担保证的可能是一笔无法收回的债权。在此情况下，如仍由担保人承担保证责任，明显对担保人不公，有违民法上的公平原则。

在新债的担保人知道或应当知道新债的用途是用于偿还旧债的情况下，例如贷款合同中贷款用途一栏明确写明是“借新还旧”或者“资金周转”，又或者有证据证明担保人提供担保时已经知晓该笔借款的真实用途，由于不存在欺诈担保人的情况，担保合同合法有效，担保人应该承担担保责任。

本案中适用第三种情形，即在“借新还旧”的保证担保中，担保人知道新债用途是借新还旧的，应承担担保责任。某集团公司从借款资金走向上是借款的实际使用方，借款担保合同中明确约定借款用途为资金流转，同时约定了担保人“应完全了解借款用途”以及“借条作为合同附件与借款担保合同同具法律效力”等内容。以上事实均可以佐证某集团公司对于方某、周某之间借款用途的借新还旧是明知的，因此某集团公司应当根据担保合同承担全部新债的担保责任。

28. 上海某电子产品有限公司诉上海某模具有限公司房屋租赁合同纠纷案*

——民事执行和解协议内容争议的解释规则

关键词　民事　房屋租赁合同　民事执行和解协议　约定不明　争议认定规则

基本案情

上海某电子产品有限公司(以下简称“某电子产品公司”)诉称:请求:1.判令上海某模具有限公司(以下简称某模具公司)支付自2015年4月1日起至2018年5月30日,按照每月15 096元(每日每平方米0.8元,共629平方米)计算的房屋占有使用费;2.判令某模具公司支付设备迁移费6万元。

上海某模具有限公司(以下简称某模具公司)辩称:不同意原告的诉讼请求。在双方租赁合同结束之后,被告跟原告没有发生租赁关系,事实上也不存在租赁。被告的资产是被原告扣押在厂房内的。

法院审理查明:2011年3月2日,某电子产品公司与某模具公司签订《厂房租赁合同》一份,约定:某电子产品公司将位于上海市奉贤区四团镇港鼎路679号厂房出租给某模具公司使用;建筑面积2 100平方米(附平面图);租赁价格为每日每平方米0.3元,按厂房总建筑面积计算(厂房

---

* 编写人系上海市第一中级人民法院杨斯空,入库编号2023-08-2-111-001。

现状包括：该门牌号围墙内的所有房屋建筑、空地、道路、上下水管道、常规消防设施、起重设备及水电通信配套设施），总计租金为每年229 950元；租赁期限自2011年4月1日起至2015年3月31日止；支付方式，厂房租金每年支付一次，分别在每个租赁年度的第一个月内交纳上一租赁年度全年的租金，某模具公司交纳的租金在某电子产品公司向某模具公司支付的承包经营费的房租费中扣除。同日，某电子产品公司与某模具公司还签订一份《承包经营协议书》约定“某电子产品公司向某模具公司承包经营某模具公司设于上海市奉贤区四团镇港鼎路×号的工厂；某电子产品公司承包和使用某模具公司位于上述工厂内的机器设备等固定资产进行生产经营（详见附件：设备和固定资产清单）；某电子产品公司接受某模具公司原有的业务订单继续生产；承包期限自2011年4月1日起至2015年3月31日；四年承包经营费共计350 292元；支付时间为承包经营满一年后的第一个月内；某电子产品公司按年度税后利润的50%分红给某模具公司；某电子产品公司承包某模具公司设备共计22台，账面重置价1 232 580元，承包费每年87 573元（其中坐标立磨一台免收承包费）（具体详见附件清单2）；承包经营协议书生效前，双方应逐次清点本协议附件《设备与固定资产清单》内容，核实无误并在双方签收后移交至某电子产品公司使用保管；承包经营结束前，双方同样应逐次清点本协议附件《设备与固定资产清单》内容，检查核实遗缺和损坏项目，经双方签字确认并按本协议条款实施赔偿后交还某模具公司；设备进场费由某电子产品公司负担，退场费由某模具公司负担；厂房由某模具公司承租后转租给某电子产品公司，某电子产品公司按某模具公司的厂房租赁合同按时缴纳租金；对于无法收购的原材料和生产消耗品，以及其他资产（剩余设备、办公用品、工具量具、模具夹具等）均封存后，清点和出具清单后由某电子产品公司提供场地负责保管，如有遗失缺损，同样按清单所附价格赔偿给某模具公司（详见附件清单4）”。2011年3月20日，某电子产品公司与某模具公司签字确认“承包经营设备清单”“存放封存设备清单”“存放封存仪器仪表和其他固定资产清单”“存放封存模夹具清单”“存放封存原材料清单”“存放封存辅助材料工具生产消耗品备件清单”“存放封存产成品清单”。2015 年 3 月 31 日，某电子产品公司与某模具公司签订一份《延长协议有效期协议》约定：双方签订的《承包经营协议书》有效期延长至 2015 年 4 月 8 日。

本案某模具公司曾于 2015 年 5 月 11 日诉至法院，要求判令某电子产品公司与某模具公司双方的承包经营协议终止，本案某电子产品公司返还全部设备、封存保管的资产并支付承包经营费 350 292 元。法院于 2015 年 10 月 9 日出具(2015)奉民二(商)初字第 1758 号民事判决书，判决：一、确认双方的《承包经营协议书》终止；二、本案某电子产品公司给付本案某模具公司承包经营费 350 292 元；三、本案某电子产品公司返还本案某模具公司全部设备及资产，详见本案某模具公司提供的“承包经营设备清单”“存放封存设备清单(除沪 AS5115 卡车一辆)”“存放封存仪器仪表和其他固定资产清单”“存放封存模夹具清单”“存放封存原材料清单”“存放封存辅助材料工具生产消耗品备件清单”“存放封存产成品清单”；若本案某电子产品公司无法返还，则按清单中重置价的七折向本案某模具公司进行赔偿。本案某电子产品公司不服上诉，后申请撤回上诉。

本案某模具公司就上述案件申请执行后，于 2016 年 7 月 29 日，某电子产品公司与某模具公司双方在执行过程中签订一份协议书，约定：“一、本案某电子产品公司在 2016 年 8 月 1 日前一次性支付本案某模具公司承包经营费 31.5 万元，余款本案某模具公司作出让步；二、本案某模具公司于 2016 年 9 月底前找好场地、搬场公司后，双方协商搬离设备事宜，直至本案(执行案件)结束；三、本案某电子产品公司钱到法院账户后，先付 18 万元至本案某模具公司账户，余款在设备全部搬离后付清。”上述协议书签订后，本案某电子产品公司于 2016 年 8 月 23 日向本案交纳代管款31.5万元。2016年9月7日,法院执行庭向本案某模具公司发放执行款项18万元。

本案某电子产品公司曾于2016年9月8日、2017年8月21日分别向法院提起诉讼,案号分别为(2016)沪0120民初15842号及(2017)沪0120民初17290号,诉讼争议与本案一致,该两案某电子产品公司均撤回起诉。(2017)沪0120民初17290号案件审理过程中,某电子产品公司于2017年12月19日向上海市奉贤公证处申请对涉案厂房内租赁建筑面积进行测量,并对测量过程及测量取得的结果办理保全证据公证。该公证处于申请当日与相关人员至涉案厂房内对所需保全的租赁场所进行实际测量并取得测量的结果,共拍摄照片四十八张,公证书内附车间平面图一份,为手绘图纸,上由某电子产品公司法定代表人签字,公证员现场制作《现场工作记录》一份,并于2017年12月22日作出公证书一份。

某模具公司于2018年5月30日将大部分设备及资产搬离涉案厂房,尚余大车间内一台设备、二号厂房内六台设备、大车间楼上若干工具箱等设备及资产仍留在涉案厂房内。

上海市奉贤区人民法院于2018年8月30日作出(2018)沪0120民初18768号民事判决:上海某模具有限公司于本判决生效之日起十日内支付原告上海某电子产品有限公司房屋占有使用费人民币168 473.21元;被告上海某模具有限公司于本判决生效之日起十日内支付原告上海某电子产品有限公司设备迁移费人民币1万元。一审宣判后,某电子产品公司与某模具公司均提起上诉,上海市第一中级人民法院于2020年4月13日作出(2019)沪01民终13574号民事判决:撤销上海市奉贤区人民法院(2018)沪0120民初18768号民事判决;驳回上海某电子产品有限公司的诉讼请求。

裁判理由

法院生效裁判认为:本案争议焦点有三,为双方之间的法律关系及权利义务应如何确定的争议、协议书是否为双方当事人创设了新的法律关系之争议与涉案协议书未能及时履行的责任争议。

第一,法院认定某电子产品公司与某模具公司之间实际成立的是承包经营合同关系而未成立租赁合同关系,因此双方权利义务应以《承包经营协议书》为合同依据,一审法律关系认定错误。另外,(2015)奉民二(商)初字第1758号判定某电子产品公司负有将涉案设备及资产全部返还给某模具公司的判决义务,且涉案设备及资产均是该生效判决的执行标的并未改变。双方争议系因前案生效判决执行未果所产生,不曾在生效判决外创设新权利义务,因此某电子产品公司以租赁合同出租人身份提起诉讼缺乏请求权基础,诉讼请求不应支持。

第二,法院认定事实系争《协议书》的协议内容与(2015)奉民二(商)初字第1758号案生效判决的判项主文所对应,无超出生效判决的内容,性质上为执行和解协议。至于双方争议的协议书第2条“某模具公司于2016年9月底之前找到场地后,双方协商搬离设备事宜,直至执行案件结束”并未将设备搬离的义务设定由某模具公司承担,也没有对搬离设备的具体时间做出明确约定,未在生效判决之外为双方设定新法律关系。

第三,法院根据生效判决认为某电子产品公司负有返还某模具公司全部设备及资产的判决义务,同时保证涉案设备及资产完好属于某电子产品公司应负的合同义务,因此交接时双方进行确认合理,某电子产品公司理应予以配合。根据证据,某电子产品公司明确表示不同意通电检测并要求某模具公司支付占有使用费是导致涉案设备及资产无法搬离的原因,故协议未及时履行的责任主要归咎于某电子产品公司,产生损失也应由某电子产品公司自担。然后对于某电子产品公司主张的迁移费,因某电子产品公司并未能充分举证证明该费用发生的真实性及必要性,且主要过错在某电子产品公司、迁移行为未获得某模具公司确认,同时事实上涉案厂房一直由某电子产品公司占有并使用,因此认定某电子产品公司要求某模具公司负担所谓设备迁移损失缺乏合同及法律依据，法院不予支持。

综上，某电子产品公司的上诉请求不能成立应予驳回；某模具公司的上诉请求具有事实及法律依据应予支持。一审判决基础法律关系及双方当事人过错认定存在错误，二审依法予以改判。

裁判要旨

因履行民事执行和解协议所产生的争议可以通过民事诉讼程序解决，但法院在民事案件审理中，对和解协议的性质及法律关系的认定仍不能脱离原执行依据的内容，尤其在和解协议内容存在约定不明、当事人对和解协议条款产生争议时，应以生效民事判决所认定的事实进行解释，对和解协议法律关系的认定不能与生效判决认定的基础法律关系相违背。在申请执行人放弃部分权利以促成和解协议的场合，双方就协议条款的文义产生争议时，作出有利于申请执行人的解释。在迟延责任的判断上，也应以执行依据作为基准，准确认定迟延的原因及责任。

关联索引

《中华人民共和国民事诉讼法》第二百三十条

《最高人民法院关于执行和解若干问题的规定》（法释〔2020〕21 号）第九条、第十五条［本案适用的是 2018 年 3 月 1 日施行的《最高人民法院关于执行和解若干问题的规定》（法释〔2018〕3 号）第九条、第十五条］

一审：上海市奉贤区人民法院（2018）沪 0120 民初 18768 号民事判决（2019 年 8 月 30 日）

二审：上海市第一中级人民法院（2019）沪 01 民终 13574 号民事判决（2020 年 4 月 13 日）

二审合议庭成员：杨斯空（审判长兼主审法官）、郑卫青、毛慧芬

案件评析

双方当事人在执行过程中达成执行和解协议有助于一次性解决纠纷，维护社会秩序。民事执行和解协议不具有强制执行效力，系当事人对

执行依据的自愿变更，故当执行和解协议履行不当或双方当事人对执行和解协议约定不明时，极易产生争议。执行和解协议及与生效法律文书之间的衔接历来为审判实践中的难点问题。

《最高人民法院关于执行和解若干问题的规定》(以下简称《执行和解规定》)的施行对于执行和解协议与生效法律文书之间的程序选择及衔接做出了规定，赋予了申请执行人在执行和解协议存在效力性瑕疵及履行瑕疵时另行起诉和恢复执行原法律文书的选择权，及被申请执行人在和解协议可能存在无效、撤销等效力性瑕疵的情形时的救济手段，但未规定在申请执行人存在“受领迟延”时，被执行人的救济途径。若执行和解已经履行完毕，因履行和解协议而产生的损害赔偿，可另行提起民事诉讼程序。若执行和解协议中的内容在原执行依据中未涉及的，且执行和解协议已经履行完毕的情形下，债务人可以在一定条件下提起民事诉讼主张损害赔偿。然而，对于当事人就执行和解协议在法律关系和内容理解上的实体争议，缺乏法律规范进行调整，尤其当执行和解协议中存在原执行依据未涉及的内容且约定不明的情形时，法院应如何裁判缺乏统一认识。现就相关内容分析如下：

其一，判断是否创设了与执行债权无关的法律关系。需依据是否系对生效法律文书的权利义务主体、履行标的、期限、地点和方式等内容进行明确细化或者进行变更，抑或与执行债权截然不同的法律关系，完全超出了生效法律文书认定的范围及履行的内容，判断当事人达成的是执行和解协议，还是另行达成的民事合同。若为另行达成的民事合同，则不受《民事诉讼法》及《执行和解规定》的调整，而应与一般民事合同一样，以《民法典》总则中民事法律行为的相关规范进行调整，对其条款内容产生争议，依照《民法典》第一百四十二条或第五百一十一条的规定予以处理。

其二，审查当事人的争议是否属于生效法律文书的既判力范围。除非当事人明确约定改变了生效判决的认定，若当事人的争议仍集中在对原生效法律文书所确定的事实、确认的法律关系，或是对违约、赔偿等民事责任的认定及分担，抑或提出了在执行依据案件中所未主张的事实或观点，那么上述异议仍然属于对生效法律文书的不服，相关当事人可以通过审判监督程序予以救济，而不能试图以执行和解协议来否定生效法律文书的既判力，改变生效法律文书的相关认定。当事人以此为由对执行和解协议的内容提出异议的，不能予以支持。

其三，执行和解协议约定不明时争议内容的认定规则。在排除当事人对执行和解协议的争议并非执行依据的既判力范畴，并排除当事人达成以物抵债协议之后，我们可以就当事人对执行和解协议内容本身因约定不明产生争议时，确立如下认定规则：首先，在法律关系上，应作出与生效法律文书相一致的认定。前已述及，执行和解协议并非债的更改，并没有使执行依据的生效法律文书失去既判力，故在对和解协议所反映的法律关系上，在排除以物抵债协议后，仍应与生效法律文书所认定的法律关系相一致。其次，在文义理解上，应遵循更有利于申请执行人的解释原则。司法实践中看执行和解协议多为申请执行人的弃权性协议，以此作为促成执行和解协议的条件，目的在于尽快实现执行债权，在最大限度上减少损失及时间成本。故在有争议时，依据公平原则及诚信原则，也应作出更有利于债权人的解释，以平衡双方当事人的利益，也是尊重原执行依据既判力的体现。最后，在迟延责任上，应结合执行债权的内容合理判断，从而防止被执行人假借和解而拖延、抗拒执行或转移财产，避免无法恢复执行情形的出现。对于迟延责任的判断，应根据案件事实、债权性质等认定迟延责任过错方，进而确定损失承担方。

本案中，双方在履行和解协议的过程中，系因对设备是否应先通电验收产生争议，从而造成履行迟延。某电子公司在一审中以租赁合同关系作为请求权基础主张履行迟延期间的房屋占有使用费、设备迁移费。二审中，主要争议为某模具公司是否履行和解协议内容，是否存在受领迟延。双方当事人在前案执行过程中达成的协议书中,对于搬迁设备的义务主体及期限约定模糊,为判断迟延责任带来阻碍。协议书并未改变执行债权的标的,属于执行和解协议,而执行所依据的生效判决已经认定双方之间系承包经营合同关系,该主张事实仍然在前案生效判决既判力范围之内,并未创设并行的租赁合同关系,故某电子公司针对和解协议法律关系提出的主张,不能得到支持。综合协议书文义分析,某模具公司在债权数额、支付期限等均作出让步,根据公平原则,在和解协议条款并不明确的情形下,理应作出对某模具公司更为有利的解释。对涉案设备的验收必然影响到对生效判决中能否“返还”的判断,某模具公司在搬离时对设备进行通电验收的要求合法合理,某电子公司理应予以配合。故本案终审判决执行和解协议未能及时履行的责任应归咎于某电子公司,因此产生的损失也应由某电子公司自行承担。

29. 赵某某诉某餐饮公司、吴某甲买卖合同纠纷案*

——股东与公司人格混同的责任不因股权转让而免除

关键词 民事 买卖合同 人格混同 股权转让 民事责任

基本案情

原告赵某某诉称：原告系蔬菜供应商，长期为被告某餐饮公司各门店供应各类蔬菜。2020 年 7 月 4 日，经双方结算，被告某餐饮公司确认 2019 年及 2020 年 1 月尚欠原告货款 60 万元。后 2020 年 7 月至 8 月又产生货款 172 911.50 元，被告某餐饮公司亦未支付，以上货款金额合计 772 911.50 元。原告多次向被告某餐饮公司催讨无果，遂提起诉讼。原告认为，被告吴某甲作为被告某餐饮公司的股东、实际控制人及经营管理者，个人财产与公司财产存在混同，其应对被告某餐饮公司的上述债务承担连带责任。综上，请求判令：(1)判令被告某餐饮公司支付货款人民币(以下币种均为人民币)772 911.50 元，并支付逾期利息，利息以 772 911.50 元为基数，按照全国银行间同业拆借中心公布的贷款市场报价利率，自原告起诉之日即 2020 年 10 月 13 日起计算至实际清偿之日止；(2)判令被告吴某甲就被告某餐饮公司上述支付义务承担连带责任；(3)本案诉讼费由两被告承担。

被告某餐饮公司、吴某甲辩称：被告某餐饮公司确认尚欠原告货款

---

* 编写人系上海市第一中级人民法院何建，入库编号 2023-08-2-084-011。

772 911.50 元,但不同意支付利息,理由是该款项性质是货款而非借款,原告无权主张利息。两被告还辩称,上述债务系公司债务,应由被告某餐饮公司承担,被告吴某甲虽为公司股东,但不存在个人财产与公司财产混同情况,不应就公司债务承担连带责任。综上,请求驳回原告对被告吴某甲的诉请。

法院经审理查明:赵某某系蔬菜供应商,自 2018 年以来长期为某餐饮公司洲海店、106 店、通州店、周浦店、春申店等各门店供应蔬菜。2020 年 5 月 8 日,某餐饮公司出具一份《欠货款说明》,确认欠付 2019 年至 2020 年 1 月货款 617 015 元。之后,某餐饮公司偿还 17 015 元,并于 2020 年 7 月 4 日重新出具一份《欠货款说明》,确认还欠赵某某货款 60 万元。因某餐饮公司未再继续偿还欠款,2020 年 8 月 5 日,赵某某委托浙江某某律师事务所律师陈某甲向某餐饮公司发送律师函,要求某餐饮公司于 2020 年 8 月 11 日之前支付货款。某餐饮公司收到《律师函》后未予回复,赵某某自此不再向某餐饮公司供应蔬菜。经双方结算,2020 年 7 月至 8 月新产生货款 172 911.50 元,加上之前欠款,目前某餐饮公司共欠付赵某某货款总计 772 911.50 元。

另查明:第一,关于涉案各公司股权信息。吴某甲与汪某某原系夫妻关系,双方于 2001 年登记结婚,于 2013 年登记离婚。2010 年 1 月,吴某甲与汪某某作为股东出资设立上海某餐饮管理有限公司,各自持股 50%,吴某甲担任上海某餐饮管理有限公司法定代表人,汪某某担任上海某餐饮管理有限公司监事。2013 年 3 月,吴某甲与上海某餐饮管理有限公司作为股东出资设立某餐饮公司,吴某甲持股 10%,上海某餐饮管理有限公司持股 90%,吴某甲担任某餐饮公司法定代表人,汪某某担任某餐饮公司监事。2015 年 11 月,吴某甲作为经营者开设上海市浦东新区高行镇某餐饮店(以下简称"某餐饮店"),某餐饮店为个体工商户。2019 年 4 月,某餐饮公司法定代表人由吴某甲变更为吴某乙,吴某甲继续担任总经理。2020年3月，汪某某将其持有的上海某餐饮管理有限公司的40%股权转让给吴某甲，另外10%股权转让给郑某某。2020年6月，上海某餐饮管理有限公司法定代表人由吴某甲变更为吴某乙。2020年10月，吴某甲将其持有的某餐饮公司10%股权以零元对价转让给上海某餐饮有限公司。上海某餐饮有限公司成立于2020年9月，其股东为吴某丙和祝某某。

第二，关于某餐饮公司与某餐饮店之间的关系。2020年8月10日，赵某某诉讼代理人陈某甲分别前往某餐饮公司外高桥店、洲海店进行餐饮消费，账单收款商户显示为某餐饮店；2020年10月20日，赵某某诉讼代理人陈某甲再次前往某餐饮公司外高桥店进行餐饮消费，账单收款商户仍显示为某餐饮店。一审审理中，吴某甲到庭陈述，上述门店实际运营主体为某餐饮店，由其负责经营，并通过签订加盟协议的形式取得某个商标使用权，但无需支付加盟费或商标使用权费。一审法院要求吴某甲提供相应的加盟协议以供核实，但其至今未予提供。

第三，关于某餐饮公司财务情况。2017年至2020年间，某餐饮公司使用吴某甲(尾号4251)、吴某丙(尾号9614、尾号2579)、郑某某(尾号5754)等多名自然人的个人账户对外支付各种费用，相应账目记载于某餐饮公司账簿。其中，2017年9月14日，通过吴某甲(尾号4251)个人账户向吴某甲(尾号4527)账户转账2 050元，附言“还平安信用卡款”，支付审批单备注“信用卡做计划，定期提醒还款金额”；2017年9月21日，通过吴某甲(尾号4251)个人账户向吴某甲(尾号1369)账户转账10 461元，附言“还吴总招行信用卡(1369)”；2018年2月2日，通过吴某甲(尾号4251)个人账户向吴某甲(尾号3154)账户转账500元，附言“充吴总ETC”；2018年3月5日，通过吴某甲(尾号4251)个人账户向吴某甲(尾号4527)账户转账6 560元，附言“还吴总信用卡”；2018年3月31日，通过吴某丙(尾号2579)个人账户向案外人陈某乙账户转账62 057.45元，附言“吴某甲 920”,审批附件中有财务工作人员与吴某甲的聊天记录,内容如下:吴某甲:“后面备注吴某甲 920”,工作人员:“吴总,这是什么款啊,我们做的时候也好挂账”,吴某甲:“还款”,记账凭证记载:“其他应收款—个人借款——吴某甲”;2019 年 9 月 14 日,通过吴某丙(尾号 9614)个人账户向吴某甲(尾号 1815)账户转账 7 412.35 元,附言“还吴总兴业银行信用卡”;2019 年 9 月 18 日,通过吴某丙(尾号 9614)个人账户支付某餐饮店煤气费 5 204.30 元,支付审批单记载支付名目为“付洲海 9 月燃气费”;2019 年 9 月 20 日,通过郑某某(尾号 5754)个人账户向吴某甲(尾号 5610)账户转账 4 800 元,附言“吴总入会费”,支付审批单上记载支付名目为“吴总入会锦礼池会费”;2019 年 9 月 21 日,通过吴某丙(尾号 2579)个人账户向吴某甲(尾号 0240)账户转账 13 987 元,附言“还吴总招商银行信用卡”;2019 年 10 月 16 日,某餐饮公司通过吴某丙(尾号 9614)个人账户向上海某餐饮管理有限公司转账 5 000 元,附言“内部转账”。一审审理中,吴某甲到庭陈述,某餐饮公司为了避税等目的,借用包括吴某甲、吴某丙在内的多名自然人个人银行账户用于公司对外经营支付。

还查明:1.赵某某陈述,某餐饮公司、上海某餐饮管理有限公司现任法定代表人吴某乙系吴某甲叔叔,吴某甲系吴某丙叔叔;一审法院就以上相关人员身份询问上诉人,在 2021 年 1 月 22 日的证据交换中,上诉人一审委托诉讼代理人确认吴某乙与吴某甲系叔侄关系,但不清楚吴某丙身份;在 2021 年 3 月 5 日的谈话中,吴某甲否认其与吴某乙、吴某丙存在任何亲属关系,称其仅为某餐饮公司同事。2.就某餐饮公司目前财务及资产状况,某餐饮公司、吴某甲一审委托诉讼代理人在 2020 年 11 月 19 日的庭审中陈述,某餐饮公司偿债能力没有问题,完全有能力偿付赵某某货款;吴某甲在 2021 年 3 月 5 日的谈话中陈述,某餐饮公司已资不抵债,经营难以为继。

上海市浦东新区人民法院于 2021 年 3 月 15 日作出(2020)沪 0115

民初 78901 号民事判决：一、某餐饮公司于判决生效之日起十日内向赵某某支付货款人民币 772 911.50 元及逾期利息，利息以人民币 772 911.50 元为基数，按照全国银行间同业拆借中心公布的贷款市场报价利率，自 2020 年 10 月 13 日起计算至实际清偿之日止；二、吴某甲就某餐饮公司的上述债务承担连带责任。宣判后，某餐饮公司吴某甲以吴某甲间接持有某餐饮公司股权，并不能说明吴某甲为该公司的实际控制人，某餐饮公司对其自身经营具有独立意思表示，拥有独立财产为由，依法提起上诉。上海市第一中级人民法院于 2021 年 9 月 2 日作出（2021）沪 01 民终 7262 号民事判决：驳回上诉，维持原判。

裁判理由

法院生效判决认为：第一，公司人格否认制度旨在矫正有限责任制度在特定情形下对债权人利益保护的失衡，其目的就是防止股东滥用公司法人独立地位而损害公司债权人的利益。公司人格否认制度，让股东向利益严重受损的债权人承担连带清偿责任，其法理基础并非基于股东的特定身份，而是基于股东滥用公司法人独立地位的特定行为。公司人格否认案件本质是侵权纠纷案件，股东实施与公司财产混同之侵权行为后，会对公司偿债能力及债权人的利益产生损害，即使股东此后将股权转让，也不应影响其承担责任。第二，在二审审理过程中，双方当事人均确认，双方之间的债权债务关系形成于 2020 年 8 月前。债务形成期间，吴某甲直接持有某餐饮公司的部分股权外，还通过上海某餐饮管理有限公司间接持有某餐饮公司股权，在某餐饮公司担任总经理等职务，对公司具有控制力，可以实际支配公司行为。吴某甲、某餐饮公司虽主张账簿不真实，但并未能提供相应证据予以证明。一审时吴某甲主张某餐饮公司与某餐饮店之间系加盟协议关系，但提供的加盟合同系上海某餐饮管理有限公司与某餐饮店之间，某餐饮店亦未向某餐饮公司支付任何加盟费或商标使用费，某餐饮公司承担经营成本，门店营业款却通过某餐饮店最终进入吴某甲个人账户。从在案证据看，吴某甲用某餐饮公司的资金偿还其个人债务，并将公司资金供关联公司无偿使用的行为，构成滥用股东权利。第三，法院注意到，吴某甲在赵某某提起本案诉讼之后，将上海某餐饮管理有限公司股权及某餐饮公司股权均无偿转让给某公司，并注销某餐饮店，有恶意逃避债务之嫌。某餐饮公司拖欠货款，赵某某作为债权人的债权无疑受到损害，吴某甲滥用公司法人独立地位，应当对案涉债务承担连带责任。故某餐饮公司、吴某甲的上诉理由，缺乏事实和法律依据，法院不予认可。

裁判要旨

公司股东实施与公司财产混同的行为后，会对公司偿债能力及债权人的利益产生损害，即使股东此后将股权转让，该股东的责任也不能免除。

关联索引

《中华人民共和国公司法》第二十条

一审：上海市浦东新区人民法院(2020)沪0115民初78901号民事判决(2021年3月15日)

二审：上海市第一中级人民法院(2021)沪01民终7262号民事判决(2021年9月2日)

二审合议庭成员：何建(审判长兼主审法官)、胡桂霞、叶振军

案例评析

2005年，我国《公司法》进行首次修订，引入了一人有限责任公司(以下简称“一人公司”)制度，《公司法》在“有限责任公司”这章专门设立一节关于一人公司的特别规定，围绕一人公司的概念、注册设立、登记、章程、股东决议、财务报告以及债务承担等作了规定。新《公司法》拓展了一人公司的范围，包括股份有限公司，取消了自然人设立的一人公司不得再设一人公司的规定，并在新《公司法》总则部分规定股东不得滥用公司法人

独立地位和股东有限责任，同时，吸收指导案例 15 号关联公司横向人格否认的规则。但是，有关一人公司的法律条文规定简单，特别是一人公司股东人格混同的认定、对外担保效力、股权转让后的债务承担或者出现股东死亡或者公司注销后的民事责任归属等，呈现实体法与程序法交织、一般规定与特别规定交错适用的情形，给法律适用带来困难，容易引发裁判不统一，亟须明确该类案件的裁判思路。现就有关问题分析如下：

首先，股权转让自由和股东有限责任是现代公司区别于其他企业组织形式的本质特征，也是公司制度魅力所在，即使是在兼具人合、资合双重属性的有限责任公司中，股权转让自由仍是不可动摇的基本原则，股权转让限制仅为例外。投资者加入或者退出公司的主要方式是受让或转让股权，股权是通过流通产生价值。一人公司的股东可以直接、排他地行使权利转让股权，既可以转让全部股权，也可以转让部分股权，不受他人非法干涉。允许股权合法自由转让是保持公司组织体持续稳定和有序运行的重要保障。

其次，股东和公司分别为独立的民事主体，公司的资产并非某一股东个人的财产，而是公司自身的财产。公司独立的法人地位决定了它可以独立地享有财产权，公司以其所有的全部财产承担民事责任，当财产不足以清偿到期债务时，将面临破产。公司的股东对公司则承担有限责任，以其全部出资为限。无论是有限责任公司的股东，还是股份有限公司的股东，都是以其认缴的出资额或者认购的股份为限对公司承担责任。在现实生活中，有的股东利用公司独立法人地位和自己的有限责任，滥用权力，采用将公司财产与本人财产混同等手段，逃避债务，造成公司可以用于履行债务的责任财产大量减少，严重损害公司债权人的利益。对于此种情形，理应刺破公司面纱，追索股东个人责任，股东要对公司债务承担连带清偿责任，不能背靠公司这棵大树逃避责任。公司人格否认制度旨在矫正有限责任制度在特定情形下对债权人利益保护的失衡，其目的是防止股东滥用公司法人独立地位而损害公司债权人的利益。股东实施与公司财产混同行为后,会对公司偿债能力及债权人的利益产生损害,债权人和公司是原债权债务关系的双方当事人,与股东之间不存在合同关系。只要存在股东滥用公司人格的行为,当债权人的债权未被公司完全清偿时,就可以要求股东对自己承担个人责任。公司人格混同的本质属于侵权纠纷案件,应当按照侵权的构成要件确定相应的侵权赔偿责任。公司法人人格否认的目的在于平衡公司股东与公司债权人和其他相关利益群体之间的利益冲突,对受害的债权人提供救济;最根本的判断标准是公司是否具有独立意思和独立财产;最重要的着眼点是看公司财产与股东财产是否混同且无法区分。

再次,一人公司股东的股权随时可能会发生变化,股东实施与公司财产混同的侵权行为后,即使股东此后将股权转让,亦不应影响其对该责任的承担。当公司债务形成于原股东经营期间,且原股东不能证明其持股期间自身财产与公司财产独立的,原股东应当对股权转让之前发生的公司债务承担连带责任。《公司法》第二十三条第三款中的“只有一个股东的公司”的股东不宜仅理解为现任股东,而应理解为公司债务形成、存续期间担任过一人公司股东的人员。因债务发生在股权转让之前,所以原股东对本人持股期间发生的债务情况应当是明知的。根据《公司法》第二十三条第三款的规定,我国对于一人公司股东采取法人人格否认推定,即举证责任倒置的方式进行认定。只要一人公司的股东不能证明公司财产独立于股东自己的财产的,应当对公司债务承担连带责任。如果不能举证证明股权转让前公司财产独立于自己财产的,可以推定其滥用权利、逃避债务、损害公司债权人利益。除非经债权人同意,否则原股东不能以股权已转让给他人为由主张免除其连带责任。如此,可防止股东以股权转让为手段恶意逃避债务,保护债权人的合法权益。而对于一人公司股权转让后产生的债务,原股东不负有清偿责任,债权人应当向公司的新股东主张，除非有证据证明原股东仍参与经营管理，与新股东共同实施人格混同的侵权行为。

最后，本案中，吴某甲在涉讼之初即将其持有的某餐饮公司10%股权无偿转让给上海某餐饮有限公司，该行为明显不合常理，而上海某餐饮有限公司的股东之一为吴某乙，吴某乙又系某餐饮公司工作人员，其个人账户长期由某餐饮公司控制和使用，与某餐饮公司、吴某甲都存在密切关联。通过该事实可知，涉及股权转让行为的双方当事人在主观上不具有善意，公司债权人当然可以请求股权出让人对其实施公司人格混同行为所产生的损害后果与公司承担连带责任。

30. 高某某诉上海某房地产开发有限公司、第三人上海某置业有限公司债权转让合同纠纷案*

——被吊销营业执照的公司无偿转让违约金债权应认定无效

关键词 民事 债权转让合同 合同效力 吊销未清算 违约金债权转让

基本案情

原告高某某诉称：2013 年 4 月 12 日，本案第三人上海某置业有限公司（以下简称某置业公司）与被告上海某房地产开发有限公司（以下简称某房产公司）签订《合作协议书》，协议约定：某房产公司若以其任何与之关联的单位或个人参与竞拍本协议所涉之项目地块，并以此事逃避自身义务，即视为违约，某房产公司应支付某置业公司 8 000 万元。后某房产公司违约，尚欠 4 000 万元未向某置业公司支付。2017 年 12 月 18 日，某置业公司与高某某签订《债权转让协议书》，将上述债权转让给高某某，并于 2018 年 1 月 5 日通知了某房产公司。但高某某受让的上述债权至今未得到清偿。故请求判令：一、某房产公司向高某某支付债权本金 4 000 万元；二、某房产公司向高某某支付利息自 2013 年 7 月 11 日起至实际付清之日止，暂计 9 802 410.96 元。

被告某房产公司辩称：一是某置业公司及两位股东均在 2016 年 12

---

* 编写人系上海市第一中级人民法院凌捷，入库编号 2023-07-2-079-002。

月被吊销了营业执照，故不能在 2017 年 12 月签订债权转让协议。二是本案根本不存在违约金。违约金需要经过某房产公司与某置业公司双方确认或经司法确认，是债权转让的先决条件。

第三人某置业有限公司述称：某房产公司对某置业公司构成违约，应承担违约责任，且已支付部分违约金。现某置业公司将剩余违约金债权 4 000 万元转让给高某某合法。

法院经审理查明：2013 年 4 月 12 日，由某房产公司、某置业公司签订《合作协议书》，双方商定：某房产公司参与商业项目地块的招投标，某置业公司将给予积极协助、配合。若通过公开竞拍某房产公司成功取得四块商业项目地块，某房产公司将支付给某置业公司 2 000 万元及该项目 5%的股权收益权益。某房产公司若以其关联单位或个人参与该项目地块的竞拍工作，则此前的权利义务均由后续单位承担；某房产公司若以其任何与之关联的单位或个人参与竞拍本协议所涉之项目地块，并以此事逃避自身的义务，即视为某房产公司违约，某房产公司应支付乙方损失 8 000 万元。

2013 年 7 月 11 日上海市土地交易中心出具《成交确认书》载明："在 2013 年 7 月 11 日系争地块竞得人为：北京 A 投资有限公司（投资比例为 67%）、×集团有限公司（投资比例为 33%）。该地块土地成交总价为 84 100 万元。"

某置业公司于 2016 年 12 月 20 日被工商部门吊销营业执照，其占比 80%的股东上海 H 投资公司于 2016 年 12 月 23 日被工商部门吊销营业执照。

2017 年 12 月 18 日由某置业公司（甲方）与高某某（乙方）签订《债权转让协议书》约定："一、某房产公司因违反合同约定应向某置业公司支付 8 000 万元，现尚欠 4 000 万元未予支付；二、现甲方将以上权利转让给乙方，乙方同意受让。乙方受让甲方上述权利应向甲方支付的对价由甲、乙双方另行书面约定。”2018 年 1 月 4 日某置业公司向某房产公司发出《债权转让通知书》，告知了上述债权转让的事实。某房产公司确认收到上述债权转让通知书。

上海市闵行区人民法院于 2019 年 5 月 24 日作出(2018)沪 0112 民初 2346 号民事判决：一、某房产公司向高某某支付违约金 2 400 万元；二、驳回高某某的其他诉讼请求。宣判后，高某某以要求支持其全部诉请为由提起上诉，某房产公司以驳回高某某的原审诉请为由提起上诉。上海市第一中级人民法院于 2020 年 2 月 27 日作出(2019)沪 01 民终 9972 号民事判决：一、撤销一审判决；二、驳回高某某的全部诉讼请求。

裁判理由

法院生效裁判认为，本案的争议焦点集中在：被吊销营业执照的公司能否进行债权转让，即本案的处理首先需要判断的是某置业公司向高某某转让的对某房产公司的债权是否发生法律效力。根据《中华人民共和国民法总则》《中华人民共和国公司法》以及《中华人民共和国企业法人登记管理条例》《中华人民共和国企业法人登记管理条例施行细则》的相关规定，某置业公司被吊销营业执照后，应当及时成立清算组，终止清算目的之外的行为。某置业公司虽未及时成立清算组，但其经营资格、经营行为仍应受到一定的限制，其法人行为只能围绕清算目的展开。某置业公司不得开展与清算目的无关的经营活动。现某置业公司向高某某转让对某房产公司的违约金债权，根据某置业公司与高某某签订的《债权转让协议书》的内容及某置业公司与高某某的举证情况，都无法证明高某某就该违约金债权转让向某置业公司支付了对价。故二审法院难于认定某置业公司转让债权的行为属于吊销后的清算行为或与清算目的有关的经营行为。由于债权转让属于处分行为，现某置业公司因被吊销营业执照而处分权受限，因此其向高某某转让债权的行为无法发生法律效力。高某某既未实质取得债权，则其无法基于债权人地位向债务人某房产公司主张。

而某房产公司对某置业公司的抗辩亦可向高某某主张，所以，一审法院支持高某某的诉请有误，二审法院依法予以纠正。

裁判要旨

公司被吊销营业执照后，应当及时成立清算组，终止清算目的之外的行为。因此，其经营资格、经营行为应受到一定的限制，其法人行为只能围绕清算目的展开。人民法院对于营利法人吊销后的行为是否围绕清算目的进行必要性审查，需要结合营利法人行为的具体内容、具体对象、具体目的而展开。无偿的债权转让行为不属于清算目的范畴内的行为，在公司尚未清算前属于损害公司责任财产的行为，不属于公司被吊销后的清算行为或与清算目的有关的经营行为，故该债权转让不发生法律上的效力。

关联索引

《中华人民共和国民法典》第七十二条（本案适用的是2017年10月1日起实施的《中华人民共和国民法总则》第七十二条）

《中华人民共和国民法典》第五百四十五条（本案适用的是1999年10月1日起实施的《中华人民共和国合同法》第七十九条）

一审：上海市闵行区人民法院(2018)沪0112民初2346号(2019年5月24日)

二审：上海市第一中级人民法院(2019)沪01民终9972号(2020年2月27日)

二审合议庭成员：凌捷（审判长兼主审法官）、翟从海、蒋辉霞

案例分析

债权既属于债权人与债务人之间给付的法锁，又属于可处分的财产标的。因此，债权原则上可以自由转让，但现实商业社会的复杂性导致对于债权让与效力的判断，亦要结合具体情况从多角度予以衡量。本案中，由于涉及《合同法》与《公司法》的交叉，其值得研究重点问题有：一是被吊销营业执照的公司能否进行债权转让，二是单独的违约金债权能否进行转让，三是债权让与确定不发生法律效力后，债权转让合同的效力如何认定。现结合本案作如下分析：

一、债权让与主体的处分权受限——被吊销公司超出清算目的的债权让与不发生效力

本案中，债权让与主体为某置业公司，其作为债权人并非普通意义上的债权人，而是属于被吊销的公司且未成立清算组，属于并不具有完全民事行为能力的营利法人。根据我国《民法典》的规定，营利法人在被吊销之后未完成清算前，其法人资格存续，但不得从事与清算无关的事宜。本案中关于某置业公司有两个问题需要解决：一是在程序上是否具有诉讼主体资格，二是在实体上是否具有债权让与的主体资格及处分权。

关于第一个问题，被吊销营业执照的公司虽然未成立清算组，但是其在本案中能否作为当事人参加诉讼，对此当事人虽然有争议，但作为营利法人虽然被吊销营业执照，但是在未注销前其依然具有法人的主体资格，可以作为诉讼主体参加本案诉讼。关于第二项问题，可从两个层面分析，一是被吊销公司是否具有债权让与的主体资格，二是被吊销公司是否具有债权让与的处分权能。

公司被吊销营业执照后，应当及时成立清算组，终止清算目的之外的行为。因此，其经营资格、经营行为应受到一定的限制，其法人行为只能围绕清算目的展开。那么债权让与行为是否属于清算目的之外的行为？清算制度的目的在于将围绕法人发生的各种法律关系进行全面的清理了结然后退出市场。[①]围绕终止营利法人主体资格的行为审查，应当结合当事人行为的具体内容、对象及目的等予以展开。

公司被吊销营业执照后的债权转让并不会被单纯地否认效力，被认为债权转让行为不属于清算目的。因为清算公司时，本身亦会致力于清

---

① 参见李适时主编：《中华人民共和国民法总则释义》，法律出版社2017年版，第218页。

理手中的债权或者债务，通过处分债权的方式转让债权。因此，被吊销的公司可以进行债权转让。本案中，某置业公司虽然属于被吊销的公司，其依然具有债权转让的资格。但是，某置业公司的债权转让行为系属于无偿的债权转让行为，高某并未支付对价。那么无偿的债权转让行为不属于清算目的范畴内的行为，不能认定某置业公司在高某未支付对价的情况下，认定该债权转让行为属于清算目的内的行为，亦不属于吊销后的清算行为或与清算目的有关的经营行为。由于债权转让属于处分行为，现某置业公司因被吊销营业执照而处分权受限，因此其与高某的债权让与无法发生法律效力。

二、债权让与的处分标的受限——单独的违约金债权不得转让

本案中，基于债权让与主体的处分权限制，原告高某的诉请未得到法院的最终支持。但本案中债权转让的标的是违约金债权，其是否属于可以自由转让的债权值得商榷。具体来说，假如某置业公司的处分权并不受限，其系属正常存续的营利法人，那么在某置业公司与某置业公司之间是否存在违约行为及违约金责任的范围均存在争议的情况下，某置业公司能否将其对某房产公司的单独违约金债权直接转让给高某？

对于单独的违约金债权能否转让，现行法未作明确规定，唯可作为法源基础的是从合同性质或者债权性质作相应的分析。对此，有两种截然对立的观点。一种观点认为，违约金债权属于债权的一种，其可以单独由债权人向第三人转让，只要有能够确定违约金债权的方式即可，符合债权让与的自由性。另一种观点则认为，违约金债权不得单独转让，特别是违约金债权在未确定或仍有争议的情况下不得转让。对此，本文的观点是违约金债权不得单独转让。

首先，债权让与的债权应在签订债权转让合同时确定，即债权人与债

务人之间就违约责任主体、违约金债务的数额均没有争议。这属于处分行为要求客体特定化的要求,被转让的债权必须被特定化,各方当事人特别是债务人对有关债权让与的标的不能存在疑问。否则对于债务人来说,要求其对受让人履行不确定的债权,本身不符合债务履行确定性原则,亦容易造成债务人不必要的损失。

其次,违约金债权属于不得单独转让的从权利。从权利并不具有独立的功能,依附于主债权及其基础法律关系,从权利的转让应当随同主债权一并转让。违约金债权同合同主债权之间具有依附关系,违约金债权或者说违约金责任是债权人享有主债权的担保,属于第二型的债权。违约金债权在未与主债权脱离的情况下,也就是违约金债权在未发生的情况下,仅仅系作为纸面权利的时候不能单独转让。否则对于债务人来说,其既要对主债权人履行主债务,又要对违约金债权受让人履行违约金债权,存在双重给付风险。此外,违约金债权在本质上属于主债权的转化,是在发生债务人不履行主债务时,债权人履行利益的转化。在判断违约金债权或违约金责任时,必然要与主债权联系,脱离主债权难于判断违约金债权是否成立及违约金债权的范围。

再次,减少债权让与所产生的不必要成本。在审判实践中,当事人对是否存在违约,违约责任的承担主体,是否存在双方违约,以及违约金的数额等均有争议。如果允许一方当事人根据合同中约定的违约金条款,就认定另一方存在违约金债务,并允许单独转让这种违约金债权,将导致大量纠纷产生,特别是在当前社会中存在职业收债人的情况下,其收取这类不确定的债权,然后通过种种合法的或非法的手段使得这些债权得到清偿,容易造成种种不必要纠纷的产生。从本案情况看,某置业公司与某房产公司之间存在房地产合作开发的争议,对于某房产公司是否依据房地产合作开发合同的约定已经完成了合同义务,以及某房产公司是否与其他公司之间存在串标行为均存在争议。因此,在某房产公司与某置业公司之间的房地产合作开发纠纷未得到合法处理的前提下，某置业公司单独转让违约金债权不发生债权让与的效力。

三、债权转让合同的效力认定——债权让与不发生效力不影响债权转让合同的效力

从我国债权让与的法理看，债权让与究竟系法律行为还是事实行为存在理论上的争议。①从本案情况看，涉及三重法律关系：债权人某置业公司与受让人高某的关系、高某与某房产公司的关系、某置业公司与某房产公司的关系。其中，某置业公司与高某之间的债权让与因不具备法律所规定的债权让与要件，导致债权让与无效。但是债权让与本身的无效是否会影响债权转让合同的效力？在这里有必要提出我国《民法典》将原《合同法》第五十一条删除后，对如何认定债权转让合同的效力发生变化。虽然本案判决时，《合同法》第五十一条依然生效，但仍可参照我国《民法典》精神来解释债权转让合同的效力。

由于我国不承认独立的物权行为或者处分行为的观点在理论界有先发优势，故债权让与所产生的债权变动由债权转让合同引发，那么债权转让合同必然需要债权转让人具有处分该债权的权限。若债权转让人对债权不具有处分权，则债权转让合同效力待定，需要得到权利人的追认，其所依据法源基础就是《合同法》第五十一条。本案中的债权转让合同由于是无偿合同，而且债权人又是作为清算目的存续的营利法人，债权人作为转让主体处分权受限，因此债权让与并不发生法律效力；而债权转让合同则按照《合同法》第五十一条的效力待定理论，由于无法补正处分权的瑕疵应属无效。但是在实践中，大量的债权转让均是支付对价的，在这种情

---

① 崔建远：《合同法总论》（中卷），中国人民大学出版社 2016 年版，第 430—449 页；韩世远：《合同法总论》，法律出版社 2018 年版，第 592—600 页。

况下如果否定债权转让合同的效力，会造成债权人与受让人之间因债权让与不发生效力的后果处理只能适用合同无效的缔约过失责任。这种处理方式容易导致债权转让人与债权受让人之间利益失衡，更为妥帖的做法是从履行不能的角度由债权受让人追究债权转让人的违约责任。此种处理方式从法源论的角度得到了我国《民法典》的肯定。根据我国《民法典》合同编的规定，债权转让合同的效力并不受债权让与不发生法律效力的影响，该合同有效。因此，债权让与被认定无效后，债权转让人与债权受让人之间可以依据有效的债权转让合同来处理双方之间后续的责任承担问题。

31. 上海某食品公司诉李某、何某某、李某某债权人撤销权纠纷案*

——债务人通过离婚协议转移财产损害债权人利益的，债权人有权主张撤销转移财产的相关条款

关键词 民事 债权人撤销权 离婚协议 行使期限 撤销事由

基本案情

上海某食品公司诉称：经法院判决，李某及上海某实业公司应向其支付货款 1 929 512.45 元。后经执行发现李某及上海某实业公司名下无可供执行财产，但经调查，李某离婚时，将所有房产全部无偿转移至妻子何某某及儿子李某某名下。上海某食品公司认为，李某上述行为属于逃避债务履行的行为，故诉至法院请求：1.撤销李某、何某某《自愿离婚协议书》第三条“男女双方共有财产分割如下”全部条款，恢复某 201 室房屋登记为李某、何某某名下；2.判令李某、何某某支付上海某食品公司律师费 5 000 元。

何某某辩称，离婚协议书对财产的分配，是考虑到夫妻双方各自对家庭的贡献、李某曾具有严重过错而作出的合理约定。上海某实业公司、李某并非没有清偿能力。按常理，夫妻双方离婚后一定会有财产的处理，上海某食品公司在 2016 年 11 月已经知道离婚及财产分割情况，其行使撤

* 编写人系上海市第一中级人民法院潘静波，入库编号：2024-07-2-078-001。

销权已超过一年期限。

李某、李某某亦表示，不同意上海某食品公司的诉讼请求。

法院经审理查明：李某与何某某于 1996 年结婚，于 2016 年 8 月 23 日办理离婚登记手续并签订《自愿离婚协议书》。协议书约定：“三、男女双方共有财产分割如下：某 201 室房屋产权归女方所有；某 101 室房屋、302 室房屋产权归女方何某某和儿子李某某共同所有。四……私人剩余借款及银行贷款本金共 204 000 元，由女方何某某独自承担。”何某某于庭审中确认，上述某 201 室房屋于 2003 年登记在李某、何某某名下。

2016 年 2 月，上海某食品公司和上海某实业公司签订《合作采购协议》一份，约定上海某食品公司代理采购上海某实业公司指定货品，上海某实业公司如不能支付货款，则公司法定代表人李某个人全额承担支付责任。同年 8 月 23 日，上海某实业公司、李某向上海某食品公司出具客户对账单，确认 2016 年 6 月、7 月、8 月三个月共计欠款 2 029 512.45 元。同年 8 月 29 日，上海某实业公司、李某出具付款计划。同年 10 月 7 日，李某向上海某食品公司出具还款承诺书，再次确认截至 2016 年 9 月 30 日结欠上海某食品公司货款 1 929 512.45 元，李某承诺为上海某实业公司的共同还款人。

2017 年 3 月 24 日，法院作出判决，判令上海某实业公司、李某支付上海某食品公司货款 1 929 512.45 元。后上海某食品公司申请法院强制执行，法院于 2017 年 8 月 21 日作出执行裁定书，因未查实上海某实业公司、李某可供执行的财产，裁定终结本次执行程序。

2017 年 12 月 14 日，上海某食品公司向一审法院递交了本案民事起诉状。

一审审理中，何某某称上海某食品公司于 2016 年 11 月初就已经知道李某、何某某离婚和财产分割的事情。上海某食品公司则称何某某于 2016 年 11 月只是口头说已经离婚，但没有说过财产分割的问题。

上海某食品公司于一审中提交的《自愿离婚协议书》上，加盖有“此复印件与原件相符　松江区民政局婚姻登记处　2017 年 7 月 14 日”之印章。

上海市松江区人民法院于 2018 年 7 月 26 日作出(2017)沪 0117 民初 21684 号民事判决：驳回上海某食品公司的全部诉讼请求。

上海某食品公司不服该判决，提起上诉。上海市第一中级人民法院于 2019 年 3 月 5 日作出(2018)沪 01 民终 13292 号民事判决：一、撤销上海市松江区人民法院(2017)沪 0117 民初 21684 号民事判决；二、撤销李某、何某某于 2016 年 8 月 23 日签订的《自愿离婚协议书》第三条“男女双方共有财产分割如下”全部条款，恢复某 201 室登记为李某、何某某名下；三、李某于判决生效之日起十日内支付上海某食品公司律师费 4 500 元；四、何某某于判决生效之日起十日内支付上海某食品公司律师费 500 元。

裁判理由

法院生效裁判认为，《中华人民共和国合同法》第七十四条、第七十五条规定，因债务人放弃其到期债权或者无偿转让财产，对债权人造成损害的，债权人可以请求人民法院撤销债务人的行为。撤销权自债权人知道或者应当知道撤销事由之日起一年内行使。故债权人撤销权的行使，应当具备以下要件：一是债务人为相应行为对债权人造成损害；二是债权人自应当知道撤销事由之日起一年内行使撤销权。

首先，2016 年 2 月上海某食品公司与上海某实业公司签订的《合作采购协议》明确约定，上海某实业公司不能支付欠款的，李某作为公司法定代表人即应全额承担支付责任。其后，上海某实业公司无法支付 2016 年 6 月、7 月、8 月之货款，上海某食品公司于 2016 年 11 月诉至法院，法院判决上海某实业公司与李某支付上海某食品公司货款 1 929 512.45 元。李某与何某某于 2016 年 8 月 23 日办理离婚登记手续并签订《自愿离婚协议书》，而当天，上海某实业公司、李某也向上海某食品公司出具了客户对账单，确认2016年6月、7月、8月三个月共计欠款2 029 512.45元。综合上述情况，李某与何某某签订《自愿离婚协议书》时，上海某食品公司之债权已实际存在，且得到了上海某实业公司与李某之确认。

其次，李某与何某某《自愿离婚协议书》的第三条，将坐落于上海的三套夫妻关系存续期间购买的房屋，均归属于何某某及李某某所有。虽第四条规定何某某承担原双方之共同债务204 000元，但两相比较，在财产分割方面，李某与何某某之间明显不成比例。而根据2017年8月21日执行裁定书，因未查实上海某实业公司、李某可供执行的财产，法院裁定终结本次执行程序。因此，李某在《自愿离婚协议书》第三条中将其享有之房产份额归属于何某某一方之行为，应认定为《中华人民共和国合同法》第七十四条规定的“无偿转让财产”行为，且李某现无可供执行之财产，故李某上述行为已对债权人上海某食品公司之债权实现造成损害。

最后，关于法律规定的撤销权行使期限，其中“知道或者应当知道撤销事由”，应理解为明确知晓撤销事由之内容，如系仅了解到双方已离婚，并不代表即已清楚双方离婚过程中之财产分割具体状况。何某某称其于2016年11月初就已将财产分割事宜告知对方，但除其自己所称，并无其他证据予以佐证。而上海某食品公司称其是2017年7月14日通过法院调查令调取离婚协议后才知晓财产分割情况，有当时调取之材料为证，且材料印章上显示日期确为2017年7月14日。故综合在案证据情况，称上海某食品公司于2017年7月14日才知晓财产分割情况，依据更为充分。上海某食品公司之撤销权行使期限，应从2017年7月14日起算，而一审法院收到本案诉状日期为2017年12月14日，故未过一年的除斥期间。

综上所述，上海某食品公司主张撤销李某、何某某于2016年8月23日签订的《自愿离婚协议书》第三条“男女双方共有财产分割如下”全部条款，恢复某201室登记为李某、何某某名下，存在充分之事实与法律依据，应予支持。

至于律师费5 000元之主张，根据《最高人民法院关于适用〈中华人民共和国合同法〉若干问题的解释(一)》第二十六条之规定，债权人行使撤销权所支付的律师代理费等必要费用，由债务人负担；第三人有过错的，应当适当分担。故酌定律师费5 000元，由李某承担4 500元，何某某承担500元。

裁判要旨

第一，债务人在明知其负有债务的情况下，通过离婚协议将财产转移至夫妻另一方及子女名下，债权人主张撤销该条款的，人民法院应当对债权人是否存在有效债权、离婚协议财产分割是否存在明显失衡、债务人是否无可供执行的其他财产致债权无法实现等情况进行综合认定。

第二，撤销权行使期限自债权人知道或应当知道撤销事由之日起计算。其中，债务人通过离婚处分财产的，债权人知道撤销事由之日，应以债权人知道债务人离婚协议关于财产分割条款具体内容的时间作为起算点；债权人仅知晓债务人离婚事宜但并不清楚财产分割条款具体内容，也无法通过其他途径知晓的，不能认定其应当知道存在撤销的事由。

关联索引

《中华人民共和国民法典》第五百三十八条、第五百四十一条（本案适用的是1999年10月1日施行的《中华人民共和国合同法》第七十四条、第七十五条）

一审：上海市松江区人民法院(2017)沪0117民初21684号民事判决(2018年7月26日)

二审：上海市第一中级人民法院(2018)沪01民终13292号民事判决(2019年3月5日)

二审合议庭成员：方方(审判长)、潘静波(主审法官)、寻增荣

案例评析

当前，伴随着社会经济的日益快速发展，债权债务纠纷频发。与此同时，债务人为逃避债务，通过离婚转移财产致使债权人权益落空之情形也

时有发生。根据《民法典》第五百三十八条、第五百四十一条（原《合同法》第七十四条、第七十五条）之规定，债权人可以通过行使撤销权，主张撤销债务人离婚协议的财产分割条款，以达到保全其债权之目的。但上述规定内容较为抽象，具体到司法实践中，何种情形可以判断为“无偿转让财产”，针对“债权人应当知道撤销事由”又该如何认定等，均非一目了然。现就相关问题分析如下：

首先，关于合法有效之债权。合法有效之债权应是明确的债权，即得到生效法律文书确认或者是债务人认可之债权；并且应是以金钱给付为标的的债权，但不以现在的金钱债权为限，将来的金钱债权如因债务履行不能而转化为损害赔偿的亦应包括在内；同时应是债务人签署离婚协议时已经成立的债权，但如果特定债权发生的可能性很高，债务人为逃避将来会发生的债务，事先处分自己的财产，同样应给予债权人撤销权的保护，不然会有违民法公平正义和诚实信用原则。本案中，李某与何某某签订《自愿离婚协议书》时，上海某食品公司之债权已实际存在，且得到了上海某实业公司与李某之确认，应属合法有效之债权。

其次，关于无偿转让财产。司法实践中，债务人通过离婚转移财产的行为主要是债务人向其配偶“无偿转让财产”。这里的无偿转让财产，可能是无偿转让其享有的所有财产份额，也可能是无偿转让其享有的部分财产份额。夫妻双方离婚过程中，因债务人一方存在明显过错或孩子由债务人配偶抚养等原因，导致债务人财产少分的，只要比例在合理范围内，不应认定为“无偿转让财产”情形，而是要看财产分配是否存在明显不均衡的状况。关于是否存在明显不均衡，需要法官根据财产金额、分配比例、离婚背景等具体情况作出判断。本案中，《自愿离婚协议书》将夫妻关系存续期间购买的房屋，均归属于何某某及李某某所有，虽同时规定何某某承担共同债务 204 000 元，但两相比较，男女双方在财产分割方面明显不成比例，应属无偿转让财产之情形。

再次，关于债权实现受到影响。债务人无偿转让财产致使其无力清偿债权人的债权的，一般可以认定为债权实现受到了影响。但是，对于债务人是否有足够清偿债权之资产的判断，实践中存在不同观点。一种观点认为，债权人行使撤销权，势必影响债务人之行为自由，甚至是交易安全，故应十分慎重，债权人应当在债权经法院执行后仍然执行不到位的情况下，再行使撤销权；另有观点认为，法院执行程序不是必经程序，如果有充分证据证明债务人缺乏偿债能力时，债权人也可行使撤销权。笔者认同后一种观点，通过法院执行程序固然是比较明确，但这样的硬性条件设置，会导致债权人承担过重的行权成本。如果债权人能举证证明债务人债务众多且无力履行法院生效裁判或债务人生活困难等情况的，亦可行使撤销权。本案中，根据法院于 2017 年 8 月 21 日作出的执行裁定书，因未查实上海某实业公司、李某可供执行的财产，裁定终结本次执行程序，故李某已无可供执行之财产，李某无偿转让财产的情形，已经导致债权人的债权实现明显受到影响。

最后，关于除斥期间的计算。关于“知道或者应当知道撤销事由”应作如何理解，实践中存在不同认识，有观点认为知道离婚事宜就可认定为“知道或者应当知道撤销事由”，另有观点则认为仅知道离婚事宜，但不知道具体的离婚协议财产分割条款的，不能认定为“知道或者应当知道撤销事由”。笔者赞同后一种观点，从字面上理解，“撤销事由”指向的应当是具体的财产分割条款而非笼统的离婚事宜。从认知程度上来讲，知道离婚事宜与知道具体的离婚协议财产分割条款也是不同的，仅知道离婚事宜而不清楚具体财产分割条款的内容，债权就无法对债务人提起具体而明确的撤销权诉讼，在起诉阶段甚至都无法明确相应之诉讼请求，以及提出基础性的证据材料。如果认定知道离婚事宜即属于应当知道撤销事由，并以此计算一年行使期限，对于债权人有失公允。本案中，何某某称其于 2016 年 11 月初就已将财产分割事宜告知对方，但除其自己所称外，并无其他证据予以佐证。上海某食品公司则称其是 2017 年 7 月 14 日通过法院调查令调取离婚协议后才知晓财产分割情况,有当时调取的材料为证,且材料印章上显示的日期确为 2017 年 7 月 14 日。故综合在案证据情况,认定上海某食品公司于 2017 年 7 月 14 日才知晓财产分割情况的依据更为充分。上海某食品公司之撤销权行使期限,应从 2017 年 7 月 14 日起算,而一审法院收到本案诉状日期为 2017 年 12 月 14 日,故未过一年的除斥期间。

32. 周某某与王某等共有纠纷、遗嘱继承纠纷案*

——受遗赠人接受遗赠的表示形式不限于书面形式

关键词 民事 共有 遗嘱继承 接受遗赠 行使对象 行使方式 高度盖然性

基本案情

原告周某某诉称：被继承人王某某是其舅舅，王某系王某某之女。王某某于2020年1月19日去世。多年来，周某某与王某某共同居住并照顾其生活起居。2000年，王某某取得A房屋，所有权人登记为王某某和高某（王某的女儿）。2009年4月7日，王某某在上海市某公证处办理了公证遗嘱，确定由周某某一人继承其所有的房屋份额。订立遗嘱后，王某某与周某某约定由周某某继续照顾其直至其去世，王某某去世后遗留的房屋份额由周某某一人继承。之后，周某某照料王某某直至其去世。王某某去世后，周某某于2020年2月12日即向王某、高某以及其他亲属出示遗嘱公证书，要求继承房产份额。经持续多次协商沟通无果，故周某某诉至法院，要求判令A房屋中属于被继承人王某某所有的份额由周某某继承，归周某某所有。

被告王某、高某辩称：不同意周某某的诉讼请求。周某某从未主动向王某、高某出示过遗赠的公证书，王某、高某是在处置遗产去做公证的时

* 编写人系上海市第一中级人民法院潘静波，入库编号：2023-07-2-054-001。

候，经过查询才知道有遗赠公证书。根据《继承法》第二十五条规定，周某某应当在60天内明确表示接受遗赠，遗赠才能生效。如果怠于积极表示接受遗赠或者漠视、不发表意见，视为其放弃接受遗赠。本案中，60天的时间应该从王某某去世之日即2020年1月19日开始计算，截至2020年3月30日时间届满，周某某不能提供其在60天内主张过接受遗赠的证据，应认定其放弃遗赠。

法院经审理查明：被继承人王某某与陆某某系夫妻，有一女名王某，高某系王某之女。王某某于2020年1月19日报死亡，陆某某于1990年9月21日报死亡。王某某的父母均早于王某某死亡。2001年8月15日，A房屋登记为王某某、高某共同共有。2009年4月7日王某某在上海市某公证处办理了公证遗嘱一份，遗嘱内容为：“立遗嘱人：王某某，男，1927年某月某日生，现住上海某处。本人王某某是A房屋所有权人（与高某共同共有）。我外甥女周某某平时对我的生活多有照顾，为防止我身后亲属因财产问题发生纠纷，也为了感谢周某某多年来对本人的照顾，本人经慎重考虑，自愿立遗嘱如下：在我百年之后，A房屋所有权中属于我的份额由周某某一人继承。本遗嘱一式叁份，具有同等效力。”

审理中，周某某为证明其与王某某之间存在口头遗赠扶养协议申请证人邬某某、虞某某、陈某某、傅某某出庭作证；为证明其于王某某死亡后60日内作出了接受遗赠的表示申请证人汤某某、朱某某、张某某出庭作证。

其中，证人汤某某作证称：“周某某是我表妹，王某是我表姐，平时我和他们两个基本没有来往，王某某去世时才来往。王某某去世后大概是2020年2月，周某某和我说舅舅写过遗嘱，她要舅舅房子的。2020年2月16日左右，高某打电话给我说周某某把遗嘱拍照发给了她，还说这样对他妈妈不公平。后来周某某来看我妈妈的时候我就说起高某给我打电话的事情。”

上海市浦东新区人民法院于 2021 年 9 月 6 日作出(2021)沪 0115 民初 9061 号民事判决:A 房屋由周某某、王某、高某按份共有,其中周某某享有 25%产权份额,王某享有 25%产权份额,高某享有 50%产权份额。

周某某、王某均不服一审判决,提起上诉。上海市第一中级人民法院于 2022 年 5 月 30 日作出(2021)沪 01 民终 15342 号民事判决:一、撤销上海市浦东新区人民法院(2021)沪 0115 民初 9061 号民事判决;二、A 房屋由周某某、高某按份共有,其中周某某享有 50%产权份额,高某享有 50%产权份额。

裁判理由

法院生效判决认为,《继承法》第二十五条规定,继承开始后,有遗嘱的,按照遗嘱继承或者遗赠办理;受赠人应当在知道受遗赠后两个月内,作出接受或者放弃受遗赠的表示;到期没有表示的,视为放弃受遗赠。上述规定的立法目的主要是考虑到被继承人去世后,继承法律关系不应长期处于不确定状态,故受赠人应在特定时间内作出接受或者放弃的表示,以便于被继承人的遗产能够尽快得到处理、相关各方关系尽快回复至稳定状态。从上述规定的内容来看,受赠人本人应该在规定时间内作出表示,但对表示的形式并未限定,故只要足以达到能够确认接受或放弃遗赠的意思表示的程度即可,表示的形式不应过分拘泥,可以是书面或是口头,甚至是通过特定的行为。至于表示的对象,上述规定亦未明确,故只要和继承或遗产存在较为密切关系之人如继承人、继承人的利害关系人、遗产管理人等均可。

本案中,一方面,王某某于 2009 年所立公证遗嘱周某某早已知情,周某某在公证遗嘱后还照顾王某某十余年直至其去世。另一方面,在王某某 2020 年 1 月去世后,作为周某某的表姐、王某的表妹,证人汤某某表示,其在 2020 年 2 月份接到过高某电话,高某称周某某将遗嘱照片发给了高某,并对汤某某表示这对王某不公平。而且,根据周某某所称,王某某去世后双方有交接过物品，系争房屋房产证其一直未交出。法院认为，单凭汤某某等人之证言，可能依据尚有欠充分；但综合上述内容，并结合其他在案情况，周某某称其在知道受遗赠后两个月内作出了接受遗赠的表示，并非仅存在孤证，而是已形成相应之证据链，且达到民事案件高度盖然性之证明标准。故周某某已在法定时间内作出了接受遗赠的表示，本案应当尊重王某某的遗愿，其在系争房屋中的遗产份额由周某某享有。

裁判要旨

受遗赠人接受遗赠的表示，可向与继承或者遗产存在较为密切关系的人作出，包括继承人、继承人的利害关系人、遗产管理人等。受遗赠人接受遗赠的表示形式，只要足以达到能够确认为其有接受遗赠的意思表示的程度即可，可以是书面形式、口头形式。

关联索引

《中华人民共和国民法典》第一千一百二十四条（本案适用的是 1985 年 10 月 1 日施行的《中华人民共和国继承法》第二十五条）

一审：上海市浦东新区人民法院（2021）沪 0115 民初 9061 号民事判决（2021 年 9 月 6 日）

二审：上海市第一中级人民法院（2021）沪 01 民终 15342 号民事判决（2022 年 5 月 30 日）

二审合议庭成员：潘静波（审判长兼主审法官）、俞敏、许浩

案例评析

《民法典》第一千一百二十四条（原《继承法》第 25 条）第 2 款对于受遗赠人接受遗赠作出了规定，但较为原则、笼统，适用中缺乏统一认识，现就相关问题分析如下：

1. 立法目的分析。从比较法上而言，我国《民法典》第一千一百二十四条第 2 款之规定较为独特。域外法律多规定受遗赠人接受遗赠，不必作出接受的表示。我国《民法典》与《继承法》之所以会有这样的规定，从立法者的立法目的而言，一方面是体现法律对权利人意志自由的尊重，另

一方面是尽快确定继承人和受遗赠人的范围，避免其他继承人、受遗赠人以及遗产债权人的合法权益因继承法律关系长期处于不确定状态而受到影响。因此，相比较而言，该规定与其说是为了严格限制受遗赠人接受遗赠的条件，不如说是为了便于被继承人的遗产能够尽快得到处理、相关各方关系尽快回复至稳定状态。基于此，在司法实践中，对于受遗赠人是否接受遗赠的审查认定，不应设置过高标准；虽受遗赠人应就接受遗赠承担证明责任，但对举证的形式及内容要求不应过于严苛。

2. 关于行使时间。《民法典》规定了受遗赠人应当在知道受遗赠后六十日内作出表示。通常情况下，继承从被继承人死亡时开始，遗赠自然也不例外。在此就要区分两种情形：第一，如受遗赠人在遗赠人生前即已知晓受遗赠情况的，则该六十日应从遗赠人死亡时开始计算。第二，如受遗赠人在遗赠人生前并不知晓受遗赠情况的，则其需对自身在何时“知道受遗赠”进行举证证明，在能查实的情况下，再以其知道之日起计算六十日为期限。知道受遗赠，应理解为“知道或应该知道”，但对于“应该知道”应严格掌握，否则容易侵害受遗赠人的合法权益。实践中，就有以受遗赠人向中华遗嘱库查询遗嘱时间来认定其“知道受遗赠”时间的情况。本案中，周某某实际早已知晓王某某公证遗嘱的存在，故其接受赠与的期限应从王某某去世时开始起算。

3. 关于行使对象。法律规定对此并未明确，有观点认为，应该向继承人或者利害关系人作出，如果向任何人作出表示均可的话，显然该接受行为会变得毫无法律意义；还有观点认为，在法律无限制规定的前提下，受遗赠人能够举证证明已向不特定第三人作出接受遗赠的意思表示，即为完成对受遗赠权的处分。笔者认为，上述观点均有欠妥当。如果仅仅将行使对象局限于继承人或利害关系人，则会大大限制受遗赠人的表示对象，不利于其权益之保障，如果发生遗赠人没有法定继承人等情况，更是会让受遗赠人没有表示接受赠与的对象。如果将行使对象扩展至不特定第三人，不仅会导致相关法律规定被架空，还会带来受遗赠人随便找人作证说明其已接受遗赠的道德风险。故笔者从接受遗赠这一行为本身的性质以及法律规定的立法精神出发，认为受遗赠人表达接受赠与的对象，应该是与继承或者遗产存在较为密切关系之人即可，如继承人、继承人的利害关系人、遗产管理人等。之所以会如此考虑，一方面是尽可能让法律规定不至于空置，而要让受遗赠人表示的对象与继承或者遗产本身存在较为密切之关系；另一方面，也是考虑到实践情况的复杂性，不过分限定受遗赠人可以表示的对象范围，尊重遗赠人的遗愿，保障受遗赠人的合法正当权益。本案中，与继承及遗产均存在较为密切关联的高某，应属有效的表达对象。

4. 关于行使方式。法律规定对此亦未限定。《民法典》第一百三十五条、第一百四十条规定，民事法律行为除可以采用书面形式和口头形式，还可以采用其他形式；行为人可以明示作出意思表示，也可以默示作出意思表示。所谓默示方式又称为行为默示，是指行为人虽没有以语言或文字等明示方式作出意思表示，但以行为的方式作出了意思表示。故接受遗赠的方式，只要证据较为明确，书面的、口头的表达方式均可。如受遗赠人虽未以书面或口头表示接受，但其特定行为能够反映其接受遗赠，也应予以认定。本案中，周某某除了有证人表明其曾经向继承人的女儿高某提出过接受遗赠的主张，还通过一定的行为表明其接受了遗赠，如王某某去世后，周某某与王某、高某间还有过死者相关物品的交接，但周某某并未交出此前由王某某掌握的系争房屋的房产证。

5. 法效果考量。纵观上述分析，笔者认为在审查认定受遗赠人接受遗赠的过程中，不应对受遗赠人提出过于苛刻的标准。有观点会质疑，如果遇到类似以遗嘱方式赠与婚姻关系中的第三者巨额财产等情形，是否也依同样的标准和要求？笔者认为，遗嘱自由与善良风俗等价值之间的冲突，并非受遗赠人接受遗赠环节所应考量的因素。从司法实践来看，如若遗赠确实有违善良风俗，即便受遗赠人接受遗赠，也可以通过有违善良风俗直接导致遗赠无效等方式来加以救济；而且，实际上遗赠的发生，往往是因遗赠人受到了受遗赠人的长期关心和照顾。本案中王某某虽有子女，但其与周某某及周某某的家人共同生活长达 28 年，晚年也一直是周某某在照顾，正如公证遗嘱中所表达的，王某某之所以会将系争房屋遗赠给周某某，也是对其长期以来照顾的一种感谢。在相关证据能证明周某某已经作出接受遗赠意思表示的情况下，遗产根据遗赠人的遗愿归周某某所有，在客观上也取得了较好的社会效果。

33. 许某龙掩饰、隐瞒犯罪所得案*

——经侦查机关通知到案行为的定性

关键词　刑事　掩饰、隐瞒犯罪所得罪　自首　通知到案

基本案情

被告人许某龙系某机场地面服务公司高级管理人员。2020年七八月间，许某龙招募、安排、指挥多人在明知钱款来路不正的情况下，通过用他人的支付宝账户接收钱款、在多个账户之间流转、转换成虚拟币、再转回上家账户的方式，转移涉案赃款。其中，涉及他人被诈骗钱款。公安机关在排查出许某龙系网上追逃人员后，为保障抓捕安全，于2022年10月2日以安全检查的名义电话通知许某龙到派出所。许某龙接通知到案后未在第一时间供述罪行，但在公安民警出示拘留证、网上追逃文件等材料后如实供述基本犯罪事实。此后，许某龙退赔并取得谅解。

上海市松江区人民法院于2023年11月27日作出（2023）沪0117刑初1260号刑事判决，认定被告人许某龙具有自首情节，以掩饰、隐瞒犯罪所得罪判处其有期徒刑二年九个月，并处罚金人民币2万元。宣判后，检察机关以认定自首错误，导致对许某龙适用减轻处罚不当为由提出抗诉。上海市第一中级人民法院于2024年7月5日作出（2024）沪01刑终25号刑事判决，采纳抗诉意见，以掩饰、隐瞒犯罪所得罪改判被告人许某龙

---

* 编写人系上海市第一中级人民法院黄伯青、阳韵，入库编号2024-18-1-300-001。

有期徒刑三年，并处罚金人民币 2 万元。

裁判理由

法院生效裁判认为，本案争议的焦点在于被告人许某龙的行为是否成立自首。

经查，公安机关发现被告人许某龙系在逃人员后，为实施抓捕计划，以安全检查的名义电话通知许某龙至派出所。许某龙作为机场地面服务公司高级管理人员，配合安全检查系其职责范围。故而，判断自首成立与否的关键在于许某龙经公安机关电话通知到案后的供述时间。许某龙到案之日未第一时间供述罪行，直至办案人员出示拘留证、网上追逃文件等材料，才如实供述基本犯罪事实，由此反映出许某龙始终存有侥幸和试探的心理，而不具有主动投案的意愿。

鉴于此，二审法院依法认定被告人许某龙不成立自首，并综合全案情节依法作出如上裁判。

裁判要旨

对于侦查机关已经掌握涉嫌犯罪的证据并以其他事由通知行为人到案的，判断是否成立自首，应当从严掌握自首的认定标准，着重审查行为人是否“到案即供”。对于行为人在未受到其他客观因素阻碍的情形下，到案后没有第一时间如实供述基本犯罪事实的，依法不认定为自首。

关联索引

《中华人民共和国刑法》第六十七条、第三百一十二条

《最高人民法院关于处理自首和立功具体应用法律若干问题的解释》（法释〔1998〕8 号）第一条

一审：上海市松江区人民法院（2023）沪 0117 刑初 1260 号刑事判决（2023 年 11 月 27 日）

二审：上海市第一中级人民法院（2024）沪 01 刑终 25 号刑事判决（2024 年 7 月 5 日）

二审合议庭成员：黄伯青（审判长兼主审法官）、吴循敏、康乐

案例评析

最高人民法院《关于处理自首和立功具体应用法律若干问题的解释》(以下简称《解释》)规定,“自动投案,是指犯罪事实或者行为人未被司法机关发觉,或者虽被发觉,但行为人尚未受到讯问、未被采取强制措施时,主动、直接向公安机关、人民检察院或者人民法院投案”。据此,自动投案是一个包含了主观要件的客观行为。有无投案意愿是认定经通知到案行为人是否构成自动投案的关键。而判断行为人有无投案意愿实是一个主观事实的认定过程,主观事实不能仅凭行为人的口供,需要结合客观事实加以认定。在经涉案事由通知到案的情形中,行为人明知到案的必然后果,仍然自主作出到案选择,可以推定其具有投案意愿。在经其他事由通知到案的情形中,由于行为人并未从侦查机关处得知到案后果,不能仅依据到案行为就推定其具有投案意愿。值得注意的是,行为人明知犯罪事实已被司法机关掌握不等于明知到案后必然受到司法审查。故投案意愿必须结合全案已查实的客观事实,尤其是行为人到案前后的客观行为表现综合认定。

最高法院《关于处理自首和立功若干具体问题的意见》(以下简称《意见》)规定,“明知他人报案而在现场等待,抓捕时无拒捕行为,供认犯罪事实的”“犯罪后主动报案,虽未表明自己是作案人,但没有逃离现场,在司法机关询问时交代自己罪行的”,均应当视为自动投案。据此,无论是消极等待的被动到案行为,还是主动报案但未表明自己是作案人的行为,均无法直接认定行为人有投案意愿,必须有事后反映投案意愿的供认行为,才能成立自动投案。举轻以明重,经通知到案型自动投案更加要求行为人到案后及时供认自己罪行,至于供认的时间、内容既要区别于现场等待型自首中的自动投案,还要区别于自首另一法定要件“如实供述”。

《解释》还规定,“经查实确已准备去投案,或者正在投案途中,被公安机关捕获的,应当视为自动投案”。据此,事前准备行为也能一定程度反映行为人的投案意愿。同样地，在经通知到案的情形中，行为人到案前确已准备投案的，也应视为自动投案。但要考虑主观意识具有易变性，应有充分证据印证行为人确已准备而非确曾准备；还要考虑部分行为具有双重属性，如归案前与亲友告别、安排家庭工作事宜、准备交通工具等，既可能是为投案创造条件，也可能是为潜逃做准备。

经其他事由通知到案行为认定自动投案原则上应当从严把握。行为人能够第一时间如实供述主要犯罪事实的，主观恶性明显减低，应当认定为自动投案；到案后矢口否认与犯罪案件有任何关系的，完全不具有认罪悔罪态度，不应认定自动投案；到案后既没有立即供认，也没有矢口否认的，认定时应当更加审慎，结合具体案情、综合主客观因素一案一议，确保刑罚公正。

第一，对于侦查机关尚未掌握犯罪证据的，可以适用《意见》的规定，"尚在一般性排查询问时主动交代自己罪行的，视为自动投案"。

第二，对于侦查机关已经掌握犯罪证据的，总体要求仍然是到案后及时供认罪行，但在及时性的理解和认定上，经其他事由通知到案要更加严格。

（一）经涉案事由通知到案的，行为人在合理时间内或经过政策教育后能够主动交代自己罪行的，一般应当认定为自动投案。

（二）经其他事由通知到案的，行为人必须到案后第一时间如实供述基本犯罪事实，才可成立自动投案。其中，基本犯罪事实是指定罪的最基本事实，一般来说，只要行为人能够第一时间提及犯罪，能够说出时间、地点、人物等基本要素，就已经符合投案意愿的具体内涵。"第一时间"既指排除客观阻碍因素（如有）后最早的时间点，也指先于侦查机关的时间点。之所以作此严格要求，在于行为人到案后只可能有三种互不相容的心理状态——自动投案的心理、侥幸试探的心理或者完全处于错误认识。后两者决定了行为人到案后不可能第一时间提及犯罪，足以阻断投案的自动性,行为人之后再形成的认罪悔罪态度不能视为归案时的主观意愿。此外,还有一种情形是,行为人到案时处于一定的思想斗争或犹豫不决中,所以没能第一时间提及犯罪。对此应当从严把握,鉴于行为人不具有强烈的投案意愿,其主观恶性、人身危险性并未明显降低,不宜认定为自动投案。该种情形与心存侥幸比较类似。

(三)经其他事由通知到案,但到案后立即被侦查机关采取强制措施或出示犯罪证据的,实际上这也是一种客观阻碍因素,但该因素意味着行为人已丧失先于侦查机关作出意思表示的机会,尚未来得及主动提及犯罪事实的,原则上不成立自动投案,除非有充分证据印证行为人确已准备投案。

本案中,许某龙明知其犯罪事实已被司法机关掌握,在长达两年多的时间内未曾主动报案;在接到通知后前往公安机关的途中,半小时的时间内,许某龙既没有主动报案,也没有任何诸如向亲友告别等准备投案的行为;到公安机关后,从派出所大门走至办案区域亦耗时数分钟,在此期间有办案人员随行陪同,许某龙在没有任何客观阻碍因素的情形下,尤其是其在归案之前,内心已知晓其同伙已被公安机关抓获,其到公安机关的第一时间还是没有主动供述自己所涉犯罪,直至办案人员当面出示拘留证、网上追逃文件以及犯罪证据等材料,许某龙才如实供认罪行,由此反映出其始终存有侥幸试探的心理,不具有投案意愿,不应认定为自动投案。

34. 张某某猥亵儿童案*

——性侵害未成年人犯罪的证据审查与从业禁止制度的适用

关键词 刑事 猥亵儿童罪 多次猥亵 升档量刑情节 证明标准 从业禁止

基本案情

被告人张某某系某医药公司职员，同时在某校外培训机构兼职从事家教。2023年4月8日、15日，张某某利用为被害人肖某（男，2010年7月出生，系化名）补习英语之机，在肖某家中，采用捏、摸对方生殖器的方式对肖某实施猥亵。2023年4月21日21时许，肖某在亲属陪同下向公安机关报案，同年5月9日，张某某在住处被公安机关抓获。案发后，被告人张某某家属赔偿被害人人民币10万元，被害人监护人出具了谅解书。

上海市浦东新区人民法院于2023年10月20日作出（2023）沪0115刑初2146号刑事判决，以被告人张某某犯猥亵儿童罪，判处有期徒刑二年六个月；禁止张某某自刑罚执行完毕之日或者假释之日起从事密切接触未成年人的相关职业。宣判后，张某某提出上诉，称其仅在2023年4月15日补课时隔着裤子拽被害人生殖器，目的是提醒被害人集中注意力，此前并未实施猥亵行为。检察机关提出抗诉，认为张某某多次猥亵儿

---

* 编写人系上海市第一中级人民法院黄伯青、阳韵，入库编号2024-18-1-185-001。

童，应当在五年以上有期徒刑的幅度量刑。上海市第一中级人民法院于2024年6月4日作出（2023）沪01刑终1052号刑事裁定：驳回上诉、抗诉，维持原判。

裁判理由

法院生效裁判认为，被告人张某某利用补课之机猥亵儿童，其行为已构成猥亵儿童罪。

其一，根据现有证据，公诉机关指控被告人张某某于2023年4月8日、15日利用为被害人肖某补课之机采用捏摸生殖器方式实施猥亵的事实成立。被害人肖某陈述称：恢复线下补课后，张某某开始对他侵犯，一开始在改错题的时候，会用右手隔着裤子摸或捏一下他的生殖器，当时感觉不舒服，但不敢说，后面一段时间，不管有没有做错题，张某某都会隔着裤子捏他的生殖器；而2023年4月8日、15日，张某某把右手伸到裤子里直接捏着他的生殖器很长时间。结合被害人于2023年4月21日将上述情况告知其奶奶，且其奶奶称“肖某说具体时间是2023年4月8日和4月15日8时30分许”，以及被告人张某某称“4月15日抓过肖某下体”和其他在案证据，可以相互印证，足以证明张某某于2023年4月8日、15日对肖某实施猥亵。

本案中，被告人张某某及其辩护人提出涉案行为不具有满足性刺激目的，是提醒被害人集中注意力之举。依据常理，对未成年学生的教育提醒不会也不应采取拽被害人生殖器的方式。故而，上述意见明显与事实不符、与常理相悖，不予采信。本案中，被告人张某某及其辩护人提出涉案行为不具有满足性刺激目的，是提醒被害人集中注意力之举。依据常理，对未成年学生的教育提醒不会也不应采取拽被害人生殖器的方式。故而，上述意见明显与事实不符、与常理相悖，不予采信。

其二，根据现有证据，公诉机关指控被告人张某某长期多次实施猥亵儿童行为的事实证据不足。一是，《最高人民法院、最高人民检察院、公安部、司法部关于办理性侵害未成年人刑事案件的意见》(高检发〔2023〕4号,以下简称《意见》)第二十一条规定:“公安机关办理性侵害未成年人刑事案件,应当依照法定程序,及时、全面收集固定证据……”,第二十四条规定:“询问未成年被害人应当进行同步录音录像……录音录像声音、图像应当清晰稳定,被询问人面部应当清楚可辨,能够真实反映未成年被害人回答询问的状态……”本案中,被害人陈述笔录存在取证不及时、询问时被害人面部被部分遮挡、第二份笔录缺乏同步录音录像等不规范情形,一定程度影响对被害人陈述真实性的判断。二是,《意见》第二十九条规定:“认定性侵害未成年人犯罪,应当坚持事实清楚,证据确实、充分,排除合理怀疑的证明标准……”本案中,对于2023年4月8日、15日猥亵行为之外张某某长期多次实施猥亵行为,仅在被害人陈述中有所提及,并无其他证据印证,且被害人关于该节事实的陈述缺乏非亲历不可知的细节,关于猥亵的开始时间、补课的具体时间、被猥亵时家中人员的陈述前后矛盾,无法作出合理解释,关于报案当日是否与其奶奶说过多次猥亵,被害人的说法亦与其奶奶的证言相互矛盾。综上,对于张某某长期多次实施猥亵行为的事实,证据不充分,不能排除合理怀疑,故不予认定。

鉴于此,法院认定被告人张某某的行为构成猥亵儿童罪,但不具备多次猥亵的升档量刑情节。经综合考虑全案情节,法院以猥亵儿童罪判处被告人张某某有期徒刑二年六个月。

此外,被告人张某某系校外培训机构的兼职工作人员,属于教职员工。根据《最高人民法院、最高人民检察院、教育部关于落实从业禁止制度的意见》(法发〔2022〕32号)第三条的规定,对于教职员工实施性侵害、虐待、拐卖、暴力伤害等犯罪的,人民法院应当依照《未成年人保护法》第62条的规定,判决禁止其从事密切接触未成年人的工作。据此,法院在对被告人张某某判处有期徒刑的同时,禁止其自刑罚执行完毕之日或者假释之日起从事密切接触未成年人的相关职业。

裁判要旨

第一，认定性侵害未成年人犯罪，应当坚持事实清楚，证据确实、充分，排除合理怀疑的证明标准。对于相关证据的审查和事实认定，既要考虑性侵害案件的特殊性和未成年人的身心特点，也要结合经验常识，注重证据之间的相互印证和逻辑分析，同时避免机械理解适用印证证明模式。

第二，在校外培训机构兼职从事家教的人员属于教职员工。对于上述人员实施性侵害、虐待、拐卖、暴力伤害等犯罪被判处刑罚的，人民法院应当禁止其自刑罚执行完毕之日或者假释之日起从事密切接触未成年人的相关职业。

关联索引

《中华人民共和国刑法》第三十七条之一、第二百三十七条

《最高人民法院、最高人民检察院、教育部关于落实从业禁止制度的意见》（法发〔2022〕32号）第三条、第九条

《最高人民法院、最高人民检察院、公安部、司法部关于办理性侵害未成年人刑事案件的意见》（高检发〔2023〕4号）第二十九条、第三十条

一审：上海市浦东新区人民法院（2023）沪0115刑初2146号刑事判决（2023年10月20日）

二审：上海市第一中级人民法院（2023）沪01刑终1052号刑事裁定（2024年6月4日）

二审合议庭成员：黄伯青（审判长兼主审法官）、吴循敏、陈兵

案例评析

性侵害未成年人案件的证据构造具有不同于其他案件的特殊性，集中体现于证据短缺，在案主要证据往往仅有被害人陈述与犯罪嫌疑人供述，证据审查判断和事实认定比较困难。司法实践中，个别案件办理还存在证据收集与固定不及时、不规范、不科学的做法，加剧了证据供给困境。两高两部《关于办理性侵害未成年人刑事案件的意见》（下称《意见》）明确规定，“认定性侵害未成年人犯罪，应当坚持事实清楚，证据确实、充分，排

除合理怀疑的证明标准。对案件事实的认定要立足证据，结合经验常识，考虑性侵害案件的特殊性和未成年人的身心特点，准确理解和把握证明标准”。

首先，性侵害未成年人刑事案件的证明标准并未改变，但是“证据确实、充分”不宜狭义理解为“严格的证据相互印证”。因为，此类案件往往实质证据匮乏，不容易形成印证，在被告人拒不认罪的情形下，依据严格印证的要求存在定罪困难，应注重运用补强证据参与印证过程，运用情理和经验法则进行论证推理。

其次，该类案件的证据审查判断应以被害人陈述为中心。其一，被害人能够单独、完整地描述案件事实，是否采信被害人陈述将直接决定行为人有罪还是无罪，故而对被害人陈述真实性、合法性、关联性的评价应当尤其谨慎；其二，如前文所述，性侵害未成年人刑事案件的特点是缺乏客观证据，往往只有被告人供述和被害人陈述，而被告人又很可能利用被害人陈述的模糊性、易变性等特点拒不认罪。若以被告人供述为中心，不利于侦查取证工作的开展，难以构建完整的证据推论链条。

最后，该类案件的证据审查判断和事实认定应增加特殊经验法则的内容。根据未成年人所处的不同年龄阶段和身心特点，其对性侵事件会有与成年人不同的语言表述和行为反应。例如，时间、次数、时长属于对成年人较为重要的细节，但未成年人很可能并不关注。再如，延迟揭露犯罪在性侵害未成年人刑事案件中并不鲜见。

对被害人陈述的真实性进行审查判断时，要注重细节性审查、合理性审查以及矛盾性审查，注重发挥间接证据和辅助证据的作用。其一，审查案发经过是否合理。完整的案发经过不只是报案经过，还包括案件来源、案发过程、归案情况等整体事件，案件来源又包括性侵害行为如何揭发、向谁揭发，是被害人自己主动揭发还是被家人朋友发现，揭发后多久报案、由谁报案，延迟报案的前因后果等。其二，审查陈述是否符合被害人身心特点。身心特点具体包括年龄、认知、记忆和表达能力。此外,对于已满十二周岁但未满十四周岁的被害人,如果被告人提出其不明知被害人的年龄,还应结合被害人身体发育状况、言谈举止、衣着特征、生活作息规律等情况,综合审查判断。其三,审查陈述是否具有亲历性细节。具体包括事实特征、行为特征、环境特征。值得注意的是,一些性侵害动作本身并不复杂,例如“揉”“捏”“摸”“搓”等,与一般捏摸动作难有显著区分,关于细节的可陈述空间较小,可充分运用情态证据具体判断。其四,审查案发前后双方关系。侵害行为发生前,被害人与被告人的交往情况、身份地位、矛盾冲突、利益纠纷等。在接触型性侵害案件中,要关注被害人如何与被告人共处同一空间,由谁发起见面、以何种名义发起、被害人的行动轨迹及精神状态等。侵害行为发生后,也应审查被害人的心理状况、行为表现,双方关系等。此外,被害人家长与被告人的关系通常也会影响被害人对待被告人的态度。其五,审查行为人辩解是否合理。行为人辩解没有作案时间、作案条件、被诬告陷害等并提出了相关线索,应全面收集、审查相关证据。

此外,还要审查证据间是否存在无法解决的实质性矛盾。有些矛盾可以被合理排除或者解释,但如果关键证据存在无法被排除的实质性矛盾,如被害人关于被猥亵部位陈述的前后矛盾,此时便需要法官作出审慎判断,以避免产生错误采信的情况,也可借此排除诬告陷害的可能性。比起判断被害人是否陈述了非亲历不可知的细节,排除诬告陷害可能是一项更加复杂的证明任务。诬告陷害包括三种情形:一是被害人自发的诬告陷害;二是被害人受他人指使诬告陷害;三是被害人因感知能力、记忆能力和叙述能力不足,无意间作了虚假陈述,造成诬告陷害的客观结果。

本案中,一方面,被害人陈述笔录存在取证不及时、询问时被害人面部被部分遮挡、第二份笔录缺乏同步录音录像等不规范情形,一定程度影响对被害人陈述真实性的判断。另一方面,对于多次猥亵行为,仅在被害人陈述中有所提及，并无其他证据印证，且被害人关于该节事实的陈述缺乏非亲历不可知的细节，关于猥亵的开始时间、补课的具体时间、被猥亵时家中人员的陈述前后矛盾，无法作出合理解释，关于报案当日是否与其奶奶说过多次猥亵，被害人的说法亦与其奶奶的证言相互矛盾。因此，对于张某某长期多次猥亵的事实，证据不充分，不能排除合理怀疑，故不予认定。

35. 朱某飞故意伤害、马某民正当防卫案*

——欠缺意思联络的数人同时防卫案件的处理

关键词 刑事 故意伤害罪 正当防卫 防卫过当 意思联络

基本案情

被告人朱某飞系上海市某广场保安部领班，被告人马某民系该保安部课长。被害人朱某原系上海市某广场保安，于2018年1月离职，但时常酒后到该广场滋事。

2018年5月16日7时30分许，被告人朱某飞在上海市某广场大门处与被害人朱某发生口角，后被劝开。朱某扬言回去拿“家伙”，让朱某飞等人等着。当日7时58分许，朱某持刀返回该广场监控室又对朱某飞等人进行挑衅。马某民见状即随手从地上捡起一根金属杆，将朱某所持尖刀打落。随后，马某民将金属杆丢弃在地，徒手与朱某搏斗。其间，朱某飞从马某民身后冲上，并持木棒连续击打朱某头部两下，将朱某打倒在地。朱某被送医后经抢救无效，于2018年5月20日死亡。经鉴定，朱某系被他人用钝器击打头部致颅脑损伤而死亡。另查明，他人报警后，朱某飞、马某民在现场等待民警处置，到案后如实供述上述事实，并各自赔偿被害人家属经济损失人民币25万元、6万元，均取得被害人家属的谅解。

上海市浦东新区人民法院于2018年12月20日作出（2018）沪0115

---

* 编写人系上海市第一中级人民法院吴斌、上海市松江区人民法院（原任职于上海市第一中级人民法院）吴亚安，入库编号2023-04-1-179-007。

刑初3916号刑事判决：一、被告人朱某飞犯故意伤害罪，判处有期徒刑六年六个月；二、被告人马某民犯故意伤害罪，判处有期徒刑三年三个月。宣判后，朱某飞、马某民不服，提出上诉。上海市第一中级人民法院于2019年5月29日作出(2019)沪01刑终179号刑事判决：一、撤销上海市浦东新区人民法院(2018)沪0115刑初3916号刑事判决；二、上诉人朱某飞犯故意伤害罪，判处有期徒刑六年；三、上诉人马某民无罪。

裁判理由

法院生效裁判认为：被告人马某民为了使自身及他人的人身权利免受正在进行的不法侵害，而对被害人朱某采取的制止行为，属于正当防卫，不负刑事责任；被告人朱某飞的防卫行为造成被害人死亡，明显超过必要限度，应当以故意伤害罪追究刑事责任。

其一，被告人朱某飞、马某民的行为均具有防卫性质。被害人因之前与朱某飞等人发生口角，遂怀恨在心，携带尖刀返回意图报复，朱某飞、马某民处于随时被伤害的现实危险之中。朱某飞、马某民基于防卫意图对正在进行的不法侵害实施反击，虽然造成被害人死亡的结果，但不能否定行为的防卫性质。

其二，被告人朱某飞的行为属于防卫过当。《刑法》第二十条第二款规定：“正当防卫明显超过必要限度造成重大损害的，应当负刑事责任，但是应当减轻或者免除处罚。”本案中，朱某飞的防卫行为造成被害人朱某死亡，属于“造成重大损害”。而对于防卫是否“明显超过必要限度”，应当综合不法侵害的性质、手段、强度、危害程度和防卫的时机、手段、强度、损害后果等情节，考虑双方力量对比，立足防卫人防卫时所处情境，结合社会公众的一般认知作出判断。对于防卫行为与不法侵害相差悬殊、明显过激的，应当认定防卫明显超过必要限度。本案中，当朱某飞手持木棒击打被害人时，被害人手中的尖刀已被马某民打落在地，危及人身安全的程度已大大降低，此时朱某飞采用强度较小的防卫手段足以制止不法侵害，但其却用木棒连续强力击打被害人头部，明显超过必要限度，属于防卫过当，故对朱某飞的行为应当以故意伤害罪定罪处罚。在认定防卫过当的前提下，二审法院经综合考量全案情节，在一审刑罚裁量的基础上对朱某飞再予适度从轻处罚。

其三，被告人马某民的行为属于正当防卫。一方面，马某民的防卫行为具有节制性，没有超过必要限度。面对被害人持刀作捅刺状，马某民用金属杆连续击打被害人手部，将刀打落在地，后将金属杆丢弃于地，赤手空拳制止被害人不法侵害。这表明马某民的防卫行为具有节制性。另一方面，马某民不具有伤害故意，不存在与被告人朱某飞的犯意联络，朱某飞持木棒突然从马某民身后冲出，并在瞬间连续击打被害人头部，对此马某民不能预知，亦无法阻止。据此，二人参与防卫的过程、主观认识及客观行为均存在不同，应当根据正当防卫的要件分别认定各自行为的性质。由此，马某民不应对朱某飞的故意伤害犯罪行为负责，马某民的行为属于正当防卫，不负刑事责任，故二审法院依法改判马某民无罪。

裁判要旨

对于欠缺意思联络的数人同时实施防卫行为，是否构成正当防卫不应一体适用，而应当根据各防卫人参与防卫的主客观情节分别加以判断。在具体案件处理之中，不应当因部分防卫人防卫过当构成犯罪而影响对其他防卫人正当防卫的认定。

关联索引

《中华人民共和国刑法》第二十条、第二百三十四条

一审：上海市浦东新区人民法院（2018）沪 0115 刑初 3916 号刑事判决（2018 年 12 月 20 日）

二审：上海市第一中级人民法院（2019）沪 01 刑终 179 号刑事判决（2019 年 5 月 29 日）

二审合议庭成员：吴斌（审判长兼主审法官）、陈兵、王晓越

案例评析

正当防卫是法律赋予公民在特定情况下通过私力救济方式制止不法侵害以维护合法权益，鼓励公民见义勇为、弘扬社会正气、捍卫“法不能向不法让步”的重要法律制度。实践中，部分案件对正当防卫制度的理解和适用存在条件把握过严或失当等问题。为了维护公民的正当防卫权利，最高人民法院、最高人民检察院、公安部联合发布《关于依法适用正当防卫制度的指导意见》等规定，为准确适用正当防卫制度提供了规范指引。本参考案例是一起正当防卫与防卫过当并存的典型案例，案例在坚持上述指导意见基本精神的基础上进一步明确，对造成侵害人死亡的防卫案件既要避免“谁死谁有理”“谁闹谁有理”等错误观念，对符合正当防卫条件的行为要坚决予以认定，也要避免滥用或误用防卫权，对明显超过必要限度造成重大损害的行为，也要依法予以处理；对于多人共同参与防卫的案件，要坚持刑罚个别化原则，根据各防卫人的防卫目的、行为样态、认知程度等区分认定责任，不能一人过当就全体认定防卫过当。

其一，应当区分行为有防卫性质与行为构成正当防卫。实践中应将行为是否具有防卫性质与是否构成正当防卫区分开来，不能因存在伤亡后果就直接否定行为有防卫性质，应将有防卫性质的行为同单纯的伤害行为作出区分。认定行为是否有防卫性质（可能构成正当防卫，也可能构成防卫过当）并不要求行为完全符合正当防卫的所有要件，有防卫性质的行为在量刑时较单纯的伤害行为可以酌情从宽处理。行为是否有防卫性质，可从以下方面予以认定。一是是否存在客观的防卫前提。正当防卫的实质为“正对不正的反击”，是法律所赋予的紧急权。在法益遭受紧迫威胁且公权力救济来不及实现时，行为人可通过自力救济的方式维护本人或他人的合法权益，因此实施防卫的前提是存在不法侵害且该侵害具有急迫性。判断反击行为是否具有防卫性质，应首先考察反击当时是否存在迫在眉睫的法益侵害危险，当该侵害行为同时具有法益侵害性和侵害紧迫性时，就存在实施防卫的现实基础，相关反击行为就可能具有防卫性质。二是是否存在主观的防卫意图。正当防卫是通过制止他人不法侵害的方式保护合法法益，防卫意思是反击行为得以正当化的主观要素。反击行为是否具有防卫性质，还需判断防卫人在反击时是否有认识到对方正在施加急迫的不法侵害，以及是否具有对此进行制止和应对的意志。当行为人在面对上述急迫的不法侵害，并基于保护本人或他人合法权益对不法侵害进行制止时，便具备了防卫意图，对应的反击行为也存在构成正当防卫的可能。据此，不能单纯因反击行为客观上造成侵害人重伤或死亡就彻底否定反击行为的防卫性质。

本案中，被害人来到案发现场后，一边说“你们出来”，一边从裤子口袋里掏出一把10多厘米尖刀并有上前欲刺的动作，朱某飞、马某民在保安室处于无防备状态，随时有被伤害的危险，所以本案在客观上确实存在现实的、正在进行的不法侵害。朱某飞、马某民寻找防卫工具与被害人搏斗，目的是保护自身及他人安全、制止不法侵害，且二人身为保安，维护工作区域内的安全与秩序亦是其职责所在，所以从防卫认识和防卫目的来看，朱某飞、马某民均具有合法的防卫意图。尽管反击行为造成侵害人死亡，但二人的反击行为仍具有防卫性质，在处理时应与单纯的故意伤害行为有所区分，准确判断相关行为是否构成正当防卫、是否构成防卫过当等精准确定刑事责任。

其二，应当根据具体行为区分认定不同防卫人的责任。数人共同实施防卫时，各防卫参与人参与防卫的过程、主观认识及客观行为均会存在不同，是否构成正当防卫或防卫过当应分别判断。一是正当防卫中的法益衡量具有个别性。正当防卫得以阻却违法的根据在于防卫行为是维护法秩序所必要的行为，是否构成正当防卫需进行实质性的法益衡量，即侵害行为发生时防卫人与侵害人相比其保护的法益是否具有更高的保护必要性。该种判断不仅要进行一般性和制度性的衡量，也要进行具体化和个别化的衡量；一般性判断对法益位阶作出排序为具体衡量提供判断基础，具体性判断则对个案是否确实存在优越利益进而为防卫行为的正当化提供实质根据。是否存在优越利益的判断对象是防卫行为造成的法益侵害与保护效果之间的具体评价，有必要根据案件的具体情况与各防卫人的特殊情况进行比较和衡量，如此才能准确评价具体防卫行为的可责程度。二是行为人责任认定具有个别性。行为是否构成正当防卫直接影响行为人的责任程度，而责任的认定具有个别性，需根据行为人的主观状态进行具体认定。数人共同实施防卫行为时，各个防卫人参与防卫的过程、进行防卫的目的以及采取的防卫方式均存在不同，尤其在各行为人之间欠缺意思联络时，不存在进行一体性评价的原因力基础。数人中只有部分行为人实施过当行为，其他行为人没有与之形成犯意联络且无法预见过当行为的，仅需对自己的认识范围及基于该认识实施的行为承担责任。

本案中，从主观方面看，马某民没有与朱某飞形成犯意联络，朱某飞与马某民的行为均系在面对被害人实施的突发侵害时基于保安职责而奋起应对，虽然二人的客观行为在制止不法侵害上具有同时性，但二人系临时起意分别实施，没有事前商量和共谋。案发时，朱某飞突然从马某民身后持木棍击打被害人头部的行为系于一瞬间实施，马某民对此既无法预见也无法予以制止，两人不能就故意伤害构成共同犯罪。基于此，对二人行为的评价，应当分别根据正当防卫的构成要件进行区分评价，不能因一人防卫过当就认定全案均系防卫过当。

其三，应当依据行为时立场对防卫限度进行实质判断。实践中，致使侵害人死亡的防卫案件中，主要争议焦点即在于防卫限度。正当防卫制度的目的在于遏制违法行为，对防卫限度的判断应当以能否制止不法侵害、保护合法权益为出发点，即防卫行为在行为当时是不是制止不法侵害所必需和有效的行为。一是应坚持事前判断的立场。正当防卫制度在保护具体法益之外还有彰显“合法权益不被侵犯、侵犯合法权益将被法所否定”的行为指引价值，通过提示“对法之否定之否定”为人们提供合理的行为预期。只有对防卫限度的考察也站在行为发生的时点进行，才能让法律的行为指引功能在行为发生时发挥作用。即要综合行为时的客观条件及行为人的反击能力等情况进行事前判断，不能将事后对客观环境的考察和双方力量的理性判断作为标准来苛求防卫人，否则会不利于公民同正在进行的不法侵害作斗争。二是应坚持实质判断的标准。行为是否构成正当防卫需考察反击行为是否超出必要限度，即防卫行为是否具有必要性和有效性。对此判断并非单纯的形式比较，应从不法侵害的手段、紧迫程度和严重程度以及防卫的条件、方式、强度和后果等进行综合性和实质性的认定——当防卫行为明显超出必要限度且造成重大损害时，方构成防卫过当。

本案中，对马某民而言，马某民的行为始终具有节制性，被害人持刀捅刺时其用铁杆击打被害人手部，被害人刀被打掉时其扔掉铁杆徒手与之搏斗，均未明显超出必要限度，另外，马某民在打掉被害人尖刀后，不能排除被害人重新捡起尖刀或者随身还携带其他凶器的可能，其后续丢弃铁杆赤手与被害人搏斗意欲将其彻底制服的行为也是防卫行为的合理延续，故马某民的行为应认定为正当防卫。对朱某飞而言，虽然被害人一开始存在持刀向前捅刺的动作，但朱某飞持木棍进行反击的时刻，被害人手中的尖刀已被打落在地，且被害人与马某民扭打在一起时处于下风，其侵害能力、暴力程度已大为降低，对该低强度侵害的反击不适用特殊防卫，从当时情况来看，朱某飞采用强度较小的防卫手段便足以制止不法侵害，但其仍采用持木棒连续强力击打被害人头部的方式进行反击，防卫手段和强度明显超出了必要限度，其行为造成被害人因颅脑损伤而死亡，属于造成重大损害，故其属于防卫过当应构成故意伤害罪。

36. 李某龙破坏计算机信息系统案*

——以修改域名解析服务器指向的方式劫持域名行为的定性

关键词　刑事　破坏计算机信息系统罪　劫持域名

基本案情

被告人李某龙为牟取非法利益，预谋以修改大型互联网网站域名解析指向的方法，劫持互联网流量访问相关赌博网站，获取境外赌博网站广告推广流量提成。2014 年 10 月 20 日，李某龙冒充某知名网站工作人员，采取伪造该网站公司营业执照等方式，骗取该网站注册服务提供商信任，获取网站域名解析服务管理权限。10 月 21 日，李某龙通过其在域名解析服务网站平台注册的账号，利用该平台相关功能自动生成了该知名网站二级子域名部分 DNS（域名系统）解析列表，修改该网站子域名的 IP 指向，使其连接至自己租用境外虚拟服务器建立的赌博网站广告发布页面。当日 19 时许，李某龙对该网站域名解析服务器指向的修改生效，致使该网站不能正常运行。23 时许，该知名网站经技术排查恢复了网站正常运行。11 月 25 日，李某龙被公安机关抓获。至案发时，李某龙未获利。

经鉴定，该知名网站共有 559 万有效用户，其中邮箱系统有 36 万有效用户。按日均电脑客户端访问量计算，10 月 7 日至 10 月 20 日邮箱系统日均访问量达 12.3 万人次。被告人李某龙的行为造成该知名网站 10

---

* 编写人系上海市黄浦区人民法院（原任职于上海市第一中级人民法院）查鸿翔、上海市徐汇区人民法院（原于上海市第一中级人民法院轮岗锻炼）戚俊，入库编号 2024-18-1-254-003。

月21日19时至23时长达4小时左右无法正常发挥其服务功能,案发当日仅邮件系统电脑客户端访问量就从12.3万人次减少至4.43万人次。

2015年11月4日,上海市徐汇区人民法院作出(2015)徐刑初字第245号刑事判决,以破坏计算机信息系统罪判处被告人李某龙有期徒刑五年。宣判后,被告人李某龙提出上诉。2016年3月21日,上海市第一中级人民法院作出(2015)沪一中刑终字第2349号刑事裁定:驳回上诉,维持原判。

裁判理由

法院生效判决认为:根据《刑法》第二百八十六条第一款的规定,违反国家规定,对计算机信息系统功能进行删除、修改、增加、干扰,造成计算机信息系统不能正常运行,后果严重的,处五年以下有期徒刑或者拘役;后果特别严重的,处五年以上有期徒刑。

修改域名解析服务器指向,强制用户偏离目标网站或网页进入指定网站或网页,是典型的域名劫持行为。本案中,被告人李某龙使用恶意代码修改目标网站域名解析服务器,目标网站域名被恶意解析到其他IP地址,无法正常发挥网站服务功能,这种行为实质是对计算机信息系统功能的修改、干扰,符合《刑法》第二百八十六条第一款“对计算机信息系统功能进行删除、修改、增加、干扰”的规定。《最高人民法院、最高人民检察院关于办理危害计算机信息系统安全刑事案件应用法律若干问题的解释》(法释〔2011〕19号)第四条的规定,造成为一万以上用户提供服务的计算机信息系统不能正常运行累计一小时以上的,属于“后果严重”,应以破坏计算机信息系统罪论处;造成为五万以上用户提供服务的计算机信息系统不能正常运行累计一小时以上的,属于“后果特别严重”。据此,法院认定李某龙的行为符合“造成为五万以上用户提供服务的计算机信息系统不能正常运行累计一小时以上”“后果特别严重”的情形,依法判处李某龙有期徒刑五年。

裁判要旨

以修改域名解析服务器指向的方式劫持域名，造成计算机信息系统不能正常运行，属于破坏计算机信息系统的行为；符合《刑法》第二百八十六条规定的，以破坏计算机信息系统罪论处。

关联索引

《中华人民共和国刑法》第二百七十四条、第二百八十五条

《最高人民法院、最高人民检察院关于办理危害计算机信息系统安全刑事案件应用法律若干问题的解释》（法释〔2011〕19号）第4条

一审：上海市徐汇区人民法院（2015）徐刑初字第245号刑事判决（2015年11月4日）

二审：上海市第一中级人民法院（2015）沪一中刑终字第2349号刑事裁定（2016年3月21日）

二审合议庭成员：陈星（审判长兼主审法官）、王晓越、徐洁

案例评析

《刑法》第二百八十六条第一款规定："违反国家规定，对计算机信息系统功能进行删除、修改、增加、干扰，造成计算机信息系统不能正常运行，后果严重的，处五年以下有期徒刑或者拘役；后果特别严重的，处五年以上有期徒刑。"破坏计算机信息系统罪规定在《刑法》分则第六章妨害社会管理秩序罪之中，侵犯的法益是计算机信息系统安全。本罪并非目的犯，行为人只要明知自己的行为会发生破坏计算机信息系统的结果，并且希望或者放任这种结果的发生就具有犯罪的故意，不能因行为人的主观目的是牟取流量提成等就否认其犯罪故意。本罪是结果犯，只有对计算机信息系统的破坏行为造成一定后果时（包括严重后果和特别严重后果）才构成犯罪既遂。现就有关问题解读如下：

其一，域名劫持的行为本质是"对计算机信息系统功能的修改、干扰"。虽然在实践中，破坏计算机信息系统的行为千差万别，如分布式拒绝服务攻击（DDOS），制作、传播计算机病毒、恶意程序以及游戏外挂程

序等，但《刑法》第二百八十六条主要规制以下三种犯罪类型：(1)违反国家规定，对计算机系统的功能实施删除、修改、增加、干扰；(2)违反国家规定，对计算机信息系统中存储、处理、传输的数据和应用程序本身实施删除、修改、增加；(3)故意制作、传播计算机病毒等破坏性程序。前两种行为类型可以归纳为“破坏计算机信息系统功能、数据或者应用程序行为”。本案中被告人李某龙系采用域名劫持的方法破坏计算机信息系统，属于“对计算机信息系统的功能实施删除、修改、增加、干扰”的范畴。“计算机信息系统”和“计算机系统”是指具备自动处理数据功能的系统，包括计算机、网络设备、通信设备、自动化控制设备等。计算机信息系统功能可以理解为，在计算机系统内，按照一定的应用目标和规则，对信息进行采集、加工、存储、传输、检索等功能。被告人李某某通过骗取手段掌握“某网”域名解析服务的管理权限，恶意修改“某网”域名解析服务指向以劫持互联网流量访问相关赌博网站，导致目标网站无法正常发挥服务功能，该行为触犯了《刑法》第二百八十六条第一款的规定。

其二，域名劫持的行为后果应当结合司法解释的规定综合认定。域名劫持行为是否达到了侵犯本罪所要保护的法益即计算机信息系统安全的程度，应当综合考量受破坏的计算机信息系统用户的数量、影响的范围、时间；行为的违法所得、所造成的经济损失以及受破坏的计算机信息系统的作用、等级等因素，结合有关司法解释加以认定。《最高人民法院、最高人民检察院关于办理危害计算机信息系统安全刑事案件应用法律若干问题的解释》第四条对于“后果严重”和“后果特别严重”作了具体规定，本案中李某龙的行为客观上造成了全国重点新闻网站“某网”长时间不能正常运行，邮件系统独立访客数量锐减，属于为5万以上用户提供服务的计算机信息系统不能正常运行累计1小时以上，构成“后果特别严重”。

其三，涉案电子数据的收集提取和审查判断应当严格规范进行。作为《刑事诉讼法》规定的法定证据种类之一，以电子数据形式存在并可以用于证明案件事实的材料，区别于其他证据种类，具有开放性、易变性和无痕性等特点。对于计算机信息系统电子数据等专门性问题的鉴定是审判人员查明案件事实的重要依据，因而需要对鉴定意见的检材来源、鉴定人员、鉴定程序等进行全面审查，在明确了鉴定的规范性、关联性以及合法性的基础上综合全案证据进行审查判断。通过对本案数据库数据分析表单、远程勘验笔录、电子邮件复制件以及司法鉴定检验报告书等分析可以确定本案李某龙修改域名解析服务指向的行为后果，即“某网”网站服务功能长达 4 小时左右无法正常发挥、计算机信息系统破坏后果特别严重的事实。通过对相关数据的比对分析，本案所涉及的“某网”系大型综合性门户网站，其有效注册用户 5 590 301 个，其中邮箱系统有效用户 369 609 个。2014 年 10 月 7 日至同月 13 日 19 时至 23 时时段内，“某网”邮件的日均独立访客（UV）为 123 190 个；2014 年 10 月 14 日至同月 20 日该时段内，“某网”邮件的日均独立访客为 123 684 个，而 2014 年 10 月 21 日该时段内，“某网”邮件的独立访客仅为 44 304 个，可见在被告人李某龙的域名劫持行为发生后，仅“某网”邮件系统的独立访客就发生了锐减。

综上，修改域名解析服务器指向，强制用户偏离目标网站进入指定网站，是典型的域名劫持行为。该行为是否以及在何种程度上构成破坏计算机信息系统犯罪，应当在严格规范进行电子数据审查判断的基础上，根据涉案计算机信息系统的整体功能、使用特点、作用等级，结合受破坏的计算机信息系统的用户数量、影响时间、行为的违法所得以及所造成的经济损失等因素进行综合认定。

37. 朱某明操纵证券市场案*

——证券从业人员公开荐股并反向操作获利行为的定性

关键词 刑事 操纵证券市场罪 公开荐股 反向操作 “抢帽子”交易

基本案情

2013年2月1日至2014年8月26日间，被告人朱某明担任某证券公司营业部经纪人，并受邀担任某电视节目嘉宾。其间，朱某明在其控制的“朱某荣”“孙某英”“张某英”等亲属名下的证券账户内，预先买入“利某某制”“万某股份”等15只股票，并在随后播出的某电视节目中通过详细介绍股票标识性信息、展示K线图或明示股票名称、代码等方式，对其预先买入的前述15只股票进行公开评价、预测及推介，再于电视节目首播后1至2个交易日内抛售相关股票，人为影响前述股票的交易量与交易价格，获取非法利益。经查，朱某明买入前述股票交易金额共计人民币2 094.22万余元(币种下同)，卖出股票交易金额共计2 169.7万余元，非法获利75.48万余元。

上海市第一中级人民法院于2017年7月28日作出(2017)沪01刑初49号刑事判决，认定被告人朱某明犯操纵证券市场罪，判处有期徒刑十一个月，并处罚金人民币七十六万元。一审宣判后，没有上诉、抗诉，判

---

* 编写人系上海市高级人民法院(原任职于上海市第一中级人民法院)李长坤、上海市第一中级人民法院张亚男，入库编号2024-18-1-124-001。

决已发生法律效力。

裁判理由

法院生效判决认为：证券公司、证券咨询机构、专业中介机构及其工作人员，买卖或者持有相关证券，并对该证券或其发行人、上市公司公开作出评价、预测或者投资建议，以便通过期待的市场波动取得经济利益的行为是“抢帽子”交易操纵行为。被告人朱某明作为证券公司工作人员，违反规定买卖或持有证券，并在某电视节目中，通过明示股票名称或者介绍股票标识性信息、展示K线图等方式，对涉案股票公开作出评价、预测或者投资建议，后续再于电视节目播出后抛售相关股票。朱某明通过“公开荐股”方式，人为影响涉案股票的交易量与交易价格，又利用证券价格波动实施与投资者反向交易的行为获利75万余元，情节严重，其行为已构成操纵证券市场罪。故法院依法作出如上裁判。

裁判要旨

证券公司、证券咨询机构、专业中介机构及其工作人员违背从业禁止规定，买卖或者持有证券，并在对相关证券作出公开评价、预测或者投资建议后，通过预期的市场波动反向操作，牟取利益，情节严重的，构成操纵证券市场罪。

关联索引

《中华人民共和国刑法》第一百八十二条

一审：上海市第一中级人民法院(2017)沪01刑初49号刑事判决(2017年7月28日)

一审合议庭成员：李长坤(审判长兼主审法官)、胡健涛、王瑞方(人民陪审员)

案例评析

《刑法》第一百八十二条规定了操纵证券、期货市场罪，其中，第1款第(六)项明确了“抢帽子交易”(又称抢先交易、“黑嘴”荐股)的操纵手段，即“对证券、证券发行人、期货交易标的公开作出评价、预测或者投资建议，同时进行反向证券交易或者相关期货交易，影响证券、期货交易价格或者证券、期货交易量”的情形。需要说明的是，关于“抢帽子交易”操纵的规定，系2020年《刑法修正案（十一）》吸收2019年修订的《证券法》第五十五条第一款第（六）项、2019年“两高”《关于办理操纵证券、期货市场刑事案件适用法律若干问题的解释》第一条第（二）项的规定而来。本案系上海市首例“抢帽子交易”操纵证券市场入刑案。该案审理时，刑法、证券法尚未就“抢帽子交易”操纵类型作出规定，仅列举了“联合或连续交易型操纵”“约定交易型操纵”“自买自卖型操纵”三种行为模式，并使用兜底条款将“以其他方法操纵证券、期货市场”的行为纳入刑事规制范畴。在当时的背景下，考虑到法律本身具有一定的滞后性，而从实质危害性的角度出发，严重的“抢帽子交易”行为与《刑法》修订前所规定的前述三种操纵类型并没有本质区别，均破坏了证券、期货市场公平、公正、公开的交易秩序，损害了投资者的合法权益，在法益侵害以及社会危害程度层面具有相当性，且能够适用兜底条款予以规制，故最终认定本案构成操纵证券市场罪，不违反罪刑法定原则。本案所明确的裁判规则，既为当时同类案件的处理提供了参考，也有效震慑了资本市场上频发的“黑嘴”荐股行为，对于净化资本市场交易秩序、引导投资者建立理性的价值投资理念等均具有积极意义。

随着自媒体等现代通信传播技术的快速发展，“黑嘴”荐股的情形愈发多样化、隐蔽化，罪与非罪、此罪与彼罪的界定更加复杂。在现行《刑法》《证券法》已对此类操纵行为作出明确规制的情形下，仍有必要结合司法实践进一步梳理此类行为构成操纵证券市场罪的审查要素及规则。具体如下：

第一，审查实施荐股行为的主体情况，主要包括身份、职业以及社会影响力情况等。需要注意的是，“抢帽子交易”操纵的规制主体经历了从特殊主体到一般主体的变化过程。证券公司、证券咨询机构、专业中介机构及其工作人员等特殊主体因其职位、职业或者职位、职业带来的影响力、权威性，天然拥有一定信息操纵优势，且容易对普通投资者交易决策产生影响，故而是“抢帽子交易”操纵打击的重点对象，正如本案的被告人朱某明系某证券公司营业部经纪人，属于特殊主体范畴。同时结合实践情况，除前述持牌机构及其从业人员以外，网络工作室、网络大V、博主等具有一定影响力的非持牌机构以及一般公民也是实施荐股行为的重要群体，因此现行《刑法》《证券法》并未对“抢帽子交易操纵”的主体进行限定。

第二，审查行为人是否实施了“公开荐股”行为，主要从推介内容、推介途径等方面审查。行为人通过电视节目、微博、股吧、视频直播、抖音、微信群以及QQ群等媒介明示股票名称及代码，或者虽未明示股票名称及代码，但介绍的股票标识性特征及信息、展示的K线图等，足以使投资者依据上述信息确定涉案股票名称的，属于对涉案股票公开作出评价、预测、推介，应当认定行为人公开进行了股票推介行为。

第三，审查行为人是否持有公开推介的股票或个股信息披露情况。证券公司、证券咨询机构、专业中介机构及其工作人员持有其向客户推荐的股票的，表明其可能具有利用客户交易牟利的意图；非持牌机构及一般公民真实披露其持股及变动情况，可在一定程度上免除其与其他投资者的利益冲突，反之则更有可能利用信息不对称牟取不法利益。

第四，审查行为人的反向交易情况及获利情况。持牌机构及其从业人员违背与客户之间的代理关系、信赖关系，进行反向荐股、反向交易的，表明其获利是以损害客户利益为代价的；非持牌机构及一般公民趁其他投资者进场时抢先了结获利，表明其获取利润是以其他投资者损失为代价。此外，行为人本身并未进行反向交易，而是通过公开荐股方式诱导散户买入，帮助“庄家出货”获取报酬的，也可能构成操纵证券市场罪。

第五，审查“抢帽子交易操纵”对证券市场造成的影响。主要根据行为人的市场影响力、信息发布媒体数量及其影响范围、相关证券供求关系基本面有无发生明显变化等基础事实，综合认定“公开荐股”对市场投资者行为是否产生重大影响。如果被推荐证券的公司经营状况变化不大，相关国家政策、市场情况等也比较稳定，而其价格却与大盘运行偏离较远，趋势明显与基本面不符，则可认定为已经构成了市场操纵。

本案中，被告人朱某明作为证券公司工作人员，违反规定买卖或持有证券，并利用其影响力在某电视节目中公开进行荐股，人为影响涉案股票的交易量与交易价格，后续再于电视节目播出后抛售相关股票，从中牟利，其行为已构成操纵证券市场罪。

38. 朱某洪等操纵证券市场、内幕交易案*

——信息型操纵证券市场罪与内幕交易罪的界分

关键词 刑事 操纵证券、期货市场罪 内幕交易罪 区分 信息优势 证券交易

基本案情

2014 年 5 月，因江苏宏某新材料股份有限公司（以下简称“江苏宏某材料公司”）收购北京某某之光园林工程有限公司（以下简称“北京某园林公司”）资金紧张，作为江苏宏某材料公司实际控制人的被告人朱某洪，经被告人窦某文介绍，与被告人杨某东结识并合谋拉抬宏某公司股票价格后高位减持获利分成，且杨某东承诺将获利分给窦某文。

自 2014 年 5 月起，被告人朱某洪分 3 次通过大宗交易将江苏宏某材料公司共计 4 788 万股票减持至被告人杨某东控制的多个证券账户，并将股票减持款的 30%作为保证金转至杨某东的投资公司账户，江苏宏某材料公司陆续发布投资利好公告信息并泄露给杨某东。杨某东则利用信息的优势，在二级市场上以连续买卖、自买自卖等方式拉抬江苏宏某材料公司股票价格。至同年 12 月，江苏宏某材料公司股票平均单日成交量涨幅 62.73%，高于同期中小板指 11.53%，杨某东控制的 49 个账户的交易量占该股市场交易总量的平均比例为 19%；同期该股股价涨幅 73.40%，

* 编写人系上海市第一中级人民法院张微，入库编号 2024-04-1-124-002。

高于同期中小板指 50.40%。杨某东控制的账户交易江苏宏某材料公司股票浮盈人民币 1.1 亿余元(币种下同)。江苏宏某材料公司股票于同月 11 日因重大资产重组停牌，2015 年 9 月 1 日复牌。三名被告人均因股价下跌未实际获利。

2014 年八九月间，被告人朱某洪将北京某园林公司流动资金不足，净利润可能达不到已公告的业绩等信息泄露给被告人李某雷任执行事务代表的上海金某方公司，并建议李某雷将上海金某方公司持有的江苏宏某材料公司股票卖出减持至被告人杨某东实际控制的证券账户以避损。9 月 23 日，李某雷根据朱某洪安排，将上海金某方公司持有的 600 万股江苏宏某材料公司股票通过大宗交易减持给杨某东，累计交易金额 4 800 余万元。江苏宏某材料公司于 11 月 17 日公告了北京某园林公司流动资金不足、下调预期投资利润的信息，并于次日停牌。同月 20 日复牌当日股价高于减持价格，上海金某方公司实际亏损 1 200 万余元。

被告人朱某洪、杨某东、李某雷、窦某文接到公安机关电话通知后主动投案，到案后如实供述了上述犯罪事实。

上海市第一中级人民法院于 2017 年 12 月 23 日作出(2017)沪 01 刑初 86 号刑事判决：一、被告人朱某洪犯操纵证券市场罪，判处有期徒刑三年，缓刑四年，并处罚金人民币 400 万元。二、被告人杨某东犯操纵证券市场罪，判处有期徒刑二年六个月，缓刑三年，并处罚金人民币 300 万元。三、被告人李某雷犯内幕交易罪，判处有期徒刑一年六个月，缓刑二年，并处罚金人民币 5 万元。四、被告人窦某文犯操纵证券市场罪，判处有期徒刑一年六个月，缓刑二年，并处罚金人民币 200 万元。宣判后，在法定期限内没有上诉、抗诉，判决已发生法律效力。

裁判理由

法院生效裁判认为：被告人朱某洪作为江苏宏某材料公司实际控制人，与被告人杨某东、窦某文合谋，利用信息优势，操纵该公司股票价格及交易量;朱某洪还为形成持股优势,又将相关内幕信息泄露给被告人李某雷,并明示李某雷卖出避损。故以操纵证券市场罪对朱某洪、杨某东、窦某文,以内幕交易罪对李某雷分别定罪量刑。

本案的争议焦点在于:被告人朱某洪将内幕消息泄露给被告人李某雷的行为定性,应认定为操纵证券市场罪还是内幕交易罪。

一是被告人朱某洪具有操纵证券交易价格及交易量的主观故意。操纵证券市场罪的主观故意是行为人明知其滥用市场优势操纵证券交易价格及交易量的行为会扰乱证券市场管理秩序和投资人的合法权益,仍希望这种结果发生。被告人朱某洪及同案被告人均供认三人合谋拉抬江苏宏某材料公司股价后高位减持获利的主观故意,朱某洪滥用信息、资金等市场优势,与二级市场交易配合操纵江苏宏某材料公司股价,后虽因江苏宏某材料公司重大资产重组停牌等原因未实际获利,但朱某洪实施的客观行为足以印证其对于主观故意的供述,即滥用市场优势操纵证券交易价量。据此,朱某洪的主观故意明显有别于内幕交易罪中行为人利用未公开的内幕信息牟利的意图,其向被告人李某雷泄露内幕消息亦是在操纵证券交易价量的主观故意支配下所实施的行为,故应对朱某洪以操纵证券市场罪论处。

二是被告人朱某洪的行为体现出其对信息具有更强的控制性。被告人朱某洪系江苏宏某材料公司实际控制人,对该公司具有信息优势,其先后将江苏宏某材料公司的收购进程、重组规划、发展战略等重大利好消息泄露给被告人杨某东,将江苏宏某材料公司利空消息泄露给被告人李某雷,并刻意拖延该消息的披露时间。相较内幕交易罪中行为人对于信息的利用仅限于信息“本身”,通过信息本身发布后带来的股价波动牟利,朱某洪泄露内幕消息、控制信息发布的时间等行为,超过了内幕交易罪的评价范围,应认定为构成操纵证券市场罪为宜。

三是被告人朱某洪的行为扭曲了证券交易价格形成机制。被告人朱某洪与他人合谋操纵江苏宏某材料公司股价,该公司的异常股价无法真实有效反映市场的客观情况，破坏了自由公平的证券价格形成机制，区别于内幕交易罪的危害是剥夺了其他证券投资者的经济利益。据此，朱某洪的行为后果更符合操纵证券市场罪的危害后果。

综上所述，对被告人朱某洪向他人泄露内幕信息的行为，应结合主客观相一致的原则将这一行为连同朱某洪实施的数个行为作整体评价，朱某洪主观上具有操纵证券交易价格及交易量的主观故意，客观上实施了滥用市场优势操纵证券交易价量的行为，应认定朱某洪的行为构成操纵证券市场罪。

裁判要旨

信息型操纵证券市场罪与内幕交易罪在主体身份、行为方式、侵害法益等方面存在竞合，司法实践中易产生混淆。对于两罪的界分应从行为人是否具有滥用信息优势操纵证券交易价格及交易量的主观故意、行为上是否体现对信息更强的控制性、行为后果是否危害到了证券交易价格形成机制等方面进行把握。

关联索引

《中华人民共和国刑法》第一百八十条、第一百八十二条

一审：上海市第一中级人民法院(2017)沪01刑初86号刑事判决(2017年12月23日)

一审合议庭成员：胡洪春(审判长)、吴循敏(主审法官)、闻富国(人民陪审员)

案例评析

2019年最高人民法院、最高人民检察院《关于办理操纵证券、期货市场刑事案件适用法律若干问题的解释》(以下简称《操纵司法解释》)明确了《刑法》第一百八十二条“以其他方法操纵证券、期货市场的”兜底条款的六种情形，其中“通过控制发行人、上市公司信息的生成或者控制信息披露的内容、时点、节奏，误导投资者作出投资决策，影响证券交易价格或者证券交易量，并进行相关交易或者牟取相关利益的”，属于信息型操纵证券市场行为。信息型操纵证券市场行为主要是滥用市场优势中的信息

优势、操纵证券交易价格及交易量的行为。部分案件中,信息型操纵证券市场罪与内幕交易罪在主体身份、行为方式、侵害法益等方面存在竞合,易产生混淆和争议。对此,本裁判要旨明确区分了信息型操纵证券市场罪与内幕交易罪的要点,为类似案件裁判提供了指引。对于信息型操纵证券市场罪与内幕交易罪的界分,可从如下三方面把握。

一、主观方面:行为人是否具备控制信息操纵证券价量的不法目的

信息型操纵证券市场罪中,行为人的主观故意是明知其滥用信息优势操纵证券交易价格及交易量的行为会扰乱证券市场管理秩序和投资人的合法权益,仍希望这种结果发生。在认识因素上,行为人对于信息具有"控制"的意味,通过控制信息的内容以及披露的时点、节奏等方式误导投资者作出符合行为人预期,却无法反映真实供求关系的投资决定。

内幕交易罪的主观方面是行为人明知其获悉的尚未公开的信息属于内幕信息,而故意利用这些信息进行证券交易。两罪相比较,在意志要素方面的区别表现在于,行为人是否具有操纵证券交易价量的不法目的;在认识要素方面,则是行为人对信息是否具有控制的意图,内幕交易罪更侧重于行为人对信息"本身"的利用,通过信息发布后带来的股价波动,"顺势而为"地牟取利益,而信息型操纵行为人则是"控制"信息,人为制造证券市场活跃的假象以吸引投资者。

二、客观方面:行为人是否具备信息支配优势

两罪在客观方面表现出对"信息"支配程度有所不同,具体而言:

首先,"信息"概念涵摄的范围不同。信息型操纵证券市场犯罪中,"信息"是能够影响证券市场价格的事项,内容涉及公司订立重大合同、增

资计划、股权结构重大变化、重大诉讼纠纷等,足以影响证券投资者的投资决策,具有“重大性”的特征,这与内幕交易罪中的“内幕信息”具有相似性。然而操纵证券市场行为人所利用的信息范围不局限于内幕信息,只要相关信息能够影响证券市场吸引投资者,利用的信息是否真实、公开,在所不问。《证券法》对于“内幕信息”明确为涉及公司的经营、财务或者对该公司证券的市场价格有重大影响的尚未公开的信息,换言之,“内幕信息”是能够真实反映上市公司实际经营情况的信息,相较信息操纵行为中的“信息”,“内幕信息”更具有“真实性”。

其次,特殊身份享有的“信息优势”地位有所区分。信息型操纵证券市场罪和内幕交易罪的行为主体均系拥有“信息优势”的行为人,较一般的市场投资者,在获得或了解标的证券的主要信息时能够更容易、更早、更准确、更完整。“内幕信息”的知情人员范围包括上市公司的董监高、股东、实际控制人、收购人以及因职务或工作可以获取内幕信息的人员等。在信息型操纵证券市场犯罪中,行为人为实现操纵目的,所利用的信息应当能让证券投资人产生信任的效果,这要求行为人应具备相应的信息优势,客观表现出来的是行为人的身份应当对上市公司的经营具有影响力。据此,信息型操纵证券市场行为人多是董监高、控股股东及实际控制人等,相较一般的知情人员更具有资金优势、持股优势及信息优势,这也是实施操纵行为所必须具备的条件。

最后,对于信息的控制力存在差距。内幕交易行为的本质是通过信息披露后带来的股价波动牟利,行为人对于内幕信息的利用更多是获悉和传播。而信息型操纵行为人对于信息本身的把控能力较内幕交易行为人更强,其对于信息优势的滥用并不仅限于获取、利用未公开的信息,更多的是制造、控制、拆分信息的行为,可表现为制造发布虚假的消息、控制真实信息披露的时间点、拆分真实信息内容并批次发布、夸大炒作本不需要披露的信息的重要性等,对于信息的控制已然达到了支配的程度。

三、危害后果：是否扭曲自由公平的证券交易价格形成机制

操纵证券市场犯罪通过制造虚假的市场反应结果，破坏了正常的市场供求关系和自由竞争机制，进而削弱证券市场的资本配置功能，最终造成的危害后果是扭曲了自由公平的证券交易价格形成机制。

内幕交易犯罪的危害在于剥夺了其他证券投资者的经济利益。内幕交易的行为人获悉尚未公开且对证券交易具有重大影响的信息后，提前获取了真实的市场反应结果，即较其他投资人具备了交易的主动权。证券市场的基本原理是零和博弈，内幕交易的行为人通过内幕交易行为获得的非法利益，必然造成其他一般投资者的损失。

本案中，被告人朱某洪系江苏宏某材料公司实际控制人，其滥用信息、资金等市场优势，控制信息披露的时点、节奏，与二级市场交易配合拉抬江苏宏某材料公司股价的客观行为，足以认定朱某洪等人具有操纵证券市场的主观故意。朱某洪先后将江苏宏某材料公司的收购进程、重组规划、发展战略等重大利好消息泄露给被告人杨某东，将江苏宏某材料公司利空消息泄露给被告人李某雷，并刻意拖延该消息的披露时间，其对信息的支配程度显然超过了内幕交易罪的评价范围。本案中的涉案证券账户达 49 个、交易额共计 33.5 亿元左右，受操纵行为影响，江苏宏某材料公司股价涨幅达 73.4%，高于同期中小板指数 50.4%。案件审理过程中，可依照的成文法律规定仅有 2010 年《立案追诉标准（二）》确立的立案追诉标准，彼时相关的司法解释尚未出台。本案综合考虑了涉案股票的涨幅、偏离同期中小板指数的幅度，以及朱某洪等人持有的流通股份数量、证券成交额、证券成交量和占同期证券总成交量的比例等因素，认定朱某洪的行为构成操纵证券市场罪，且属情节特别严重，对朱某洪的量刑亦符合罪责刑相适应原则，与 2019 年《操纵司法解释》的思路相一致。

39. 施甲故意杀人案*

——犯罪后主动至派出所但未明确表达投案意愿的，不属于“自动投案”

关键词　刑事　故意杀人罪　自首　自动投案　投案意愿

基本案情

被告人施甲与被害人周某(女)原系夫妻，于 2016 年经法院判决离婚，二人有一女儿施乙。2018 年 1 月 6 日上午，周某按约至施甲与施乙租住处，欲一起相看施乙的男友。当日 12 时许，施乙离开住处去小区门口接男友。其间，施甲因琐事与周某发生争执，为泄愤持尖刀猛刺周某颈部十余刀，还持木棍击打周某头部，造成周某两侧颈内静脉断裂致失血性休克而死亡。施乙与其男友回来发现上述情况后打电话报警。当日 12 时 11 分，公安机关接到报警后，通过侦查发现施甲有重大作案嫌疑。经视频追踪，公安人员发现案发后施甲乘坐一辆小区门口的“黑车”离开并于 12 时 18 分步行进入某派出所内，在派出所大厅内一直坐着。14 时 10 分许，民警在该派出所将施甲传唤至所内进行询问，但施甲始终没有讲话。施甲到案后绝食、不与任何人交流，在此后侦查机关的多次讯问中均沉默不语，仅在 2018 年 3 月 14 日作过一次有罪供述，之后直至庭审中均沉默不语。

---

*　编写人系上海市第一中级人民法院马燕燕、王骐，入库编号 2024-04-1-177-015。

上海市第一中级人民法院于2018年11月1日作出(2018)沪01刑初56号刑事判决：被告人施甲犯故意杀人罪，判处无期徒刑，剥夺政治权利终身；犯罪工具等予以没收。宣判后，在法定期限内没有上诉、抗诉，判决已发生法律效力。

裁判理由

法院生效裁判认为：被告人施甲故意杀死一人，其行为已构成故意杀人罪。被告人施甲到案后及法庭审判中当庭保持沉默，未发表任何意见。辩护人对起诉指控的主要事实及定性均没有异议，但认为施甲作案后能主动到派出所，应认定为自首，请求对施甲从轻处罚。经审查认为，施甲作案后虽能主动到派出所，但未主动向公安人员交代其罪行，在公安人员对其传唤询问时仍沉默不语，拒绝交代犯罪事实。故施甲无投案的意思表示，也未如实供述自己的罪行，不符合自首成立的条件，不能认定为自首。鉴于其作案后能主动至公安机关等，酌情可从轻处罚。

裁判要旨

"自动投案"不仅要求行为人积极主动将自己置于办案机关的控制之下，还要求行为人明确表达投案意愿，自愿接受审查与裁判。对于行为人作案后虽主动到派出所等候，但在民警发觉其有犯罪嫌疑并传唤询问(及此后的讯问与庭审)时始终沉默不语的，属于消极抗拒审查，不具备投案的主动性和自愿性，不属于"自动投案"，不能认定为自首。

关联索引

《中华人民共和国刑法》第六十七条、第二百三十二条

一审：上海市第一中级人民法院(2018)沪01刑初56号刑事判决(2018年11月1日)

一审合议庭成员：马燕燕(审判长兼主审法官)、郭震、黄健(人民陪审员)

案例评析

《刑法》第六十七条第一款规定，"犯罪以后自动投案，如实供述自己

的罪行的,是自首”。自动投案是一般自首成立的首要要件。《最高人民法院关于处理自首和立功具体应用法律若干问题的解释》规定,“自动投案,是指犯罪事实或者行为人未被司法机关发觉,或者虽被发觉,但行为人尚未受到讯问、未被采取强制措施时,主动、直接向公安机关、人民检察院或者人民法院投案”。故从立法本意出发,“自动投案”要求行为人主观方面需具有积极、主动的投案意愿。对此,人民法院案例库入库参考案例《施甲故意杀人案》(入库编号:2024-04-1-177-015)的裁判要旨提出:“自动投案不仅要求行为人积极主动将自己置于办案机关的控制之下,还要求行为人明确表达投案意愿,自愿接受审查与裁判。”这就明确认定自首时应对被告人的投案意愿作实质审查,为类似案件裁判提供了指引。

一、自动投案不仅要求犯罪嫌疑人主动将自己置于办案机关的控制之下,还要求有明确的投案意愿

最高人民法院、最高人民检察院、公安部于1984年4月16日公布的《关于当前处理自首和立功有关问题具体应用法律的解答》中规定,对于犯罪分子作案后,同时具备自动投案、如实交代自己的罪行,并接受审查和裁判这三个条件的,认为是自首。修订后的《刑法》第六十七条第一款对自首成立的表述则只要求自动投案和如实交代自己的罪行两个要求,似乎不再要求犯罪分子接受审查和裁判这一条件。但从法律行文的内在要义看,自动投案要求行为人的投案具有主动性、自愿性,主动性要求行为人在意志层面主动将自身置于司法机关控制之下,自愿性则要求行为人在认识层面明确认识到自己是自愿就某一犯罪行为接受司法审查和裁判。行为人在犯罪后自动投案并如实供述自己所犯罪行的行为,导致的法律后果必然是司法机关依法对行为人进行审查和裁判;反之,自愿接受审查和裁判也充分表明行为人具有真诚认罪悔罪的态度,若行为人在投

案后又逃跑，逃避司法机关对其审查和裁判的，则显然不构成自首，故《刑法》作出上述修订主要是因为“自动投案”和“如实供述”的双要件模式已经吸收并体现了行为人自愿接受审查和裁判的内容和要求。故不论是从法律渊源还是从立法本意，到案后具有主动接受审查和裁判的投案意愿仍然是“自动投案”的内在要求，对此应在审判实践中予以重视并作仔细审查。

二、认定是否具有投案意愿需结合全案事实与证据，尤其是行为人到案前后的客观行为予以实质审查

认定被告人是否具有投案意愿属于事实认定问题。对投案意愿的审查不宜仅依赖被告人供述就简单认定，应结合全案事实和证据，尤其是被告人到案前后的客观行为表现，充分运用经验法则，结合常情常理予以综合判断。《最高人民法院关于处理自首和立功若干具体问题的意见》规定，“明知他人报案而在现场等待，抓捕时无拒捕行为，供认犯罪事实的”“犯罪后主动报案，虽未表明自己是作案人，但没有逃离现场，在司法机关询问时交代自己罪行的”，均应当视为自动投案。故从上述规范性法律文件精神出发，无论是一般自首还是现场等待型自首，均需投案后有反映投案意愿的供认行为，方能成立自动投案。故对于一般自首情形下投案意愿的认定标准，可从被告人是否主动将自己置于办案机关的控制之下以及到案后是否及时供述罪行两方面进行着重审查。其中应注意把握两点：其一，主动将自己置于办案机关的控制之下不仅要求被告人主动到达办案机关场所或处于办案人员面前，还要求被告人自愿处于办案机关的控制之下，处于办案机关的控制之下系成立自动投案的必要条件；其二，“自动投案”对到案后供认犯罪事实的要求，应与自首成立另一要件的“如实供述”有所区分，自动投案只要犯罪嫌疑人承认某犯罪是自己实施的即可,不要求详细交代犯罪的具体情况,详细交代犯罪情况应是后续如实供述的范畴,否则就容易混淆自动投案和如实供述的界限,有违自首制度设立的内在逻辑。

具体到本案,被告人施甲在作案后立即乘车至派出所,在被民警发觉有犯罪嫌疑并传唤之前,其在派出所等待了长达两小时之久。以日常生活经验推断,施甲上述行为的动机应是为了去主动投案。但施甲在派出所期间,并未主动向派出所民警表达投案意愿。在被民警发觉有犯罪嫌疑并依法传唤时,其虽无抗拒传唤的行为,但亦未主动承认自己实施了犯罪。在公安机关后续的多次讯问中,其始终沉默不语。直到案发两个月之后,施甲才做了一次有罪供述,之后又沉默不语。可见,施甲主动至派出所的行为虽可认为是其主动将自己置于办案机关的控制之下,但是并不能体现其主动接受公安机关审查的意愿,该到案行为虽有一定的主动性和自愿性,但尚未达到"自动投案"的实质性要求,并在后续审查中沉默不语,应属于消极抗拒审查。因此,施甲的上述行为不能认定为《刑法》第六十七条规定的"自动投案",依法不能认定为自首。

40. 钟某丽诉福建某融资担保有限公司抵押权纠纷案*

——反担保人追偿权的诉讼时效期间认定规则

关键词 民事 抵押合同 反担保 追偿权 诉讼时效

基本案情

原告钟某丽诉称：被告福建某融资担保有限公司（以下简称“福建某担保公司”）为钟某丽和案外人某银行股份有限公司宁德分行（以下简称“某银行宁德分行”）的贷款提供了保证担保。据此，钟某丽与福建某担保公司签署了《抵押反担保合同》并就系争房屋办理了抵押担保登记。现该反担保已超过抵押期间并已过诉讼保护时效。钟某丽与某银行宁德分行签署的贷款协议所涉主债务至今没有发生或者已经灭失。担保物权属于主债权的从权利，现该主债权没有发生或已灭失，从权利自然不受法律支持。故诉至法院，请求判令：确认福建某担保公司在系争房屋上设立的抵押权失效。

被告福建某担保公司辩称：除备案的反担保合同外，双方还签署了反担保函、说明和另一份反担保合同，上述合同和函件表明担保期限并未届满。在钟某丽未履行还款义务时，福建某担保公司履行了部分保证责任，后某银行宁德分行起诉钟某丽、福建某担保公司在内的一系列债务人和

---

* 编写人系上海市第一中级人民法院李兴、丁杏文，入库编号 2024-08-2-067-001。

保证人,2019 年 10 月 15 日应某银行宁德分行要求福建某担保公司还代钟某丽偿还了部分费用。因此钟某丽与某银行宁德分行的债权债务关系当时仍未履行完毕,福建某担保公司实际需要承担的保证责任没有最终确定,直到 2020 年 5 月 8 日,法院才出具前案的执行结案证明,故福建某担保公司与钟某丽之间的债权债务关系并未超过诉讼时效。福建某担保公司不同意钟某丽诉请。

法院经审理查明:2011 年 9 月 15 日,钟某丽与某银行宁德分行签订《某银行宁德分行个人投资经营贷款借款合同》,约定钟某丽向某银行宁德分行借款 295 万元,借款期限 12 个月,借款利率为月息 5.47‰。本合同所称债务是指借款人应向贷款人偿还、支付的全部款项,包括贷款本金、利息、罚息、费用、违约金、赔偿金及债权人实现债务的所有费用。本合同项下的贷款由福建某担保公司提供全程连带责任保证担保。

同日,某银行宁德分行与福建某担保公司签订《某银行宁德分行个人投资经营贷款保证合同》,约定主合同项下的债务构成合同之主债务,包括本金、利息(包括法定利息、约定利息、复利、罚息)、违约金、赔偿金、实现债权的费用(包括但不限于诉讼费用、公证费用、执行费用等)、因借款人违约而给债权人造成的损失和其他所有应付费用,保证方式均为全程连带责任保证。

2011 年 10 月 25 日,某银行宁德分行向钟某丽发放贷款 295 万元。2012 年 10 月 25 日贷款到期后,钟某丽未依约还款、付息。

2012 年 10 月 25 日,钟某丽、福建某担保公司签订《抵押反担保合同》。后钟某丽向福建某担保公司出具《抵押反担保函》载明:“2011 年 9 月,本人向某银行宁德分行贷款 295 万元,贵方向某银行宁德分行提供连带担保责任,本人自愿以本人名下系争房屋就上述借款合同向贵方提供抵押反担保。抵押反担保范围:主合同债务人的债务本金、利息、违约金、损害赔偿金以及贵方实现债权(含担保权利)的费用。”同时,钟某丽还出具说明："双方至交易中心办理抵押手续时签订的有关协议仅供交易中心备案使用，对双方不具有约束力，就该抵押反担保的权利义务以抵押反担保函的内容为准。"

2012年10月30日，钟某丽、福建某担保公司办理了系争房屋的抵押权登记手续，登记载明的债权金额为295万元，债务履行期限为2012年10月25日至2014年10月25日。

2013年9月29日，福建某担保公司代钟某丽归还某银行宁德分行借款本息169 467.7元。2013年10月29日，福建某担保公司为钟某丽代偿借款本息2 886 125.93元。

2014年9月15日，福建省宁德市蕉城区人民法院依法受理某银行宁德分行起诉钟某丽、福建某担保公司等民间借贷合同纠纷案（以下简称"民间借贷纠纷案"）。该案于2015年1月26日判决钟某丽偿还某银行宁德分行借款罚息17 199.71元；福建某担保公司等在前述确认的债务范围内向某银行宁德分行承担连带保证责任，并在承担保证责任后，有权向钟某丽追偿。该判决已经生效。

2019年11月15日，福建某担保公司代钟某丽向某银行宁德分行支付了520元、230元、1 000元，上述款项分别系代钟某丽偿还公告费、诉讼费及贷款。

2020年3月13日，某银行宁德分行向福建某担保公司发函称：福建某担保公司担保的钟某丽名下一笔经营性贷款金额为295万元，于2011年10月已实现放款，截至2020年3月12日该笔贷款欠款金额为16 199.71元。

福建省宁德市蕉城区人民法院于2020年5月8日出具结案证明，证明民间借贷纠纷案民事判决所确定的义务已经全部履行，该执行案件已结案。

另外，系争房屋上曾存在福建某担保公司以外的多项房屋抵押和司法查封措施。现该房屋已经被依法裁定拍卖，并已过户至案外人名下。

该房屋经司法拍卖所得的价款用于清偿该案债务后，尚有剩余款项由法院代管。

上海市松江区人民法院于2020年5月11日作出（2020）沪0117民初2466号民事判决：确认福建某担保公司在系争房屋上设立的抵押权失效。宣判后，福建某担保公司提起上诉。上海市第一中级人民法院于2020年10月23日作出（2020）沪01民终7084号民事判决：一、撤销上海市松江区人民法院（2020）沪0117民初2466号民事判决；二、驳回钟某丽的诉讼请求。

裁判理由

本案争议焦点为：案涉反担保的主债权性质如何认定及反担保主债权的诉讼时效期间是否已届满。

本案反担保的主债权系福建某担保公司对钟某丽的未来债权，而该债权是福建某担保公司实际承担保证责任后所产生的向钟某丽进行追偿的权利。追偿权在反担保合意达成时并未确定发生，且具体金额需根据担保人的实际清偿范围最终确定，系争抵押权并非用于担保福建某担保公司履行对某银行宁德分行的保证债务。本案中，福建某担保公司向某银行宁德分行实际承担保证责任共分三期：2013年9月29日支付借款本息169 467.7元；2013年10月29日支付借款本息2 886 125.93元；2019年11月15日支付公告费、诉讼费、罚息共计1 750元。福建某担保公司对钟某丽的追偿权系在三期清偿时分别产生，在最后一期追偿权产生前，债务人不存在对偿还义务履行期已经完全届满的善意信赖，而担保人却存在就追偿权未来整体主张的正常预期，故从最后一期追偿权产生之日整体起算诉讼时效期间。本案中，某银行宁德分行系分期向福建某担保公司主张权利，福建某担保公司的最后一期追偿权系在2019年11月15日产生，且属于钟某丽的反担保范围。因此，福建某担保公司对钟某丽的追偿权均应自2019年11月15日起算诉讼时效期间。福建某担保公司即使在本案诉讼前没有向钟某丽主张追偿，系争抵押权担保的主债权至提起本案诉讼也并未超出诉讼时效期间，没有丧失司法救济效力，故系争抵押权人在法定顺位基础上依然就剩余款项享有优先受偿权。

裁判要旨

反担保对应的主债权系担保人对债务人的追偿权。担保人向债务人行使追偿权的诉讼时效期间，应当从担保人向债权人实际承担责任之日起计算；分期承担担保责任的，类推适用分期履行债务的诉讼时效认定规则，从最后一期追偿权产生之日整体起算。

关联索引

《中华人民共和国民法典》第四百一十九条（本案适用的是 2007 年 10 月 1 日施行的《中华人民共和国物权法》第二百零二条）

《中华人民共和国民法典》第六百八十九条、第七百条（本案适用的是 1995 年 10 月 1 日施行的《中华人民共和国担保法》第四条、第三十一条）

《最高人民法院关于审理民事案件适用诉讼时效制度若干问题的规定》（2020 年修正）第五条

一审：上海市松江区人民法院（2020）沪 0117 民初 2466 号民事判决（2020 年 5 月 11 日）

二审：上海市第一中级人民法院（2020）沪 01 民终 7084 号民事判决（2020 年 10 月 23 日）

二审合议庭成员：李兴（审判长兼主审法官）、陈蓓蓉、许军

案例评析

反担保又称为求偿担保，是为保障债务人之外的担保人将来承担担保责任后对债务人的追偿权的实现而设定的担保。从本质上讲，反担保亦是一种担保，与担保同样具有促进资金融通、保障债权实现及维护交易安全的重要作用。然而，涉及反担保相关的法律规定较为抽象，具体案件的规则适用需要结合民法的一般原理，参照类似价值取向的规则予以厘清。根据原《中华人民共和国物权法》第二百零二条之规定，“抵押权人应当在主债权诉讼时效期间行使抵押权；未行使的，人民法院不予保护”。

该条文已经被《中华人民共和国民法典》(以下简称《民法典》)吸收,并规定于物权编第四百一十九条中。又根据《全国法院民商事审判工作会议纪要》第五十九条之规定,“抵押权人应当在主债权的诉讼时效期间内行使抵押权。抵押权人在主债权诉讼时效届满前未行使抵押权,抵押人在主债权诉讼时效届满后请求涂销抵押权登记的,人民法院依法予以支持”。根据上述规定,抵押权能否有效行使取决于主债权是否还在诉讼时效期间内,关键又在于反担保的主债权如何认定及其诉讼时效如何起算的问题。对此,案例明确了在抵押权纠纷案件中对反担保人追偿权诉讼时效期间的认定规则,现就相关问题解读如下:

其一,反担保对应的主债权系担保人对债务人的追偿权。反担保的权利义务关系是存在于担保人(即反担保关系中的债权人)与债务人(即反担保关系中的担保人)之间。担保的是担保人承担担保责任后向债务人追偿的权利,该债权是一种未来的、不确定的债权,此系为担保人基于本担保合同关系代债务人清偿之事实而产生的一种新债权,该债权在反担保合意达成时并未确定发生,而是在担保人承担担保责任后才实际发生,且具体金额需根据担保人的实际清偿范围最终确定。

其二,反担保权利的实现,应当以其主债权即追偿权确定为前提,分期履行担保义务的追偿权应类推适用分期履行债务之规定,从最后一期追偿权产生之日整体起算诉讼时效期间。根据原《担保法司法解释》第四十二条第二款之规定,“保证人对债务人行使追偿权的诉讼时效,自保证人向债权人承担责任之日起开始计算”。该规定抽象认定了追偿权自实际承担担保责任起产生,并开始计算诉讼时效期间,但没有明确分期产生的追偿权如何起算时效期间。在《民法典》及新担保制度司法解释颁布后,上述条文已失效,现行法律法规并没有对追偿权诉讼时效的规定,而即使参照原司法解释规定,实践中对于分期产生追偿权的时效期间认定仍存在不一致之处。对此,追偿权对应着债务人的偿还义务,该义务无论何时产生，均属于同一性质，构成了不可分的整体，债务人明知保证人的责任范围与自身的偿还义务。如果剩余债务属于保证范围，没有超出诉讼时效期间，而债务人又没有主动清偿的行为，其就可以预见到保证人将继续承担责任，其对保证人的后续偿还义务也将产生。在最后一期追偿权产生前，债务人不存在对偿还义务履行期已经完全届满的善意信赖，而保证人却存在就追偿权未来整体主张的正常预期，这与约定分期履行中的信赖利益标准是一致的。故分期保证追偿权的诉讼时效问题应当类推适用《最高人民法院关于审理民事案件适用诉讼时效制度若干问题的规定》第五条之规定，从最后一期追偿权产生之日整体起算诉讼时效期间。

其三，整体主张追偿权的规则价值在于防止担保人与债权人的执行竞争，以及符合诉讼时效制度目的与诉讼经济原则。反担保与本担保不应当割裂来看，反担保在整个担保制度设计中被定位为对原有担保缺陷的必要补充，其隐含价值在于应尽量保障债权人的主债权得到优先清偿。如鼓励担保人在每次分期履行后立即向债务人主张权利，那么在债权人的主债权尚未得到完全清偿之时，极易陷入担保人与债权人竞争执行债务人责任财产的情况，不利于主债权的顺利受偿，有违本担保设立之初衷。同时，对于享受反担保抵押权利的权利人(即担保人)而言，债务人对其提供的反担保抵押系一个整体，如每次履行担保行为均产生一个单独的债权请求权并分别起算诉讼时效，事实上无法完整、完善地保障担保人的权利，亦有违反担保抵押设立之初衷，无法实现反担保抵押的目的，也易造成司法资源的严重浪费，增加不必要的诉累。反之，从最后一期追偿权产生之日整体起算时效，有利于稳定担保人的预期，防止担保人与债权人产生对债务人财产的执行竞争，实现担保法律制度的利益平衡，亦有利于节约司法资源、减少讼累，实现诉讼效率及诉讼时效制度的价值平衡。

本案中，反担保的主债权系福建某担保公司对钟某丽的未来债权，而该债权是福建某担保公司实际承担保证责任后所产生的向钟某丽进行追偿的权利。追偿权在反担保合意达成时并未确定发生，且具体金额需根据担保人的实际清偿范围最终确定。本案中，福建某担保公司向某银行宁德分行实际承担保证责任共分三期，在最后一期追偿权产生前，钟某丽不存在对偿还义务履行期已经完全届满的善意信赖，而福建某担保公司却存在就追偿权未来整体主张的正常预期，故福建某担保公司对钟某丽的追偿权均应自最后一期追偿权产生之日即 2019 年 11 月 15 日起算诉讼时效期间。福建某担保公司即使在本案诉讼前没有向钟某丽主张追偿，系争抵押权担保的主债权至提起本案诉讼也并未超出诉讼时效期间，没有丧失司法救济效力，故系争抵押权人在法定顺位基础上依然就剩余款项享有优先受偿权。

41. 某银行股份有限公司上海松江区支行诉张某甲、蒋某等债权人撤销权纠纷案*

——抵押权登记信息被无故注销后债权人撤销权的行使

关键词 民事 债权人撤销权 抵押权 登记 注销

基本案情

原告某银行股份有限公司上海松江区支行(以下简称“某银行松江支行”)诉称:被告张某甲明知自身负有债务的情况下,恶意处理抵押房屋并将房屋转让款无偿转让给被告蒋某,致丧失偿债能力,直接构成对某银行松江支行债权的侵害。故诉至法院,请求判令:1.依法撤销被告张某甲向被告蒋某无偿转让108万元的行为;2.被告蒋某将108万元返还至被告张某甲的银行账户;3.由被告蒋某承担某银行松江支行因为主张撤销权支出的律师费为46 800元等。

被告张某甲、蒋某辩称:1.某银行松江支行诉称的108万元转账款并非无偿赠与,蒋某取得该款系基于其对购买涉案房屋有约五分之一的出资,是涉案房屋的共有人,购房时因为张某甲出了大部分资金,且考虑到蒋某以后可能还要购买学区房存在限购,所以将产权登记在被告张某甲一人名下,2016年出售房屋的价款为550万元,蒋某取得其中五分之一,是合理标准。2.某银行松江支行主张的律师费,因某银行松江支行与张

---

* 编写人系上海市第一中级人民法院任明艳、上海市普陀区人民法院(原任职于上海市第一中级人民法院)盛利,入库编号2024-08-2-078-003。

某甲之间的金融借款合同纠纷已经判决确认，本案是某银行松江支行恶意提起，蒋某与金融借款合同没有关系，故律师费不应当由蒋某承担。3.某银行松江支行称2018年8月从上海市松江区人民法院执行局获得涉案108万元的转账证据，但执行裁定书是2017年8月8日作出，某银行松江支行应当在当时就知情，现某银行松江支行主张撤销权的除斥期间已经过了，权利已经灭失。4.购买房屋时蒋某的父亲也出资了一部分，离婚和出售房屋都是因为张某乙有赌博恶习欠债600万元，现房屋已经出售，卖房所得款项中，应当将出资款还给蒋某，剩余款项都还了赌债但仍未还清，本案张某乙并不知情。

法院经审理查明：张某甲系张某乙之父。蒋某与张某乙原系夫妻，二人于2011年1月1日登记结婚，2016年2月25日登记离婚。2013年8月，张某甲与案外人陈某等人签订《上海市房地产买卖合同》，购买上海市松江区某房屋。在此之前，蒋某于2013年2月、3月分两次向房屋出售方陈某等支付房屋转让款合计61万元。2013年9月，张某甲为购买涉案房屋向某银行松江支行贷款130万元，双方签订《个人购房借款及担保合同》并办理了抵押权登记手续。

2014年4月，张某甲就涉案房屋办理了二次抵押，并于同年5月办理了抵押登记。在办理抵押手续的过程中，由于房地产交易中心的系统原因导致某银行松江支行对涉案房屋的抵押信息被无故注销。

2016年1月，张某甲以550万元的价格将涉案房屋转卖给案外人李某等，并于同年4月办理了产权过户手续。李某等向某银行北京分行申请抵押贷款，该行被登记为涉案房屋的抵押权人。2016年4月29日，张某甲收到李某等申请的银行贷款260万元。次日，张某甲将其中108万元转账给蒋某。

2016年5月，张某甲未正常向某银行松江支行还款，某银行松江支行了解到张某甲擅自将抵押物转让给他人，遂于2016年7月向法院提起诉讼，要求解除《个人购房借款及担保合同》并要求张某甲及其妻子承担还款义务。法院判决解除合同，张某甲及其妻子偿还某银行松江支行借款本金110余万元及相应的利息、罚息、律师代理费。之后，某银行松江支行向法院申请执行，因未查实被执行人有可供执行的财产，暂无执行条件，法院裁定终结执行程序。截止本案诉讼，某银行松江支行对于上述债权仍未受偿。

上海市松江区人民法院于2019年3月20日作出(2018)沪0117民初20844号民事判决：驳回某银行松江支行的全部诉讼请求。宣判后，某银行松江支行提起上诉。上海市第一中级人民法院于2019年10月31日作出(2019)沪01民终7080号民事判决：一、撤销上海市松江区人民法院(2018)沪0117民初20844号民事判决；二、撤销张某甲向蒋某转账人民币108万元的行为，蒋某于本判决生效之日起十日内将人民币108万元返还至张某甲的银行账户。三、张某甲于本判决生效之日起十日内支付某银行松江支行为行使撤销权所支付的律师费人民币46 800元。四、驳回某银行松江支行原审其余诉讼请求。

裁判理由

本案的争议焦点是：某银行松江支行要求撤销张某甲与蒋某之间转账108万元的诉讼请求是否具有事实和法律依据。

其一，某银行松江支行对张某甲享有合法有效的债权并享有合法有效的抵押权。2013年8月8日，张某甲向某银行松江支行申请贷款购买涉案房产，将房屋抵押给某银行松江支行并办理了抵押登记，某银行松江支行依法成为涉案房屋的抵押权人，并基于借款合同关系对张某甲享有合法有效的债权。根据原《中华人民共和国物权法》第一百七十七条之规定，“担保物权消灭因主债权消灭、担保物权实现、债权人放弃担保物权以及法律规定担保物权消灭的其他情形而消灭”。本案中，虽然由于上海市松江区房地产交易中心的系统原因导致某银行松江支行对涉案房屋的抵押信息被覆盖，但某银行松江支行的债权未获得清偿且其未放弃抵押权，并不属于上述法律规定的担保物权消灭的情形，某银行松江支行所享有的抵押权并未消灭。张某甲未经某银行松江支行同意擅自将涉案房屋转让给案外人，抵押权的效力虽然不得对抗善意的房屋买受人，但可及于张某甲将涉案房屋转让后所得价款，某银行松江支行依法对张某甲转让涉案房屋所得价款享有优先受偿权。张某甲在擅自将房屋转让给他人后也理应将房屋转让所得价款及时清偿对某银行松江支行的债务而非支付给他人。

其二，张某甲主观上具有逃避债务的恶意，客观上其行为损害了某银行松江支行的债权。张某甲在明知其对某银行松江支行负有巨额债务未予清偿的情形下，利用房地产交易中心系统问题造成原抵押权信息被覆盖的漏洞，擅自将涉案房屋转让给案外人，之后又在转让所得价款足以清偿某银行松江支行贷款本息的情况下隐瞒转让事实，在获得房屋价款的第一时间悉数转让给包括蒋某在内的数人，主观上具有逃避债务的恶意，客观上造成无可供执行的财产。上海市松江区人民法院裁定终结对张某甲的执行程序，张某甲至今未就某银行松江支行的贷款本息进行过任何偿还，未提供新的担保，也未提供证据证明其另有足够偿还上述债务的财产，客观上构成对某银行松江支行债权的损害，张某甲支付蒋某 108 万元款项的行为有悖诚信原则，理应撤销。

其三，从撤销权的行使期限来看，某银行松江支行提供的证据显示其于 2018 年 8 月获悉张某甲向蒋某支付 108 万元款项的事实，其于 2018 年 11 月 22 日向一审法院提起诉讼要求行使撤销权并未超过法定除斥期间。

其四，张某甲和蒋某辩称其对涉案房屋是共同共有，但根据原《物权法》第六条的规定，不动产物权应当以登记为准，而根据现有证据，涉案房屋原先的登记权利人为张某甲一人，且张某甲与蒋某之间也未就房屋产权作出过任何约定，因此，张某甲、蒋某所称的蒋某对涉案房屋共有于法无据，不予采纳。本案中张某甲和蒋某对蒋某购买涉案房屋时支付的61万元款项的性质未作出明确约定，导致该笔款项的性质不明。对于张某甲而言，即便蒋某支付61万元的行为导致其与蒋某之间形成债权债务关系，但此债权债务关系亦不能对抗某银行松江支行对房屋转让价款享有的优先受偿权。

综上所述，某银行松江支行行使撤销权具有事实和法律依据，应当予以支持。

裁判要旨

第一，因他人原因致使不动产抵押登记信息被无故注销的，抵押权不因注销登记而消灭。债务人未经债权人同意转让抵押物，受让人善意取得该抵押物所有权的，基于抵押权的物上代位性，债权人就转让抵押物所得价款应享有优先受偿权。

第二，债权人撤销权制度的规范意旨，即在平衡债权人的权利、债务人意思自治以及第三人交易安全三者利益的前提下，保全债权人的债权。因此，债务人恶意将转让价款支付给第三人以逃避债务并导致债权人债权受损的，无论第三人获得转让价款是无偿还是有偿行为，债权人均有权行使撤销权。

关联索引

《中华人民共和国民法典》第三百九十三条、第四百零六条（本案适用的是2007年10月1日施行的《中华人民共和国物权法》第一百七十七条、第一百九十一条）

《中华人民共和国民法典》第五百三十八条（本案适用的是1999年10月1日施行的《中华人民共和国合同法》第七十四条）

一审：上海市松江区人民法院(2018)沪0117民初20844号民事判决（2019年3月20日）

二审：上海市第一中级人民法院(2019)沪01民终7080号民事判决（2019年10月31日）

二审合议庭成员：任明艳（审判长兼主审法官）、沙茹萍、刘江

案例评析

一般而言,债的关系具有相对性,债权人不得干涉债务人与第三人的法律行为,但为了防止债务人财产不当减少而给债权人的债权带来危害,故设立了债的保全制度以保全债务人的责任财产。债权人撤销权即属于债的保全制度之一,旨在平衡债权人的权利、债务人意思自治以及第三人交易安全三者利益的前提下,使债务人的责任财产维持在适当状态,以保障债权人的债权得以实现,体现了现代民法强化诚信原则的价值取向。

《民法典》第五百三十八条、第五百三十九条规定了债务人无偿处分或者以不合理价格交易时债权人撤销权的行使规则,但实践中存在债务人以其他方式侵害债权人债权的情况发生,需要从债权人撤销权制度的立法目的出发,综合判断是否符合债权人撤销权的构成要件。现就相关问题解读如下:

首先,在判断债务人是否存在主观恶意时,应以债务人行为时为准。债务人在行为时明知该行为将损害债权人的权利,行为可能引起或者增加其无资力状态的即为恶意。本案中,张某甲在明知其对某银行股份有限公司上海松江区支行负有巨额债务未予清偿的情况下,利用房地产交易中心系统漏洞,擅自将设有抵押权的房屋转让给案外人,之后又在转让所得价款足以清偿银行贷款的情况下,隐瞒转让事实,在获得房屋转让价款的第一时间悉数转让给包括蒋某在内的数人。张某甲主观上明知其行为将损害某银行股份有限公司上海松江区支行的债权,可能引起或者增加其无资力状态,具有逃避债务的主观恶意。

其次,客观上债务人是否存在诈害债权人的行为,以债务人处分其财产后是否具有足够资产清偿债权人的债权为标准。本案中,张某甲将获得的房屋转让价款支付给蒋某等人后,客观上造成自身无资力的状态,且张某甲至本案二审辩论终结始终未就某银行股份有限公司上海松江区支行的贷款本息进行任何偿还,未提供新的担保,也未提供证据证明其另有足够偿还上述债务的财产。故其将出卖抵押物所得款项转账给他人的行为直接导致其丧失偿债能力，并持续到债权人行使撤销权时仍未改善，客观上构成对债权的侵害。

最后，在个案适用债权人撤销权制度时，应当注意平衡债权人的权利、债务人意思自治以及第三人交易安全三者利益，既要强化诚实信用原则的价值取向，避免债务人财产不当减少给债权人的债权带来危害，还要防止不加限制地适用导致违背民法私法自治原则，危害市场交易的安全。本案中，对于抵押权人某银行股份有限公司上海松江区支行而言，其获得抵押权的目的不在于取得抵押物的使用价值，而是通过把握抵押物的交换价值以便在债务人到期未履行债务时就抵押物的交换价值优先受偿，故虽然抵押权登记信息被无故注销，但其抵押权并未因此消灭，在张某甲未经抵押权人同意擅自处分抵押物的情况下，其对抵押物的代位权也即转让所得价款享有优先受偿的权利。对于债务人张某甲而言，其在明知处分抵押物所得价款应当向某银行股份有限公司上海松江区支行优先清偿而未予清偿的情况下，将其中 108 万元款项支付给蒋某，目的系为逃避偿还相应债务，主观恶意明显。对于第三人蒋某而言，其与张某甲存在特殊的身份关系，且即便其对张某甲享有债权，也仅系一般债权，无法对抗银行就抵押物转让价款所享有的优先受偿权。因此，从债权人、债务人以及第三人的角度分析，根据债权人撤销权的立法目的，对张某甲行为的主客观状态、行为效果以及某银行股份有限公司上海松江区支行对房屋转让价款享有优先受偿权等因素全面把握，进行综合判断后，应贯彻法律法规意旨，通过目的性扩张的解释方法，将债权人撤销权条款之文义所未涵盖，而合乎规范意旨的本案所涉情况纳入债权人撤销权的适用范围内，对张某甲处分抵押权所得价款的行为予以撤销，实现对债权人的权利、债务人意思自治以及第三人交易安全三者利益的平衡保护。

42. 周某云等集资诈骗案*

——集资诈骗罪非法占有目的形成时间的认定

关键词 刑事 集资诈骗罪 非法占有目的 形成时间 填补资金缺口

基本案情

2013年10月起，被告人周某云即以实际控制的高某投资公司的名义对外销售理财产品，向社会不特定对象吸收资金。同年12月，周某云出资设立善某金融公司，陆续在全国29个省市设立1 100余家理财门店，发展6.5万余人的销售团队，在未经有关部门依法批准的情况下，采用召开推介会、发送传单、随机拨打电话、媒体广告、赞助大型活动等方式向社会公开宣传，以承诺年化收益率5.4%—15%不等的固定收益为诱饵，通过签订投资期限为1个月至2年的《出借咨询与管理服务协议》《债权转让协议》等方式销售理财产品，向社会不特定对象吸收资金。

2015年2月起，善某金融公司先后设立4个线上理财平台，主要销售多个理财产品，产品期限1天至3年不等，产品年化收益率4.5%—18%，向社会不特定对象吸收资金。同时，善某金融公司陆续收购或设立5个平台作为线上放贷平台。善某金融公司虚构部分借款人信息，通过线上理财平台非法募集资金归集至资金池后，再决定划转至5个线上放

---

* 编写人系上海市第一中级人民法院顾苹洲、阳韵，入库编号2024-04-1-134-007。

贷平台及投资项目等。

2017年6月，上海市浦东新区金融服务局向善某金融公司发出《互联网金融风险专项整治整改通知书》，提出全面停止线下业务并每月申报到期应兑付金额等多项整改要求。善某金融公司不仅没有落实整改要求，相反被告人周某云为填补善某金融公司前期募资过程中形成的巨额资金漏洞，缓解投资人本息兑付压力，决定以中某建筑公司为转让方、如某公司作为居间方、高某投资公司作为担保方，发行“政某”理财产品，转让中某建筑公司建筑施工工程应收债权。2017年8月1日，“政某”理财产品开始在线下理财门店销售，投资期限6个月至3年，承诺年化收益率8%—14%，以与投资人签订《债权转让协议》方式继续向社会不特定对象吸收资金。其间，周某云指令被告人曹某、田某升等人将沿街理财门店转入写字楼，将销售人员转至如某公司，撰写虚假的业务报告文件、整改计划，向金融监管机构提供虚假销售数据，隐匿“政某”理财产品的销售。

2013年10月至2018年4月，善某金融公司通过线下理财门店、线上理财平台非法募集资金共计人民币736.87亿余元(币种下同)，涉及62万余名投资人。非法募资款均被归集至被告人周某云控制的个人账户及中某建筑公司、高某投资公司等账户内，供周某云统一支配使用，主要用于兑付前期投资者本息、项目投资、支付善某金融公司及关联公司、投资公司的运营费用等。至案发时，造成25万余名被害人实际经济损失共217.07亿余元。

在“善某系”集资诈骗过程中，被告人周某云作为善某金融公司及“善某系”企业的实际控制人，在业务决策、资金支配、人员安排、项目投资等方面均具有直接决定权，全面负责本案非法募集资金活动。

经司法审计，本案90个涉案账户2013年10月12日的期初余额仅为0.58万元。被告人周某云作为善某金融公司唯一股东，其实缴资本12亿元完全来自募集资金，善某金融公司系依靠募集资金维持公司运营。

2013 年，周某云承包了佳某房地产有限公司的建筑工程，以该项目通过借新还旧方式滚动贷款，并于 2014 年向银行贷款 1.2 亿元；2015 年 10 月，周某云利用善某金融公司最初募集的资金 1.34 亿元偿还了某银行贷款本息。周某云控制的善某金融公司、中某建筑公司等吸收投资人的集资款累计 736.87 亿余元，其中兑付投资人本息 567.59 亿余元，用于善某金融公司资产端线下、线上放贷差额 35.39 亿余元（应收款），支付关联公司差额 11.56 亿余元，支付高某投资公司、天津关联公司等 17.04 亿余元，支付员工工资、佣金、奖金等 42.09 亿余元，支付办公场所房租、物业水电费、装修费、办公设备购置费等 19.88 亿余元，用于投资项目、收购公司股权、购买境外股票及中某建筑公司基建项目等支出 34.63 亿余元。

上海市第一中级人民法院于 2020 年 7 月 24 日作出(2019)沪 01 刑初 26 号刑事判决：一、被告单位善某金融公司犯集资诈骗罪，判处罚金人民币 15 亿元；二、被告人周某云犯集资诈骗罪，判处无期徒刑，剥夺政治权利终身，并处罚金人民币 7 000 万元（其他判项略）。宣判后，被告人周某云等人不服，提出上诉。上海市高级人民法院于 2020 年 12 月 16 日作出(2020)沪刑终 93 号刑事裁定：驳回上诉，维持原判。

裁判理由

被告人周某云及其辩护人提出，善某金融公司前期所实施的非法集资行为不具有非法占有的目的，之后因产生资金兑付压力，于 2017 年 8 月启动“政某”理财项目吸收公众资金时才产生非法占有目的，故本案应以 2017 年 8 月为节点，将前行为认定为非法吸收公众存款罪，后行为认定为集资诈骗罪。经查，周某云自 2013 年 10 月起至 2018 年 4 月案发，其间始终具有非法占有目的，其行为构成集资诈骗罪。具体而言：

第一，经审计证实，本案 90 个涉案账户 2013 年 10 月 12 日的期初余额仅为 0.58 万元。被告人周某云于 2013 年 10 月以实际控制的高某投资公司的名义对外销售理财产品，于同年 12 月成立善某金融公司时，其目的就是填补之前非法募资业务以及房地产开发业务的资金缺口。

第二，被告人周某云作为善某金融公司的唯一股东，其实缴资本完全来自募集资金。善某金融公司系依靠募集资金维持公司运营，近90%募集资金用于还本付息、员工薪资、业务提成、经营费用等支出，而用于生产经营活动的资金不足10%，且投资项目未产生有效收益，即使有部分收益，也远低于集资规模，不具有偿付集资本息的可能性。

第三，2017年上半年，金融监管机构要求善某金融公司逐渐减少并直至关停线下门店，被告人周某云无视金融监管机构的整改通知，仍决定于2017年8月发行理财产品，继续线下募集大量资金，以填补过百亿元待兑付本息的亏空。综上，善某金融公司及周某云自2013年10月起即具有非法占有目的，不能以2017年8月为时间节点，人为割裂善某金融公司及周某云的非法集资行为。

裁判要旨

集资诈骗案件中，认定行为人在成立涉案公司时是否具有非法占有目的，应当结合行为人当时的资金偿付能力、涉案公司的实缴资本来源、生产经营活动、募集资金流向等情况进行综合判断。行为人在已有较大资金缺口的情况下，仍成立涉案公司向社会不特定对象吸收资金，涉案公司用于生产经营活动的资金与募集资金规模明显不成比例，且实缴资本完全来源于募集资金的，可认定行为人成立涉案公司就是为了填补之前的资金缺口，自成立涉案公司之日起即具有非法占有目的。

关联索引

《中华人民共和国刑法》第一百九十二条

一审：上海市第一中级人民法院(2019)沪01刑初26号刑事判决(2020年7月24日)

二审：上海市高级人民法院(2020)沪刑终93号刑事裁定(2020年12月16日)

二审合议庭成员：李长坤(审判长)、顾苹洲(主审法官)、黄健(人民陪审员)

案例评析

非法占有目的是集资诈骗罪的法定构成要件之一，是区分集资诈骗罪与其他非法集资犯罪的关键所在，同时又是集资诈骗罪司法认定当中的难点。《最高人民法院关于审理非法集资刑事案件具体应用法律若干问题的解释》（下称《解释》）第七条规定了八种可以认定为“非法占有目的”的具体情形，包括集资后不用于生产经营活动或者用于生产经营活动与筹集资金规模明显不成比例，致使集资款不能返还的；肆意挥霍集资款，致使集资款不能返还的；携带集资款逃匿的；将集资款用于违法犯罪活动的；抽逃、转移资金、隐匿财产，逃避返还资金的；隐匿、销毁账目，或者搞假破产、假倒闭，逃避返还资金的；拒不交代资金去向，逃避返还资金的；其他可以认定非法占有目的的情形。据此，集资诈骗罪中的非法占有目的，应当区分情形进行具体认定。与此同时，非法占有目的的形成时间极为隐蔽，认定难度较大。通常而言，“取得型财产”犯罪非法占有目的形成时间可以依据行为人实际占有的时间来加以认定，但在集资诈骗罪中，无法简单根据这一办法来识别非法占有目的，因为行为人所实施的非法集资行为通常持续很长一段时间，尤其是在行为人尚有正常生产经营的活动、尚能向投资人兑现利息回报时，难以判断其向社会不特定对象吸收资金是否具有非法占有目的。对于非法占有目的产生于非法集资过程当中的，应当只对非法占有目的支配下实施的非法集资犯罪以集资诈骗罪处理，对于之前实施的行为，应以其他非法集资犯罪处理，实行数罪并罚。但对于非法集资前或行为之初就具有非法占有目的的，应当自始认定成立集资诈骗罪一罪，不宜人为割裂犯罪行为，否则有轻纵犯罪之嫌。现就相关问题解读如下：

第一，非法占有目的形成时间的内涵。界定“非法占有目的”产生时间的内涵，关键在于对“形成”和“时间”这两个概念的准确界定。一是非法占有的目的作为行为人的主观心态，其过程必然经历了形成、发展直至确认。二是非法占有在刑法层面应当理解为非法所有，代表行为人具有永久性排除权利人所有权的意图。行为人主观意图的产生往往在电光石火之间，非法占有目的的产生也在一瞬间，具有瞬时性，无论是从无到有或是从弱到强，都是以时间点的形式得以确认，并不涉及长时间的变化。在司法实践中，一般会通过观察一段时间内行为人行为的变化来判断主观目的的形成。这是因为时间点的瞬时性以及主观心理的隐蔽性，使得两者都难以直接判断，因此需要通过对时间段的分析，以作为对行为人主观目的认定的辅助，但这并不能说明“非法占有目的”的产生是在一段时间内所完成的。我们认为，集资诈骗罪中非法占有目的的产生时间应当是行为人使用有关方法占有或占有他人财物者这一意图产生的时间点。

第二，非法占有目的形成时间的认定原则。(1)目的与故意同时存在原则。犯罪目的和犯罪故意两个概念间存在着十分紧密的联系，虽然犯罪目的是独立于犯罪故意而存在的，但其性质反过来又决定犯罪故意的性质，从某种意义上说，二者的产生也是同时进行的。(2)行为与责任同时存在原则。行为人的辨认和控制能力、罪过和目的都必须存在于行为时。换言之，对于集资诈骗罪这一目的犯而言，它的犯罪行为的实施是在犯罪目的的引导下发生的，这些行为都是加以认定这一犯罪的要素，亦即对犯罪行为认定的前提是这些行为必须有目的的引导和支配。(3)主客观相一致原则。该原则认为，认定行为人构成某种犯罪，其既要实施了刑法规定的构成此罪需具备的主观要件如故意或过失，同时也要实施了刑法分则中所规定的危险行为，只有同时具备二者，且二者间具有刑法上的因果关系才可构成犯罪。然而，非法占有目的存在于行为人的内心，不能直接认定，但可通过对行为人的客观行为加以判断。

第三，行为人成立涉案公司时是否具有非法占有目的，应结合以下两方面进行综合判断。(1)行为人成立涉案公司时的资金偿付能力。行为人在已有较大资金缺口，生产经营状况已明显恶化、资不抵债的情形下，仍成立涉案公司向社会不特定对象吸收资金，寄希望通过募集资金来维持公司运营，填补之前的资金缺口，应认定具有非法占有目的。需要着重判断行为人难以返还集资款的原因，是由于经营不善、市场风险等意志以外的原因出现亏损无法继续经营，造成较大数额的集资款不能返还，还是确因行为人通过合法外观掩盖非法目的。(2)募集资金流向。虽然涉案公司有一定的生产经营活动，但用于生产经营活动的资金与募集资金规模明显不成比例，大部分募集资金主要用于支付前期本金和高额回报，且涉案公司的生产经营活动几乎没有有效收益；即使有部分收益，但也远低于集资规模，不具有偿付集资本息的可能性。此外，投资行为纯属消耗性的，行为人也不指望从该投资行为中获取收益的，亦可以视为是《解释》所规定的“肆意挥霍集资款，致使集资款不能返还的”，认定行为人具有非法占有目的。

43. 上海某建材公司诉上海市浦东新区人民政府事故调查报告批复案*

——与事故调查结果有利害关系的行政机关及其工作人员应回避参与事故调查

关键词 行政 行政批复 事故调查 安全生产 利害关系 回避

基本案情

上海市浦东新区孙农路新建工程项目建设方为上海市张江镇政府，总包单位为甲公司，分包单位为乙公司，监理单位为丙公司。上海戊建筑材料有限公司系乙公司道路石材铺设供货单位，将人行道砖转由上海某建材公司向乙公司提供。上海某建材公司委托王某运输装卸人行道砖，并与王某结算货物运输款。2018 年 11 月 19 日 13 时 10 分左右，王某将工地上叉车通过自制铁架斜坡从地面往货车厢板倒车，东侧支撑承受不住叉车重量，变形断裂，叉车失去重心侧翻将王某压在了叉车下。“120”急救人员到场确认王某死亡。

事故发生后，上海市浦东新区人民政府（以下简称“浦东新区政府”）委托原上海市浦东新区安全生产监督管理局（以下简称“原浦东安监局”）组织事故调查组进行调查，原浦东安监局、上海市公安局浦东分局、张江镇政府等组成调查组赴现场调查取证。2019 年 1 月 25 日，调查组人员

---

* 编写人系上海市第一中级人民法院郭海云、于宁馨，上海市静安区人民法院（原任职于上海市第一中级人民法院）董礼洁，入库编号 2024-12-3-014-001。

讨论通过《上海某建材公司“11.19”车辆伤害死亡事故调查报告》(以下简称《事故调查报告》)。同年2月12日,原浦东安监局将该事故调查报告报送浦东新区政府。同年2月22日,浦东新区政府作出浦府安〔2019〕16号《关于〈上海某建筑材料有限公司“11.19”车辆伤害死亡事故调查报告〉的批复》:“一、同意事故调查报告对事故原因的分析和对事故责任的认定及处理意见。二、各有关部门、单位应依据职责落实事故调查报告提出的处理意见,并将处理结果及时上报。”同年3月13日,浦东新区政府将事故调查报告及被诉批复送达上海某建材公司。上海某建材公司不服被诉批复对事故责任的认定,向法院提起本案行政诉讼,请求撤销被诉批复及事故调查报告。

另查明,原浦东安监局于2019年3月26日对上海某建材公司作出行政处罚决定,认定上海某建材公司将人行道砖块配送和装卸发包给了自然人王某,发包后未履行安全管理职责,对事故的发生负有责任,依据《中华人民共和国安全生产法》第109条第1项的规定,决定对该公司罚款人民币20万元。

还查明,《上海市浦东新区机构改革方案》中明确,组建区应急管理局,承担原浦东安监局的职责。浦东新区机构改革工作于2019年3月底前基本完成。

原告上海某建材公司以《事故调查报告》的事实认定及责任认定均有误且事故调查组组成不合法为由,依法提起行政诉讼,故请求法院判决撤销被告作出的被诉批复及《事故调查报告》。

上海市第一中级人民法院于2020年3月6日作出(2019)沪01行初160号行政判决:一、撤销被告上海市浦东新区人民政府于2019年2月22日作出的浦府安〔2019〕16号《关于〈上海某建筑材料有限公司“11.19”车辆伤害死亡事故调查报告〉的批复》;二、责令被告上海市浦东新区人民政府于本判决生效之日起九十日内重新作出行政行为。宣判后,上海市浦东新区人民政府提起上诉。上海市高级人民法院于 2020 年 9 月 28 日作出(2020)沪行终 280 号行政判决:驳回上诉,维持原判。

裁判理由

法院生效裁判认为:涉案生产安全事故 1 人死亡,系一般事故。根据国务院《生产安全事故报告和调查处理条例》(以下简称《条例》)第十九条第二款、第二十九条及第三十二条规定,原浦东安监局接受浦东新区政府的委托对“11.19”事故组织调查组进行调查,拟写《事故调查报告》并报送浦东新区政府,浦东新区政府自收到事故调查报告后于法定期限 15 日内作出批复,符合法律规定。浦东新区政府作为负责涉案事故调查的人民政府在收到事故调查组提交的事故调查报告后,具有作出被诉批复的法定职责。《条例》第二十二条第二款、第二十三条规定,事故调查组的主要职责在于查明事故情况、认定事故责任并提交事故调查报告。

政府部门一般不直接从事生产经营活动,通常情况下,属地人民政府参加事故调查组,参与事故调查及认定事故责任,有利于配合做好服务保障和相关社会管理工作。但在本案中,张江镇政府是涉案工程的建设单位,在此特定情形下,张江镇政府就涉案工程建设的安全生产具有相应的安全生产责任,有可能是涉案生产安全事故的被调查对象,不应在调查之前即将其排除出调查范围。张江镇政府工作人员参加事故调查组,参与事故调查并认定事故责任,显然有违正当程序的法治原则。浦东新区政府批复同意该调查组作出的事故调查报告,显属不当,原审据此认定上诉人作出的关于《事故调查报告》的批复违反法定程序,判决撤销该批复并责令上诉人浦东新区政府于本判决生效之日起 90 日内重新作出行政行为正确。

为准确查清事故原因,查明事故性质和责任,维护事故调查的客观公正,组织事故调查组不仅应该严格遵循法律法规规定,而且应该结合事故个案的具体情况,排除对事故调查公正性的合理怀疑。事故调查组由具体调查人员组成，法规已明确规定事故调查组成员应当与所调查的事故没有直接利害关系。基于正当程序原则，为防止偏见、排除合理怀疑，派出调查组人员参与组成调查组的单位也理所应当与所调查的事故没有直接利害关系，故作为涉案新建工程项目建设单位的张江镇政府，在有可能作为被调查对象的情况下，应当主动回避，不参与涉案事故调查过程以及对事故原因的分析判断和事故责任的认定处理。因此，浦东新区政府提出回避对象应是调查组的组成成员而非成员单位的主张，不能成立。

涉案事故发生时，涉案工程尚未竣工验收、交付使用，属在建工程。张江镇政府在本案中既是事故发生地人民政府，同时也是涉诉事故调查报告所查明的新建道路工程的建设单位。在张江镇政府建设的新建道路工程工地上，在运输工程所用人行道砖车辆的装卸过程中发生生产安全事故，事故调查组自然应该调查该在建工程相关主体在事故中的安全责任。事故被调查对象不应当在调查开展前即预先确定，而应该随着调查的开展，基于查清事实、明确责任的需要，逐步确定或排除。如前所述，张江镇政府作为涉案在建工程的建设单位，有可能是事故的被调查对象。浦东新区政府上诉中主张，涉案事故发生于运输服务过程中，而非建筑施工过程中，在事故调查组开展调查、作出事故责任认定之前，即将张江镇政府作为建设单位可能承担的安全生产责任局限于建筑施工过程，进而预先认定张江镇政府不属于涉案事故的被调查对象，这一预设前提显然缺乏依据，浦东新区政府相关主张亦不能成立。

综上所述，一审法院以违反法定程序为由，判决撤销被诉批复并责令浦东新区政府于一审判决生效之日起九十日内重新作出行政行为，认定事实清楚，适用法律、法规正确，程序合法，故二审法院予以维持。

裁判要旨

在事故调查过程中，调查组成员参与事故调查是其职务行为，如果其所在行政机关与事故调查结果之间存在利害关系，该行政机关与其工作人员均应当回避。如果该行政机关因其职权的内容和特点，在事故调查过程中负有不可替代的辅助性职责的，该行政机关可以派员参与事故调查组，但应当设置相应的程序确保该行政机关的工作人员不能参与事故调查过程及调查报告的讨论和决定程序。

关联索引

《生产安全事故报告和调查处理条例》第十九条、第二十二条、第二十三条、第二十九条、第三十二条

《中华人民共和国行政诉讼法》第七十条、第八十九条

一审：上海市第一中级人民法院(2019)沪01行初160号行政判决(2020年3月6日)

一审合议庭成员：董礼洁(审判长兼主审法官)、孙歆、黄秀佩(人民陪审员)

二审：上海市高级人民法院(2020)沪行终280号行政判决(2020年9月28日)

案例评析

公平正义是行政程序设置的主要目标，也是现代法治的价值追求。作为实体正义的前提和保障，正当程序原则已经内化为行政程序的基本原则，如我国行政处罚法、行政强制法等对回避制度的规定。安全事故调查也应遵循正当程序原则，《生产安全事故报告和调查处理条例》第二十三条规定："事故调查组成员应当具有事故调查所需要的知识和专长，并与所调查的事故没有直接利害关系。"通常情况下，行政机关极少与其管辖的事项存在直接利害关系，故回避的主体一般是自然人，即执法人员。但在安全事故调查等特殊情况中，行政机关可能因与所处理事项存在直接利害关系而需整体回避的情形。现就有关问题解读如下：

其一，行政机关若与其管辖事项存在直接利害关系，则需要整体回避。回避事由按照与应当回避人员关系的紧密程度可以分为直接利害关系、重大利害关系和其他关系。所谓直接利害关系通常是指案件的处理结果会对行政机关或其工作人员的权利义务造成直接的影响，如行政执

法人员就是案件的当事人。直接利害关系是法律上最为紧密的一种利害关系，因此无论是自然人、法人还是其他组织，一旦与案件存在直接利害关系，应当回避。就行政机关而言，这种回避应当及于该行政机关工作人员的职务行为。在生产事故调查中，事故调查组由有关人民政府、安全生产监督管理部门、监察机关、公安机关等派员组成，若所派人员与该生产事故有直接利害关系则应当回避，不能成为调查组成员。若人民政府、安全生产监督管理部门等与该生产事故有直接利害关系则应当整体回避，其工作人员不应参与事故调查和责任认定。本案中，张江镇人民政府作为事发建设工地的发包方，若经事故调查，认定其未履行安全生产义务，且与事故的发生存在一定的因果关系，就会导致其需承担相应的行政及民事责任，对其权利义务造成直接影响。故由张江镇人民政府派员参加事故调查组、参与事故调查并认定事故责任，显然有违正当程序原则。如果基于一定的理由，张江镇人民政府工作人员必须参与事故调查，则应当设置相应的程序，排除合理怀疑。

其二，根据行政机关在其所回避事项中的职责是否具有“不可替代性”具体判断其在事项处理中的参与程度。如果应当回避的行政机关在行政程序中的职权和职责是可以被替代或者系辅助性的，应当由有权机关安排其他行政机关代为履行职责。以本案为例，成立事故调查组的目的是高效且清楚地查明事故发生的原因和经过，对事故责任作出初步认定。《生产安全事故报告和调查处理条例》对于事故调查组成员的确定是基于相关政府和政府部门的职责，为履行事故调查职责服务的。事故调查组成员单位均在事故调查过程中具有相应的职责，这些成员单位分工协作，共同履行安全生产事故调查的职责。如果行政机关所承担的是辅助性职责，其职责不具有不可替代性，则可以指定其他行政机关代为履行，并在组织调查组进行调查时，明确代为履行的行政机关以及具体职责。如果应当回避的行政机关在行政程序中的职权和职责是不可替代的，则应当参照行政复议和听证程序的相关规定，指定该行政机关中与被调查事项无关的人员参与行政程序履行职责，但该行政机关的人员不得参与该事项的讨论和决定程序。以本案为例，如果张江镇人民政府在安全事故调查过程中承担的职责具有不可替代性，浦东新区人民政府可以要求张江镇人民政府指派与涉案工程建设及事故无关的人员参与事故调查组履行其职责，但是，其不得参与《事故调查报告》的讨论和决定程序，保障实体和程序的公正性。

综上所述，无论是行政执法人员还是行政机关，若其与依职权处理的事项存在利害关系，则应当依法回避。在行政机关需整体回避的情形下，若其在该事项处理中所负职责是不可替代的、非辅助性的，则该行政机关可以派工作人员参与事项处理，但应当设置相应的程序确保该行政机关的工作人员不能参与影响事项处理结果的讨论和决定程序。

44. 丁某君诈骗案*

——以借用为名非法占有他人财物行为的定性

关键词 刑事 诈骗罪 盗窃罪 非法占有 处分财物

基本案情

2014 年 9 月至 11 月间，被告人丁某君在上海市长宁区、静安区、普陀区、徐汇区等地，多次冒充帮助民警办案的工作人员，专门搭识未成年人，以发生案件需要辨认犯罪嫌疑人、需向被害人借手机拍照等为由，借得多名被害人的手机等财物，在让被害人原地等候时逃离。之后，丁某君将赃物销售，所得赃款被挥霍。另查明，丁某君 2008 年 11 月因犯盗窃罪被判处有期徒刑一年六个月，并处罚金人民币 1 000 元；2010 年 3 月 11 日刑满释放。

上海市长宁区人民法院于 2015 年 7 月 23 日作出（2015）长刑初字第 343 号刑事判决：被告人丁某君犯盗窃罪，判处有期徒刑一年六个月，并处罚金人民币 3 000 元。

宣判后，上海市长宁区人民检察院提出抗诉，认为原判定性错误，在被害人同意被告人丁某君离开时，财物已经交付，且脱离被害人的控制，被害人已实施财物处分行为，财物被转移占有，故丁某君的行为应构成诈骗罪。

---

* 编写人系东南大学（原任职于上海市第一中级人民法院）任素贤、上海市第一中级人民法院秦现锋，入库编号 2024-03-1-222-010。

上海市第一中级人民法院于2016年7月4日作出(2015)沪一中刑终字第1769号刑事判决：丁某君犯诈骗罪，判处有期徒刑一年六个月，并处罚金人民币3 000元。

裁判理由

本案的争议焦点为：行为人以借用为名非法占有他人财物的行为，构成盗窃罪还是诈骗罪。根据《中华人民共和国刑法》第二百六十四条、第二百六十六条的规定，诈骗罪与盗窃罪的区分应当从行为人采取的主要手段和被害人有无处分财物等方面综合加以判断。本案中，被告人丁某君以非法占有为目的，多次以欺骗手段让被害人“自愿”交付财物，数额较大，其行为构成诈骗罪。具体而言：

其一，盗窃罪与诈骗罪的区分关键之一系犯罪手段不同。诈骗罪主要以欺诈手段骗取财物，盗窃罪通常以秘密手段窃取财物。在一般的以借用为名非法占有他人手机等侵财案件中，被害人与行为人并不存在密切的信任关系，被害人出借财物后多在旁密切关注着手机等财物的使用状况，行为人“借用”后，多是趁被害人不备，秘密携带财物离开现场，进而实现对他人财物的非法占有。因行为人取得财物的主要手段是秘密窃取，所以存在成立盗窃罪的空间。本案情形与此不同。被告人丁某君冒充帮助警察办案的工作人员获得了被害人的充分信任，从被害人处骗得了手机等财物，又以去拍照、开警车等欺骗手段使被害人产生错误认识，同意丁某君带着手机等财物离开现场，并在原地等候财物的归还。从整个过程来看，丁某君获取被害人财物的主要方式是欺骗而非窃取，故丁某君的行为不符合盗窃罪的犯罪构成。

其二，盗窃罪与诈骗罪的区分关键之二系被害人是否因认识错误而处分财物。诈骗罪是以欺骗手段使被害人基于错误认识而“自愿”处分财物，即将财物交由行为人占有、支配的犯罪；盗窃罪中亦可能存在被害人交付财物的情节，但被害人并未将财物占有转移给行为人，即不存在被害人处分财物的情节。处分行为是财物支配关系的变化，并不完全等同于日常生活中的“交给”动作。在借用财物的情形下，被害人将财物交给行为人时，如果被害人仍在现场监督行为人对财物的使用，则财物的占有、支配关系在法律上并未转移，亦即被害人并未对财物作出处分。但是，如果在行为人借得财物后，将财物带离现场，被害人同意的，则应当认为财物的占有、支配关系已发生变化，被害人实际已因受骗而对财物作出错误处分。本案中，被害人将手机交给被告人丁某君，并同意丁某君将手机等财物带离现场，此时财物的交付、处分行为已经完成。因本案系因被害人错误认识、处分财物，进而导致财物损失，故丁某君的行为应当构成诈骗罪。

裁判要旨

以借用为名非法占有他人财物行为的定性，应当从行为人采取的主要手段和被害人有无处分财物等方面进行判断。行为人采取欺骗手段使被害人交付财物，在被害人同意行为人携带财物离开现场后，行为人非法占有所涉财物的，依法应当以诈骗罪论处。

关联索引

《中华人民共和国刑法》第二百六十四条、第二百六十六条

一审：上海市长宁区人民法院（2015）长刑初字第 343 号刑事判决（2015 年 7 月 23 日）

二审：上海市第一中级人民法院（2015）沪一中刑终字第 1769 号刑事判决（2016 年 7 月 4 日）

二审合议庭成员：任素贤（审判长）、秦现锋（主审法官）、于书生

案例评析

近年来，手机作为最普遍的移动互联网终端之一，除了通信、摄影、娱乐等功能之外，其承载的办公、理财等功能日趋重要，所代表的财产权利也不再限于手机自身的价值。与此相对应的，非法侵夺手机及通过手机

侵犯他人财产权利的犯罪屡见不鲜，其中以借打手机为名非法占有他人财物的犯罪行为是其中之一。但是，以借用为名非法占有他人财物的行为应认定为盗窃罪还是诈骗罪等，仍存有争议。现就有关问题解读如下：

一、诈骗罪与盗窃罪的区分

关于诈骗罪与盗窃罪的区分，应从行为人采取的主要手段和被害人有无处分财物等方面进行审查。具体而言：

盗窃罪与诈骗罪的区分关键之一是犯罪手段不同。诈骗罪主要以欺诈手段骗取财物，盗窃罪通常以秘密手段窃取财物。在以借用为名非法占有他人手机等的案件中，被害人出借财物后多在旁边密切关注手机等财物的使用状况，行为人则是趁被害人不备，秘密携带财物离开。因行为人取得财物的主要手段是秘密窃取，所以才存在成立盗窃罪的空间。本案情形与此不同。原审被告人丁某君冒充帮助警察办案的工作人员获得被害人的信任，从被害人处骗得手机等财物，又以拍照、开警车等欺骗手段使被害人产生错误认识，同意丁带着手机等离开。从整个过程来看，丁某君获取被害人财物的主要方式是欺诈而非窃取，故丁的行为不符合盗窃罪的构成要件。

盗窃罪与诈骗罪的区分关键之二是被害人是否因认识错误而处分财物。诈骗罪是以欺诈手段致使被害人受骗后“自愿”处分财物，而盗窃罪则是违反被害人意志窃取财物。处分行为是财物支配关系的变化，作为一个法律概念并不完全等同于日常生活中的“交给”动作。在借用财物的情形下，被害人将财物交给行为人时，如果被害人仍在现场监督行为人对财物的使用，则财物的占有支配关系在法律上并未转移，即被害人未对财物作出处分。但是，如果行为人在借得财物后，将财物带离现场，被害人不加阻止则应认定为财物的占有支配关系发生了变化。就本案而言，被害人将手机交给原审被告人丁某君，只是财物的“交给”行为，丁将手机等带离现场，被害人未采取有效措施保持对财物的支配才完成了财物的交付行为。本案系因被害人错误认识而处分财物并致损失，故丁某君的行为应构成诈骗罪。

二、诈骗罪中处分、占有等概念的理解

对刑法意义上的处分，应当从处分的对象，占有、处分行为及处分意思等进行理解。

（一）诈骗罪中处分的对象

诈骗罪中的处分对象是占有还是所有权，理论界和实务界存在两种观点。多数观点认为，在诈骗的场合，只要被害人将财物或者财产性利益转移给行为人或者第三人占有就可以认定被害人有处分行为，即占有转移说。①少数观点则认为，只有当被害人自己将相应财物排除出自身所有权的范围并使之成为他人所有的财产时，才能认定被害人是自我损害地进行了财产处分。②

我们认为，处分的对象可以是所有权，也可以是占有。首先，占有可以成为处分行为的对象。虽然在通常情况下所有权人享有处分财物的权利，但是在特殊情况下占有人也享有处分财物的权利。如在行为人冒充出借人的受托人从借用人处取走财物等情形中，借用人只是临时占有财物，其处分的对象只能是占有，但这并不影响诈骗罪的成立。其次，所有

---

① 参见［日］大谷实：《刑法讲义各论》（第2版），黎宏译，中国人民大学出版社2008年版，第243页。

② Vgl. Backmann, Die Abgrenzung des Betrugs von Diebstahl und Unterschlagung, 1974, S. 65 ff.转引自：王钢：《盗窃与诈骗的区分——围绕最高人民法院第27号指导案例的展开》，载《政治与法律》2015年第4期，第32页。

权人仅处分占有的，也可以成立诈骗罪。如甲基于诈骗的目的从乙处借得汽车后出售等情形中，所有权人出借财产时处分的对象仅限于占有，这也不影响诈骗罪的成立。最后，将占有视为处分对象的观点并不背离诈骗罪侵犯财物所有权的传统观点。对所有权的侵犯可以是整体侵犯，也可以是侵犯所有权的部分权能。占有是所有权的权能之一，只要侵犯了占有，即可以认为侵犯了所有权。

本案中，被害人处分的对象仅是占有，并非所有权。各被害人对手机等财物享有所有权，其可向被告人转移所有权，也可仅转移占有。犯罪行为发生时，各被害人并未向被告人转移财物所有权，仅转移了占有。即使如此，原审被告人丁某君的行为也已经侵犯了被害人财物所有权的完整性，侵犯了刑法所保护的法益。

（二）诈骗罪中占有的理解

关于刑法意义上的占有，理论界、实务界也有观点分歧。有观点认为，只要此物处于主体的管有之下就属于占有；[①]也有观点认为，占有是指事实上的支配，不仅包括物理支配范围内的支配，而且也可以包括社会观念上可以推知财物支配人的状态。[②]

我们赞同第二种观点。刑法意义上的占有与民法意义上的占有不同，刑法意义上的占有不但包括现实的物理管有与支配，更强调在社会一般观念上的财物管有与支配。根据社会一般观念判断占有时，应当综合考虑占有意思、时间、地点等因素进行认定。即使占有从紧密支配状态舒缓为松散支配状态，或者从物理支配状态舒缓为社会观念支配状态，仍可属于刑法意义上的占有。如咖啡店店员将咖啡和杯子交给顾客后，虽然

---

① 参见陈朴生：《论侵占罪之持有关系》，载蔡墩铭：《刑法分则论文选集》（下），台湾五南图书出版社1984年第1版，第755页。

② 参见张明楷：《刑法学》（第三版），法律出版社2007年版，第724页。

顾客在物理上直接支配杯子,但是从一般的社会观念来看,顾客在咖啡店内使用杯子喝咖啡时,咖啡店仍然占有杯子。

本案中被害人将手机等财物交给原审被告人丁某君之后,被害人仍然在场占有财物,被害人可随时要求丁归还财物。在丁某君虚构去拍照、开警车等理由携带财物离开时,被害人未要求恢复对财物的物理支配或保持占有状态,而是默认同意被告人离开,被告人才得以实现对财物的完全支配。

(三)诈骗罪中占有的处分

在骗买骗卖等处分所有权的案件中,一手交钱一手交货后,对所有权的处分已完成,处分行为通常不存在争议。在骗借型处分占有的案件中,处分行为较难认定。

处分行为是财物支配关系的变化,作为一个法律概念,并不完全等同于日常生活中的“交给”动作。在借用财物情形下,被害人将财物交给行为人时,如果被害人仍在现场监督财物的使用情况,则财物的占有、支配关系在法律上并未转移。但是,如果行为人在借得财物后,将财物带离现场,被害人明知却不加阻止的,则应当认为财物的占有、支配关系已发生变化,被害人实际已因受骗而对财物作出处分。就本案而言,被害人将手机等给原审被告人丁某君,只是“交给”行为,丁将手机等带离现场,被害人未采取有效措施保持对财物的支配,才完成对财物的交付行为。

综上所述,被害人在将手机等财物交给被告人时并不能认为已经处分了财物,因为从一般的社会观念来看,被害人仍然占有财物。在被害人明知被告人携带财物离开却不反对或者明确表示同意的情况下,行为人完全取得对财物的占有,才可以认为被害人处分了财物。因此,本案原审被告人丁某君的行为构成诈骗罪。

第三部分

《最高人民法院公报》案例(2016—2023)

1. 刘青先诉徐飚、尹欣怡抚养费纠纷案

案情及审判

原告:刘青先,女,46 岁,汉族,住北京市海淀区。

被告:徐飚,男,44 岁,汉族,住上海市徐汇区。

被告:尹欣怡,女,7 岁,土家族,住上海市闵行区。

法定代理人:尹丽芳(系尹欣怡之母),32 岁,土家族,住上海市闵行区。

原告刘青先因与被告徐飚、尹欣怡发生抚养费纠纷,向上海市徐汇区人民法院提起诉讼。

原告刘青先诉称:原告与被告徐飚系夫妻,于 2008 年 4 月登记结婚,被告尹欣怡系徐飚的非婚生女儿。2014 年 9 月原告和徐飚的父亲均收到尹欣怡的母亲尹丽芳发送的短信,被告知法院于 2014 年 7 月 24 日作出判决,判令徐飚按每月 2 万元给付尹欣怡 2014 年 2 月至同年 6 月抚养费共计 10 万元,并自 2014 年 7 月起每月给付尹欣怡 2 万元抚养费至其 20 周岁止。在原告的追问下,徐飚方称尹丽芳曾于 2014 年 4 月以尹欣怡的名义提起诉讼。经向法院查询得知尹丽芳曾于 2008 年也向法院提起诉讼,法院也作了判决。现因(2014)徐少民初字第 60 号判决违反了《婚姻法》的有关规定,严重侵犯了原告的合法权益,请求撤销(2014)徐少民初字第 60 号判决,改判抚养费每月 2 000 元。

被告尹欣怡辩称:不同意原告刘青先的诉讼请求。亲子鉴定已确定

尹欣怡系被告徐飚子女。为尹欣怡的抚养事宜，徐飚与尹欣怡的母亲签订了多份协议，后因故涉诉，原告还旁听了2008年的庭审。关于尹欣怡的抚养费，法院前后有两份判决，法院的判决均是基于徐飚与尹欣怡的母亲签订的抚养协议产生的诉讼。徐飚的月收入为12.4万元，年终奖在50万元至100万元，可见法院先前判决的尹欣怡的抚养费金额并未超过法律的规定，子女的抚养质量与父母的收入应该相当；原告称不了解徐飚的经济收入，说明原告夫妻的经济是分开的，徐飚有权处分自己的财产。

被告徐飚未提供答辩意见。

上海市徐汇区人民法院一审查明：

原告刘青先与被告徐飚系夫妻，于2008年4月15日登记结婚。

据法院已生效的(2014)徐少民初字第60号判决书查明：尹丽芳于2007年9月25日生育被告尹欣怡。2008年4月28日经司法鉴定科学技术研究所司法鉴定中心鉴定被告徐飚与尹欣怡之间存在亲生血缘关系。原告与徐飚的女儿于2008年11月1日出生。

2008年5月16日，尹丽芳与被告徐飚签订书面《子女抚养及财产处理协议书》，约定：尹欣怡由尹丽芳抚养，徐飚每月支付抚养费2万元，至尹欣怡20周岁时止。2008年8月尹欣怡起诉来院[(2014)徐少民初字第60号判决]，主张徐飚在协议签订后仅支付了两个月的抚养费，要求徐飚自2007年12月起每月支付抚养费2万元至尹欣怡20周岁。法院经审理于2008年11月20日作出判决：徐飚自2007年12月每月支付尹欣怡抚养费1万元至尹欣怡20周岁。当事人均未上诉。

2014年6月5日被告尹欣怡又起诉来院[(2014)徐少民初字第60号]，称2010年4月徐飚承诺将尹欣怡的抚养费增加至每月1.2万元；2011年10月徐飚再次将尹欣怡的抚养费增加至每月2万元，并履行至2014年1月，但此后徐飚未付抚养费，要求徐飚自2014年2月起每月给付尹欣怡抚养费2万元至其20周岁止。法院于2014年7月24日判决：

一、徐飚于本判决生效之日起十日内按每月2万元给付尹欣怡2014年2月至2014年6月的抚养费共计10万元；二、徐飚自2014年7月起每月给付尹欣怡抚养费2万元，至尹欣怡20周岁止。判决后当事人均未上诉。

庭审中，原告刘青先强调（2014）徐少民初字第60号判决原告于今年9月9日刚知晓，法院该份判决的徐飚给付尹欣怡的抚养费金额和给付的年限没有法律的依据，徐飚每月的税后薪资并非12.4万元，原告夫妻婚后也生育一女，且原告夫妻婚后并未实行夫妻财产分别制，徐飚也是在被逼迫的情况下作出的承诺，故该判决侵犯了原告的合法权益，原告还提供了其目前无业的证明，故要求予以撤销并改判；尹欣怡提供了徐飚目前薪资税前每月12.4万元的证明，强调（2014）徐少民初字第60号判决系对徐飚与尹丽芳就尹欣怡的抚养达成的协议进行判决的，并非抚养费纠纷，徐飚对协议的内容并无异议，且尹欣怡系在徐飚与原告婚前生育的，法院的判决未影响原告婚后的家庭生活。

上海市徐汇区人民法院一审认为：

法院在审理（2014）徐少民初字第60号案件的过程中，首先因不能归责于原告刘青先本人的原因，导致其未成为该案件的第三人参与诉讼；其次（2014）徐少民初字第60号判决徐飚应自2014年2月起至尹欣怡年满20周岁，每月给付尹欣怡抚养费2万元，而徐飚在2008年4月15日已经与原告登记结婚；再次因现无证据表明原告与徐飚婚后实行夫妻分别财产制，故该判决应给付的抚养费实际是原告与徐飚的夫妻共同财产，夫妻双方对共同财产享有平等的处分权；最后同样无证据表明原告准允徐飚与尹丽芳关于尹欣怡抚养费的承诺。综上，该判决显然涉及原告的经济利益，现原告认为该判决损害其民事权益，其诉讼尚未超过法定期限，请求成立，原告的撤销之诉予以准许。至于尹欣怡目前恰当的抚养费金额和给付年限，相关方可另行通过协商或诉讼解决争议，本案不涉。徐飚无正当理由未到庭参加诉讼，视为其放弃答辩权利。

综上所述，上海市徐汇区人民法院依照《中华人民共和国民事诉讼法》第五十六条第三款、第一百四十四条的规定，于2014年12月24日判决如下：

撤销上海市徐汇区人民法院(2014)徐少民初字第60号判决。

尹欣怡不服一审判决，向上海市第一中级人民法院上诉称：一审法院适用法律错误，(2014)徐少民初字第60号判决内容没有错误，不符合撤销条件。本案所涉及的是被告徐飚婚前所生小孩的抚养问题，不同于一般夫妻共同财产处分。况且原告刘青先在庭审中称，其与徐飚分别管理各自财产，互不干涉，尹欣怡有理由认为他们之间存在一定程度的AA制，在徐飚也有能力负担的范围内，刘青先无权干预。故上诉要求撤销原判，改判驳回刘青先原审的诉讼请求。

被上诉人刘青先答辩称：一审判决正确。原审被告徐飚与尹丽芳就上诉人尹欣怡的抚养费达成的协议侵犯了刘青先的合法权益，故该协议当属无效。支付尹欣怡18周岁至20周岁的抚养费非徐飚的法定义务。徐飚每月支付尹欣怡抚养费2万元至尹欣怡成年的约定严重侵犯了刘青先的合法权益。要求驳回上诉，维持原判。

原审被告徐飚表示同意被上诉人刘青先的意见。

上海市第一中级人民法院经二审，确认了一审查明的事实。

上海市第一中级人民法院二审认为：

本案中被上诉人刘青先要求撤销(2014)徐少民初字第60号判决的请求权能否成立，需从以下两点分析：

第一，从(2014)徐少民初字第60号判决内容来看，在2008年已有生效判决确认原审被告徐飚按每月1万元的标准支付抚养费后，徐飚又分别于2010年4月12日和2011年10月13日出具承诺，将抚养费调整到每月1.2万元和每月2万元至上诉人尹欣怡20周岁，并且其在两份承诺中都明确“如果以后有任何原因(如家人的压力上法庭)等产生关于此事的法律纠纷,本人请求法院按照本人此意愿判决”。之后,徐飚亦按承诺履行至 2014 年 1 月。抚养费费用的多少和期限的长短,系先由父母双方协议,协议不成时再由法院判决。本案中徐飚对于支付尹欣怡抚养费的费用和期限都已经明确作出承诺,原审法院在审查双方当事人的陈述、提供的证据、徐飚的收入等材料后,确认徐飚应按其承诺内容履行,据此判决徐飚按每月 2 万元的标准支付抚养费,并支付到尹欣怡 20 周岁时止。法院认为,(2014)徐少民初字第 60 号判决内容并无不当。

第二,原审被告徐飚就支付上诉人尹欣怡抚养费费用和期限作出的承诺,是否侵犯了被上诉人刘青先的夫妻共同财产权。要解决这个问题,首先需要明确父母基于对子女的抚养义务支付抚养费是否会侵犯父或母再婚后的夫妻共同财产权。父母对未成年子女有法定的抚养义务,非婚生子女享有与婚生子女同等的权利,不直接抚养非婚生子女的生父或生母,应负担子女的生活费和教育费,直至子女能独立生活为止。虽然夫妻对共同所有的财产有平等的处理权,但夫或妻也有合理处分个人收入的权利,不能因未与现任配偶达成一致意见即认定支付的抚养费属于侵犯夫妻共同财产权,除非一方支付的抚养费明显超过其负担能力或者有转移夫妻共同财产的行为。本案中,虽然徐飚承诺支付的抚养费数额确实高于一般标准,但在父母经济状况均许可的情况下,都应尽责为子女提供较好的生活、学习条件。徐飚承诺支付的抚养费数额一直在其个人收入可承担的范围内,且徐飚这几年的收入情况稳中有升,支付尹欣怡的抚养费在其收入中的比例反而下降,故亦不存有转移夫妻共同财产的行为。因此法院认为,徐飚就支付尹欣怡抚养费费用和期限作出的承诺,并未侵犯刘青先的夫妻共同财产权。

综上,上海市第一中级人民法院依照《中华人民共和国民事诉讼法》第一百七十条第一款第(三)项、《中华人民共和国婚姻法》第二十五条之规定，于2015年4月23日判决如下：

一、撤销上海市徐汇区人民法院(2014)徐民一(民)撤字第3号民事判决；

二、驳回刘青先要求撤销上海市徐汇区人民法院(2014)徐少民初字第60号民事判决的诉讼请求。

本判决为终审判决。

裁判摘要

抚养费案件中第三人撤销权的认定，需明确父母基于对子女的抚养义务支付抚养费是否会侵犯父或母再婚后的夫妻共同财产权。虽然夫妻对共同所有财产享有平等处理的权利，但夫或妻也有合理处分个人收入的权利。除非一方支付的抚养费明显超过其负担能力或者有转移夫妻共同财产的行为，否则不能因未与现任配偶达成一致意见即认定属于侵犯夫妻共同财产权。

附录

一审裁判文书案号：(2014)徐民一(民)撤字第3号

二审裁判文书案号：(2015)沪一中民一(民)撤终字第1号

二审合议庭成员：侯卫清(审判长)、潘兵(主审法官)、许洁

2. 应高峰诉嘉美德(上海)商贸有限公司、陈惠美其他合同纠纷案

案情及审判

原告:应高峰,男,37 岁,汉族,住浙江省×××市。

被告:嘉美德(上海)商贸有限公司,住所地:上海市长宁区仙霞路。

法定代表人:陈惠美,该公司执行董事。

被告:陈惠美,女,55 岁,台湾地区居民,住上海市长宁区。

原告应高峰因与被告嘉美德(上海)商贸有限公司(以下简称“嘉美德公司”)、陈惠美发生其他合同纠纷,向上海市长宁区人民法院提起诉讼。

原告应高峰诉称:被告嘉美德公司由被告陈惠美独资经营。2012 年 8 月 2 日,原告、两被告及案外人陈倬坚(陈惠美丈夫)签订《投资合同》,约定应高峰对嘉美德公司进行投资并持有该公司股权。因接洽时间较短且签约时两被告提供的财务资料不全,合同特别约定:签约后的三个月内,若应高峰对两被告在签约前和签约后所提供的财务报表、经营报表有不同意见或者两被告违约时,应高峰有权单方面书面通知终止投资协议,嘉美德公司必须无条件退还应高峰已投资资金。合同另约定:陈倬坚将其拥有的 Amada 在中国港澳地区的品牌权利完全转移给嘉美德公司,案外人上海均岱日用礼品有限公司(以下简称均岱公司)的所有业务转移给嘉美德公司。合同签订后,应高峰向嘉美德公司支付 2 081 633 元人民币(以下币种同),同时委托会计师事务所对两被告签约后补充提供的财务

资料进行审计。审计结果表明,嘉美德公司的财务、资产状况与签约前两被告所告知的财务数据严重不符,且陈倬坚名下 Amada 品牌及均岱公司的业务也未按约转入嘉美德公司。据此,应高峰依据约定通知两被告终止《投资合同》,两被告同意退还 40 万元,同时对余款 160 万余元如何归还作出声明。但此后,应高峰多次致电、致函,两被告均拒绝退还余款。应高峰遂提起诉讼,要求判令:1.嘉美德公司返还投资款 1 681 633 元;2.嘉美德公司支付上述投资款的利息损失,自 2013 年 5 月 30 日起至判决生效之日止,按银行同期贷款利率计算;3.陈惠美对上述付款义务承担连带清偿责任。

被告嘉美德公司辩称:根据《投资合同》约定,原告应高峰已经完成了对嘉美德公司的出资,现其依据合同第八条要求抽回出资,但该约定与《中华人民共和国公司法》的规定相违背,应属无效,应高峰未与嘉美德公司进行任何协商就要求抽回出资缺乏法律依据。此外,应高峰所提交的审计报告是由案外人上海欧德龙国际贸易有限公司(以下简称“欧德龙公司”)委托会计师事务所出具,与本案无关,应高峰没有证据证明签约前后嘉美德公司的财务状况和经营报表有何不同,故应高峰要求抽回出资缺乏事实依据。

被告陈惠美辩称:原告应高峰依据该合同支付的投资款中,除了已经返还应高峰的 40 万元外,余款均用于被告嘉美德公司经营。此外,陈惠美在《投资合同》上签字只是嘉美德公司授权其所为,其并非本案的当事人,不应对嘉美德公司的债务承担连带清偿责任。

上海市长宁区人民法院一审查明:

被告嘉美德公司成立于 2006 年 8 月 9 日,目前该公司注册资本 100 万元,实收资本 100 万元,公司类型为有限责任公司(台港澳自然人独资),股东及法定代表人均为陈惠美。

2012 年 8 月 2 日,原告应高峰与嘉美德公司、案外人陈倬坚签订《投资合同》,各方约定:应高峰对嘉美德公司进行投资,用于最大化建设现有的经营品牌及管道。总投资额为 1 000 万元,并取得嘉美德公司 51%股份。应高峰出资分期缴付:第一笔股金 200 万元,自合同签订之日起三日内汇入指定账户;第二笔股金 200 万元,自合同签订之日起九十日内汇入指定账户;剩余股金 600 万元,于合同签订后十八个月内按嘉美德公司营运需求及指示,汇入指定账户内。嘉美德公司同意应高峰第一次汇入 200 万元至指定账户后即有权行使股东权利。签约后三个月内,若应高峰对于嘉美德公司在签约前或签约后所提供的财务报表和经营报表有不同意见,且双方无法协调取得共识或嘉美德公司违反本合约条款时,应高峰保留撤销此投资合约的权利。若应高峰书面通知公司撤销此合约,公司同意无条件将应高峰所汇入账户内的资金于应高峰通知后六十日内汇入应高峰所指定的银行账户内,并终止此合约。协议另约定:应高峰与嘉美德公司签约后六十日内,陈倬坚将 Amada 中国港澳地区品牌所有权完全转移给嘉美德公司,嘉美德公司独家拥有该品牌在中国港澳地区品牌所有的任何权利。均岱公司的所有业务转移给嘉美德公司。嘉美德公司的财务收支由应高峰与公司双方共同签章后执行。嘉美德公司所有股东和公司的合作文件、公司代理权合约,应高峰有权于签约前先行确认。在各方签订上述《投资合同》前,案外人张梓良参与了协商事宜,并曾向陈倬坚、陈惠美发送过草拟的合同文本。

2012 年 8 月 6 日,原告应高峰向被告嘉美德公司支付投资款 2 081 633 元。

2012 年 8 月至 9 月期间,案外人张梓良曾至被告嘉美德公司,签署请款单、付款通知、付款凭单,并曾持有该公司的 U 盾,张梓良将 U 盾返还被告陈惠美。

2012 年 9 月 29 日,原告应高峰委托案外人余信村向被告陈惠美、陈倬坚发送电子邮件,内容为:本周于贵公司审计完成,从贵公司的库存盘点清查和贵公司的财务报表和会计凭证的缺失,数字不符,且你自己对财务状况不了解,我们对于此投资案深感忧虑。经我们内部讨论,我们决定终止此合约,并根据合约退还汇款 2 081 633 元。对于还款时间和方式,请尽快确认。

2012 年 10 月 22 日,上海申洲大通会计师事务所有限公司根据案外人欧德龙公司的委托,在对被告嘉美德公司及均岱公司 2012 年 1—8 月汇总合并内部管理财务报表进行审计后,出具《专项审计报告》,该报告认定:嘉美德公司主营业务收入账面数为 1 072 883.46 元,均岱公司主营业务收入账面数为 3 211 001.43 元;但合并汇总利润表与两公司账面数相加合计金额相差 2 909 993.21 元。嘉美德公司主营业务成本账面数为 853 941.12 元,均岱公司主营业务成本账面数为 2 208 777.86 元;但合并汇总利润与两公司账面数相加合计相差 586 845.18 元。按汇总合并资产负债表期初未分配利润 7 632 686.49 元,加本期净利润 366 605.96 元,期末未分配利润为 7 999 292.45 元,但汇总合并资产负债表期末未分配利润列示为 6 110 244.03 元,两者数据相差 1 889 048.42 元。报告另注明:仅供委托人欧德龙公司对嘉美德公司和均岱公司汇总合并内部管理财务报表评价与分析使用,不适用其他用途。

2012 年 11 月 21 日,被告陈惠美向余信村发送电子邮件,内容为:关于退股机制,我们非常尊重贵方选择。我方已于周五汇还 40 万元,这是投资额所剩现金。50 万元商品,周一会列出清单,投资额已付货款,我方只能退还货物。另外 1 100 000 元已付各种费用,我方只能保留 5%股权给贵方。

当日,案外人胡华靖农业银行账户内收到被告嘉美德公司支付的 40 万元,交易用途为货款。原、被告一致确认该款项即嘉美德公司退还原告应高峰的投资款。

2012 年 11 月 28 日,原告应高峰向被告嘉美德公司、陈倬坚发送存证信函,要求其在一周内返还余款168万元。

2012年12月4日,被告嘉美德公司向原告应高峰发送回函,认为应高峰从未与公司协商沟通,即发函要求撤销《投资合同》并要求公司返还余款168万元,与契约真意及目的不符。应高峰支付的投资款208万元,依会计师核算净值及扣除投资期间装潢、进货、房租、货款、购买设备、工资等相关费用,公司已经尽最大努力将40万元汇入应高峰指定的账户,并无168万元未返还。应高峰的要求无任何契约或法律依据,有失诚信及公允。2012年12月6日,被告陈惠美发送电子邮件对存证信函进行回复,称其一直与应高峰协商退股机制,应高峰一直不同意。要求应高峰的会计师给予一个计算方式。

2012年12月13日,原告应高峰委托律师向被告嘉美德公司发出律师函,表明应高峰不同意其于同年12月4日所发送的回函,再次要求其退还投资款。

另查明,2012年8月至2013年6月期间,被告嘉美德公司对外支付多笔款项,涉及货运费、代理费、仓储费、服务费、税费、装修费、房屋租金、物业费、电信月租费等,金额共计370万余元。

另查明,均岱公司为有限责任公司(国内合资),成立于2004年6月28日,注册资本、实收资本均为50万元,法定代表人为×××如,股东为×××如、陶伟峰。

一审中,被告嘉美德公司确认,其与均岱公司仅为贸易伙伴,两公司之间并无关联。被告嘉美德公司、陈惠美确认,Amada品牌的所有权及均岱公司的业务至今未转至嘉美德公司名下。另,就嘉美德公司所抗辩的其已经将原告应高峰支付的投资款用于公司经营,上海市长宁区人民法院曾征询嘉美德公司意见,是否需就此进行审计,并向嘉美德公司释明了其应承担的举证责任及不进行审计可能产生的后果,但嘉美德公司坚持不进行审计。

上海市长宁区人民法院一审认为：

原告应高峰与被告嘉美德公司及案外人陈倬坚约定应高峰对嘉美德公司进行投资，从而取得该公司51%股份；陈倬坚将其所有的Amada品牌所有权变更至嘉美德公司名下，均岱公司将其业务转至嘉美德公司名下。由此可见，应高峰签订《投资合同》、向嘉美德公司支付投资款并非仅仅为了取得嘉美德公司股份，还是基于嘉美德公司能够取得Amada品牌所有权及均岱公司业务，具有良好发展前景所作出的投资决定。鉴于上述《投资合同》系各方真实意思表示，未违反我国强制性法律法规，合法有效，各方均应恪守履行。现原、被告就上述《投资合同》产生如下争议焦点：一是嘉美德公司是否应返还应高峰投资款余额；二是被告陈惠美是否应对嘉美德公司的还款义务承担连带清偿责任。就此，认定如下：

就第一个争议焦点，《投资合同》中明确：原告应高峰与被告嘉美德公司签约后三个月内，若应高峰对于嘉美德公司在签约前或签约后所提供的财务报表和经营报表有不同意见，且双方无法协调取得共识或嘉美德公司违反合同条款时，应高峰保留撤销《投资合同》的权利。若应高峰书面通知嘉美德公司撤销此合同，嘉美德公司同意无条件将应高峰汇入其账户内的资金于应高峰通知后六十日内汇入应高峰所指定银行账户内，并终止《投资合同》。根据法院查明事实可以认定，被告陈惠美已经向应高峰提供了嘉美德公司相关报表，虽然应高峰未能以自己的名义申请审计机构对此进行审计，但是申请人为欧德龙公司的《审计报告》中已经指出了报表所存在的问题，这些问题是毋庸置疑的。应高峰据此向嘉美德公司提出解除《投资合同》、返还投资款的要求，其行为并未违反《投资合同》约定。此后，陈惠美向应高峰发送电子邮件，并未对应高峰指出的问题及解除《投资合同》的要求加以否认或提出异议，就此可以认定应高峰与嘉美德公司对解除《投资合同》已经形成合意。嘉美德公司抗辩称，应高峰要求抽回出资违反《中华人民共和国公司法》的规定，应属无效。法院认为，原、被告签订的是涉及股权、品牌所有权、业务划转等在内的《投资合同》，并不仅限于公司出资。在 2012 年 9 月应高峰向嘉美德公司提出解除合同时，双方均未办理公司变更登记手续，应高峰尚未成为嘉美德公司的股东，故应高峰要求返还投资款的请求与法不悖，嘉美德公司的抗辩意见难以成立。

关于返还投资款，被告陈惠美曾向原告应高峰发送电子邮件，表示同意退还应高峰 40 万元钱款、价值 50 万元的商品，另以 5%的股权折抵 110 万元钱款。由此可见，被告嘉美德公司对于应返还应高峰投资款的金额并无异议，仅对返还全部钱款还是以货物、股权折抵部分钱款提出了己方意见，并由此与应高峰产生争议。鉴于应高峰并未接受嘉美德公司的上述意见，而《投资合同》中也未约定在解除合同后，嘉美德公司可以以货物、股权等折抵应返还的投资款，故嘉美德公司上述要求仅为其单方意思表示，缺乏依据，难以成立。此外，在解除《投资合同》后，应高峰不再对嘉美德公司进行投资，也必然不可能成为该公司的股东，嘉美德公司要求以公司股份折抵返还的投资款显然违背了双方的本意，亦不具有可执行性。综上所述，嘉美德公司应返还应高峰投资款。

关于返还投资款的金额，被告嘉美德公司抗辩称除已经返还原告应高峰的 40 万元外，其余钱款均已用于公司经营。但其仅就此提供了嘉美德公司 2012 年 8 月至 2013 年 6 月期间各类付款凭证，上述凭证仅能反映公司收支明细，支出的钱款是否来源于原告投资款未能加以证明。就应高峰支付的投资款如何使用的问题，法院曾在证据交换过程中向证人吴绘宇进行询问。吴绘宇回答，应高峰支付的投资款与嘉美德公司的其他款项应该是合并使用的，但因为不是证人做账，具体情况证人不清楚。综上，对投资款的用途及嘉美德公司支出钱款的来源应结合公司的财务账册及相关付款凭证、单据等，由专业机构进行审计后方可查明。但嘉美德公司经法院释明，坚持不进行审计，故仅凭现有证据难以证明其抗辩意见，由此引发的不利后果应由嘉美德公司自行承担。此外，即使嘉美德公司将应高峰投资款用于经营所需的抗辩意见成立，因应高峰已于2012年9月29日以电子邮件的方式向嘉美德公司、陈惠美提出解除《投资合同》、返还投资款的要求，嘉美德公司此后未经应高峰许可、单方决定投资款用途的行为也违反了《投资合同》的约定。综上，嘉美德公司应返还应高峰投资款余额1 681 633元。嘉美德公司未能及时返还上述投资款，已经对应高峰造成损失，应高峰要求其自立案之日起赔偿逾期还款的利息损失，该项诉讼请求合法有据，应予支持。

就第二个争议焦点，被告嘉美德公司系被告陈惠美投资的一人有限责任公司，根据《中华人民共和国公司法》第六十三条之规定，一人有限责任公司的股东不能证明公司财产独立于股东自己的财产的，应当对公司债务承担连带责任。陈惠美作为嘉美德公司的股东，代表嘉美德公司与原告应高峰就投资事宜进行磋商，签订《投资合同》，还代表嘉美德公司就应否返还投资款事宜向应高峰发送电子邮件，其与嘉美德公司之间意思表示一致，并不是相互独立的。此外，作为嘉美德公司的唯一股东，陈惠美未能向法院提供证据证明嘉美德公司的财产独立于其个人财产，又因嘉美德公司坚持不进行审计，故无法证明应高峰所交付的投资款已用于嘉美德公司而排除另做他用的可能性。因此，为防止一人公司的唯一股东滥用公司独立人格，增强对公司债权人的保护，应高峰要求陈惠美对嘉美德公司的债务承担连带清偿责任的诉讼请求应予以准许。

据此，上海市长宁区人民法院依照《中华人民共和国合同法》第九十三条第二款、第九十七条，《中华人民共和国公司法》第三十五条、第六十三条，最高人民法院《关于民事诉讼证据的若干规定》第二条之规定，于2014年5月30日判决：

一、被告嘉美德公司应于本判决生效之日起十日内返还原告应高峰投资款1 681 633元；

二、被告嘉美德公司应于本判决生效之日起十日内赔偿原告应高峰逾期返还投资款的利息损失,以 1 681 633 元为基数,自 2013 年 5 月 30 日起至本判决生效之日止,按照中国人民银行同期同类贷款基准利率计算;

三、被告陈惠美对上述第一、二项判决中被告嘉美德公司的债务承担连带清偿责任。

嘉美德公司及陈惠美不服一审判决,向上海市第一中级人民法院提起上诉。

嘉美德公司及陈惠美上诉称:1.一审法院认定的专项审计报告是由欧德龙公司委托审计的,审计内容之一涉及均岱公司,但未说明欧德龙公司和均岱公司与本案有何关系。被上诉人应高峰未要求嘉美德公司提供财务报表,即仓促汇款并派人实际深入嘉美德公司,不到 60 天时间,又根据无效的审计报告要求终止合同,应高峰的投资风险应由其自行承担。2.陈惠美个人不应承担责任。系争《投资合同》与陈惠美个人无关,陈惠美在合同上仅以嘉美德公司法定代表人的身份签字,而应高峰款项系汇入嘉美德公司账户,并非陈惠美个人账户,本案审理中也未发现陈惠美个人与嘉美德公司有任何经济往来。据此,请求撤销原判,改判嘉美德公司根据应高峰投资款投入公司后的剩余残值进行返还,陈惠美个人不承担连带清偿责任。

被上诉人应高峰答辩称:上诉人嘉美德公司、陈惠美的上诉理由缺乏事实及法律依据,故请求二审驳回上诉,维持原判。

上海市第一中级人民法院经二审,确认了一审查明的事实。

两上诉人在二审期间提供了如下证据:2011 年度至 2013 年度的《财务报表及审计报告》、2011 年度《外汇收支情况表审核报告》及 2012 年度至 2013 年度的《外商投资企业外方权益确认表审核报告》,欲证明上诉人嘉美德公司有独立的财务账目,与上诉人陈惠美个人不存在财产混同。

经质证,被上诉人应高峰认为这些报告都是根据财务报告的固定项目表述的,无法证明嘉美德公司与陈惠美个人之间不存在财产混同的事实,且2013年度报告载明嘉美德公司不存在未披露的未结诉讼等事项,但本案纠纷是从2013年6月延续到现在,故对报告内容的真实性不予认可。

被上诉人应高峰在二审期间提供了注册于台湾的均岱有限公司的企业档案信息,欲证明上海的均岱公司由上诉人陈惠美实际控制,陈惠美通过上海的均岱公司自由支配、转移上诉人嘉美德公司的资产为己所用。经质证,两上诉人对上述证据的真实性无异议,但认为上海的均岱公司并不完全受嘉美德公司控制。

经审查,法院认为,两上诉人提供的各份财务报告已出示原件,真实性可以确认,且与本案争议有关,法院依法予以采纳。被上诉人应高峰提供的注册于台湾的均岱有限公司企业资料,因该公司并非上海均岱公司的投资公司,故与本案争议无直接关联,不予采纳。

法院据此另查明:2011年至2013年间,上诉人嘉美德公司委托有关会计师事务所对公司的财务报表等分别进行了审计、审核,2011年度至2013年度的《财务报表及审计报告》确认,嘉美德公司财务报表在所有重大方面按照小企业会计准则的规定编制,公允反映了嘉美德公司的财务状况以及经营成果和现金流量;2012年度至2013年度的《外商投资企业外方权益确认表审核报告》及2011年度《外汇收支情况表审核报告》确认,嘉美德公司的外方权益确认表及外汇收支情况表的编制在所有重大方面符合国家外汇管理的有关规定。

二审中,两上诉人陈述,上诉人嘉美德公司对均岱公司进行实际控制,故可以保证按照《投资合同》的约定将均岱公司的所有业务转移给嘉美德公司。

上海市第一中级人民法院二审认为:

本案二审争议焦点在于:1.投资合同解除后,上诉人嘉美德公司应当全额返还被上诉人应高峰的投资款,还是按照投资款的剩余残值进行返还;2.上诉人陈惠美是否应对返还投资款承担连带清偿责任。

第一,关于上诉人嘉美德公司应如何返还投资款的问题。法院认为,根据《投资合同》的约定,签约后三个月内,若被上诉人应高峰对于嘉美德公司的财务报表和经营报表有不同意见,且双方无法协调取得共识时,应高峰有权撤销投资合同,嘉美德公司同意无条件返还应高峰的投资资金,并终止此合同。合同履行中,应高峰于 2012 年 9 月 29 日通知嘉美德公司终止投资合同,并要求退还全部投资款。上诉人陈惠美代表嘉美德公司于同年 11 月 21 日回复称,尊重应高峰的选择,已向应高峰汇出 40 万元,同时提出其余投资款已用于支付货款及各种费用等。由此可以看出,应高峰要求嘉美德公司返还全额投资款的诉请符合双方的合同约定,在应高峰通知解除投资合同后,嘉美德公司对应当全额返还投资款也未提出异议,至于投资款是否已经用于经营以及嘉美德公司是否无力还款的事实并不能改变双方的合同约定,也不能据此免除嘉美德公司的还款义务。嘉美德公司的此项上诉理由不能成立,原判判令嘉美德公司承担全额还款责任正确,应予维持。

第二,关于上诉人陈惠美个人是否应承担连带还款责任的问题。法院认为,根据《中华人民共和国公司法》第六十三条之规定,一人有限责任公司的股东不能证明公司财产独立于股东自己的财产的,应当对公司债务承担连带责任。上述法律规定要求一人有限责任公司的股东将公司财产与个人财务严格分离,且股东应就其个人财产是否与公司财产相分离负举证责任。本案中,陈惠美提供了上诉人嘉美德公司的相关审计报告,可以反映嘉美德公司有独立完整的财务制度,相关财务报表亦符合会计准则及国家外汇管理的规定,且未见有公司财产与股东个人财产混同的迹象,可以基本反映嘉美德公司财产与陈惠美个人财产相分离的事实。应高峰认为上述证据不足以证明嘉美德公司财产与陈惠美个人财产没有混同,并提出如下异议:审计报告未反映本案诉讼情况;嘉美德公司一审中提供的银行收支报告反映,应高峰投资后仅一周,嘉美德公司就向均岱公司转移了96万余元,包括发放均岱公司员工工资等。法院认为,我国公司法第六十四条的规定,意在限制一人有限责任公司股东采用将公司财产与个人财产混同等手段,逃避债务,损害公司债权人的利益,因此股东对公司债务承担连带清偿责任的前提是该股东的个人财产与公司财产出现了混同。然而从本案目前的证据材料可以看出,嘉美德公司收到应高峰的投资款后,虽有部分用于支付均岱公司的员工工资及货款等费用,但是,根据双方投资合同的约定,应高峰投资后,均岱公司的业务将全部转入嘉美德公司,因此均岱公司的业务支出与应高峰的投资项目直接有关;这些费用的支出均用于均岱公司的业务支出,并无款项转入陈惠美个人账户的记录,而审计报告中是否记载本案诉讼的情况也与财产混同问题无涉。因此,应高峰提出的异议并不能反映嘉美德公司财产与陈惠美个人财产有混同的迹象,不足以否定上诉人的举证。陈惠美的上诉理由成立,一审判令陈惠美对嘉美德公司的债务承担连带清偿责任不当,应依法予以纠正。

综上,上海市第一中级人民法院依照《中华人民共和国民事诉讼法》第一百七十条第一款第(二)项之规定,于2014年10月27日判决:

一、维持上海市长宁区人民法院(2013)长民二(商)初字第S829号民事判决第一项、第二项;

二、撤销上海市长宁区人民法院(2013)长民二(商)初字第S829号民事判决第三项;

三、驳回应高峰的其余诉讼请求。

本判决为终审判决。

裁判摘要

第一,在一人公司法人人格否认之诉中,应区分作为原告的债权人起诉所基于的事由。若债权人以一人公司的股东与公司存在财产混同为由起诉要求股东对公司债务承担连带责任,应实行举证责任倒置,由被告股东对其个人财产与公司财产之间不存在混同承担举证责任。而其他情形下需遵循关于有限责任公司法人人格否认举证责任分配的一般原则,即折中的举证责任分配原则。

第二,一人公司的财产与股东个人财产是否混同,应当审查公司是否建立了独立规范的财务制度、财务支付是否明晰、是否具有独立的经营场所等进行综合考量。

附录

一审裁判文书案号:(2013)长民二(商)初字第S829号

二审裁判文书案号:(2014)沪一中民四(商)终字第S1267号

二审合议庭成员:黄英(审判长兼主审法官)、任明艳、胡玉凌

3. 包利英诉上海申美饮料食品有限公司劳动合同纠纷案

案情及审判

原告:包利英,女,49岁,汉族,住上海市浦东新区。

被告:上海市申美饮料食品有限公司,住所地:上海市浦东新区金桥出口加工区桂桥路。

法定代表人:JOHAN WILLEM MAARTEN JANSEN,该公司董事长。

原告包利英因与被告上海申美饮料食品有限公司(以下简称"申美公司")发生劳动合同纠纷,向上海市浦东新区人民法院提起诉讼。

原告包利英诉称:其经被告申美公司营业部经理面试通过后,于2006年4月4日进入被告处工作。2006年4月4日至2010年1月31日期间,原告根据被告的要求和安排先后与案外人上海人力资源有限公司(以下简称"人资公司")、上海支点人力资源有限公司(以下简称"支点公司")、安德普瀚人力资源有限公司(以下简称"安普公司")签订劳动合同,由上述公司将原告安排至被告处工作。2010年2月1日起,原、被告直接签订了期限至2013年3月31日止的劳动合同。原告入职后,一直在被告的川沙合庆镇营业部担任业务员,工作地点和岗位均无变化,故应自2006年4月4日起计算在被告处的工作年限。2013年3月25日起,原告因病休病假,至今仍在病假中,但被告不仅未足额支付原告病假工资,反而于 2013 年 9 月 13 日向原告寄送通知书,违法终止了双方的劳动关系。原告为维护自身权益申请仲裁,因对裁决部分不服,故提起诉讼,要求判令:1.原、被告自 2013 年 9 月 1 日起恢复劳动关系;2.被告支付原告 2013 年 9 月 3 日至 2013 年 9 月 24 日的病假工资人民币 1 991.97 元,并以 1 327.98 元/月的标准支付原告 2013 年 9 月 25 日至判决生效之日的疾病救济费;3.被告支付原告 2013 年 4 月 1 日至 2013 年 8 月 31 日病假期间的工资差额 4 416.20 元。

被告申美公司辩称:2006 年 4 月 4 日至 2010 年 1 月 31 日期间,原告包利英先后由多家劳务派遣公司派遣至被告处工作,担任助销员。2010 年 2 月 1 日起,原、被告建立劳动关系,原告担任 RTM 业务代表,亦属于销售岗位,但相较于助销员,后者的辅助性质更强一些。被告认为,原告的工作年限应自 2010 年 2 月 1 日起算。2013 年 3 月 25 日起,原告开始休病假。2013 年 9 月 3 日,原告的医疗期届满,被告依法终止了双方的劳动合同,故不同意原告的诉请一和诉请二。原告病假期间,被告已足额支付其病假工资,不存在拖欠,故不同意其诉请三。

上海市浦东新区人民法院一审查明:原告包利英于 2006 年 4 月 4 日进入被告申美公司工作,担任助销员。根据原告的求职登记卡显示,2006 年 4 月 4 日至 2007 年 3 月 31 日期间,原告系由案外人人资公司派遣进入被告处工作;2007 年 4 月 1 日至 2007 年 12 月 31 日,原告的劳务派遣公司改为支点公司;2008 年 1 月 1 日至 2010 年 1 月 29 日,原告的劳务派遣公司又改为安普公司(原名上海华业人力资源服务有限公司,后于 2009 年 2 月 17 日经工商行政管理部门核准更名为安普公司)。2010 年 2 月,原、被告签订劳动合同,约定:劳动合同期限为 2010 年 2 月 1 日至 2013 年 3 月 31 日;原告在市场执行部门的 RTM 业务代表岗位任职。2006 年 4 月 4 日至 2010 年 3 月期间,原告实际在被告公司的浦东办事处(位于本市浦东新区金桥开发区桂桥路 539 号)从事销售工作;2010 年 4

月起，原告被安排至被告公司的川沙办事处（位于本市浦东新区龙东大道5385号龙东大厦2104室），仍从事销售工作。2012年8月起，原告的基本工资为2 259元/月，此外另有金额不定的月度奖金。2013年3月25日起，原告因患病开始休病假，未再上班。2013年4月1日至2013年6月30日期间，被告支付原告工资6 153.79元；2013年7月1日至2013年8月31日期间，被告每月支付原告工资2 027元。

2013年9月2日，被告申美公司向原告包利英住址邮寄通知一份：“您与公司签署的劳动合同已于2013年3月31日到期，且公司基于您的病假申请，依法将您的劳动合同顺延至医疗期结束。我们特此通知您，您的医疗期将于2013年9月3日结束，故届时劳动合同终止。上述劳动合同终止日为您的最后工作日……，月基本工资结算至2013年9月3日……”2013年9月4日，该份邮件被退回。2013年9月12日，被告再次向原告寄送终止劳动合同的通知，原告签收了该份通知。2013年9月3日，被告为原告开具了上海市单位退工证明。2013年9月13日至2013年12月25日期间，原告仍继续休病假，并将对应期间的病假单邮寄给了被告。

2013年9月25日，原告包利英提起仲裁申请，要求裁令被告申美公司：1.恢复劳动关系；2.支付2013年9月3日至2013年9月30日疾病救济费1 991.97元，按照1 327.98元/月的标准支付2013年10月1日至恢复劳动关系之日的疾病救济费；3.支付2013年4月1日至2013年8月31日病假工资差额3 420.88元。上海市浦东新区劳动人事争议仲裁委员会于2013年11月19日作出裁决，裁令被告支付原告2013年4月1日至2013年8月31日病假工资差额1 367.53元，对原告的其余请求未予支持。原告不服该裁决，遂诉至法院。

本案一审的争议焦点是：原告包利英在被告申美公司处的工作年限应自何时起算。

上海市浦东新区人民法院一审认为：

根据《劳动合同法实施条例》第十条之规定，劳动者非因本人原因从原用人单位被安排到新用人单位工作的，劳动者在原用人单位的工作年限合并计算为新用人单位的工作年限。最高人民法院《关于审理劳动争议案件适用法律若干问题的解释(四)》第五条则规定：劳动者仍在原工作场所、工作岗位工作，劳动合同主体由原用人单位变更为新用人单位的，应当认定属于“劳动者非因本人原因从原用人单位被安排到新用人单位工作”。原告包利英于 2006 年 4 月 4 日起，一直在被告申美公司处从事销售相关工作，其用人单位虽先后从人资公司、支点公司变更为安普公司，后又自 2010 年 2 月 1 日起变更为申美公司，但 2006 年 4 月 4 日至 2010 年 3 月期间，包利英的工作场所并无变化，故依照上述法律及司法解释之规定，包利英在申美公司处的工作年限应自 2006 年 4 月 4 日起计算。

参照《上海市人民政府关于本市劳动者在履行劳动合同期间患病或者非因工负伤的医疗期标准的规定》第一条、第二条之规定：医疗期是指劳动者患病或者非因工负伤停止工作治病休息，而用人单位不得因此解除劳动合同的期限；医疗期按劳动者在本用人单位的工作年限设置，劳动者在本单位工作第 1 年，医疗期为 3 个月，以后工作每满 1 年，医疗期增加 1 个月，但不超过 24 个月。据此，至 2013 年 3 月 24 日，原告包利英在被告申美公司处的工作年限已满 6 年，可享受的医疗期为 9 个月。包利英、申美公司双方签订的劳动合同虽约定届满期限为 2013 年 3 月 31 日，但应顺延至 2013 年 12 月 24 日包利英医疗期满方可终止。故此，法院确认，申美公司于 2013 年 9 月 3 日在包利英医疗期未满的情况下通知终止双方劳动合同的行为系属违法。然而，鉴于包利英的医疗期已于 2013 年 12 月 24 日届满，双方的劳动合同亦应延续至该日终止，故现已无恢复劳动合同的必要，法院对包利英的诉请一不予支持。

原告包利英2013年3月病假前的工资标准为2 259元/月，因包利英、申美公司未明确约定病假工资的计算基数，故法院参照《上海市企业工资支付办法》第九条第一款第（三）项的规定，以包利英所在岗位正常出勤月工资2 259元的70％确定病假工资的计算基数，即1 581.30元/月。因包利英在申美公司处工作已满六年不满八年，故其病假工资标准应为1 581.30元的90％即1 423.17元。据此计算，申美公司应支付包利英2013年4月1日至2013年8月31日期间的病假工资7 115.85元。根据本案已查明的事实，申美公司已支付包利英上述期间的工资金额并未低于7 115.85元，故包利英的诉请3缺乏事实依据。然而，因申美公司未就本案仲裁裁决提起诉讼，应视为已接受该裁决，故其仍应向包利英支付2013年4月1日至2013年8月31日期间的病假工资差额1 367.53元。

如前所述，原告包利英、被告申美公司间的劳动合同应延续至2013年12月24日终止，故包利英要求申美公司支付2013年9月3日至2013年9月24日的病假工资于法有据，根据1 423.17元/月的标准计算，申美公司应支付包利英上述期间的病假工资1 084.32元。2013年9月25日起，包利英病假已超过六个月，故申美公司应向其支付疾病救济费，因包利英在申美公司处的工作年限在三年以上，故疾病救济费的标准应以1 581.30元/月的60％即948.78元/月计算，但因该标准已低于本市2013年最低工资标准1 620元/月的80％即1 296元/月，故申美公司应以1 296元/月的标准支付包利英2013年9月25日至2013年12月24日期间的疾病救济费3 840.31元。

综上所述，上海市浦东新区人民法院依照《中华人民共和国劳动合同法》第四十二条第一款第（三）项、第四十四条第一款第（一）项、第四十五条、《劳动合同法实施条例》第十条、最高人民法院《关于审理劳动争议案件适用法律若干问题的解释（四）》第五条第二款第（一）项的规定，于2014年6月19日作出判决：

一、上海申美饮料食品有限公司于判决生效之日起十日内支付包利英2013年9月3日至2013年9月24日的病假工资1 084.32元;

二、上海申美饮料食品有限公司于判决生效之日起十日内支付包利英2013年9月25日至2013年12月24日期间的疾病救济费3 840.31元;

三、上海申美饮料食品有限公司于判决生效之日起十日内支付包利英2013年4月1日至2013年8月31日期间的病假工资差额1 367.53元;

四、驳回包利英的其余诉讼请求。

包利英、申美公司不服一审判决,分别向上海市第一中级人民法院提起上诉。

包利英提起上诉称,要求撤销原判主文第二项、第三项、第四项,依法改判:1.双方劳动关系恢复至判决生效之日;2.申美公司以1 991.97元/月支付2013年9月的疾病救济费,以1 327.98元/月的标准支付包利英2013年10月的疾病救济费至判决生效之日17 433.91元;3.申美公司支付包利英2013年4月1日至2013年8月31日病假期间的工资差额(以2 179.24元/月计算,扣除已经支付的4 416.2元)。包利英的主要理由为:申美公司违法终止劳动关系,要求恢复至判决生效之日的劳动关系并要求支付劳动关系存续期间的工资。正常出勤工资应当包括绩效工资部分,疾病救济费是指劳动者的应得工资,包利英的病假工资经计算应为2 179.24元/月,应按此标准计算病假工资差额。申美公司则不接受包利英的上诉主张,双方劳动关系顺延至医疗期期满,申美公司只有在劳动关系存续期间支付病假工资等的义务。病假工资基数认同原审认定数额。

申美公司提起上诉称,要求撤销原判主文第一项、第二项,依法改判其不支付2013年9月3日至2013年9月24日的病假工资1 084.32元、2013年9月25日至2013年12月24日期间的疾病救济费3 840.31元。申美公司的主要理由为:包利英于2006年4月4日至2010年1月29日期间由劳务派遣公司派遣至申美公司处工作，包利英、申美公司于2010年2月签订劳动合同，双方基于合意，并非“被安排”，不适用《劳动合同法实施条例》第十条的规定。包利英、申美公司建立劳动关系后，工作场所和工作岗位实际都有变动，劳务派遣用工不应适用最高人民法院《关于审理劳动争议案件适用法律若干问题的解释（四）》第五条的规定。双方于2010年签订劳动合同，医疗期应该在2013年8月24日结束，所以不同意支付2013年9月之后的病假工资、疾病救济费。包利英则认为申美公司没有权利解除劳动关系，按照法律规定应支付病假工资及疾病救济费。

上海市第一中级人民法院经二审，确认了一审查明的事实。

另查明，上诉人申美公司在上海市浦东新区劳动人事争议仲裁委员会2013年10月16日的庭审笔录中陈述，上诉人包利英自2006年4月4日起通过多家劳务派遣公司以派遣形式进入申美公司处工作。后由于公司人员需要，申美公司从2010年2月1日起与包利英建立劳动关系，同时按照公司规章进行考核并变化工作内容。

本案二审的争议焦点为：上诉人包利英的工作年限是否连续计算。

上海市第一中级人民法院二审认为：

根据本案查明的事实，上诉人包利英于2006年4月4日起，一直在上诉人申美公司处从事销售相关工作，其用人单位先后从人资公司、支点公司变更为安普公司，2010年2月1日起变更为申美公司，自2006年4月4日至2010年3月期间，包利英的工作场所并无变化，且从事的工作内容也没有变化。申美公司主张用人单位主体的变更系包利英本人原因造成，但申美公司未提供充分证据予以证明。从上述事实分析可以得知，包利英的劳动合同主体虽然由人资公司变为支点公司，再变为安普公司，但是包利英的工作场所没有变化，包利英一直在从事销售相关工作，申美公司亦承认由于公司人员需要，申美公司从2010年2月1日起与包利英建立劳动关系。根据最高人民法院《关于审理劳动争议案件适用法律若干问题的解释(四)》第五条第二款第(一)项之规定,可以认定本案的情形属于“劳动者非因本人原因从原用人单位被安排到新用人单位工作”。因此,依照《中华人民共和国劳动合同法实施条例》第十条的规定,可以确认包利英在申美公司处的工作年限应自 2006 年 4 月 4 日起计算。

依照上诉人包利英在上诉人申美公司处的工作年限,计算包利英可以享受的医疗期,一审法院认定双方劳动关系顺延至 2013 年 12 月 24 日医疗期届满终止,并无不当。现包利英要求恢复劳动关系至判决生效之日的上诉请求,不予支持。

关于病假工资的请求,依照《上海市企业工资支付办法》第九条第一款第(三)项的规定,并参照上诉人包利英在上诉人申美公司处的工作年限,一审法院确定包利英 2013 年 4 月 1 日至 2013 年 8 月 31 日期间的病假工资,并无不妥。包利英主张以 2 179.24 元/月作为计算病假工资的标准,法院难以采纳。包利英据此标准要求申美公司支付 2013 年 4 月 1 日至 2013 年 8 月 31 日病假期间工资差额的上诉请求,不予支持。鉴于包利英、申美公司间的劳动合同延续至 2013 年 12 月 24 日终止,故申美公司应支付包利英 2013 年 9 月 3 日至 2013 年 9 月 24 日的病假工资。申美公司要求不支付 2013 年 9 月 3 日至 2013 年 9 月 24 日病假工资的上诉请求,亦不予支持。

关于疾病救济费的请求,鉴于双方劳动关系顺延至 2013 年 12 月 24 日医疗期届满终止,因此,上诉人包利英要求上诉人申美公司支付疾病救济费至判决生效之日的上诉请求,不予支持。根据包利英在申美公司处的工作年限以及病假超过 6 个月的情况,一审法院确定包利英 2013 年 9 月 25 日至 2013 年 12 月 24 日期间的疾病救济费为 3 840.31 元,亦无不妥。包利英主张以 1 991.97 元/月的标准计算 2013 年 9 月的疾病救济费,以 1 327.98 元/月的标准计算 2013 年 10 月以后的疾病救济费,不予采纳。申美公司要求不支付 2013 年 9 月 25 日至 2013 年 12 月 24 日期间疾病救济费的上诉请求，亦不予支持。

综上所述，一审法院根据查明的事实所作判决正确，应予维持。上诉人包利英、申美公司的上诉请求，理由不成立，均不予支持。

据此，上海市第一中级人民法院依照《中华人民共和国民事诉讼法》第一百七十条第一款第（一）项之规定，于2015年1月30日判决如下：

驳回上诉，维持原判。

本判决为终审判决。

裁判摘要

劳动者仍在原工作场所、工作岗位工作，劳动合同主体由原用人单位变更为新用人单位的，应当认定属于“劳动者非因本人原因从原用人单位被安排到新用人单位工作”，工作年限应当连续计算。劳动者用人单位发生变动，对于如何界定是否因劳动者本人原因，不应将举证责任简单地归于新用人单位，而应从该变动的原因着手，查清是哪一方主动引起了此次变动。劳务派遣公司亦不应成为工作年限连续计算的阻却因素。

附录

一审裁判文书案号：（2013）浦民一（民）初字第45116号

二审裁判文书案号：（2014）沪一中民三（民）终字第1258号

二审合议庭成员：王剑平（审判长兼主审法官）、张博俊、黄青松

4. 上海帕弗洛文化用品有限公司诉上海艺想文化用品有限公司、毕加索国际企业股份有限公司商标使用许可合同纠纷案

案情及审判

原告:上海帕弗洛文化用品有限公司,住所地:上海市嘉定区华亭镇武双路。

法定代表人:邹素莲,该公司董事长。

被告:上海艺想文化用品有限公司,住所地:上海市闵行区金都路。

法定代表人:王红新,该公司董事长。

被告:毕加索国际企业股份有限公司,住所地:台湾地区台北市信义区信义路。

法定代表人:游美月,该公司董事长。

原告上海帕弗洛文化用品有限公司(以下简称"帕弗洛公司")因与被告上海艺想文化用品有限公司(以下简称"艺想公司")、被告毕加索国际企业股份有限公司(以下简称"毕加索公司")发生商标使用许可合同纠纷,向上海市第一中级人民法院提起诉讼。

原告帕弗洛公司诉称:第 2001022 号商标(以下简称"涉案商标")的商标权人毕加索公司于 2008 年 9 月授权其在中国大陆地区独家使用该商标,期限为 2008 年 9 月至 2013 年 12 月。2010 年 2 月,被告毕加索公司与帕弗洛公司约定商标使用许可期限在原基础上延展十年。2012 年 2

月，毕加索公司与被告艺想公司签订《商标使用许可合同书》，约定艺想公司2012年1月至2017年8月期间独占使用该商标，并授权艺想公司进行全国维权打假行动，致使帕弗洛公司产品遭到工商机关查处。毕加索公司与艺想公司擅自签订《商标使用许可合同书》，并向工商机关投诉帕弗洛公司侵权、向法院提起商标侵权诉讼，此行为系“恶意串通，损害第三人合法利益”及“违反法律、行政法规的强制性规定”，请求法院判令系争合同无效、两被告赔偿帕弗洛公司经济损失100万元。

被告艺想公司辩称：1.原告帕弗洛公司没有获得被告毕加索公司关于涉案商标的独占许可使用权。帕弗洛公司在商标局备案的独占使用许可合同系伪造，因此商标局备案所记载的许可方式也不能证实帕弗洛公司享有涉案商标的独占许可使用权。授权证明书中没有关于授权性质的具体约定，故帕弗洛公司获得的仅是涉案商标独家使用权，而非法律规定的独占许可使用权；2.根据商标局的公告，涉案商标权利人毕加索公司与帕弗洛公司之间的商标授权使用关系已于2012年1月1日提前终止。艺想公司于2012年2月16日获得涉案商标的独占许可实施权，没有侵犯帕弗洛公司的任何权利，艺想公司主观上也不存在与毕加索公司恶意串通的状态；3.艺想公司在取得涉案商标的独占许可使用权后，帕弗洛公司仍在大量生产使用涉案注册商标的产品，艺想公司为此在全国范围内向工商行政管理部门提出投诉，并提起侵权诉讼，是维护其独占许可使用权的正当行为，该维权行为不是因主观恶意而造成帕弗洛公司的损失；4.毕加索公司与帕弗洛公司及案外人上海大者实业有限公司恶意串通，在本案诉讼期间将涉案商标转让给大者公司，侵犯了艺想公司在合同中约定的优先购买权、独占使用权。综上，请求法院驳回帕弗洛公司的全部诉讼请求。

被告毕加索公司书面答辩称：毕加索公司未对商标使用许可合同进行备案。毕加索公司在与被告艺想公司签约时，已将涉案商标授权情况告知艺想公司,包括原告帕弗洛公司仿冒毕加索公司负责人林达光签名以获取商标许可合同备案的情况,艺想公司对该商标前期授权尚未终止非常清楚,仅要求毕加索公司尽快撤销帕弗洛公司在商标局的商标备案合同,同时约定任何一方不得私自与帕弗洛公司和解。因此,其在授权给艺想公司使用涉案商标时,已经履行了相关告知义务,由此给帕弗洛公司带来的任何损失,均应由艺想公司承担。

上海市第一中级人民法院一审查明:

被告毕加索公司于2003年5月21日获核准注册涉案商标。2003年7月9日,毕加索公司出具《授权证明书》,证明2003年7月9日至2008年12月31日授权原告帕弗洛公司在中国大陆地区使用系争商标。2008年9月8日,毕加索公司再次出具《授权证明书》,授予帕弗洛公司在中国大陆地区书写工具类别上商业使用涉案商标,权利内容:中国大陆地区独家制造与销售,授权期限自2008年9月10日起至2013年12月31日止。2009年3月12日,商标局向毕加索公司发出商标使用合同备案通知书,告知毕加索公司于2008年6月30日报送的许可帕弗洛公司使用涉案商标的使用许可合同备案申请已被核准。2010年2月11日,毕加索公司与帕弗洛公司签订《授权契约书》,约定在原契约基础上延展十年,自2014年1月1日起至2023年12月31日止。

2012年1月1日,被告毕加索公司与原告帕弗洛公司签订商标使用许可合同备案提前终止协议,但约定双方关于该商标的其他约定不受影响。2012年3月13日,商标局发布2012年第10期商标公告,提前终止许可合同备案,提前终止日期为2012年1月1日。

2012年2月16日,被告毕加索公司与被告艺想公司在上海签订《商标使用许可合同书》。该合同约定:第二条独占使用;第五条许可期限为2012年1月15日至2017年8月31日;特别说明:甲方应在签订此合同一年内完成许可合同备案;除因商标局审查程序、期限冗长之外,若因甲方未积极撤销与帕弗洛公司在国家商标局之备案合同或者其他原因未在国家商标局办妥备案的,则乙方有权终止本合同。同日,毕加索公司出具《授权证明书》称艺想公司是中国大陆地区唯一独家授权。

上海市第一中级人民法院认为:

一、原告帕弗洛公司获得了涉案商标的独占许可使用权

三方协议书、商标注册证明、被告毕加索公司出具的授权证明书和毕加索公司与帕弗洛公司所签订的授权契约书等证据之间可以相互印证,反映出涉案商标由台湾帕弗洛公司从毕加索公司处获得授权后转授权给帕弗洛公司使用的事实。毕加索公司在书面答辩意见中也对上述事实予以确认,帕弗洛公司获得涉案商标使用权的合同关系真实有效。根据毕加索公司的书面答辩意见,确认其所出具的两份《授权证明书》系真实有效,而 2008 年 9 月 8 日其所出具的第二份授权证明书载明“权利内容:中国大陆地区独家制造与销售”,可以表明商标权利人授权帕弗洛公司使用涉案商标的授权方式符合我国商标法律规定的独占实施许可方式。因此,帕弗洛公司在 2008 年 9 月 10 日至 2013 年 12 月 31 日期间享有涉案商标的独占许可使用权。

二、本案系争合同不属于“恶意串通,损害第三人合法利益”的无效合同

被告毕加索公司和被告艺想公司之间所签订的商标使用许可合同系双方当事人真实意思表示,该两份合同所指向的商标使用许可关系真实存在,艺想公司亦支付了部分商标使用费作为对价。因此,艺想公司签订系争合同的目的在于获取涉案商标的独占许可使用权。艺想公司虽然曾

经实施过不正当竞争行为,但其通过与商标权利人订立商标使用许可合同获取涉案商标独占许可使用权后,在其产品上使用涉案商标并不构成商标仿冒行为,也不必然构成对原告帕弗洛公司的不正当竞争。因此,艺想公司签订系争合同的目的并非出于损害帕弗洛公司的合法权益,也没有实施不正当竞争的主观恶意。艺想公司在与毕加索公司进行合同磋商时得知帕弗洛公司享有独占许可使用权的事实,但已经要求毕加索公司撤销其与帕弗洛公司的独占实施许可合同备案,故不能仅因艺想公司明知帕弗洛公司享有独占许可使用权的事实就认定其具有损害帕弗洛公司利益的主观恶意。毕加索公司作为商标权人,在涉案商标已经授权帕弗洛公司独占实施期间内,擅自与艺想公司签订新的独占实施许可合同,致使帕弗洛公司作为独占许可使用权人无法正常使用涉案商标,帕弗洛公司可以按照其与毕加索公司之间的相关合同约定维护其合法权益。"系争合同特别设置了针对帕弗洛公司不允许一方私自和解的条款"系艺想公司为保护自身合同利益而采取的措施,并不能证实其有损害帕弗洛公司合法利益的主观恶意。艺想公司在与毕加索公司签订了独占实施使用合同并支付了相应独占实施许可费用后,作为涉案商标的独占许可使用权人向工商行政部门提出投诉并非恶意损害帕弗洛公司合法利益的行为。毕加索公司、艺想公司投诉书内容相似亦不能证实两者具有合意损害帕弗洛公司利益的行为事实。

三、系争合同并未违反法律、行政法规的强制性规定

原告帕弗洛公司所主张的《商标法司法解释》第三条第一项的内容是对我国商标法所规定的三种商标使用许可方式的定义,不属于强制性法律规范。因此,系争合同的订立并未违反法律、行政法规的强制性规定,帕弗洛公司据此主张系争合同无效,亦缺乏事实和法律依据。

据此，上海市第一中级人民法院根据《中华人民共和国合同法》第五十二条第二项、第五项，《中华人民共和国民事诉讼法》第一百四十四条之规定，于2014年7月29日作出判决：

驳回原告帕弗洛公司的全部诉讼请求。本案一审案件受理费13 800元，由帕弗洛公司负担。

帕弗洛公司、艺想公司均不服一审判决，向上海市高级人民法院提起上诉。

帕弗洛公司请求：撤销原判，发回重审或改判支持其原审诉讼请求。其主要上诉理由为：一、原审查明事实错误。被上诉人毕加索公司在商标局的备案合同系伪造，原审法院认定该许可合同进行了备案、毕加索公司与帕弗洛公司于2012年1月1日签订提前终止备案协议，并无事实依据。二、原审适用法律错误。原审法院认为毕加索公司与艺想公司签订的商标独占许可使用合同并非无效合同，属定性错误。（一）艺想公司明知帕弗洛公司与毕加索公司之间存在商标许可关系，其仍与毕加索公司签订独占许可合同，其目的是进一步混淆市场、仿冒帕弗洛公司产品，且合同订立后，艺想公司据此向工商行政管理部门投诉帕弗洛公司，主观恶意明显。（二）系争合同属于艺想公司与毕加索公司恶意串通损害帕弗洛公司利益的无效合同。1.从主观动机看，毕加索公司明知其与帕弗洛公司的商标许可关系并未到期，仍违背诚信原则与艺想公司签订商标许可合同，显属故意；艺想公司与帕弗洛公司生产销售同类产品，一直存在仿冒等不正当竞争行为，意图通过获得涉案商标许可使用授权进一步混淆市场。2.系争合同专门设置了限制合同双方与帕弗洛公司和解的条款，是将双方利益捆绑后共同对抗帕弗洛公司，可佐证双方存在恶意串通行为。3.未尽合理的通知、注意义务，毕加索公司和艺想公司均知悉帕弗洛公司享有涉案商标的许可使用权，即使毕加索公司要授权艺想公司使用涉案商标，应事先解除原授权使用关系，艺想公司也应调查此前的涉案商标许可使用关系是否已经解除。两被上诉人未尽到合理通知、注意义务，具有恶意。4.在商标局备案的商标许可合同并未生效，其“林达光”签名并非毕加索公司负责人林达光的真实签名，而艺想公司在另案中曾致函最高人民法院，称帕弗洛公司存在假冒签名骗取备案的行为，表明艺想公司知悉备案合同系假合同，其在系争合同中仅要求毕加索公司撤销备案合同，表明艺想公司清楚知悉涉案商标的前期授权关系尚未终止。5.系争合同签订时，提前终止备案尚未公告，合同双方难以知悉备案已被提前终止，因此艺想公司主观恶意明显。6.系争合同双方共同投诉、举报帕弗洛公司的商标侵权行为，表明双方事先有沟通、预谋。

上诉人艺想公司认同一审的判决结果，但认为一审认定的部分事实错误，请求发回重审或改判。其主要上诉理由为：一、一审判决认定被上诉人帕弗洛公司对涉案商标享有独占许可使用权，属认定事实错误。二、毕加索公司与帕弗洛公司存在直接利害关系，拒不到庭参加诉讼，法院不应采信其答辩意见。

上海市高级人民法院经二审，确认了一审查明的事实。

另查明：上诉人艺想公司在 2015 年 7 月 24 日法院召集其及上诉人帕弗洛公司谈话时表示，其在与被上诉人毕加索公司签订系争合同时，并不知晓帕弗洛公司与毕加索公司之间签订的合同的内容，但其知悉帕弗洛公司与毕加索公司之间就涉案商标存在使用许可关系；其在与毕加索公司签订系争合同时，毕加索公司称已与帕弗洛公司解除商标使用许可合同，因此其才敢与毕加索公司签订系争合同。

上海市高级人民法院二审认为：

本案二审的争议焦点为：第一，商标局商标使用许可合同备案之效力以及备案合同和其后的备案提前终止协议是否存在伪造被上诉人毕加索公司负责人签名的问题。第二，上诉人帕弗洛公司关于其享有涉案商标独占使用许可授权的证据之效力问题。第三，台湾帕弗洛公司、毕加索公司与帕弗洛公司之间的商标使用许可关系的性质。第四，上诉人艺想公司与毕加索公司签订的独占使用许可合同是否因恶意串通损害第三人利益而无效。第五，艺想公司能否依据其与毕加索公司签订的系争合同获得涉案商标使用权。

一、商标局商标使用许可合同备案之效力以及备案合同和其后的备案提前终止协议是否存在伪造毕加索公司负责人签名问题

虽然备案合同及备案提前终止公告中的商标名称与涉案商标并不一致，但其商标注册号均与涉案商标相同；同时，商标局《商标使用许可合同备案通知书》载明的备案商标的注册号亦与涉案商标的注册号一致，因此应认定上述备案及其后的备案提前终止公告均与涉案商标相关。备案之许可合同以及《提前终止许可合同备案公告》中的商标名称虽有所出入，但在商标注册号均相同的情况下，应以商标注册号为依据确定所指向的商标标识。商标局将商标使用许可合同备案及终止备案的情况予以公告，其目的在于使不特定的第三人获悉涉案商标使用许可之权利变动状况，从而维护商标使用许可交易的安全。虽然备案之合同与上诉人帕弗洛公司和被上诉人毕加索公司、台湾帕弗洛公司间签订的相关协议并非同一，但商标使用许可合同备案的实质是将商标使用许可关系予以公示，且原审法院并未将备案之合同文本作为确定帕弗洛公司和毕加索公司之间权利义务的依据，因此并不影响帕弗洛公司的合法权益。基于商标局对毕加索公司与帕弗洛公司之间的商标使用许可合同的备案及其后备案终止的公告具有公示效力，相关公众应知悉毕加索公司与帕弗洛公司之间就涉案商标存在独占使用许可关系、该备案于 2012 年 1 月 1 日终止。鉴于本案实际情况，相关合同文本之签名即使系伪造，也应认定不影响上述商标局备案和备案提前终止之公示的真实性及法律效力，因此不影响本案的判决结果。帕弗洛公司并未对此备案及此后该备案之终止提出异议,其已获得备案产生之相应利益,现又欲否定备案之效力,有悖诚信。如在他案中确需对相关签名是否伪造作出判断,则可在他案中另行解决。

二、上诉人帕弗洛公司关于其享有涉案商标独占使用许可授权的证据之效力问题

上诉人帕弗洛公司提供的证据并非孤证,而是可以构建起完整的证据链,证明涉案商标的使用许可授权过程及许可使用期间。原审法院并未直接采信被上诉人毕加索公司的答辩意见,而是综合在案证据对涉案商标使用许可授权的事实进行了认定,并无不妥。

三、台湾帕弗洛公司、被上诉人毕加索公司与上诉人帕弗洛公司之间的商标使用许可关系的性质

台湾帕弗洛公司与上诉人帕弗洛公司于 2003 年 7 月 9 日签订了《授权契约书》并于 2005 年 3 月 21 日签订了《授权契约补充协议》,根据上述协议,帕弗洛公司可以在中国大陆地区使用涉案商标。2003 年 7 月 9 日,被上诉人毕加索公司出具《授权证明书》授权帕弗洛公司于 2003 年 7 月 9 日至 2008 年 12 月 31 日间使用涉案商标;2008 年 9 月 8 日,毕加索公司再次出具《授权证明书》,授权帕弗洛公司于 2008 年 9 月 10 日至 2013 年 12 月 31 日间独家使用涉案商标;2010 年 2 月 11 日,毕加索公司与帕弗洛公司签订《授权契约书》,约定将使用涉案商标的关系在原契约基础上延展十年,即自 2014 年 1 月 1 日至 2023 年 12 月 31 日。上述合同均系当事人的真实意思表示,合法有效,且毕加索公司为涉案商标的商标权人,其合法授权他人使用涉案商标的行为具有法律效力。根据上述

合同约定，帕弗洛公司享有2008年9月10日至2023年12月31日间在中国大陆地区独家使用涉案商标的权利。所谓“独”，即单一、唯一之义，上述合同中所谓独家使用，指涉案商标只能由被许可人帕弗洛公司使用，他人包括商标权人毕加索公司在内均不得使用，上诉人艺想公司所称的“独家”不同于“独占”之理由，难以成立。

四、上诉人艺想公司与被上诉人毕加索公司签订的独占使用许可合同是否因恶意串通损害第三人利益而无效

上诉人艺想公司与被上诉人毕加索公司于2012年2月签订的系争《商标使用许可合同书》，双方意思表示真实一致，合同已经成立并生效。关于艺想公司与毕加索公司是否存在恶意串通损害第三人利益并导致合同无效的问题：首先，艺想公司与上诉人帕弗洛公司生产销售类似书写工具产品，在同一市场展开竞争，且毕加索公司在向法院提交的书面答辩意见中称已将其与帕弗洛公司的商标使用许可情况告知艺想公司；其次，艺想公司与毕加索公司在商标局2012年3月13日公告终止备案之前的2012年2月16日即签订系争商标使用许可合同，虽然商标使用许可合同备案于2012年1月1日终止，但并无证据表明帕弗洛公司与毕加索公司的商标独占使用许可合同关系已经解除，不能仅依据备案之终止而推定商标使用许可合同之解除；再次，艺想公司亦表示其知悉帕弗洛公司与毕加索公司之间的涉案商标使用许可关系。据此，可以认定艺想公司在与毕加索公司签订系争商标使用许可合同时，知晓帕弗洛公司与毕加索公司之间存在涉案商标独占使用许可关系，因而在重复授权的情况下，艺想公司并不属于在后被授权之善意第三人。

然而，上诉人艺想公司不属于善意第三人，仅意味着其对被上诉人毕加索公司与上诉人帕弗洛公司之间的涉案商标独占使用许可关系是知情的,并不一定意味着其与毕加索公司之间存在恶意串通并损害第三人利益之行为。从恶意串通的构成要件看,既需证明主观上存在加害故意,又需证明客观上存在串通行为。而本案中,艺想公司与毕加索公司签订使用许可合同的目的在于使用涉案商标,虽然艺想公司和毕加索公司在签订系争合同时,并未以毕加索公司和帕弗洛公司解除其双方在先的商标独占使用许可合同为合同生效前提之做法存在不妥,导致先后两个商标独占使用许可合同的许可期间存在重叠,但综合艺想公司在其系争合同中要求毕加索公司积极撤销与帕弗洛公司的备案合同等条款,本案中尚无充分证据证明艺想公司有加害帕弗洛公司的主观恶意,亦无证据证明艺想公司和毕加索公司间存在串通行为,因此难以认定此种合同行为属恶意串通损害第三人利益之行为。艺想公司、毕加索公司的投诉、举报行为,系基于其自认为艺想公司已获得涉案商标的独占许可使用权,且相应行政机关并未作出帕弗洛公司违法的决定,难以认定属于双方恶意串通之行为。至于系争合同专门设置的限制合同双方与第三方和解的条款,符合艺想公司维护其合同利益的目的,系市场竞争中的常见手段,同样难以认定系恶意串通行为。鉴于艺想公司与帕弗洛公司系同业竞争者,其采用与涉案商标权利人毕加索公司签订独占使用许可合同、要求毕加索公司不得在同类产品上向第三方授权使用涉案商标的方式展开市场竞争,该竞争方式本身并不具有违法性。系争合同不符合认定合同无效的法定条件,涉案各方之间的纠纷可以通过追究违约责任等方式予以解决。

五、上诉人艺想公司能否依据其与被上诉人毕加索公司签订的系争合同获得涉案商标使用权

虽然本案中上诉人艺想公司与被上诉人毕加索公司之间的商标使用许可合同已成立并生效,但合同已生效并不等于合同已被实际履行。第一，艺想公司、毕加索公司均知悉上诉人帕弗洛公司与毕加索公司就涉案商标存在的独占使用许可关系，艺想公司相对于帕弗洛公司与毕加索公司之间的商标独占使用许可合同关系而言，不属于善意第三人。第二，毕加索公司与帕弗洛公司之间就涉案商标存在独占使用许可合同关系，且该独占使用许可合同正常履行，虽然毕加索公司与帕弗洛公司之间的涉案商标使用许可合同备案于2012年1月1日终止，但在无证据表明帕弗洛公司与毕加索公司的商标独占使用许可合同已被解除的情况下，应认定该独占使用许可合同关系依然存续。由于艺想公司不属于善意第三人，因此帕弗洛公司依据其与毕加索公司间的商标使用许可合同取得的涉案商标独占许可使用权，可以对抗艺想公司与毕加索公司之间的商标使用许可合同关系。鉴于毕加索公司实际上并未履行其与艺想公司签订的商标使用许可合同之义务，艺想公司也就不能据此系争合同获得涉案商标的使用权。由此，帕弗洛公司依据在先的独占使用许可合同已经形成的商标使用的客观事实，应认定未被在后的商标独占使用许可合同关系所打破，否则将有悖于公平诚信原则、扰乱商标使用秩序并最终有损相关消费者利益。原审判决虽认定系争合同并非无效，但并未认定艺想公司享有涉案商标的独占许可使用权，并无不当。艺想公司与毕加索公司如就系争合同产生纠纷，可通过追究违约责任等方式另案解决。此外，艺想公司是否另案起诉毕加索公司与帕弗洛公司恶意串通损害国家税收利益及艺想公司利益，属另案审理范围，本案不予审查。

综上所述，上海市高级人民法院依照《中华人民共和国民事诉讼法》第一百七十条第一款第(一)项之规定，于2015年9月30日判决如下：

驳回上诉，维持原判。

本判决为终审判决。

裁判摘要

在后商标使用许可合同相对人明知商标权人和在先商标使用许可合

同相对人未解除在先商标独占使用许可合同，仍和商标权人签订许可合同，导致先后两个独占许可合同的许可期间存在重叠的，在后合同并非无效，但在后商标使用许可合同相对人不属于善意第三人，不能依据在后合同获得商标的许可使用权，在先取得的独占许可使用权可以对抗在后的商标使用许可合同关系。

附录

一审裁判文书案号：(2012)沪一中民五(知)初字第250号

一审合议庭成员：唐震(审判长)、胡瑜(主审法官)、陈炳良(人民陪审员)

二审裁判文书案号：(2014)沪高民三(知)终字第117号

5. 付金华诉吕秋白、刘剑锋案外人执行异议之诉案

案情及审判

原告：付金华，女，47 岁，汉族，住上海市松江区。

被告：吕秋白，男，48 岁，中华人民共和国香港特别行政区居民，住上海市闵行区。

第三人：刘剑锋，男，52 岁，汉族，住浙江省桐乡市。

原告付金华与被告吕秋白、第三人刘剑锋发生案外人执行异议纠纷，向上海市第一中级人民法院提起诉讼。

原告付金华诉称：原告与第三人刘剑锋于 1989 年 10 月登记结婚，婚后于 2000 年购买了本市松江区中山二路×弄×号×室房屋（以下简称“中山二路房屋”）、于 2003 年购买了本市松江区北翠路×弄×号房屋（以下简称“北翠路房屋”）。双方于 2007 年 10 月 29 日登记离婚，在离婚协议中约定，该二处房屋的所有权均归原告所有。但两人为减少按揭贷款转贷手续费和缓缴交易契税，暂未办理不动产变更过户手续。原告离婚后一直居住于上述中山二路房屋中。因第三人与被告吕秋白于 2012 年发生股权转让纠纷并诉至法院，被告依据生效的法律文书（2012）沪一中民四（商）初字第 S51 号民事判决向法院申请执行，法院查封了登记于该案被执行人刘剑锋名下的中山二路房屋及登记于原告和第三人名下的北翠路房屋。原告就此查封向该案执行部门提出执行异议，被裁定驳回。原告认为，尽管上述房屋的所有权尚未变更登记至原告一人名下，但已有

充分证据证明原告对上述二处房产有合法物权。第三人对被告的债务是其与原告离婚后所发生的个人债务,原告仅是该执行案件的案外人。故请求法院判令:一、确认上海市松江区中山二路房屋、上海市松江区北翠路房屋的所有权属于原告;二、解除对前述两房地产的司法查封,停止对该房地产的执行。

被告吕秋白辩称:原告付金华和第三人刘剑锋在离婚协议中的约定不能对抗原《物权法》第九条和第十四条的规定。房产权利人要以登记为准,不能因当事人的私自约定而改变。故不同意原告的诉讼请求。

第三人刘剑锋表示其同意原告付金华的诉讼请求。

上海市第一中级人民法院查明:

原告付金华与第三人刘剑锋夫妻关系存续期间购买了本市松江区中山二路房屋及松江区北翠路房屋。其中中山二路房屋的房屋产权登记在第三人名下,北翠路房屋产权共同登记在原告与第三人名下。北翠路房屋名下尚有银行抵押贷款,主贷人为第三人。

2007年10月29日,原告付金华与第三人刘剑锋在民政部门登记离婚。2007年10月31日,原告与第三人签订离婚协议,约定:“大儿子刘洋归女方,小儿子刘海归男方;上海市松江区的两套房屋归女方;公司股份第三人21.125%、刘洋21.125%、刘海21.125%、原告16%,刘洋的股份由女方代管。”该离婚协议目前留存于民政部门。上述离婚协议签订后,协议所涉的房屋产权及公司股份均未发生变更登记。

第三人刘剑锋于2008年3月12日与案外人领取了结婚证,并于2012年10月30日经法院调解达成离婚协议并由法院出具民事调解书。

第三人刘剑锋因与被告吕秋白之间的股权转让纠纷,经法院审理并于2013年3月27日作出(2012)沪一中民四(商)初字第S51号民事判决,判令第三人于判决生效之日起十日内归还被告人民币2 000万元并支付相应的利息,利展纺织(浙江)有限公司、浙江宏展新材料有限公司对第三人承担连带还款责任。该案生效后，因第三人及利展纺织（浙江）有限公司、浙江宏展新材料有限公司未履行生效判决所确定的还款义务，故被告向法院申请执行。在执行过程中，法院依法查封了上述中山二路房屋及北翠路房屋。

原告付金华在上述房屋被查封后，向法院执行部门提出异议，其主要理由是，在与第三人刘剑锋的离婚协议中已约定了上述两套房屋的所有权归原告所有，仅未办理过户手续。故要求法院解除对系争房屋的查封并中止执行。

法院执行部门对此依法组成合议庭进行了听证审查，并于2014年6月19日作出（2014）沪一中执异字第7-1号、7-2号执行裁定书，裁定驳回付金华提出的异议。原告付金华遂提起本案诉讼，要求判如所请。

上海市第一中级人民法院认为：

本案系争房屋是原告付金华与第三人刘剑锋夫妻关系存续期间所购买，根据《婚姻法》相关规定，系争房屋应属原告与第三人的夫妻共同财产。我国《物权法》第九条明确规定，“不动产物权的设立、变更、转让和消灭，经依法登记，发生法律效力；未经登记，不发生法律效力”。双方在离婚协议中约定上述房屋产权均归原告所有，这是第三人对自己在系争房屋产权中所拥有份额的处分，该处分行为未经产权变更登记并不直接发生物权变动的法律效果，也不具有对抗第三人的法律效力。因系争房屋的产权未发生变更登记，第三人刘剑锋仍为系争房屋的登记产权人，其在系争房屋中的产权份额尚未变动至原告名下，故在第三人对外尚存未履行债务的情况下，被告吕秋白作为第三人的债权人，要求对第三人名下的财产予以司法查封并申请强制执行符合法律规定。原告依据《离婚协议书》对系争房屋产权的约定要求确认系争房屋的所有权属其所有并要求解除对系争房屋的司法查封、停止对系争房屋执行的诉讼请求于法无据，法院不予支持。

综上，上海市第一中级人民法院依照原《中华人民共和国物权法》第六条、第九条的规定，于 2015 年 2 月 9 日判决：

驳回原告付金华的诉讼请求。

一审判决后，各方当事人均未提起上诉，一审判决已经发生法律效力。

裁判摘要

根据我国原《物权法》规定，不动产物权变动原则上以登记完成为生效要件。夫妻双方签订的离婚协议中对不动产归属的约定并不直接发生物权变动的效果，一方仅可基于债权请求权向对方主张履行房屋产权变更登记的契约义务。在不动产产权人未依法变更的情况下，离婚协议中关于不动产归属的约定不具有对抗外部第三人债权的法律效力。

附录

一审裁判文书案号：(2014)沪一中民二(民)初字第 3 号

一审合议庭成员：周峰（审判长兼主审法官）、叶兰、陈荣祥（人民陪审员）

6. 维多利亚的秘密商店品牌管理公司诉上海麦司投资管理有限公司侵害商标权及不正当竞争纠纷案

案情及审判

原告:维多利亚的秘密商店品牌管理公司,住所地:美利坚合众国俄亥俄州雷诺兹伯格有限大街。

法定代表人:道格拉斯·威廉姆斯,该公司副总裁。

被告:上海麦司投资管理有限公司,住所地:中华人民共和国上海市金山区亭林镇林宝路。

法定代表人:高洁,该公司经理。

原告维多利亚的秘密商店品牌管理公司(以下简称"维多利亚公司")因与被告上海麦司投资管理有限公司(以下简称"麦司公司")发生侵害商标权及不正当竞争纠纷,向上海市第一中级人民法院提起诉讼。

原告维多利亚公司诉称:原告"VICTORIA'S SECRET"(中文名:维多利亚的秘密)品牌创立于20世纪70年代,在本案中主张保护的是在中国注册的"VICTORIA'S SECRET"(第35类和第25类)、"维多利亚的秘密"(第35类和第25类)四个商标。原告发现被告麦司公司未经许可,擅自在其经营的店铺招牌、员工胸牌、VIP卡、时装展览等处使用原告的"VICTORIA'S SECRET"商标,在大量的宣传和推广活动中使用原告的"VICTORIA'S SECRET"和"维多利亚的秘密"商标,同时对外宣称其店铺为"VICTORIA'S SECRET"或"维多利亚的秘密"的直营店、专卖店、旗舰店,宣称被告为"VICTORIA'S SECRET"或"维多利亚的秘密"的品牌运营总公司、中国区品牌运营商、中国的总行销公司、北上广深渝津大区总经销、品牌公关行销运营商、维秘中国总部等,开展特许加盟销售活动,构成商标侵权和不正当竞争。故诉至法院,请求判令:被告立即停止商标侵权和不正当竞争行为并赔偿原告经济损失及合理费用共计人民币(以下币种同)510 万元。

被告麦司公司辩称:1.其销售的维多利亚商品来源于原告维多利亚公司的母公司有限品牌公司(Limited Brands, Inc.)(以下简称"LBI公司"),被告对原告商标的使用系在商品销售过程中的合理使用,不构成商标侵权和不正当竞争;2.被告从未实施过原告诉请所主张的虚假宣传行为,也不存在虚假宣传物品;3.原告涉案商标从未在中国进行过商业使用,故其主张损害赔偿的诉请应予驳回。故请求驳回诉讼请求。

上海市第一中级人民法院一审查明:原告维多利亚公司系涉案四个注册商标的专用权人。2013 年 12 月 20 日,原告向上海市东方公证处申请证据保全,在位于上海市肇嘉浜路 1111 号的美罗城四楼门口有"VICTORIA'S SECRET"字样标牌的商铺内购得两件物品,所获两份宣传资料分别系产品宣传手册和加盟销售手册,均突出使用了"VICTORIA'S SECRET"及"维多利亚的秘密"标志,其中产品宣传手册系对维多利亚的秘密品牌以及产品的介绍,同时载明加拿大联合麦斯于 1999 年成立于加拿大温哥华,中国总部系被告麦司公司,末页载明"VICTORIA'S SECRET"品牌运营总公司系加拿大联合麦斯—上海麦斯投资管理有限公司,并标明了电话、传真、网址、地址等联系信息;加盟销售手册介绍了"VICTORIA'S SECRET"品牌销售制度,包括装修风格、规格、标准由被告统一控管,经营理念、企业识别、管理服务、管理制度的四个一致化等,并列明了大区销售商、省级销售商、省会销售商、市级销售商、单店加盟商等不同级别销售商年度进货额、品牌使用费、权益保证金等方面的要求，其中品牌使用费处于6万元到50万元之间，截至2013年12月，“维多利亚的秘密”商店中国大陆地区共计21家，末页载明的联系信息同产品宣传手册。公证过程还显示，该四楼店铺大门招牌、店内墙面、货柜、收银台、员工胸牌等处均突出使用了“VICTORIA'S SECRET”标志，销售的产品上也均使用了“VICTORIA'S SECRET”和“维多利亚的秘密”标志。该大厦地下一层正在举办内衣时装展览，背景大屏幕也突出使用了“VICTORIA'S SECRET”标志。2014年1月16日，原告又经公证至上述美罗城四楼店铺取得VIP会员卡一张，该会员卡上突出使用“VICTORIA'S SECRET”标志。

中国女装网上有关于“维多利亚的秘密”的品牌专栏，页面上部突出使用了“VICTORIA'S SECRET”和“维多利亚的秘密”，具体内容涉及全国招商加盟宣传，以及被告麦司公司系中国维多利亚的秘密总行销公司，上海、北京、广州、深圳、重庆、天津总代理商，维秘中国总部，美罗城店为“维多利亚的秘密”上海直营店、旗舰店、形象店等，联系电话、公司网址、联系地址信息均同加盟销售手册。中国服装品牌网、中国品牌内衣网上亦有众多有关“维多利亚的秘密”的品牌专栏，其中品牌标志突出使用了“VICTORIA'S SECRET”标志。扫描加盟销售手册末页二维码，进入“维多利亚的秘密”的微信账号，账号名中突出使用了“VICTORIA'S SECRET”标志，相关微信信息中亦有众多有关“维多利亚的秘密”的招商加盟信息，被告系该品牌运营总公司等。

2014年1月16日，原告维多利亚公司向广东省广州市白云公证处申请证据保全，使用公证处电话拨通4000008115，咨询“维多利亚的秘密”加盟事宜，自称是被告麦司公司员工的魏云霄接了电话告知加盟要求，并通过邮件形式发送具体的品牌资料（邮件信息显示魏云霄系被告品牌市场部总监,传真、招商热线、网址、地址信息均同加盟销售手册),详细介绍维多利亚的秘密品牌信息及加盟信息,其中亦涉及对“VICTORIA’S SECRET”和“维多利亚的秘密”的突出使用,以及被告系该品牌的中国品牌运营商、北上广深渝津大区销售商,在中国开设品牌旗舰店、特许销售店等。

一审法院另查明,原告维多利亚公司是案外人 Intimate Brands Holding, LLC 的全资子公司,Intimate Brands Holding, LLC 是案外人 Intimate Brands, Inc.的全资子公司,Intimate Brands, Inc.是 LBI 公司的全资子公司。另,LBI 公司旗下还有一家全资子公司维多利亚的秘密商店有限公司(Victoria’s Secret Stores, LLC)(以下简称 VSSLLC 公司)。原告负责 LBI 公司旗下所有“VICTORIA’S SECRET”(维多利亚的秘密)商标的注册、使用、管理和保护,是上述商标的所有权人,LBI 公司和其他全资子公司经原告许可使用“VICTORIA’S SECRET”(维多利亚的秘密)商标。

VSSLLC 公司与 American Fashion Brands, LLC(以下简称“AFB 公司”)签订了一份《库存出售协议》,该协议从 2007 年 1 月 1 日起生效,授权 AFB 公司在包括中国在内的多个地区出售某些标记为缺货的库存。该协议第 5.4 条系知识产权的规定,“买方不得并应确保其购买人与关联方和客户不会利用或经销以任何方式带有卖方或其任何关联方的任何名称、商标、商品名、图标或其他知识产权的货物为其做广告,而且买方与任何这类人都无权使用任何产品样本、产品样本图片、副本、互联网或其他媒体或卖方或其任何关联方的知识产权作为其标牌、专用信纸、商业书信、标签或任何其他形式广告的组成部分……”

上海锦天服饰有限公司(以下简称“锦天公司”)2007 年 9 月从 LBI 公司购进了价值约 510 万美元的维多利亚的秘密品牌内衣商品。

2007 年 9 月 10 日,LBI 公司品牌保护总监 Dean Brocious 出具的确

认函称“LBI公司很高兴确认AFB公司被选中来协助清理维多利亚的秘密专卖店当前质量一流的多余库存。LBI公司将根据与AFB公司之间的《库存出售协议》的条款和条件，向AFB公司继续提供选定的多余库存产品。AFB公司的合作伙伴和买家们必须遵守相同的规则和规定……”；2007年10月6日，AFB公司首席执行官Mohamed A. Barry出具授权书称，“……AFB公司授权上海锦天服饰有限公司在中华人民共和国境内独家销售维多利亚的秘密产品，并受到AFB公司的大力支持，且如2007年9月10日的LBI公司的信函所述，获得LBI公司的批准”。

锦天公司与被告麦司公司于2011年11月签订《战略合作框架协议》，约定“甲方（锦天公司）就自美国LBI所购进并经美国AFB授权的维多利亚的秘密正品的销售问题，将货品销售、授权经销权利全部托管乙方（被告），乙方享有甲方就美国AFB授权所享有的一切权利，甲方除维持现有销售商外自己不再发展销售商……”2012年1月1日，锦天公司出具独家经销分销授权书，授权被告为维多利亚的秘密（VICTORIA'S SECRET）系列产品北京市、上海市、广州市、深圳市、天津市、重庆市独家终端零售唯一分销商，暨中国境内商品销售商，同时具有再授权中国各地各省市级单店分销商经销权利资格，授权期限自2012年1月1日起至2022年12月31日止。

2013年4月23日，在原告维多利亚公司诉锦天公司侵害商标权及不正当竞争纠纷一案中，上海市第二中级人民法院作出一审判决，认定锦天公司仅是从原告母公司LBI公司处购进了库存产品在国内销售，没有证据证明其是美国顶级内衣“维多利亚的秘密”唯一指定总经销商，却自称是美国顶级内衣“维多利亚的秘密”唯一指定总经销商，构成虚假宣传的不正当竞争行为。

上海市第一中级人民法院一审认为：

一、被告麦司公司是否实施了被控侵权行为

首先,本案中原告维多利亚公司主张的虚假宣传物品系宣传手册、加盟销售手册、VIP卡,上述物品系在美罗城店铺公证购买产品时所得,被告麦司公司承认该店铺系其所经营,但否认对上述物品的发放,并未提供任何反证予以证明,故对麦司公司的该项辩称,一审法院不予采信。其次,本案中原告诉请的虚假宣传行为系通过中国女装网、中国服装品牌网、中国品牌内衣网、微信以及4000008115招商热线实施的宣传行为,一方面,上述网络发布的信息与通过拨打4000008115电话所获信息基本一致,均指向维多利亚的秘密的品牌信息及加盟信息,联系信息也均指向被告;另一方面,微信账号系通过扫描加盟销售手册末页二维码进入,4000008115电话载于产品宣传手册、加盟销售手册中,中国女装网的运营商杭州执掌科技有限公司也出具说明该网站上的相关信息系被告发布,而被告系上述宣传信息的受益方,虽对上述宣传行为予以否认,但并未提供证据予以证明,故综合在案证据,可以认定上述宣传信息均系被告所实施,被告的抗辩主张不能成立。再次,关于公证所涉时装展,系“维多利亚的秘密”品牌内衣时装展,在美罗城大厦地下一层举办,而被告经营店铺亦位于该大厦,经销产品也同该展览产品,被告虽对举办行为予以否认,但亦未提供诸如该展览举办方或该大厦还存在销售同品牌产品的其他店铺的任何信息作为反驳证据,故综合在案证据,一审法院对被告的抗辩主张不予支持。

二、原告维多利亚公司指控的商标侵权行为是否成立

判定被告麦司公司是否侵权,需要对被告在销售并非假冒“VICTORIA’S

SECRET”“维多利亚的秘密”商标的商品过程中的商标使用行为进行定性和鉴别，即究竟属于为指示所销售商品而使用商标，还是属于用以标识服务来源而使用商标。而判断是否属于商品商标的指示性使用应当根据使用商标是否属于指示所销售商品所必需，以及使用商标是否具备了标识服务来源功能这两方面综合判断。如果对商标的使用超出了为指示所销售商品所必需的方式，并且足以产生标识服务来源的效果，则构成对服务商标的侵权。

尽管为指示所销售的商品而使用商标与标识服务来源而使用商标不易区分，但依照本文前述判别两者的两方面考量因素来看：其一，被告麦司公司不仅在店铺大门招牌、店内墙面、货柜等处使用了“VICTORIA'S SECRET”标识，还在收银台、员工胸牌、VIP 卡、时装展览等处使用了“VICTORIA'S SECRET”标识，已经超出了指示所销售商品所必需使用的范围。其二，被告在使用上述标识的同时，并没有附加其他标识用以区分服务来源，相反，被告还积极对外宣称美罗城店为维多利亚的秘密上海直营店，被告系“维多利亚的秘密”中国总部、北上广深渝津大区总经销、中国区品牌运营商等，这使得被告这种超出指示所销售商品所必要范围的标识使用行为具备了表示服务来源的功能，足以使相关公众误认为销售服务系商标权人(原告)提供或者与商标权人(原告)存在商标许可等关联关系。因此，一审法院认为被告对“VICTORIA'S SECRET”标识的使用，已经构成了对原告维多利亚公司“VICTORIA'S SECRET”服务商标(第 35 类)的侵犯，对被告辩称其系对商标的合理使用的主张不予采纳。由于被告在提供服务过程中并没有使用“维多利亚的秘密”中文标识，且原告“维多利亚的秘密”(第 35 类)服务商标并未在中国境内进行过商业性使用，难以认定被告使用的“VICTORIA'S SECRET”标识与原告“维多利亚的秘密”(第 35 类)服务商标构成近似，故一审法院认为被告并不构成对原告“维多利亚的秘密”(第 35 类)服务商标的侵害。

被告麦司公司在中国女装网、中国服装品牌网、中国品牌内衣网、微信等网络上发布的信息主要涉及维多利亚的秘密的品牌介绍、产品介绍、门店信息、招商加盟信息,并未涉及产品的网上销售。结合整体网页内容,被告在此广告宣传过程中对"VICTORIA'S SECRET"和"维多利亚的秘密"标识的使用,向相关公众传达的信息系被告是维多利亚的秘密的品牌经营者,开展该品牌的招商加盟业务,该种使用方式系对服务商标的使用,与"VICTORIA'S SECRET"(第35类)和"维多利亚的秘密"(第35类)商标核定使用的服务类别相同,属于在同一种服务上使用与其注册商标相同的商标,构成商标侵权。

三、原告维多利亚公司指控的不正当竞争行为是否成立

第一,被告麦司公司行为一审法院已经认定构成商标侵权的,不应再适用《反不正当竞争法》的总则条款对该行为进行规制。第二,本案中,原告维多利亚公司明确其在中国境内没有开展实体经营活动,在案证据也仅能反映经原告母公司许可的部分库存产品在我国境内进行过销售,上述证据并不足以证明原告提供的服务或商品在我国境内已为相关公众所知悉,能够认定为"《反不正当竞争法》规定的知名商品"。第三,使用商标的被控侵权行为并非对商品的宣传行为,故原告主张被告擅自使用其知名商品特有装潢、虚假宣传的主张,均不能成立,一审法院不予支持。

一审法院认为,本案中被告麦司公司仅是经销从原告维多利亚公司的母公司处购进的库存产品,并无证据证明被告系该品牌的特许或委托代理商,亦无证据证明被告对该品牌的知识产权享有使用的权利,但被告却对外宣称其系VICTORIA'S SECRET或"维多利亚的秘密"中国总行销公司,中国区品牌运营商,北上广深渝津大区总代理商、总经销,维秘中国总部,品牌运营总公司,美罗城店为维多利亚的秘密上海直营店、旗舰

店、形象店、专卖店等,同时开展对外招商特许加盟宣传。一审法院注意到,国内有众多媒体对原告做过宣传报道,被告上述宣传均会使相关公众误以为被告与原告存在授权许可关系,从而使被告不正当地获得竞争优势。另外,被告美罗城店铺商品售价远高于原告官网上的同类商品售价,结合被告的虚假宣传行为,会对原告今后在中国境内的商业活动产生影响。综上所述,被告虚构事实攀附原告的主观意图明显,且实施了虚假宣传的客观行为,并获得了不正当竞争利益,也致使原告利益受到侵害,应当认定构成不正当竞争。

四、本案民事责任的承担问题

本案中原告维多利亚公司没有证据证明其因侵权所受损失或被告麦司公司因侵权所获利益的具体金额,故一审法院综合考虑被告的主观过错、侵权行为的性质、期间、后果、原告为本案支出的合理费用等因素酌情确定被告应承担的赔偿额。一审法院特别注意到:首先,被告销售的维多利亚的秘密商品来源于锦天公司,其行为的授权也源于锦天公司,而锦天公司已于2013年4月被生效判决判令构成不正当竞争,被告仍继续进行虚假宣传,主观过错程度较大;其次,被告对外宣称不同级别加盟销售商收取的品牌使用费处于6万元到50万元之间,截至2013年12月,维多利亚的秘密商店中国大陆地区共计21家;再次,原告主张的维权费用中的大部分系其为本案诉讼所支出的合理费用。综合上述考量因素,一审法院依法酌定被告应赔偿原告经济损失与合理开支共计50万元。

关于原告维多利亚公司主张的消除影响的诉请,一审法院认为,被告麦司公司的侵权行为,涉及相关公众对服务来源的识别,以及对原被告商业关系的认识,故原告有关消除影响的主张于法有据。本案事实表明,被告在中国女装网等多家网络上发布虚假信息,在上海开设实体店铺,并在全国多地开展招商加盟,原告主张在《新民晚报》、中国女装网首页(www.nz86.com)消除影响,与侵权行为的影响范围相适宜,一审法院可予准许。

据此,上海市第一中级人民法院依照原《中华人民共和国民法通则》第一百一十八条,《中华人民共和国商标法》第五十七条第(一)项、第(二)项,第六十四条第一款,《中华人民共和国反不正当竞争法》第五条第(二)项、第九条第一款、第二十条第一款,最高人民法院《关于审理不正当竞争民事案件应用法律若干问题的解释》第十七条第一款之规定,于 2014 年 9 月 25 日判决:

一、被告麦司公司应于判决生效之日起停止侵犯原告维多利亚公司享有的核准注册在第 35 类服务上的第 9120211 号"VICTORIA'S SECRET"、第 4481217 号"维多利亚的秘密"注册商标专用权;二、被告麦司公司应于判决生效之日起停止实施虚假宣传的不正当竞争行为;三、被告麦司公司应于判决生效之日起十日内赔偿原告维多利亚公司经济损失及制止侵权的合理费用共计 50 万元;四、被告麦司公司应于判决生效之日起三十日内在《新民晚报》及中国女装网首页刊登声明以消除影响;五、驳回原告维多利亚公司的其余诉讼请求。

一审判决后,麦司公司不服,向上海市高级人民法院提起上诉,请求撤销原判。其主要上诉理由为:第一,其从不知晓 VSLLC 公司与 AFB 公司之间签订过《库存出售协议》,因此无法遵守该协议;其严格遵守 LBI 公司品牌保护总监确认函所称的"传统零售商(不包括目录销售和因特网销售)"的要求,从未进行过目录销售和因特网销售;根据 AFB 公司授权书所称的"独家销售",可将锦天公司和麦司公司理解为"唯一指定总经销商""总行销公司",并进而可以理解为锦天公司和麦司公司已获得商品商标的使用授权和服务商标的使用授权。第二,一审判决关于商品商标和服务商标的适用范围的认定与区分,没有法律依据。第三,在没有认定麦司公司开设21家加盟店的情况下，将此作为确定损害赔偿数额的依据，存在事实认定错误，导致赔偿数额畸高。

被上诉人维多利亚公司答辩称：一审判决查明事实准确、适用法律正确，请求驳回上诉、维持原判。

上海市高级人民法院经二审，确认了一审查明的事实。

上海市高级人民法院二审认为：

第一，关于上诉人麦司公司是否已经获得被上诉人维多利亚公司涉案商品商标和服务商标的使用授权。根据《库存出售协议》，库存产品购买者不得自称为卖方的特许或委托代理商或关联方；根据LBI公司出具的确认函，锦天公司可以在中国境内销售库存产品，但须遵守《库存出售协议》相关条款。虽然锦天公司与麦司公司签订了《战略合作框架协议》，且锦天公司授权麦司公司为独家终端零售唯一分销商，但仅表明麦司公司有权在中国境内独家销售所购进的标注涉案商标的库存产品。从库存出售的交易链条可以看出，整个交易过程并不涉及涉案商标的授权使用。无论麦司公司是否知晓《库存出售协议》，其作为库存产品的购买者，依法仅获得该批产品的所有权，物权的移转并不意味着麦司公司自动获得涉案商标的使用许可，其仅可在销售该批产品所必需的最低限度内，对涉案商标进行指示性使用。本案中，维多利亚公司并未主张麦司公司进行目录销售和因特网销售而构成侵权，因此即使麦司公司未进行目录销售和因特网销售，也不能将此作为本案中其行为不构成侵权的抗辩理由。维多利亚公司作为涉案商标的权利人，未向AFB公司、锦天公司以及麦司公司授权使用其涉案商标“VICTORIA’S SECRET”“维多利亚的秘密”。AFB公司亦未获得维多利亚公司关于涉案商标的使用授权，更无权向他人授权使用涉案商标，其授权书所称的“独家销售”不能理解为涉案商品商标和服务商标的使用授权。因此，麦司公司关于其已获得涉案商标使用授权的上诉意见，不予采信。

第二,关于上诉人麦司公司是否侵害了被上诉人维多利亚公司的涉案服务商标专用权。本案中,麦司公司所销售的商品并非假冒“VICTORIA’S SECRET”“维多利亚的秘密”商标的商品,维多利亚公司亦未主张麦司公司所售商品为侵权产品,双方争议在于如何评价麦司公司在销售过程中使用“VICTORIA’S SECRET”“维多利亚的秘密”标识的行为。值得注意的是,维多利亚公司在第35类服务上享有“VICTORIA’S SECRET”“维多利亚的秘密”的注册商标专用权,这表明在此类服务上,他人未经许可不得使用“VICTORIA’S SECRET”“维多利亚的秘密”注册商标。同时,由于麦司公司所销售的并非假冒商品,因此其也应具有将“VICTORIA’S SECRET”“维多利亚的秘密”商品商标在销售活动中指示商品来源、以便消费者识别商品来源的权利,对此商标权人应当予以容忍。但如果对销售过程中商品商标的指示性使用不加限制,则可能危及相关服务商标的存在价值。因此,麦司公司在指示性使用涉案商品商标过程中,应当限于指示商品来源,如超出了指示商品来源所必需的范围,则会对相关的服务商标专用权构成侵害。根据本案查明的事实,麦司公司在店铺大门招牌、店内墙面、货柜以及收银台、员工胸牌、VIP卡、时装展览等处使用了“VICTORIA’S SECRET”标识,且对外宣称美罗城店为维多利亚的秘密上海直营店、其系维多利亚的秘密中国总部、北上广深渝津大区总经销、中国区品牌运营商等,这可能导致相关公众误认为销售服务系商标权人提供或者与商标权人存在商标许可等关联关系,因此已经超出指示所销售商品来源所必要的范围,具备了指示、识别服务来源的功能,构成对“VICTORIA’S SECRET”服务商标专用权的侵害。麦司公司在网络广告宣传过程中使用“VICTORIA’S SECRET”“维多利亚的秘密”标识,目的是利用涉案商标开展产品销售相关的招商加盟业务,系在与涉案服务商标同类的服务上使用与涉案服务商标相同的商标,一审法院认定其构成侵权,并无不当。

第三,关于赔偿数额的确定。本案中,被上诉人维多利亚公司的实际损失、上诉人麦司公司的侵权获利均无法查清,应由法院根据侵权行为的情节以法定赔偿方法确定赔偿数额。综合考虑麦司公司在锦天公司另案被判侵权后仍继续进行虚假宣传、主观过错较大,麦司公司称所收取每家加盟店的品牌使用费达6万元至50万元,维多利亚公司在本案中提供的维权开支凭证金额超出20万元等因素,一审法院依法酌情确定的包含合理费用在内的50万元赔偿数额,法院认为并无不妥。麦司公司所开设加盟店的数量,仅为确定损害赔偿数额的参考因素之一,并非原判确定赔偿数额的唯一依据。因此,麦司公司关于原审认定事实错误、赔偿数额畸高的上诉意见,不予采信。

综上,上海市高级人民法院依照《中华人民共和国民事诉讼法》第一百七十条第一款第(一)项之规定,于2015年2月13日判决如下:

驳回上诉,维持原判。

本判决为终审判决。

裁判摘要

合法取得销售商品权利的经营者,可以在商品销售中对商标权人的商品商标进行指示性使用,但应当限于指示商品来源,如超出了指示商品来源所必需的范围,则会对相关的服务商标专用权构成侵害。商标使用行为可能导致相关公众误认为销售服务系商标权人提供或者与商标权人存在商标许可等关联关系的,应认定已经超出指示所销售商品来源所必要的范围而具备了指示、识别服务来源的功能。

附录

一审裁判文书案号:(2014)沪一中民五(知)初字第33号

一审合议庭成员:唐震(审判长)、陈瑶瑶(主审法官)、耿晓光(人民陪审员)

二审裁判文书案号:(2014)沪高民三(知)终字第104号

7. 周伟均、周伟达诉王煦琼委托合同纠纷案

案情及审判

原告:周伟均,男,51 岁,住上海市杨浦区。

原告:周伟达,男,58 岁,住上海市杨浦区。

被告:王煦琼,男,35 岁,住上海市长宁区。

原告周伟均、周伟达因与被告王煦琼发生委托合同纠纷,向上海市长宁区人民法院提起诉讼。

原告周伟均、周伟达诉称:2011 年 11 月 4 日,两原告向案外人孙某某借款,并以两人共有的位于本市杨浦区控江路某房屋(以下简称“控江路房屋”)作抵押。同时,在孙某某的安排下,两原告与被告王煦琼签订委托合同,全权委托王煦琼负责办理控江路房屋的抵押登记手续、签订买卖合同、领取转让价款、办理产权交易过户登记手续等事宜。该委托书经公证机关公证。后因两原告未按时向孙某某归还欠款,王煦琼在两原告不知情的情况下,按照孙某某的指令,以 50 万元(人民币,下同)的超低价将控江路房屋出售给案外人薛某某并办理了产权变更登记手续,并将售房款也交给孙某某。两原告认为,被告作为受托人,在两原告不知情的情况下即根据孙某某指定的时间和价格出售控江路房屋,房屋售价不足市场价格的一半。被告的上述行为违反了其作为代理人的义务,致使两原告利益严重受损。两原告故诉至法院,请求判令被告赔偿经济损失 30 万元。

被告王煦琼辩称：首先，关于出售控江路房屋一事，两原告曾起诉薛某某要求确认买卖合同无效。法院已作出生效判决，认为委托书并未约定王煦琼应在征得两原告同意后才能出售控江路房屋。并且，在双方办理委托书公证手续时，《委托书风险声明书》已载明相应风险及法律后果，包括但不限于受托人可能将房屋以低价出售，导致委托人利益受损。其次，关于该房屋售价，在办理过户手续时的纳税价格是80万元，故其市场价格是80万元。在两原告起诉薛某某的案件中，薛某某又自愿补偿两原告30万元，故两原告不存在经济损失。最后，被告将售房款交付给孙某某，是因为委托书中载明其具有领取房款等权限，且两原告与孙某某之间的借款协议亦约定以控江路房屋作为抵押担保，钱款应交付给债权人。委托书与借款协议作为配套手续均进行公证，实践中均系如此操作。两原告的诉请并无事实与法律依据，请求法院予以驳回。

上海市长宁区人民法院一审查明：

原告周伟达、周伟均系兄弟关系，控江路房屋原属两人共有。2011年11月4日，周伟均、周伟达及其妻子惠某某作为借款人，与出借人孙某某签订《抵押借款协议书》，载明借款金额45万元（收款以收条为准），期限自2011年11月4日至2012年1月3日止，月息为银行同期贷款利率的四倍，借款人以控江路房屋为该笔借款及利息提供抵押担保。经孙某某介绍，两原告与被告签订《委托书》，约定其全权委托被告代为办理控江路房屋的如下事宜：“代为办理上述房地产的抵押登记手续，签订抵押合同，办理相关公证手续；代为办理上述房地产的提前还款或转按揭手续……；代为向保险公司办理退保事宜及领取退保费；代为办理上述房地产的看管、出租等相关事宜；代为办理上述房产证的领取、挂失、更改、补办、原始资料调阅及房产证的密码领取、挂失、更改、补办；代为签订上述房地产的买卖合同及撤销买卖合同、领取房地产转让价款，并协助买受方办理按揭贷款及其他相关手续；代为办理向有关房地产交易管理、登记部门办理该房屋的产权交易过户、登记等手续;代为交纳与办理上述事项有关的正当费用和税款;……凡受托人在上述权限内所实施的法律行为及所签署的法律文书,委托人均以认可;委托期限自 2012 年 1 月 4 日起至 2013 年 1 月 3 日止;受托人无权转委托;以上内容委托人均予以认可,并愿意承担一切法律责任。”两原告及惠某某另在载有如下内容的《委托书风险声明书》上签名捺指印:“对办理系争房屋委托书公证的法律意义及所产生的一切法律后果均已明确知悉,并完全理解,包括但不限于下列告知内容:受托人在委托期限和权限内办理委托事项的法律后果均由我们承担,委托人可能将房屋以低价出售导致我们的相关利益受到损失。”当日,上海市金山公证处就《抵押借款协议》及《委托书》及相关事宜一并办理了公证。

借款到期后,因两原告及惠某某未能归还借款,王煦琼应孙某某要求并根据其决定的价格出售控江路房屋。在上海某房地产经纪事务所的居间下,王煦琼与案外人薛某某于 2012 年 2 月 2 日签订房屋买卖合同,约定转让价款 50 万元。2012 年 2 月 16 日,薛某某按照 789 568 元的计税价格支付交易契税 23 687.04 元,并将购房款 50 万元汇入王煦琼银行账户。同期,王煦琼将其中的 45 万元汇入孙某某银行账户。同年 3 月 5 日,控江路房屋产权过户至薛某某名下。同月 10 日,薛某某户籍迁入系争房屋。同年 9 月,薛某某起诉两原告迁出控江路房屋,后撤回起诉。2013 年 3 月,两原告以房屋买卖合同纠纷为由起诉薛某某及王煦琼,要求确认薛某某与王煦琼签订的房屋买卖合同无效,将系争房屋产权恢复登记到两原告名下。该案审理中,薛某某表示自愿补偿两原告 30 万元。同年 5 月 21 日,本市杨浦区人民法院做出(2013)杨民四(民)初字第 562 号民事判决,认为薛某某购买控江路房屋系其真实意思表示,购房目的正当,两原告未提供相应证据证明薛某某与王煦琼恶意串通,故判令驳回两原告要求确认该房屋买卖合同无效的诉讼请求;准予薛某某自愿支付两原告30万元。周伟均不服该判决提出上诉。同年9月23日，本市第二中级人民法院作出（2013）沪二中民二（民）终字第1623号民事判决，认定周伟达、周伟均将控江路房屋委托王煦琼出售并收取房款系其真实意思表示，周伟均的上诉请求缺乏依据。若周伟达、周伟均认为受托人未尽到职责给其造成了损失，可另行要求受托人承担相应责任。据此，判决驳回周伟均提出的上诉，维持原判。后两原告提起本案诉讼。

审理中，两原告确认其已收到薛某某支付的30万元。因原、被告双方对于控江路房屋在出售给薛某某时的市场价格存在争议，原告于2014年2月27日申请对该房屋在2012年2月2日的市场价格进行评估。上海某土地房地产估价有限公司接受法院委托后，于2014年6月30日出具《房地产估价报告》，估价结果为控江路房屋在2012年2月2日的市场价格为总价94.4万元。

本案一审的争议焦点为：1.被告王煦琼是否尽到委托合同项下的义务；2.原告周伟均、周伟达因房屋被低价出售而导致的损失由何方负担。

上海市长宁区人民法院一审认为：

本案原、被告对双方之间的委托合同关系以及合同载明的内容均予以认可，法院予以确认。根据法律规定，委托合同是委托人和受托人约定，由受托人处理委托人事务的合同。受托人在授权范围内依法实施的行为，对外法律后果由委托人承担，故委托合同以委托人与受托人的相互信任为基础。本案中，原、被告在订立委托合同前并不相识，也不存在相互信任的关系。根据被告的辩称，缔结委托协议系应孙某某的要求，其目的是在两原告未能清偿借款时，被告通过出售房屋的方式帮助孙某某实现其债权，该种安排意在实现借款担保的功能。两原告则表示其之所以同意该种安排，是因为其在签订委托合同时相信己方有能力按期偿还借款，且认为被告在出售控江路房屋前会向其告知或以市场价格出售。法院认为，关于借款的担保问题，两原告与孙某某在《抵押借款协议书》中约定以控江路房屋作抵押,故孙某某可在其未收回到期借款的情况下按照法律规定实现其抵押权。而被告并非《抵押借款协议书》的当事人,孙某某也非涉案委托合同的当事人,委托协议双方也未约定任何担保的意思表示。因此,不论本案双方当事人在缔约时各自的主观动机如何,其权利义务关系理应依据委托合同确定,受委托合同的法律规则之调整。

关于被告王煦琼是否违反了委托合同项下的义务,法院认为,被告作为受托人,依法应当按照两原告的指示处理委托事务,向其报告委托事务的处理情况并转交处理委托事务取得的财产。但被告在出售控江路房屋过程中,事先并未以任何方式告知两原告其将出售房屋,事后也未将售房款转交给两原告。在双方并未约定房屋售价的情况下,被告并未试图听取两原告意见,而是在明知孙某某并非委托合同当事人、并不享有以委托人身份发布指示之权利的情况下,仍然按照孙某某的要求,依据两原告的欠款数额确定房屋售价,并将售房款交付给孙某某。委托书虽列明了被告的权限,但应同时注意到委托书在向交易相对人对外昭示受托人行为正当性方面的作用,而不意味着受托人可以无视委托人的真实意愿与切身利益滥用委托人授予的权利。被告作为受托人,仍应本着诚实信用的原则,依法善意处理售房事宜,尽到合理的注意义务。然而,在房屋市场价格存在多种公开、便捷的询价途径情况下,纵观被告出售控江路房屋的过程,其主观上显然具有放任两原告财产利益受损结果发生的间接故意,且该种委托合同项下的主观过错亦不因被告对外法律行为的有效性而受到否定。

关于两原告是否遭受了实际损失。根据评估报告,控江路房屋在2012年2月2日的市场价格为94.4万,但当日被告仅以50万元的售价签订买卖合同。该次交易虽以789 568元的计税价格缴纳契税,但最低计税价格系税收管理部门为防止征管漏洞而设定的最低交易价格,故不能作为确定涉案房屋市场价格的依据。被告王煦琼的售房行为使得两原告遭受了与市场价格相差44.4万元的经济损失。后虽因两原告的起诉，薛某某自愿补偿30万元，但仍有14.4万元的损失未能填平。对于该部分损失的赔偿责任，根据法律规定，因受托人的故意或者重大过失给委托人造成损失的，委托人可以要求赔偿损失。故被告应在其过错范围内承担赔偿责任。另外，两原告通过公证委托书将房屋出售等重大事项均授权被告处分，在明知控江路房屋存在被低价出售风险的情况下，既未采取事先与被告约定房屋出售价格或确定售价的方式等措施防范风险，事后在其未能还款的情况下也未主动了解售房进展或单方解除对被告的委托以控制损失。事实上，就涉案经济损失的防范与控制而言，两原告仅需用少量的时间及经济成本即可实现，但其却抱有侥幸心理，并采取了放任态度，故其对损失的发生亦有一定过错。基于此，对于两原告遭受的实际损失，法院综合考虑双方当事人各自的过错程度、社会风险防范的经济性原则，根据诚实信用原则和公平原则，酌情将被告应承担的赔偿责任确定为10万元。

据此，为切实维护当事人的合法权益，上海市长宁区人民法院依照《中华人民共和国合同法》第六条、第一百零七条、第三百九十六条、第三百九十九条、第四百零四条、第四百零六条之规定，于2014年9月4日判决如下：

被告王煦琼于本判决生效之日起十日内赔偿原告周伟均、周伟达人民币10万元。

评估费人民币4 248元，由原告周伟达、周伟均负担人民币1 298元，被告王煦琼负担人民币2 950元。

案件受理费人民币5 800元，由原告周伟达、周伟均负担人民币3 866.67元，被告王煦琼负担人民币1 933.33元。

案件受理费人民币4 300元，由原告周伟均、周伟达负担。

王煦琼不服一审判决，向上海市第一中级人民法院提起上诉称，双方签订的委托合同并非基于相互信任而建立合同关系，实属周伟均、周伟达与案外人签订的借款合同之配套合同，目的是保证出借人的债权能切实得到实现。周伟均、周伟达对此系明知，其签署的《委托书》《委托书风险声明书》均合法有效。前生效判决也明确了王煦琼经手操作的控江路房屋买卖合法有效。故一审法院认定王煦琼违反委托合同义务理由不足，再依据评估价判令王煦琼补足房屋出售差价也不当。王煦琼请求二审法院改判驳回周伟均、周伟达的起诉请求。

被上诉人周伟均辩称，上诉人王煦琼在出售控江路房屋时未告知周伟均兄弟，且以不合理的超低价出售，明显有过错。双方签订的《委托书》不存在特殊性，王煦琼作为受托人在履行委托事项时未依照委托人指示行事，且具有过错，应当承担责任。要求维持原判。

被上诉人周伟达未到庭应诉。

上海市第一中级人民法院经二审，确认了一审查明的事实。

上海市第一中级人民法院二审认为：案外人孙某某出借钱款给被上诉人周伟均、周伟达时双方签订了《抵押借款协议书》，明确借款人周伟均、周伟达用控江路房屋为借款及利息提供抵押担保，故孙某某的债权完全可以通过抵押权实现得以保障。但孙某某为避免抵押权实现过程中的繁琐与不可控之因，而联络上诉人王煦琼，以王煦琼与周伟均、周伟达签订并公证《委托书》和《委托书风险声明书》的方式，以确保其对抵押物的随意处置。既然债权人会同王煦琼以与债务人建立委托合同的方式保证债权的实现，则王煦琼应当受委托合同法律规范的调整。

《合同法》就委托合同法律关系规定：受托人应当按照委托人的指示处理委托事务。无偿委托合同，因受托人的故意或者重大过失给委托人造成损失的，委托人可以要求赔偿损失。本案中，上诉人王煦琼认可在出售控江路房屋时是应了债权人孙某某的要求，而未征询委托人周伟均、周伟达的意见。事实上王煦琼作为受托人在出售该房时也仅注重孙某某的债权实现，完全无视委托人周伟均、周伟达的利益，以超低价进行出售。虽然周伟均、周伟达签署了《委托书》和《委托书风险声明书》，但也仅是赋予受托人行使权利的范围及表明委托人愿意承担一定的风险；并不能以此为据成为受托人可以违反法律规定、恣意实施严重侵害委托人财产利益的借口。因此，王煦琼作为委托合同的受托人，过错显见。周伟均、周伟达据此要求王煦琼承担相应的赔偿责任，有一定的依据与理由。即使在前已审结的房屋买卖合同案中，房屋买受人自愿补偿了周伟均、周伟达30万元，但并不因此而应当免除王煦琼的过错责任。原审法院考虑到周伟均、周伟达在本次事件中自身不守信、防范风险意识缺失的过错，也充分考虑了房屋买受人已自愿补偿部分房款的事实，判令王煦琼按评估价酌情赔偿周伟均、周伟达经济损失，于法无悖，无明显不当。王煦琼的上诉请求，理由不充分，难予支持。

综上，上海市第一中级人民法院根据《中华人民共和国民事诉讼法》第一百七十条第一款第(一)项之规定，于2015年1月29日判决：

驳回上诉，维持原判。

上诉案件受理费人民币5 800元，由上诉人王煦琼负担。

本判决为终审判决。

裁判摘要

第一，在借贷关系中，出借人为防止借款无法按期收回而要求借款人提供不动产作为债权担保的，双方应签订抵押合同并办理抵押物登记。出借人回避抵押担保制度，选择指定第三人与借款人签订委托合同并由该第三人取得出售借款人的不动产等重大权利的，此时委托合同虽意在实现抵押担保功能，但其项下的权利义务关系仍应受委托合同的法律规则之制约。

第二，在委托合同项下，受托人负有遵照委托人指示，本着诚实信用的原则在授权范围内依法善意处理委托事务之法定义务。受托人无视委托人的真实意愿与切身利益，转而根据出借人指令恶意处分委托人财产，即使该处分行为对交易相对方发生效力，受托人仍应就其严重侵害委托人利益的行为承担相应赔偿责任。

附录

一审裁判文书案号：(2014)长民一(民)初字第221号

二审裁判文书案号：(2014)沪一中民一(民)终字第3045号

二审合议庭成员：单珏(审判长兼主审法官)、岑佳欣、潘春霞

8. 邓美华诉上海永达鑫悦汽车销售服务有限公司买卖合同纠纷案

案情及审判

原告:邓美华,女,52岁,住江苏省东台市。

被告:上海永达鑫悦汽车销售服务有限公司,住所地:中国(上海)自由贸易试验区港澳路,实际经营地上海浦东新区俱进路。

法定代表人:张蕾,执行董事。

原告邓美华因与被告上海永达鑫悦汽车销售服务有限公司(以下简称永达公司)发生买卖合同纠纷,向上海市浦东新区人民法院提起诉讼。

原告邓美华诉称:2016年8月30日,原告在被告永达公司永达一汽大众申江店选购车辆,当天支付定金人民币(本文币种均为人民币)5 000元订购了一辆车型为CC2.0T豪华型(9912B4)、车身颜色为极地白的大众轿车,该车辆总价款25万元。9月27日,被告通知原告新车已到可以办理付款手续,原告当日付款并由被告关联公司为原告办理车贷、保险等手续。10月2日,被告通知原告提车。嗣后十天左右,原告回原籍缴纳购置税及上牌,系争车辆于高速公路行驶时发现方向盘有抖动现象。10月中旬,原告前去永达一汽大众申江店做了1 500公里检测及动力平衡。之后几天又发现系争车辆在行驶中有车轮跑偏、方向盘往右偏的现象,故又至永达一汽大众申江店反映情况,本次维修中原告却发现系争车辆在2016年9月12日已有过维修记录,车辆做过拆装后保、后保整喷。

原告得知后立即与被告工作人员交涉,要求被告退货并赔偿原告损失,被告同意退货但拒绝赔偿,仅同意免费提供三次车辆保养。原告认为被告在销售商品过程中,以次充好,隐瞒商品未交付即被使用、维修的记录,侵犯了原告作为消费者的知情权,已构成欺诈。故请求法院判令被告退还原告购车款 25 万元;判令被告赔偿原告车辆购置税 21 900 元、保险费 29 261.76 元、代办保险服务费 2 000 元、上牌报备费 2 000 元、贷款服务费 2 000 元、车辆装饰费 8 500 元;判令被告赔偿原告 75 万元。

被告永达公司辩称,2016 年被告出售的是质量合格的新车,销售行为不存在欺诈。2016 年 8 月 30 日订单中第 4 条明确注明:"卖方将车辆交予买方前,已根据厂方要求为该车辆做了交车前 PDI 检测,并根据 PDI 检测结果进行车辆检修、调校、确保该车辆符合厂方新车交付标准。"系争车辆到店后,被告即根据厂方要求对系争车辆进行 PDI 检测,经检测发现车辆后保险杠部位有轻微的外观瑕疵,为保证原告邓美华取得符合厂方规定的无瑕疵车辆,被告在与厂方沟通后,对车辆的瑕疵部位进行维护,之后才将车辆交付原告,并向原告出具 PDI 检测合格证明。原告在签署订单及提车时,应已明确系争车辆经过上述检修及调校。原告认为系争车辆在交付前已被使用及维修,并无事实依据,根据维修记录截图显示,2016 年 9 月 12 日车辆到店时,里程数为 1 公里,即证明系争车辆是未经过使用的新车。而记录中"拆装后保、后保整喷"项目,是被告对车辆进行售前 PDI 检测时所进行的合理维护,所需工时极少,并非重大维修。另外,被告所售系争车辆并无重大质量问题,系争车辆经生产厂商检验合格后出厂,已取得《机动车整车出厂合格证》等随车文件,证明系争车辆在投入流通时不存在任何质量问题,且被告在售前已根据厂方规定进行 PDI 检测及相应维护,并出具售前检查证明文件。被告在销售过程中,客观上不存在告知虚假情况或隐瞒真实情况的行为,同时主观上亦无任何过错,不存在销售欺诈行为。故被告不同意原告的所有诉讼请求。

上海市浦东新区人民法院一审查明：

2016年8月30日，原告邓美华至被告永达公司下属的永达一汽大众申江店订购CC2.0T豪华型(9912B4)，车身颜色为极地白轿车一辆，原、被告当日签订订单并约定：车辆价款25万元，预付款5 000元。同日，双方还签订《委托服务协议》，约定由被告代理原告办理金融贷款、车辆保险等事宜，并就各项事宜的相关费用或预估费用作出约定。订购车辆当日，原告即按约定支付被告5 000元购车定金。数日后，车架号LFV3A23COG3411203、发动机号303698的大众轿车，即系争车辆到位，同年9月27日，原告与被告推荐的金融公司签署借款合同，并支付车辆余款(包括前述借款)，被告向原告开具了价税合计25万元的机动车销售统一发票。嗣后，被告为原告办理车辆保险业务、贷款业务。同年10月2日，被告向原告交付系争车辆及车辆三包凭证、车辆保单、售前检查证明(落款显示当日出具)等相关材料。同年10月8日，系争车辆于江苏省盐城市正式注册登记，车牌号为苏JA××××，原告为此支付车辆购置税21 900元及工本费125元。此外，原告支付机动车交通事故责任强制保险及商业第三者责任保险保费共计21 733.26元，支付车辆装饰费8 500元。

系争车辆维修记录显示：2016年9月12日，维修项目“拆装后保、后保整喷”，里程数1公里；同年10月23日，维修项目“走合检查、检查130码方向盘是否抖动、一年7 500 km内做首保”，里程数1 610公里；同年10月27日，维修项目“两前轮换位、检查行驶跑偏、陪同客户试车正常”，里程数为1 797公里。

审理中，被告向一审法院提供案外人一汽大众销售有限责任公司出具的情况说明及被告永达公司的任务派工单，欲证明2016年9月12日维修记录系在根据厂方要求为系争车辆做售前检查(PDI)时发现车辆“后保险杠倒车雷达处轻微破损漆面”，对车辆进行的售前修复。原告邓美华对此不予认可。

法院向案外人一汽大众销售有限责任公司工作人员核实车辆从生产厂商到最终购买车辆的消费者手中的操作流程,并向其出示系争车辆的维修记录。该工作人员表示2016年9月12日维修记录显示车辆里程数1公里基本是车辆从生产厂商下线没有驾驶过的状态,拆装后保和后保整喷有可能是油漆工艺问题,如若是事故车辆就可能涉及保险杠更换、车身钣金及零件更换等维修项目;关于交付车辆后系争车辆的走合检查、动平衡检查、检查行驶跑偏等项目,均系常规检查,和是否为事故车辆无关。该工作人员同时确认售前检查(PDI)为生产的延续,是经销商根据厂商要求在车辆交付前应做的检查。

上海市浦东新区人民法院一审认为:

消费者的合法权益受法律保护,消费者享有知悉其购买、使用的商品或者接受服务的真实情况的权利。本案中,原告邓美华、被告永达公司双方对于系争车辆于交付前有过维修记录,且交付后亦进行过维修的事实不存在争议,本案争议焦点在于被告是否隐瞒系争车辆未交付即被使用、维修的事实,侵犯原告作为消费者的知情权,构成欺诈。被告辩称2016年9月12日的维修记录系在根据厂方要求为系争车辆做售前检查(PDI)时发现车辆后保险杠部位有轻微的外观瑕疵,对车辆进行的售前修复。结合法院向案外人一汽大众销售有限责任公司调查核实的情况,法院认为被告的辩称具有一定的合理性,予以采信。系争车辆于交付后的两次修理,也系车辆使用人故障描述后进行的常规检查,不能据此证明系争车辆存在重大质量问题。综上,根据现有证据及查明事实,无法认定被告的销售行为构成欺诈。应当指出的是,被告确实在履行合同中存在瑕疵,未将完整电脑系统维修记录告知原告,以致原告产生合理怀疑。但原告现主张被告按《中华人民共和国消费者权益保护法》规定退一赔三,并要求被告赔偿其车辆购置税、保险费、代办保险服务费、上牌报备费、贷款服务费、车辆装饰费等费用，无事实和法律依据，不予支持。

综上，上海市浦东新区人民法院依照《中华人民共和国消费者权益保护法》第八条之规定，于 2017 年 4 月 6 日作出判决：

驳回原告邓美华的全部诉讼请求。

邓美华不服一审判决，向上海市第一中级人民法院提起上诉。

邓美华上诉称：一审判决认定事实和适用法律错误。首先，被上诉人永达公司以次充好，隐瞒系争车辆在交付前即被维修的事实，使邓美华作出错误的意思表示，永达公司的销售行为构成欺诈。从整个购车的过程看，永达公司恶意隐瞒车辆发生维修的事实。邓美华于 2016 年 8 月 30 日订车后，永达公司告知没有库存车辆，后又通知邓美华新车到店，双方于同年 9 月 27 日办理车辆贷款和保险业务、余款支付事宜。其于同年 10 月 2 日提车。而车辆于同年 9 月 12 日已在永达公司 4S 店进行过维修，维修记录载明：“拆装后保，后保整喷。”永达公司所称没有库存车不实，且其从未主动告知系争车辆经过维修的事实。邓美华在使用车辆后还发现有“方向盘抖动、方向跑偏”的现象，并在永达公司 4S 店做了“走合检查、动平衡检查、检查行驶跑偏”的维修，由上可知该车辆可能系发生碰撞的事故车辆。其次，一审法院采信永达公司所作的系根据厂方要求做售前检查时发现有轻微外观瑕疵并进行售前修复的辩称意见，进而以系争车辆不存在重大质量问题为由驳回邓美华诉请，显属错误。一审法院作出轻微外观瑕疵的判断与整个后保险杠整体喷漆的维修事实不符，且仅采信永达公司及与其关系密切的一汽大众销售有限公司工作人员的陈述失之偏颇，认定事实依据不足。现后保险杠的漆面与整个车身明显不一致，出现皱褶、泛黄。作为经营者，如果出现新车后保险杠做过维修、整体喷漆，应主动告知消费者，但永达公司利用消费者对一汽大众品牌的信任，明知车辆交付前已有维修记录却故意隐瞒，侵害了消费者的知情权和选择权，构成消费欺诈。故请求撤销一审法院判决，改判支持其一审诉讼请求。邓美华在二审中表示,撤回一审第二项诉讼请求,即撤回要求永达公司向其赔偿车辆购置税 21 900 元、保险费 29 261.76 元、代办保险服务费 2 000 元、上牌报备费 2 000 元、贷款服务费 2 000 元、车辆装饰费 8 500 元的诉讼请求。

被上诉人永达公司辩称,一审法院认定事实清楚,适用法律正确。永达公司出售的是质量合格的新车,销售行为不存在欺诈。2016 年 8 月 30 日《订单》中第 4 条明确注明"卖方将车辆交予买方前,已根据厂方要求为该车辆做了交车前 PDI 检测,并根据 PDI 检测结果进行车辆检修、调校,确保该车辆符合厂方新车交付标准"。系争车辆到店后,永达公司即根据厂方要求对系争车辆进行 PDI 检测,经检测发现车辆后保险杠部位有轻微的外观瑕疵,为保证上诉人邓美华取得符合厂方规定的无瑕疵车辆,永达公司在与厂方沟通后,对车辆的瑕疵部位进行维护,之后才将车辆交付,并向邓美华出具 PDI 检测合格证明。系争车辆维修属于售前的正常维修。维修记录截图显示,2016 年 9 月 12 日车辆到店时,里程数为 1 公里,即证明系争车辆是未经过使用的新车。而记录中"拆装后保、后保整喷"项目,是永达公司对车辆进行售前 PDI 检测时所进行的合理维护,所需工时极少,并非重大维修。引起车辆跑偏的原因有多种,轮胎胎压、轮胎花纹阻力偏差、新车运输过程因颠簸等原因导致四轮定位调教参数有误、消费者使用不当等原因均可能引起。邓美华认为系争车辆在交付前已被使用和维修,并无事实依据。另外,永达公司所售系争车辆并无重大质量问题,该车经生产厂商检验合格后出厂,已取得《机动车整车出厂合格证》等随车文件,证明该车在投入流通时不存在任何质量问题。PDI 维修记录是生产过程的延续,与事故车无关,与隐瞒和欺诈无关,不会主动向客户出示维修记录,客户在所有 4S 店都可以查到维修记录。因此,永达公司在销售过程中,客观上不存在告知虚假情况或隐瞒真实情况的行为,主观上亦无任何过错,不存在销售欺诈行为。综上,永达公司不同意邓美华的上诉请求。

上海市第一中级人民法院经二审，确认了一审查明的事实。

另查明，一审庭审中，法官就后保险杠瑕疵问题询问被上诉人永达公司，其答复：进入4S店就有了瑕疵，车是从长春运过来的，可能系厂方出厂运输到永达公司过程中造成的，具体不清楚。长途运输可能会造成瑕疵，所以厂方都会要求出售前对车辆进行PDI检测。

二审中，被上诉人永达公司确认与系争车辆同型号新车当时对外售价为25万元，本车系作为新车按此价格出售。

上海市第一中级人民法院认为：

本案的争议焦点为被上诉人永达公司是否隐瞒系争车辆未交付即被维修或使用的事实，是否构成对消费者的欺诈，是否须承担退款、赔偿相关损失及三倍价款惩罚性赔偿的责任。具体分析如下：

本案上诉人邓美华因个人生活需要购买车辆，且被上诉人永达公司没有证据证明邓美华购买车辆系用于经营或其他非生活消费的情况，应认定邓美华购买车辆的行为属于生活消费。为家庭生活消费需要购买汽车，发生欺诈纠纷的，消费者选择我国《消费者权益保护法》相关规定为其相关主张的请求权基础的，应当适用《消费者权益保护法》。

一、关于消费欺诈的认定

所谓欺诈是指一方当事人故意告知对方虚假情况，或者故意隐瞒真实情况，诱使对方当事人作出错误意思表示的行为。欺诈可以是积极作为，告知虚假情况，也可以是单纯的不作为（沉默），隐瞒真实情况。欺诈行为包括负有告知义务时的不作为。

（一）被上诉人永达公司未告知系争车辆发生瑕疵并实施“拆装后保、后保整喷”的维修行为侵犯了上诉人邓美华作为消费者的知情权。

我国《消费者权益保护法》规定了消费者的知情权、选择权和经营者的相应义务。该法第八条第一款规定,“消费者享有知悉其购买、使用的商品或者接受的服务的真实情况的权利”。该法第九条规定,“消费者享有自主选择商品或者服务的权利。消费者有权自主选择提供商品或者服务的经营者,自主选择商品品种或者服务方式,自主决定购买或者不购买任何一种商品、接受或者不接受任何一项服务。消费者在自主选择商品或者服务时,有权进行比较、鉴别和挑选”。汽车属于比较复杂的商品,涉及大量的专业知识,消费者对相关领域的专业知识和信息知悉有限,在经营者和消费者之间存在严重的信息不对称。在判断需要主动告知消费者知情内容的范围时,一方面,应基于消费者在交易信息不对称中的弱势地位,给予特别保护,经营者不能以行业认知、行业惯例来对抗消费者所享有的知情权。另一方面,并非所有信息均应告知消费者。具体到售前质量检测,PDI 检测是汽车行业特殊的做法,以确保交付的车辆符合安全标准和质量要求,是经营者理应承担的责任。相关 PDI 维修的内容是否属于消费者知情权的范围,应根据一般消费者的认知能力、消费心理及对消费者选择权行使的影响作出判断,直接影响消费者选择权行使和真实意思表示的信息,属于经营者应当主动披露的信息。就本案而言:

第一,系争车辆存在瑕疵。客观上,新车出厂到达 4S 店的运输途中和销售环节可能会因为刮擦、碰撞等各种原因产生瑕疵。《消费者权益保护法》第二十三条第一款规定,“经营者应当保证在正常使用商品或者接受服务的情况下其提供的商品或者服务应当具有的质量、性能、用途和有效期限;但消费者在购买该商品或者接受该服务前已经知道其存在瑕疵,且存在该瑕疵不违反法律强制性规定的除外”;第三款规定,“经营者提供的机动车、计算机、电视机、电冰箱、空调器、洗衣机等耐用商品或者装饰装修等服务,消费者自接受商品或者服务之日起六个月内发现瑕疵,发生争议的,由经营者承担有关瑕疵的举证责任”。被上诉人永达公司承认交付前系争车辆后保险杠存在瑕疵，但辩称可能系厂方出厂运输到4S店过程中形成，且仅为“后保险杠倒车雷达处轻微破损漆面”这一轻微外观瑕疵，对此均未能提供充分证据予以证明。

第二，被上诉人永达公司实施的维修行为已经超出车辆正常售前检测的合理范畴。永达公司提出，其系根据操作规范，在交付系争车辆前做必要的检测时发现瑕疵而实施的喷漆维护，属于正常合理的售前质量检测。法院认为，汽车作为涉及消费者人身、财产安全以及社会公共安全的特殊商品，在交付前确实应当进行必要的售前质量检测，其目的在于判断车辆是否符合应有的安全标准和质量要求。因此，只有属于该目的范围内的检测才可以被归于PDI检测，而不能将其范围任意扩大。永达公司在二审中辩称，其为保证上诉人邓美华取得符合厂方规定的无瑕疵车辆，才对车辆的瑕疵部位进行维护。“拆装后保、后保整喷”项目是永达公司对车辆进行售前PDI检测时所进行的合理维护，所需工时极少，并非重大维修，PDI维修是生产过程的延续。对此，需要指出，“维护”与“维修”存在重大区别。“维护”是指保全、保护，使免遭到破坏；“维修”是指维护和修理。一方面，永达公司称对系争车辆瑕疵部位进行维护；另一方面，又自认“拆装后保、后保整喷”属于维修项目，存在自相矛盾之处。

本案中，被上诉人永达公司实施的行为是对系争车辆的后保险杠外观瑕疵予以“拆装后保、后保整喷”的维修，该行为与PDI检测之间并不存在必然的联系。从常理分析，车辆出厂时应属已检验合格，原装完好，并不需要再实施“拆装后保、后保整喷”的维修，永达公司亦未就此项维修应纳入PDI检测的合理性进行举证证明。基于上述分析，永达公司实施的“拆装后保、后保整喷”行为更符合后续修理的特征，已经超出了车辆售前正常维护和PDI质量检测的应有含义和合理范畴。

第三，经过维修的系争车辆不符合消费者“新车”认知标准。对于新车的解释，按照一般消费者的心理，指的是全新、未经使用、未经维修的车辆。本案中，超出正常维护范围的拆装后保险杠、漆面维修显然不符合上述一般消费者对于新车的认知和理解。被上诉人永达公司对系争车辆进行的油漆修补与原厂喷漆存在着工艺和质量上的差异，此类维修亦不能使车辆部件和整车外观恢复至原装状态。

根据《消费者权益保护法》关于保护消费者知情权和选择权的有关规定、被上诉人永达公司交付新车的合同义务以及交易上所要求的信义义务，永达公司理应交付未经维修或使用的无瑕疵新车。一旦其交付的车辆存在瑕疵并经维修，永达公司应负有说明义务，须告知上诉人邓美华瑕疵维修的事实；同时邓美华也有权期待永达公司对维修事实作出说明，因为这些信息会对消费者选择权的行使和真实意思表示产生直接影响。按照一般消费心理，消费者通常会放弃购车或在更有利于自己的价格条件下购车。

（二）被上诉人永达公司未履行告知义务，侵犯了上诉人邓美华作为消费者的选择权，使其陷入错误认识，属于故意隐瞒真实情况，构成欺诈。

最高人民法院于 2013 年 11 月 8 日公布了 17 号指导性案例“张莉诉北京合力华通汽车服务有限公司买卖合同纠纷案”。该案件的裁判要点明确销售者不能证明已履行告知义务且得到消费者认可的，构成销售欺诈，消费者要求销售者按照《消费者权益保护法》赔偿损失的，人民法院应予支持。本案中，被上诉人永达公司就车辆瑕疵及维修事实应负有告知义务，但纵览全案真实情况，其并未履行该项义务，使上诉人邓美华陷入错误认识，构成故意隐瞒。对此具体分析如下：

第一，订立合同时，虽然被上诉人永达公司在订单上进行了概括性的格式告知，但是不能据此认定其履行了事前的说明义务而因之免责。因为，永达公司未以消费者能够接受和理解的方式特别提示 PDI 检测的性质、目的、范围和内容，以及车辆发生质量瑕疵后的修理行为亦包含在 PDI 检测范围内。同时，双方合同约定交付新车，但对于新车的标准，订单第 4 条注明：“卖方将车辆交予买方前，已根据厂方要求为该车辆做了交车前 PDI 检测，并根据 PDI 检测结果进行车辆检修、调校，确保该车辆符合厂方新车交付标准。”从该条内容的意思看，双方对车辆交付时符合厂方新车标准的检验标准和方法作了约定。虽然订单经上诉人邓美华签字确认，但该条款系格式条款。永达公司并未采取合理、显著的方式提请邓美华注意免除或者限制其责任的条款，或按照邓美华的要求，对该条款予以说明。该条款实际上排除了邓美华作为消费者的重要权利，即知情权、选择权。因此，该条款属于无效条款。

第二，维修行为发生后，被上诉人永达公司明知系争车辆存在瑕疵并作修理处理，却未在该车交付前向消费者主动披露相关维修信息，导致消费者在购买前并不知悉自己购买的新车存在瑕疵。永达公司却可基于前述订单中的格式条款，将实质上的维修行为隐藏在正常的检测和维护流程之中，造成消费者无法对商品情况作全面了解，限制其知情权的行使，导致消费者在选择是否进行消费时作出的意思表示不能充分体现其自由意志。

第三，上诉人邓美华基于被上诉人永达公司的行为陷入了错误认识。永达公司交付给邓美华的系争车辆在交付前就已经进行过维修，但仍作为新车销售和交付。从车辆销售价格看，邓美华支付对价的前提是永达公司向其交付新车，而非购买存在瑕疵或有维修记录的车辆。然而永达公司却是以当时同型号新车的正常售价将系争车辆销售给邓美华的。作为从事汽车销售的专门机构，永达公司明知系争车辆经过维修而未履行告知义务，且以概括性的格式条款告知为藉，误导和欺骗消费者，使消费者基于对知名汽车供应商的信任而陷入错误认识，误以为是新车从而订立买卖合同、受领车辆，其相关行为违反了民事活动中的诚实信用原则，限制了消费者知情权和选择权的行使，并使消费者因之蒙受损失，应当于法律上加以惩罚和制裁。

另外本案中，上诉人邓美华提出方向盘抖动、车辆跑偏等问题，但表示嗣后未再有相应维修记录,且2016年9月12日维修后保险杠时维修记录显示里程数为1公里,加之一审中案外人一汽大众销售有限公司工作人员对这一现象作出了情况说明,因此,邓美华关于系争车辆交付前已经被使用的理由不足。

二、关于被上诉人永达公司的责任承担

(一)本案应作还款退车处理

我国《合同法》第二十五条规定,承诺生效时合同成立。2016年8月30日,上诉人邓美华至被上诉人永达公司下属的永达一汽大众申江店订购CC2.0T豪华型(9912B4)轿车,双方签订了订单,就车辆买卖的主要条款达成合意,合同应于当日生效,且嗣后已履行完毕。

我国《合同法》第五十四条规定,一方以欺诈、胁迫的手段或者乘人之危,使对方在违背真实意思的情况下订立的合同,受损害方有权请求人民法院或者仲裁机构变更或者撤销。本案中,被上诉人永达公司在向上诉人邓美华销售系争车辆过程中存在欺诈行为,致使邓美华在违背真实意思的情况下作出意思表示。现邓美华提出退还购车款,故其与永达公司之间形成的买卖合同应当予以撤销。根据《合同法》第五十八条之规定,合同无效或者被撤销后,因该合同取得的财产,应当予以返还;不能返还或者没有必要返还的,应当折价补偿。邓美华与永达公司签订的车辆买卖合同被撤销后,永达公司应当退还邓美华相应的购车款,邓美华同时应当返还系争车辆。因此,邓美华要求退还购车款25万元的诉讼请求,具有相应的法律依据,予以支持。

(二)被上诉人永达公司须承担车辆三倍价款的惩罚性赔偿责任

《消费者权益保护法》第五十五条规定,经营者提供商品有欺诈行为的,应当按照消费者的要求增加赔偿其受到的损失,增加赔偿的金额为消费者购买商品的价款或者接受服务的费用的三倍。被上诉人永达公司在销售车辆时存在欺诈行为,应当按照上诉人邓美华的要求增加赔偿其受到的损失,增加赔偿的金额为购买车辆的价款 25 万元的三倍,即 75 万元。理由如下:第一,从立法目的看,经营者向消费者提供商品或者服务,应当恪守社会公德,诚信经营,保障消费者的合法权益。对于违反诚信的欺诈行为,《消费者权益保护法》明确规定了经营者要向消费者承担三倍价款或者费用的惩罚性赔偿制度。惩罚性赔偿制度设立的目的就是不仅要使受害人所遭受的实际损失得到赔偿和填补,还要让经营者对其欺诈经营行为承担更大的责任,付出更大的代价,从而对其产生惩罚作用,并威慑、警告其他经营者,防止类似或更为严重的商业欺诈行为的发生,从而净化市场环境,保护处于弱势地位的消费者的合法权益。第二,从法条文义看,只要经营者提供商品或者服务有欺诈行为,就需要按照商品价款或接受服务的费用的三倍进行赔偿。该法条未对消费者受到损失的大小进行区分。因此,邓美华要求三倍赔偿的诉讼请求,具有相应的法律依据,予以支持。

综上所述,上诉人邓美华关于被上诉人永达公司未履行告知义务,隐瞒系争车辆被维修事实,侵犯其合法权益,构成欺诈消费并应承担相应民事责任的上诉请求成立,予以支持。二审中,邓美华表示自愿放弃对车辆购置税、保险费、代办保险费、上牌报备费、贷款服务费、车辆装饰费等费用的追索,系对自身民事权利的合法处分,予以准许。一审法院认定永达公司不构成消费欺诈并作出驳回邓美华全部诉请的判决不当,依法予以纠正。据此,上海市第一中级人民法院依照《中华人民共和国合同法》第二十五条、第五十四条、第五十八条,《中华人民共和国消费者权益保护法》第八条第一款、第九条、第二十三条第一款、第三款、第五十五条,《中华人民共和国民事诉讼法》第一百七十条第一款第二项之规定,于 2017

年12月4日作出判决：

一、撤销上海市浦东新区人民法院(2016)沪0115民初81221号民事判决；

二、撤销上诉人邓美华与被上诉人上海永达鑫悦汽车销售服务有限公司于2016年8月30日达成的车辆买卖合同；

三、被上诉人上海永达鑫悦汽车销售服务有限公司应于本判决生效之日起十日内返还上诉人邓美华购车款人民币25万元；

四、上诉人邓美华应于本判决生效之日起十日内将所购的大众牌轿车一辆(车辆型号FV7207ZBDBG、车架号LFV3A23COG3411203、发动机号303698)返还被上诉人上海永达鑫悦汽车销售服务有限公司；

五、被上诉人上海永达鑫悦汽车销售服务有限公司应于本判决生效之日起十日内赔偿上诉人邓美华损失人民币75万元。

本判决为终审判决。

裁判摘要

汽车经销商对于车辆后保险杠外观瑕疵予以"拆装后保、后保整喷"的维修超出了车辆售前正常维护和PDI质量检测的范围,经销商对此未履行告知义务的,侵犯了消费者的知情权、选择权,使其陷入错误认识,属于故意隐瞒真实情况,构成消费欺诈。消费者要求经销商按照《消费者权益保护法》赔偿损失的,经销商应承担车辆三倍价款的惩罚性赔偿责任。

附录

一审裁判文书案号:(2016)沪0115民初81221号

二审裁判文书案号:(2017)沪01民终7144号

二审合议庭成员:刘力(审判长兼主审法官)、黄蓓、潘静波

9. 郭秀兰诉光大证券股份有限公司、上海证券交易所、中国金融期货交易所期货内幕交易责任纠纷案

案情及审判

原告：郭秀兰，女，53岁。住所地：浙江省温州市瓯海区。

被告：光大证券股份有限公司，住所地：上海市静安区新闸路。

法定代表人：袁长清，董事长。

被告：上海证券交易所，住所地：上海市浦东新区浦东南路。

法定代表人：黄红元，总经理。

被告：中国金融期货交易所股份有限公司。住所地：上海市浦东新区松林路。

法定代表人：张慎峰，董事长。

原告郭秀兰因与被告光大证券股份有限公司（以下简称“光大证券公司”）、上海证券交易所（以下简称“上交所”）、中国金融期货交易所股份有限公司（以下简称“中金所”）发生期货内幕交易责任纠纷，向上海市第一中级人民法院提起诉讼。

原告郭秀兰诉称：其于2013年8月16日进行了股指期货交易，当日因被告光大证券公司“乌龙指事件”，股票市场相关指数均发生异常波动，之后光大证券公司及相关人员均因内幕交易受到中国证券监督管理委员会（以下简称“证监会”）处罚。原告认为，光大证券公司存在内控不严的

过错,导致当日上午股指期货合约涨跌幅异常波动,故应对原告在当日上午的交易损失承担侵权赔偿责任。光大证券公司在发现交易失误后,进行内幕交易并对市场进行误导,导致当日下午股指期货合约涨跌幅仍处于异常状态,故光大证券公司亦应对其当日下午的交易损失承担侵权赔偿责任,被告上交所、中金所在明知光大证券公司出现异常交易及内幕交易的情况下,未及时发布提示性或警示性公告,上交所发布公告称市场交易正常,导致投资者判断失误,未适当履行监管职责,且有误导市场之嫌,亦具有过错,应就原告当日下午的交易损失与光大证券公司共同承担赔偿责任。原告据此请求该院判如所请。为此,原告请求法院判令:1.被告光大证券公司赔偿其交易损失人民币 24 900 元(以下币种同);2.三被告共同赔偿其交易损失 19 800 元。

被告光大证券公司辩称:一、原告郭秀兰系基于多个不同事由提起本案诉讼,构成不同案由,不应合并在本案内一并审理。光大证券公司并未受到相关行政处罚,原告所称内控不严、错单交易及信息误导均缺乏行政处罚前置程序。二、原告交易损失发生于期货交易市场,光大证券公司的错单交易行为发生在证券交易市场,两者间没有直接关联关系。原告损失属纯粹经济利益损失,该种损失的承担须有法律明确规定,现我国法律法规并未规定信息误导行为的民事赔偿责任,原告起诉缺乏依据。系争错单交易系内部风控问题,不涉及他人的外部行为,不存在导致他人受损的可能性。该错单交易行为实质系因程序错误导致的重大误解行为,由于光大证券公司并无撤单的权利,错单交易行为已实际发生并合法有效,该种交易行为既合法有效,则不可能构成侵权。有关信息误导的责任人系光大证券公司高管,而非光大证券公司本身,原告要求光大证券公司承担民事责任缺乏依据。当日下午光大证券公司采取的交易行为是自救和止损行为,并无过错,当时光大证券公司无法判断系争错单交易是否属于内幕信息,且光大证券公司当天亦及时履行了披露义务,不存在披露不及时的过错。光大证券公司的错单交易及之后的风险对冲行为与原告损失之间并无因果关系，错单交易发生后相关媒体已经予以报道，之后光大证券公司再进行交易不属内幕交易行为，且光大证券公司公开披露相关信息后，对股票市场走势并无大的影响。三、原告的买入和卖出行为均是在中国证监会认定的内幕交易时段内，并不受光大证券公司内幕信息的影响，其损失与所谓内幕交易行为没有关联。原告主张的损失计算方式没有依据，原告以其买入价与卖出价的差价作为损失，不符合内幕交易案件损失的计算标准，故请求本院驳回原告诉讼请求。

被告上交所答辩称：一、上交所当日中午发布的公告系市场公示交易系统正常，并非交易行为正常，上交所此时亦不知晓相关异常交易的原因，不存在误导市场的行为。二、上交所在当日已在职责范围内作出了监管措施，当日上交所发现异常交易后，即要求被告光大证券公司上报相关信息，并督促其发布公告，及时予以停牌等。三、上交所并非信息披露义务人，只能督促光大证券公司通报信息、及时公告，在当时的情形下，上交所亦非必然应采取临时停市措施，故不存在原告郭秀兰所称的不作为过错。四、原告的损失与上交所的监管行为间没有因果关系，上交所系对证券市场进行监管，而原告的损失产生于期货市场，两者并无关联。且上交所的监管行为系针对整个证券市场实施，与原告没有直接利害关系。综上，上交所请求法院驳回原告相关诉讼请求。

被告中金所答辩称：一、中金所并非侵权主体，亦未参与任何交易行为，原告郭秀兰的损失与中金所间没有直接联系和因果关系。二、中金所不存在任何违反法律法规的过错，中金所已正确履行法定职责，包括启动市场监管协作机制，持续对被告光大证券公司进行问询督导等。三、原告对中金所提起诉讼的法律依据均属适用错误，且本案中光大证券公司系使用事先获批的套保套利额度进行交易，其交易行为价量均在正常范围之内，并不构成重大、异常交易；本案亦不存在发布风险警示公告的前提条件，发布相关公告或采取其他强制措施的,反而可能导致市场恐慌。综上,中金所认为其不存在原告所称过错,请求法院驳回原告相关诉讼请求。

上海市第一中级人民法院查明:

2013年8月16日上午11时05分,被告光大证券公司在进行交易型开放式指数基金申赎套利交易时,因程序错误,其所使用的策略交易系统以234亿元的巨量资金申购180ETF成分股,实际成交72.7亿元。同日不晚于11时40分,光大证券公司高管徐浩明召集杨赤忠、沈诗光和杨剑波开会,达成通过做空股指期货、卖出ETF对冲风险的意见,并让杨剑波负责实施。11时59分左右,光大证券公司董事会秘书梅键在与记者高欣通话时否认了市场上"光大证券自营盘70亿元乌龙指"的传闻,而此时梅键对相关情况并不知悉。随后,高欣发布《光大证券就自营盘70亿乌龙传闻回应:子虚乌有》一文。12时13分,梅键向高欣表示需进一步核查情况,要求删除文章。但该文于12时47分发布并被其他各大互联网门户网站转载已无法撤回。当日13时,光大证券公司因重要事项未公告,向被告上交所申请临时停牌,该消息随后也由多家网站转载。当日13时开市后,光大证券公司通过卖空股指期货、卖出ETF对冲风险,至14时22分,卖出股指期货空头合约IF1309、IF1312共计6 240张,合约价值43.8亿元,获利74 143 471.45元;卖出180ETF共计2.63亿份,价值1.35亿元,卖出50ETF共计6.89亿份,价值12.8亿元,合计规避损失13 070 806.63元。当日14时22分,光大证券公司发布公告称"公司策略投资部自营业务在使用其独立套利系统时出现问题"。前述期间内,光大证券公司交易的IF1309合约6 077张,与该时间段市场总成交量437 499张相比所占比例为1.39%,交易的IF1312合约163张,与该时间段市场总成交量9 065张相比所占比例为1.80%。

当日11时32分,21世纪网刊发了标题为《A股暴涨:光大证券自营盘70亿乌龙指》的报道称:"据21世纪网独家获悉,今天上午的A股暴涨，源于光大证券公司自营盘70亿的乌龙指。对上述消息，光大证券公司董秘梅键对大智慧通讯社表示自营盘70亿乌龙纯属子虚乌有。光大证券公司权威人士对大智慧通讯社表示，有上述相关传闻说明他们不了解光大证券公司严格的风控，不可能存在70亿元乌龙情况，称传闻纯属子虚乌有。21世纪网已从多个渠道获悉，上午巨额买盘的资金的确是走的光大证券公司自营席位的通道。”该报道随后由多家网站转载。

当日15时，被告上交所曾通过其官方渠道公示该日交易系统运行正常，已达成的交易将进入正常清算交收环节。

原告郭秀兰于2013年8月16日上午通过山东鲁证期货股份有限公司进行了IF1308股指期货交易，交易情况如下表1：

表1

交易时间	交易方向	交易品种及手数	交易价格
11时1分14秒	卖出	IF1308股指期货一手	2 309
11时1分25秒	卖出	IF1308股指期货一手	2 311
11时7分46秒	买入	IF1308股指期货一手	2 350
11时08分	买入	IF1308股指期货一手	2 353

当日下午，原告郭秀兰进行了IF1309股指期货交易，交易情况如表2：

表2

交易时间	交易方向	交易品种及手数	交易价格
13时12分16秒	开仓买入	IF1309股指期货一手	2 345
13时12分57秒	开仓买入	IF1309股指期货一手	2 338
13时13分20秒	平仓卖出	IF1309股指期货一手	2 342.80
13时13分21秒	平仓卖出	IF1309股指期货一手	2 343
13时19分25秒	开仓买入	IF1309股指期货一手	2 338
13时20分07秒	平仓卖出	IF1309股指期货一手	2 338.60

(续表)

交易时间	交易方向	交易品种及手数	交易价格
13时22分40秒	开仓买入	IF1309股指期货一手	2 330
13时22分48秒	开仓买入	IF1309股指期货一手	2 328
13时23分11秒	平仓卖出	IF1309股指期货一手	2 329.60
13时23分16秒	平仓卖出	IF1309股指期货一手	2 332.40
13时35分31秒	开仓买入	IF1309股指期货一手	2 327
13时35分58秒	平仓卖出	IF1309股指期货一手	2 330
13时36分46秒	开仓买入	IF1309股指期货一手	2 327
13时36分54秒	开仓买入	IF1309股指期货一手	2 325
13时37分12秒	平仓卖出	IF1309股指期货一手	2 328.40
13时37分14秒	平仓卖出	IF1309股指期货一手	2 328.20
13时41分22秒	开仓买入	IF1309股指期货一手	2 326
13时41分36秒	平仓卖出	IF1309股指期货一手	2 328
13时42分23秒	开仓买入	IF1309股指期货一手	2 325
13时42分29秒	开仓买入	IF1309股指期货一手	2 323
13时43分41秒	开仓买入	IF1309股指期货一手	2 318
13时45分53秒	平仓卖出	IF1309股指期货一手	2 296
13时46分50秒	平仓卖出	IF1309股指期货一手	2 304.4
13时46分52秒	平仓卖出	IF1309股指期货一手	2 305
13时54分42秒	开仓卖出	IF1309股指期货一手	2 317
13时56分08秒	平仓买入	IF1309股指期货一手	2 315.80
14时02分27秒	开仓卖出	IF1309股指期货一手	2 320
14时03分19秒	平仓买入	IF1309股指期货一手	2 318
14时04分11秒	平仓买入	IF1309股指期货一手	2 322
14时04分24秒	平仓买入	IF1309股指期货一手	2 319.20

2013年11月1日,中国证监会发布[2013]59号行政处罚决定书,对被告光大证券公司前述交易进行了认定,该处罚决定书认为,经测算,180ETF与沪深300指数在2013年1月4日至8月21日期间的相关系

数达 99.82%，即巨量申购和成交 180ETF 成分股对沪深 300 指数，180ETF、50ETF 和股指期货合约价格均产生重大影响。同时，巨量申购和成交可能对投资者判断产生重大影响，从而对沪深 300 指数、180ETF、50ETF 和股指期货合约价格产生重大影响。根据《中华人民共和国证券法》（以下简称《证券法》）第七十五条第二款第八项和《期货交易管理条例》第八十二条第十一项的规定，“光大证券公司在进行 ETF 套利交易时，因程序错误，其所使用的策略交易系统以 234 亿元的巨量资金申购 180ETF 成分股，实际成交 72.7 亿元”为内幕信息。光大证券公司是《证券法》第二百零二条和《期货交易管理条例》第七十条所规定的内幕信息知情人。上述内幕信息自当日 11 时 05 分交易时产生，至当日 14 时 22 分光大证券公司发布公告时公开，光大证券公司知悉内幕信息的时间不晚于当日 11 时 40 分。光大证券公司在内幕信息公开前将所持股票转换为 ETF 卖出和卖出股指期货空头合约的交易，构成《证券法》第二百零二条和《期货交易管理条例》第七十条所述内幕交易行为。徐浩明为直接负责的主管人员，杨赤忠、沈诗光、杨剑波为其他直接责任人员。光大证券公司因程序错误以 234 亿元的巨量资金申购 180ETF 成分股，实际成交 72.7 亿元，可能影响投资者判断，对沪深 300 指数，180ETF、50ETF 和股指期货合约价格均可能产生重大影响，同时这一信息在一段时间内处于未公布状态，符合内幕信息特征，中国证监会据此依法认定其为内幕信息。光大证券公司自身就是信息产生的主体，对内幕信息知情。按照光大证券公司《策略投资部业务管理制度》的规定和策略投资的原理，光大证券公司可以进行正常的对冲交易，但是光大证券公司决策层了解相关事件的重大性之后，在没有向社会公开之前进行的交易，并非针对可能遇到的风险进行一般对冲交易的既定安排，而是利用内幕信息进行的交易。此时公司具有进行内幕交易的主观故意，符合《证券法》中“利用”要件，应当认定为内幕交易。光大证券公司内幕交易行为性质恶劣，影响重大，对市场造成了严重影响,应当依法予以处罚。据此,中国证监会决定没收光大证券公司 ETF 内幕交易违法所得 13 070 806.63 元,并处以违法所得 5 倍的罚款;没收光大证券公司股指期货内幕交易违法所得 74 143 471.45 元,并处以违法所得 5 倍的罚款。上述两项罚没款共计 523 285 668.48 元。此外,中国证监会对于徐浩明、杨剑波等相关责任人员还给予警告并处以罚款。中国证监会在[2013]59 号行政处罚决定书中另认定:梅键作为光大证券公司董事会秘书,在对具体事实不知情的情况下,明知对方为新闻记者,轻率地对未经核实的信息予以否认,构成信息误导。大智慧当日 13 时 04 分发布的报道与光大证券公司 13 时公告的“重大事项未公开,8 月 16 日下午停牌”内容基本一致,未披露当天上午交易的真实原因,不能视为对大智慧于当日 12 时 47 分发布信息的更正。据此,决定责令梅键改正,并处以 20 万元罚款。

作为被行政处罚对象,杨剑波不服上述行政处罚决定,向北京市第一中级人民法院起诉中国证监会,请求撤销上述处罚决定中对其作出的处罚。主要理由为错单交易信息不构成内幕信息,光大证券公司并未利用错单交易信息从事证券或期货交易活动,杨剑波并非直接责任人员,处罚决定对光大证券公司违法所得数额认定错误等。经过审理,北京市第一中级人民法院于 2014 年 12 月作出(2014)一中行初字第 2438 号行政判决,驳回杨剑波的诉讼请求。杨剑波不服,上诉至北京市高级人民法院,北京市高级人民法院于 2015 年 5 月判决驳回上诉,维持原判。

上述行政处罚决定书作出后,部分投资者提起诉讼,要求被告光大证券公司赔偿其投资损失。经现已生效的民事判决认定,光大证券公司在 2013 年 8 月 16 日下午的对冲交易构成内幕交易行为,应对投资者损失承担民事赔偿责任。

另查明,IF1309 合约在 2013 年 8 月 16 日当日的结算价为 2 302 元、8 月 19 日结算价为 2 331.4 元、8 月 20 日结算价为 2 307.6 元,三个交易日的平均结算价为 2 313.6 元（8 月 17 日、18 日为非交易日）。

上海市第一中级人民法院认为：

本案争议焦点为：1.被告光大证券公司 2013 年 8 月 16 日的交易行为是否构成内幕交易，如构成内幕交易，其应否对原告郭秀兰损失承担侵权损害赔偿责任，承担赔偿责任的范围如何确定；2.被告上交所、中金所是否未能适当履行相应监管职责，是否存在相应过错，应否对原告的损失承担民事赔偿责任。

就第一个争议焦点，法院认为，中国证监会[2013]59 号行政处罚决定书、北京市第一中级人民法院（2014）一中行初字第 2438 号行政判决均认定，被告光大证券公司 2013 年 8 月 16 日在内幕信息公开前将所持股票转换为 ETF 卖出和卖出股指期货空头合约的交易，构成《证券法》第二百零二条和《期货交易管理条例》第七十条所述内幕交易行为。现光大证券公司在本案中并未提供充分证据证明上述生效法律文书确有错误，故依照前述生效法律文书即可认定光大证券公司前述行为构成我国证券法框架内的内幕交易行为，光大证券公司主张其不构成内幕交易行为，与事实相悖，不予支持。

就被告光大证券公司的其他辩称，法院认为，光大证券公司于 2013 年 8 月 16 日上、下午实施的错单交易及对冲交易，虽属不同的交易行为，但其下午的对冲交易系基于上午错单交易而形成，两个交易行为之间具有直接关联性，故原告郭秀兰基于光大证券公司当日所有交易行为提起本案诉讼并无不当，不存在将多个诉合并审理之虞。光大证券公司当日上午的错单交易虽曾由媒体进行报道，但该报道并非由光大证券公司主动披露，不能视为光大证券公司履行了相应公开披露义务，且该报道并未明确该错单交易的真实性及发生原因，市场主体无法从中得到准确答案，故不能视为系争内幕信息依据该报道已经具有公开性。

至于被告光大证券公司内幕交易行为与原告郭秀兰损失之间有无因

果关系,以及光大证券公司应否对原告损失承担侵权赔偿责任的问题,法院认为,基于有效市场理论,假定证券及期货市场的价格受所有投资公众可获知的公开信息的影响,而交易时不披露内幕信息,则会在很大程度上影响市场价格的真实性。因此,存在内幕交易行为即应推定会影响到投资者所投资的关联交易品种价格,进而造成投资者的损失。具体而言,在内幕信息具有价格敏感性的情况下,在内幕交易行为人实施内幕交易行为期间,如果投资者从事了与内幕交易行为交易方向相反的证券交易行为,且投资者买卖的是与内幕信息直接关联的证券、证券衍生产品或期货合约,并最终遭受损失,则应认定内幕交易与投资者损失间具有因果关系,除非内幕交易行为人能够证明该损失系其他原因造成。本案中,当日内幕交易时间段内,虽然光大证券公司交易 IF1309 和 IF1312 的数量远远低于市场成交总量,每分钟交易 IF1309 和 IF1312 的数量亦较为平均,且光大证券公司于 14 时 22 分发布公告前后,相关市场价格走势呈平稳下跌趋势,没有明显突变,但法院认为,内幕交易中,交易总量的大小、交易数量是否平均,对因果关系的认定并无影响,且立法禁止从事内幕交易行为,亦未区分上述具体实施因素,而是考虑到内幕交易破坏证券市场交易制度的公平性,影响到一般投资人对证券市场公开、公正、公平的信赖。在采用推定因果关系的情况下,上述具体交易数量与交易模式,并不影响因果关系的认定。

具体到本案而言,原告郭秀兰主张的有关其于 2013 年 8 月 16 日上午的交易行为所致损失部分,法院认为,该交易行为系发生于被告光大证券公司的内幕交易行为时间段之外,且当日上午光大证券公司的错单交易由系统故障所致,并非法律明确禁止之行为,故难以认定该错单交易行为构成民事侵权行为。原告作为投资者在交易之时,应依赖于自己的判断,而不应对其他投资者的投资行为产生任何信赖,即使其他投资者的行为,导致某一时刻的大盘或者个股的价格剧烈变化,亦不代表着跟风必定获利,因此无法从法律上认定光大证券公司当日上午的错单交易行为与原告所称损失间存在因果关系,原告的相关诉讼主张,缺乏事实与法律依据,不予采信。

原告郭秀兰主张的有关其于2013年8月16日下午的交易行为所致损失部分,法院认为,原告当日下午的交易行为与被告光大证券公司的部分内幕交易行为均发生于期货交易市场,且交易品种相同,两者之间存在直接关联关系。原告在当日下午的买入和卖出行为虽均系在光大证券公司内幕交易时间段内,但正因光大证券公司内幕交易行为导致该期间内期货市场价格发生畸变,才致原告因其相关交易行为而受损,故原告当日下午的交易期间与光大证券公司内幕交易期间重合并不导致免除光大证券公司相关民事责任的法律后果,光大证券公司相关辩称缺乏事实依据,不予采信。光大证券公司另主张原告的损失计算方式缺乏依据,对此法院认为,原告在前述内幕交易行为期间内分别以不同价格买入IF1309股指期货合约,之后又卖出同等手数的IF1309股指期货合约,在内幕交易行为期间结束后其实际已不持有相应股指期货,则原告因光大证券公司内幕交易行为所致损失即系其在该期间内因交易相应股指期货产品而导致的交易差额损失,原告据此计算其损失金额并无不当,但原告的计算结果有所错误,法院依法予以纠正。经查,原告当日下午的交易损失应为(2 345 + 2 338 − 2 342.80 − 2 343 + 2 338 − 2 338.60 + 2 330 + 2 328 − 2 329.60 − 2 332.40 + 2 327 − 2 330 + 2 327 + 2 325 − 2 328.40 − 2 328.20 + 2 326 − 2 328 + 2 325 + 2 323 + 2 318 − 2 296 − 2 304.4 − 2 305 − 2 317 + 2 315.80 − 2 320 + 2 318 − 2 322 + 2 319.20) × 300 = 11 280元。光大证券公司应对原告上述损失承担侵权赔偿责任,原告相关诉讼请求具有事实和法律依据,法院予以支持。

就第二个争议焦点,原告郭秀兰主张被告上交所、中金所存在监管不作为的过错,其理由为上交所、中金所在被告光大证券公司异常交易发生当日中午即已知晓真实原因并默认光大证券公司于当日下午进行内幕交易。对此，法院认为，原告上述主张并无相应证据予以佐证。虽然光大证券公司相关工作人员曾在接受新闻采访时作出了相应陈述，但此种新闻报道中的描述显然不能单独具有证据属性，且该工作人员与光大证券公司存在利害关系，其陈述不能作为认定事实的依据，故不能以此认定中金所、上交所在光大证券公司发布公告前即已提前知晓相关事项。另外，光大证券公司的错单交易事件属证券市场中的小概率事件，现有法律法规及部门规章、交易规则中均无此类事件发生时上交所、中金所应承担何种义务的规范，而民事主体因不作为导致间接侵权的，一般应以该民事主体违反其积极作为义务为前提，故原告主张上交所、中金所因其不作为而构成侵权，缺乏法律依据。并且光大证券公司当日上午所做错单交易在短时间内完成，该交易行为完成后上交所再对光大证券公司进行交易限制并无实际意义。而光大证券公司当日下午的对冲行为虽属内幕交易行为，但因其交易数额未超过中金所规定的大额交易限额，亦仅占当日相关基金产品及股指期货合约交易的极小部分，中金所在当时又无从知晓光大证券公司已构成内幕交易，故中金所对光大证券公司当日下午的股指期货交易行为未予限制，并不构成监管不作为。且无论上交所、中金所对光大证券公司的交易行为采取何种行为模式，其后果均将波及整个证券及期货市场，而并非只对原告个人权益产生影响，原告的投资方向亦系其基于市场情况作出的自主决策，其交易结果与上交所、中金所的行为间并无直接因果关系。综上所述，原告有关上交所、中金所负有相关监管过错应对其损失承担民事赔偿责任的主张，缺乏事实和法律依据，不予采信。

原告郭秀兰另主张被告上交所、中金所存在误导市场的行为，但原告并未举证证明上交所、中金所曾发布过相关不实信息，上交所当日发布相应公告时，证券市场已结束交易，不存在上交所由此误导市场的客观基础，且该公告内容亦未对光大证券公司的交易行为作任何评价，事实上不可能实现误导市场的效果，原告的上述主张，缺乏事实依据，亦不予采信。

此外，《证券法》第一百零二条规定：“证券交易所是为证券集中交易提供场所和设备，组织和监督证券交易，实行自律管理的法人。证券交易所的设立和解散，由国务院决定。”该法第一百一十条规定：“进入证券交易所参与集中交易的，必须是证券交易所的会员。”同时，《期货交易管理条例》第六条规定：“设立期货交易所，由国务院期货监督管理机构审批。”该条例第七条另规定：“期货交易所不以营利为目的，按照其章程的规定实行自律管理。期货交易所以其全部财产承担民事责任。期货交易所的负责人由国务院期货监督管理机构任免。”依照上述法规规定，应认定被告上交所、中金所的法律性质均为证券自律管理组织。

《证券法》第一百一十三条另规定：“证券交易所应当为组织公平的集中交易提供保障，公布证券交易即时行情，并按交易日制作证券市场行情表，予以公布。未经证券交易所许可，任何单位和个人不得发布证券交易即时行情。”该法第一百一十四条同时规定：“因突发性事件而影响证券交易的正常进行时，证券交易所可以采取技术性停牌的措施；因不可抗力的突发性事件或者为维护证券交易的正常秩序，证券交易所可以决定临时停市。证券交易所采取技术性停牌或者决定临时停市，必须及时报告国务院证券监督管理机构。”第一百一十五条又规定：“证券交易所对证券交易实行实时监控，并按照国务院证券监督管理机构的要求，对异常的交易情况提出报告。证券交易所应当对上市公司及相关信息披露义务人披露信息进行监督，督促其依法及时、准确地披露信息。证券交易所根据需要，可以对出现重大异常交易情况的证券交易账户限制交易，并报国务院证券监督管理机构备案。”前述《期货交易管理条例》第十条亦规定：“期货交易所应当依照本条例和国务院期货监督管理机构的规定，建立、健全各项规章制度，加强对交易活动的风险控制和对会员以及交易所工作人员的监督管理。”该条例第十一条规定：“期货交易所应当按照国家有关规定建立、健全风险管理制度。”第十二条规定:“当期货市场出现异常情况时,期货交易所可以按照其章程规定的权限和程序,决定采取下列紧急措施,并应当立即报告国务院期货监督管理机构:(一)提高保证金;(二)调整涨跌停板幅度;(三)限制会员或者客户的最大持仓量;(四)暂时停止交易;(五)采取其他紧急措施。前款所称异常情况,是指在交易中发生操纵期货交易价格的行为或者发生不可抗拒的突发事件以及国务院期货监督管理机构规定的其他情形。异常情况消失后,期货交易所应当及时取消紧急措施。”依照上述法律规定,应当认为,被告上交所、中金所作为证券、期货交易市场的自律管理组织,其除了依照章程行使自律管理职责外,还具有为集中交易提供保障、发布信息的法定义务,并被赋予在法定条件下对特定市场主体采取单方、强制性、不利益措施的权力。

本案中,被告光大证券公司实施内幕交易行为时,被告上交所、中金所尚无从知晓其行为原因及性质,上交所、中金所亦无权对证券市场主体的该类行为是否违规作出认定,而发布信息义务,需以义务主体知晓相关信息为前提,故上交所、中金所在当日并无发布相关信息的事实基础。至于上交所、中金所应否对光大证券公司的错单交易采取临时停市、限制交易等措施,法院认为,是否采取上述措施应由上交所、中金所结合当时市场具体状况,以合理合法为原则,以维护市场整体秩序及交易公平为目的自行决定,并非在市场出现异常时即必然立即行使,如否定上交所、中金所行使该种权力时的自主决定权,则证券市场的稳定及交易结果将因个别主体的违规行为而始终处于不确定状态,实质将对市场秩序及交易公平构成更大伤害,故交易所行使前述职权时的自主决定权系其履行监管职责的基础。据此应当认为,无论交易所在行使其监管职权过程中作为或不作为,只要其行为的程序正当、目的合法,且不具有主观恶意,则交易所不应因其自主决定的监管行为而承担民事法律责任,否则其监管职能的行使将无从谈起。况且,从当日交易情形来看,光大证券公司错单交易后,市场已在短时间内恢复正常,不存在之后另行临时停市的必要;光大证券公司之后采取的内幕交易行为,在数量及金额上亦未达到限制交易的法定条件,故上交所、中金所未采取原告郭秀兰所主张的紧急处置措施,应属合理,并未影响证券市场秩序及交易公平,上交所、中金所无需因此承担相应责任。原告的相关主张,缺乏法律依据,不予支持。

综上,上海市第一中级人民法院依照《证券法》第五条、第六十七条、第七十条、第七十五条、第七十六条,《期货交易管理条例》第三条之规定,于 2016 年 12 月 28 日作出判决:一、被告光大证券公司应于本判决生效之日起十日内赔偿原告郭秀兰损失人民币 11 280 元;二、驳回原告郭秀兰其余损失请求。

判决后,双方当事人均未提起上诉,判决已发生法律效力。

裁判摘要

证券交易所、期货交易所的法律性质为证券自律管理组织,在行使法定自律监管职权时,若其行为的程序正当、目的合法,且不具有主观故意,则交易所不应对投资者损失承担民事侵权责任。

附录

一审裁判文书案号:(2013)沪一中民六(商)初字第 30 号

一审合议庭成员:单素华(审判长)、金成(主审法官)、赵建华(人民陪审员)

10. 上海佳华企业发展有限公司诉上海佳华教育进修学院股东知情权纠纷案

案情及审判

原告:上海佳华企业发展有限公司,住所地:上海市奉贤区海湾镇场中路。

法定代表人:方于芬,该公司董事长。

被告:上海佳华教育进修学院,住所地:上海市奉贤区五四公路。

法定代表人:唐秀凤,该学院副院长。

原告上海佳华企业发展有限公司(以下简称"佳华公司")因与被告上海佳华教育进修学院(以下简称"佳华学院")发生股东知情权纠纷,向上海市奉贤区人民法院提起诉讼。

原告佳华公司诉称,2010 年 3 月 25 日其出资设立了被告佳华学院,占 100%的出资份额。2012 年 9 月,佳华公司与唐秀凤、赵明友、王文洪订立《资产、开办资金转让暨共同办学合同》,就设立上海佳华机动车驾驶培训基地、转让及交换出资股份等事宜达成协议。2012 年 10 月 15 日,佳华学院董事会通过《董事会决议》,约定唐秀凤等人持有佳华学院 90%出资份额、佳华公司持有佳华学院 10%出资份额。后因唐秀凤等人擅自终止上海佳华机动车驾驶培训基地的申办等,双方发生纠纷。佳华公司遂向上海市浦东新区人民法院提起诉讼,后法院判决确认佳华公司持有佳华学院 50%的出资份额。佳华公司于 2015 年 11 月中旬发函给佳华学院要求提供财务、董事会会议决议、监事会会议决议等材料，但佳华学院至今未回复。故佳华公司依据原《民法通则》、章程的约定诉讼来院，要求判令：1.佳华学院提供自2010年4月成立至今的章程（含章程修正案）、董事会会议决议、监事会会议决议和财务会计报告（包括但不限于资产负债表、损益表、财务状况变动表、财务状况说明表、利润分配表、纳税申报表）供佳华公司查阅、复制；2.佳华学院提供自2010年4月成立至今的会计账簿（含总账、各自明细账、往来账、现金日记账、银行日记账、固定资产卡片明细表、原始凭证、银行对账单交易明细等）供佳华公司查阅。

被告佳华学院辩称：不同意原告佳华公司的诉请。佳华公司的诉请没有法律依据。佳华学院是根据《中华人民共和国民办教育促进法》（以下简称《民办教育促进法》）登记设立的民办非企业单位，是非营利性的社会组织，不属于《民法通则》规定的四种法人组织，因此佳华学院的组织、活动、管理均不受《公司法》的调整。

上海市奉贤区人民法院一审查明：

2010年4月，原告佳华公司出资设立了被告佳华学院，占100%的出资份额。2012年9月，佳华公司与唐秀凤、赵明友、王文洪订立《资产、开办资金转让暨共同办学合同》，就设立上海佳华机动车驾驶培训基地、转让及交换出资股份等事宜达成协议。2012年10月15日，佳华学院董事会通过董事会决议，约定唐秀凤等人持有佳华学院90%出资份额、佳华公司持有佳华学院10%出资份额。后因上海佳华机动车驾驶培训基地终止申办等，双方发生纠纷。佳华公司遂向上海市浦东新区人民法院提起诉讼，2015年6月24日上海市浦东新区人民法院作出（2015）浦民二（商）初字第62号判决，确认佳华公司共持有佳华学院50%的出资份额，上述判决已生效。2015年11月中旬，佳华公司发函给佳华学院要求提供财务、董事会会议决议、监事会会议决议等材料，因佳华学院未回复，故佳华公司诉讼来院。

另查明,被告佳华学院系法人型民办非企业单位,发证机关为上海市奉贤区民政局、业务主管单位为上海市奉贤区教育局。2010 年 4 月 9 日,佳华学院章程约定"学院实行董事会领导下的院长负责制,决策机构是董事会等"。

上海市奉贤区人民法院一审认为:

当事人对自己提出的主张有责任提供证据。被告佳华学院系法人型民办非企业单位,非公司法调整的范畴,且学院章程也未约定举办者享有查阅、复制董事会决议、财务会计报告、会计账簿等权利。故原告佳华公司提出的诉请,没有相应的章程约定及法律依据,难以支持。

据此,上海市奉贤区人民法院依照《中华人民共和国民事诉讼法》第六十四条第一款的规定,于 2016 年 3 月 18 日作出判决:驳回原告佳华公司的诉讼请求。

佳华公司不服一审判决,向上海市第一中级人民法院提起上诉称:1.一审判决在认定事实上存在问题。一审未认定 2010 年 4 月 9 日被上诉人佳华学院章程第十七条第一款第二项关于举办者享有"参与学院的办学和管理活动"权利的事实,而知情权是举办者参与学院的办学和管理活动的基础,否则根本无法行使参与办学和管理的权利。2.一审认定佳华学院"系法人型民办非企业单位,非公司法调整的范畴",该定性不当。虽然佳华学院"系法人型民办非企业单位",但一审并未提出佳华公司作为举办者不能行使知情权的法律依据。《民办教育促进法》并无举办者不能行使知情权的禁止性规定。佳华公司作为举办者,在知情权方面理应享有相应的权利。故请求二审法院查明事实,依法撤销原判,改判支持佳华公司的一审全部诉讼请求。

被上诉人佳华学院辩称:不同意上诉人佳华公司的上诉请求。佳华公司对佳华学院主张行使知情权没有法律依据,佳华学院仅受《民办教育促进法》及其实施条例的调整,不受《公司法》调整,佳华公司对佳华学院不享有知情权。在佳华学院章程中也找不到其主张行使知情权的依据。2010年4月9日佳华学院的章程已经失效,即使举办者享有"参与学院的办学和管理活动"的权利,也无法得出举办者享有查阅、复制董事会决议、监事会决议、财务会计报告、会计账簿等权利的结论。举办者对民办学校要行使知情权必须有法律的明文规定,而《民办教育促进法》及其实施条例没有相关规定,举办者就没有权利主张行使知情权。一审判决认定事实清楚,适用法律正确,故请求二审法院依法驳回上诉,维持原判。

上海市第一中级人民法院二审认为:

本案二审的争议焦点是:上诉人佳华公司是否有权查阅、复制被上诉人佳华学院的章程、董事会会议决议、监事会会议决议和财务会计报告及查阅会计账簿。解决该争议焦点的关键在于厘清以下三个子问题:

第一,关于民办学校举办者的合法权益所指向的具体内容。

上诉人佳华公司认为,知情权是举办者参与学院的办学和管理活动的基础,否则根本无法行使参与办学和管理的权利。作为举办者,佳华公司在知情权方面理应享有相应的权利。被上诉人佳华学院主张,佳华公司不享有知情权,即使举办者享有"参与学院的办学和管理活动"的权利,也无法得出举办者享有查阅、复制董事会决议、监事会决议、财务会计报告、会计账簿等权利的结论。法院认为,国家保障民办学校举办者的合法权益,该合法权益应当包括知情权。理由如下:首先,公民、法人的合法的民事权益受法律保护,任何组织和个人不得侵犯。《民办教育促进法》第五条第二款规定,国家保障民办学校举办者、校长、教职工和受教育者的合法权益。合法权益是指符合法律规定的权利和利益,诚然,单从文义上,尚难以确定合法权益是否包含知情权,需要结合其他法律解释的方法进行探求。其次,对于民事主体的合法权益,《侵权责任法》列举了包括生命权、健康权、姓名权、名誉权、荣誉权、肖像权、隐私权、婚姻自主权、监护权、所有权、用益物权、担保物权、著作权、专利权、商标专用权、发现权、股权、继承权等在内的人身、财产权益;《公司法》则规定了股东享有包括知情权在内的各种权利,《合伙企业法》亦规定合伙人对合伙企业享有会计账簿等财务资料的查阅权。前述各种权利均归属于法律所要保护的合法权益。故从整个法律体系构架加以阐释,举办者作为民办学校的出资人,享有的合法权益应当包括了解和掌握学校办学和管理活动等重要信息的权利,该权利是举办者依法取得合理回报、参与重大决策和选择管理者等权利的重要基础。最后,虽然《民办教育促进法》未规定该等权利,但从逻辑上推论,举办者的合法权益,未脱离民事权利范畴,理应包含知情权。学校章程、董事会会议决议、监事会会议决议及财务会计报告和会计账簿等资料是记录和反映学校的组织与活动、资产与财务管理等内容的重要载体。举办者只有在获取学校办学和管理活动信息的基础上,才可能参与学校的重大决策及行使监督权。因此,举办者要求查阅、复制民办学校的章程、董事会会议决议、监事会会议决议和财务会计报告及查阅会计账簿的权利均为知情权所涵盖,应当予以保护。

第二,关于民办学校举办者享有知情权的法律依据问题。

上诉人佳华公司认为,《民办教育促进法》并无举办者不能行使知情权的禁止性规定。被上诉人佳华学院则主张,《民办教育促进法》及其实施条例没有相关规定,举办者就没有权利主张行使知情权。举办者享有知情权,符合对法的价值判断。理由如下:首先,"没有无义务的权利,也没有无权利的义务。"《民办教育促进法实施条例》第八条第一款规定:"举办者应当按时、足额履行出资义务。民办学校存续期间,举办者不得抽逃出资,不得挪用办学经费。"举办者在履行出资义务,让渡其财产所有权的同时,应当享有对应的权利,知情权则是举办者行使其他权利的基础。《民办教育促进法》第五十一条规定:"民办学校在扣除办学成本、预留发展基金以及按照国家有关规定提取其他的必需的费用后,出资人可以从办学结余中取得合理回报。取得合理回报的具体办法由国务院规定。"

《民办教育促进法实施条例》第四十四条第一款规定:“出资人根据民办学校章程的规定要求取得合理回报的,可以在每个会计年度结束时,从民办学校的办学结余中按一定比例取得回报。”佳华学院章程第二十五条亦规定:“出资人要求取得合理回报。”举办者作为出资人的合理回报的实现离不开知情权的保障。其次,举办者享有知情权,有助于参与举办民办学校的公办学校履行国有资产监管职责。《民办教育促进法实施条例》第六条第二款规定,参与举办民办学校的公办学校依法享有举办者权益,依法履行国有资产的管理义务,防止国有资产流失。换言之,公办学校亦可以是民办学校的举办者,其享有的权益应当无异于其他举办者,知情权亦是公办学校履行国有资产监管职责的重要保障。最后,举办者享有知情权,符合《民办教育促进法》的立法宗旨。《民办教育促进法》总则第三条第二款规定,国家对民办教育实行积极鼓励、大力支持、正确引导、依法管理的方针;第五条第一款规定,国家保障民办学校举办者、校长、教职工和受教育者的合法权益。总则是概括地表述,贯穿于法律始终的立法思想、价值取向、基本原则等一般性、原则性与抽象性的内容,民办教育促进法总则部分的立法规定对解释民办学校举办者的合法权益具有指导性作用。因此,保障举办者的基本知情权,准许举办者了解民办学校的教育和管理活动、查阅财务会计报告或会计账簿,是鼓励举办者进入民办教育领域,促进民办教育健康发展的应有之义。

第三,关于民办学校举办者知情权的行使问题。

《民办教育促进法》对于举办者知情权的行使未直接加以规定,但鉴于本案的主要特征与《公司法》规定的股东知情权类似,可类推适用《公司法》的相关规定,理由如下:首先,举办者的知情权缺少法律规定,但不代表其不享有该权利。“合法权益”本身是一个不确定概念,系对社会生活现象进行了高度概括和抽象,从而使其具有较大的包容性。未设之规定,非立法有意的不规定,探求法律规范意旨,应积极地设定知情权的规定,落实对举办者合法权益的保护。其次,民办学校具有法人资格,可参照适用《公司法》的有关规定。民办学校属于法人型民办非企业单位,其不以营利为目的,并不等于不营利,虽然在创立依据和创立程序上有别于受《公司法》调整的通常意义上的公司,但在具有法人资格和具有营利性质这些实质方面二者并无不同。法律规定举办者可以在学校章程中规定要求合理回报,该回报具有财产性特征,直接或间接与财产相关,表明举办者在出资后将享有财产性权益。《民办教育促进法》对民办学校做了营利性和非营利性的区分,明确营利性民办学校的办学结余和剩余财产依照《公司法》的规定分配。综合考量佳华学院的业务范围、组织机构、办学层次、办学形式及内部管理体制,援引与其性质相类似的《公司法》相关规定,以为适用,并无不可。最后,"相类似之案件,应为相同之处理"。司法实践中对于民办学校举办者出资份额的转让,参照适用《公司法》;法人型民办非企业单位的破产清算,参照适用《企业破产法》等规定。对此,"举轻以明重",上诉人佳华公司作为被上诉人佳华学院的举办者,在知情权方面享有与公司股东同等或类似的权利,本案可参照《公司法》之相关规定处理民办学校举办者所主张权利的行使。

上海市第一中级人民法院认为,我国《公司法》规定,股东有权查阅、复制公司章程、股东会会议记录、董事会会议决议、监事会会议决议、公司财务会计报告。股东可以要求查阅公司会计账簿。股东要求查阅公司会计账簿的,应当向公司提出书面请求,说明目的。公司有合理根据认为股东查阅会计账簿有不正当目的,可能损害公司合法利益的,可以拒绝提供查阅,并应当自股东提出书面请求之日起十五日内书面答复股东并说明理由。在本案中,上诉人佳华公司作为被上诉人佳华学院的举办者,要求查阅、复制佳华学院自 2010 年 4 月成立至今的章程(含章程修正案)、董事会会议决议、监事会会议决议和财务会计报告(包括但不限于资产负债表、损益表、财务状况变动表、财务状况说明表、利润分配表、纳税申报表），有相应法律依据，予以支持。至于佳华公司要求查阅自2010年4月成立至今的会计账簿（含总账、各自明细账、往来账、现金日记账、银行日记账、固定资产卡片明细表、原始凭证、银行对账单交易明细等）的诉讼请求，因佳华公司向佳华学院提出书面请求并说明了理由，其要求查阅会计账簿的诉讼请求，有相应法律依据，予以支持。佳华学院的抗辩意见，不予采纳。

综上所述，上诉人佳华公司的上诉请求，有相应事实与法律依据，法院予以支持。原审判决认定事实清楚，但适用法律错误，依法予以纠正。据此，上海市第一中级人民法院依照《中华人民共和国民法通则》第五条、《中华人民共和国民办教育促进法》第五条第二款、第五十一条，《中华人民共和国民办教育促进法实施条例》第九条，《中华人民共和国民事诉讼法》第一百七十条第一款第（二）项之规定，于2016年7月7日作出判决：

一、撤销上海市奉贤区人民法院（2016）沪0120民初511号民事判决；

二、被上诉人上海佳华教育进修学院于本判决生效之日起十日内提供自2010年4月成立至本判决生效日止的章程（含章程修正案）、董事会会议决议、监事会会议决议和财务会计报告（包括但不限于资产负债表、损益表、财务状况变动表、财务状况说明表、利润分配表、纳税申报表）供上诉人上海佳华企业发展有限公司查阅、复制；

三、被上诉人上海佳华教育进修学院于本判决生效之日起十日内提供自2010年4月成立至本判决生效日止的会计账簿（含总账、各自明细账、往来账、现金日记账、银行日记账、固定资产卡片明细表、原始凭证、银行对账单交易明细等）供上诉人上海佳华企业发展有限公司查阅。

本判决为终审判决。

裁判摘要

民办学校的举办者可以自主选择设立非营利性或者营利性民办学

校。营利性民办学校举办者主张行使知情权的,人民法院可以类推适用《公司法》相关规定。

附录

一审裁判文书案号:(2016)沪 0120 民初 511 号

二审裁判文书案号:(2016)沪 01 民终 4642 号

二审合议庭成员:沈强(审判长)、何建(主审法官)、胡瑜

11. 张宇、张霞诉上海亚绿实业投资有限公司商品房预售合同纠纷案

案情及审判

原告:张宇,男,41 岁,住安徽省安庆市宿松县。

原告:张霞,女,39 岁,住安徽省安庆市宿松县。

被告:上海亚绿实业投资有限公司,住所地:上海市奉贤区金汇镇明星村。

法定代表人:李忠,该公司董事长。

原告张宇、张霞因与被告上海亚绿实业投资有限公司(以下简称"亚绿公司")发生商品房预售合同纠纷,向上海市奉贤区人民法院提起诉讼。

原告张宇、张霞诉称:双方于 2015 年签订购买位于奉贤区泰青路 119 弄 128 支弄 5 号 1 层 102 室房产的《上海市商品房预售合同》。合同约定总房价 1 616 228 元,并约定被告亚绿公司需于 2015 年 12 月 31 日前交付房产。之后张宇、张霞按约定支付首付款并按照实际情况办理按揭贷款。但亚绿公司未按约定交付房产而是迟延至 2016 年 7 月 1 日才交付给原告。张宇、张霞交接时要求亚绿公司履行迟延交房支付义务,亚绿公司告知再协商,但至今未予答复。请求法院判令亚绿公司支付逾期交房违约金人民币(以下币种同)58 185 元。

被告亚绿公司辩称:实际的交房日期确实是 2016 年 7 月 1 日,延期交房虽然存在,但是合同约定如遇不可抗力,交房、大产证取得及小产证

申领约定的时间相应顺延。在该房屋实际施工中，发生小区沿河道路和煤气配套公共管道安装和对接的不可抗力情形，有关部门也为此出具了相应的证明，亚绿公司在情形消除后积极履行交房义务，亚绿公司不存在违约，不应承担违约责任。

上海市奉贤区人民法院一审查明：

2015年8月15日，原告张宇、张霞与被告亚绿公司签订系争预售合同，约定：张宇、张霞向亚绿公司购买坐落于上海市奉贤区泰青公路119弄128支弄《申亚翠庭》5号1层102室的房屋(以下简称"系争房屋")，暂定购房款总价为1 616 228元；亚绿公司于2015年12月31日前交付房屋，除不可抗力外；如违约未按期交房，亚绿公司支付已付购房款每日0.02%的违约金。合同补充条款一中，关于合同第十一条修改、补充如下："甲方(亚绿公司)定于2015年12月31日前将该房屋交付给乙方(张宇、张霞)，除不可抗力及其他甲方难以预计的客观情况外，客观情况包括但不限于非因甲方原因导致的以下情况：供水、供电、煤气、排水、通信、网络、道路等公共配套设施的延误、规划调整导致的工程推延、政府政策变化等。"还约定，如遇不可抗力，本合同对于交房、大产证取得及小产证申领约定的时间相应顺延；本合同所指不可抗力的范围包括自然灾害、动乱、恶劣天气、政府行为、因市政配套的批准与安装、重大工程技术难题以及其他无法预见、无法避免或控制、无法克服的事件和情况等。嗣后，张宇、张霞陆续支付了购房款。2016年6月，亚绿公司发出入住通知书，确认：实测购房款总价为1 604 177.84元，应退款12 050.16元；要求张宇、张霞于2016年7月1日办理入住手续。2016年7月1日，张宇、张霞与亚绿公司双方办理了交房手续。张宇、张霞认为亚绿公司逾期交房，以致涉讼。

系争房屋所在小区的燃气管道外管工程于2015年3月23日由上海市奉贤区金汇镇人民政府与燃气公司签订合同，施工期限为90天，由于属地村民为管道建设用地和该小区配套道路建设等要求办理镇保，阻挠施工，该工程不能如期完成。2016 年 2 月 16 日，上海市奉贤区金汇镇人民政府召开协调会进行协调，工程得以顺利进行。2016 年 4 月 20 日，燃气管道外管工程竣工验收。2016 年 5 月 9 日，燃气公司出具合格证明。2016 年 6 月 2 日，被告亚绿公司取得上海市建设工程规划验收合格证。2016 年 7 月 1 日，亚绿公司取得上海市新建住宅交付使用许可证。

一审期间，被告亚绿公司坚持认为不应承担违约责任，考虑具体情况同意自愿补偿原告张宇、张霞 11 757 元。

上海市奉贤区人民法院一审认为：

依法签订的合同，对当事人具有法律约束力。本案中原告张宇、张霞与被告亚绿公司签订的系争预售合同系双方真实意思表示，合法有效，双方均应恪守。本案实际交房时间为 2016 年 7 月 1 日，已经超过了合同约定的交付期限，但本案系争房屋迟延交付的原因主要是市政配套工程等因素造成，合同补充条款一第十五条约定，由于政府行为、市政配套工程等原因造成逾期交房，交房时间作相应顺延。张宇、张霞主张，配套工程迟延，不属于不可抗力。一审法院认为，市政配套工程迟延虽不属法律意义上不可抗力的范畴，但是确系开发商自身不能左右之情形。合同补充条款一第八条、第十五条约定除不可抗力，还包括亚绿公司难以预计的客观情况，并进行了列举，包括市政配套工程迟延，而本案中正是该情形导致交房迟延，交房时间可予以顺延，且亚绿公司在取得相关许可证当日就履行了交房义务，故张宇、张霞要求亚绿公司承担逾期交房的违约责任无依据，不予采纳。张宇、张霞还主张合同系格式合同，但张宇、张霞与亚绿公司签订的系争预售合同补充条款并非在签订时不可协商，不属于格式条款。退一步而言，即使构成格式条款，也不属于法律规定的格式条款无效的情形。现亚绿公司自愿对张宇、张霞损失进行补偿，于法有据，一审法院予以支持。

据此,上海市奉贤区人民法院依据《中华人民共和国合同法》第八条,《中华人民共和国民事诉讼法》第六十四条第一款、第二百五十三条之规定,于2017年5月12日作出判决:

一、驳回原告张宇、张霞的诉讼请求;

二、被告上海亚绿实业投资有限公司于判决生效之日起十日内补偿原告张宇、张霞人民币11 757元。

张宇、张霞不服一审判决,向上海市第一中级人民法院提起上诉称:一、双方于2015年8月15日签订《上海市商品房预售合同》(以下简称“系争预售合同”)。该合同的补充条款中对“不可抗力”作了扩大化表述,将市政配套工程延误列为被上诉人亚绿公司的免责范围,该部分免责条款明显对其不公平,亚绿公司在签约时也没有尽到提醒义务,故该部分免责条款应当属于无效格式条款。二、亚绿公司提供的2015年3月27日的函件表明,其在发函当天就已经清楚认知到配套工程的实际延误风险,亚绿公司没有在签约时将这一情况告知购房者,依然承诺于2015年12月31日交房,即使免责条款有效,也不能适用于本案的情况。请求二审法院:撤销一审判据,改判由亚绿公司对其支付逾期交房违约金人民币58 185元。

2017年8月22日,上诉人张宇、张霞向二审法院出具书面意见称,请求二审法院按照其上诉请求55%的比例认定违约金数额,剩余45%不再主张。

被上诉人亚绿公司辩称,系争房屋迟延交付的原因完全是在于市政配套施工的延误,该部分工程地点不在亚绿公司受让地块的范围之内,是由于当地政府未能及时协调好居民矛盾,导致工程拖延,不能归责于亚绿公司,属于亚绿公司发包施工的范围在2015年就已经全部完成。补充条款中的免责约定是有效的,本案的情况符合适用该条款的条件,亚绿公司不应支付违约金。一审判决正确,请求二审法院维持原判。

上海市第一中级人民法院确认了一审查明的事实,另查明:

被上诉人亚绿公司于2014年取得系争房屋所在小区的预售许可证。2015年3月27日,亚绿公司向上海市奉贤区金汇镇人民政府发送函件,载明:地块红线外至今没有燃气外管接口及自来水外管接口,小区红线外配套理应由镇政府落实解决,否则将影响亚绿公司按期交房。2015年8月,亚绿公司完成了系争房屋所在小区范围内的工程量施工。

二审法院又查明,系争预售合同补充条款第八条第二项为,发生上述情况不属于甲方逾期交付房屋,但甲方应及时通知乙方,通报该客观情况。

还查明,被上诉人亚绿公司提交的2015年12月30日《会议纪要》中记载:燃气公司原定计划元旦过后4日开始准备进场施工,从小区西侧开始排管。2016年2月16日《会议纪要》中记载的议题是:解决住宅项目红线外土地未征,村民阻止红线外道路、管道施工事宜。

二审审理中,被上诉人亚绿公司陈述:一、其提供给购房者的合同文本中确实存在两种交房期限,一种是2015年9月,另一种是2015年12月。二、2015年3月27日,亚绿公司已得知居民阻止燃气配套施工的情况,故向政府部门发函催促,但其当时并不确定会造成竣工延误,因为还有可能后续追赶进度。

上海市第一中级人民法院二审认为:

上诉人张宇、张霞与被上诉人亚绿公司签订的系争预售合同系双方真实意思表示,不违反法律的效力性禁止性规定,亚绿公司在签约时亦已经取得了预售许可证,故系争预售合同并不存在整体无效的情形。

系争预售合同约定,被上诉人亚绿公司应于2015年12月31日之前交房,而其实际交房时间为2016年7月1日,超出了合同约定期限。根据法院查明的事实,亚绿公司在2015年8月完成了系争房屋所在小区范围内的工程量施工,而市政燃气、道路配套工程(以下简称“配套工程”)由政府部门负责实施，且施工地点不在亚绿公司的受让地块范围之内。配套施工障碍直至 2016 年 2 月 16 日才消除，从该节点至实际交房的期限为 136 天。如果扣除配套工程的受阻停滞期限，则亚绿公司的实际交房期限并未超出合同约定。因此，造成系争房屋逾期交付的原因在于配套工程的延误。

在此前提下，上诉人张宇、张霞主张被上诉人亚绿公司应承担逾期交房违约金，亚绿公司则以系争预售合同存在相应责任限制条款为由主张抗辩权。因此，本案二审争议焦点在于：一是系争责任限制条款是否具有法律效力；二是系争责任限制条款是否应当适用于本案。

一、关于系争责任限制条款是否具有法律效力问题

系争预售合同补充条款第八条约定，导致不能按期交房的“其他难以预计的客观情况”包括：供水、供电、煤气、排水、通信、网络、道路等公共配套设施的延误，发生上述情况不属于被上诉人亚绿公司逾期交房。第十五条约定，“因市政配套的批准与安装”等“无法预计、无法避免或控制、无法克服的事件和情况”，亚绿公司可以顺延约定的交房日期。上述条款(简称“系争责任限制条款”)是对交房期限条款的补充约定。上诉人张宇、张霞主张系争责任限制条款属于无效格式条款，亚绿公司则主张该条款有效。

对此，法院认为，系争责任限制条款属于被上诉人亚绿公司事先拟定，并在房屋销售中重复使用的条款，属于格式条款的范畴。系争责任限制条款使用了小号字体，而且根据当事人陈述的签约过程分析，亚绿公司并未采取足以引起注意的方式对该条款予以说明。根据《最高人民法院关于适用〈中华人民共和国合同法〉若干问题的解释(二)》第九条规定，提供格式条款的一方当事人违反《合同法》第三十九条第一款关于提示和说

明义务的规定,导致对方没有注意免除或者限制其责任的条款,对方当事人申请撤销该格式条款的,人民法院应当支持。系争责任限制条款虽然以列举免责事项的方式限制了逾期交房违约责任的范围,但并未绝对免除亚绿公司的违约责任。根据上述法律规定,系争责任限制条款属于可撤销的格式条款,而非绝对无效之格式条款,因张宇、张霞在法定的一年除斥期间内并未申请撤销该条款,故该条款仍属有效。张宇、张霞主张系争责任限制条款无效,无法律依据,法院不予采纳;亚绿公司主张系争责任限制条款有效,法院予以采纳。

二、关于系争责任限制条款是否应当适用于本案的问题

上诉人张宇、张霞主张,配套工程延误并不属于"不可预见"的"不可抗力",而且被上诉人亚绿公司在签约时已经知晓配套工程出现延误,但没有对其及时告知,即使系争责任限制条款有效,亦不能在本案中适用。亚绿公司则主张,配套工程延误属于明确约定的免责事由,而且延误障碍可能在签约后消除,应当适用系争责任限制条款。双方对该条款是否应当适用的争议具体可分为三个层次:第一,该条款将免责事项描述为"不可抗力"是否影响其适用;第二,亚绿公司是否在签约时对配套工程延误风险负有告知义务;第三,亚绿公司的风险隐瞒行为是否导致排除该条款适用。法院对此分述如下:

第一,关于系争责任限制条款中的概括描述是否影响其适用的问题。系争责任限制条款所列举的事项中包括"煤气、道路公共配套设施",但在对此类事项的概括性定义中使用了甲方(亚绿公司)"难以预计""无法预见"的表述。对此,法院认为,配套工程施工虽然不在被上诉人亚绿公司的受让地块范围之内,但作为一家专业的房地产开发企业,配套工程出现延误的理论可能性是其在建造之初就能够预见的,其制定系争责任限制

条款的目的也正是在于防范此类风险。因此，“难以预计”“无法预见”的表述是对列举事项所作的错误描述，此类事项不属于法定可免责的“不可抗力”范畴。但在列举事项已经具体明确的前提下，该表述并不影响双方就责任限制所达成的基础合意，不构成完全排除该条款适用的事由。上诉人张宇、张霞主张系争责任限制条款的性质表述存在错误，故应当整体排除其适用，缺乏事实依据，法院不予采纳。

第二，关于被上诉人亚绿公司是否在签约时对配套工程延误风险负有告知义务的问题。根据系争预售合同约定，亚绿公司应及时将免责事项的发生情况告知购房者。本案中，上诉人张宇、张霞主张亚绿公司在签约时隐瞒了配套工程延误的情况，违反了合同约定。亚绿公司未提供证据证明其履行了风险告知程序，但称其虽然在 2015 年 3 月 27 日知晓了配套施工受阻的情况，但在签约时还并不确定会造成实际延误，有可能在后续履行中追赶进度，故其并不存在恶意隐瞒行为。

对此，法院认为：首先，被上诉人亚绿公司明知配套工程完成是整体竣工验收的前提条件，应当对配套工程的具体进展保持关注，据此预判实际可交房的时间。政府部门与配套施工单位的签约日期为 2015 年 3 月 23 日，根据亚绿公司的陈述及相关证据显示，由于施工地块未完成土地征收，当地居民与政府部门存在争议，阻挠施工，导致配套工程无法开工，陷入停滞状态。同年 3 月 27 日，亚绿公司得知该情况后便向政府部门发函催促，但在 2015 年 8 月时，尚不存在能够消除居民阻挠因素的迹象。直至 2015 年 12 月 30 日，配套施工单位在协调会议中仍然不能确定实际进场的施工日期。如果停滞状态保持延续，将势必造成整体工程竣工延误。因此，“配套工程延误导致逾期交付房屋”在 2015 年 3 月 27 日虽然还不是确定发生的事实，但也已经不再是抽象的理论可能性，而是亚绿公司已知的现实存在的显著风险。其次，交房期限是购房者选择购房的重要考量因素，在没有收到风险告知的情况下，购房者无法对交房期限的实际可行性进行有效评估,在签约时陷入了信息不对称的意思状态。被上诉人亚绿公司虽然期望障碍因素能够在后续履行中消除,但土地征收问题导致的施工停滞是根本性的延误因素,该因素并非亚绿公司可以主观控制的范围,而且依照常理判断,土地征收需要履行法律规定的程序,无法于短期内得到快速解决。在交房期限事实上存在重大不确定性的前提下,亚绿公司的风险隐瞒行为可能对购房者的信赖利益造成实际损失。因此,亚绿公司不能以后续可能追赶进度为由免除自身的告知义务,法院认定,亚绿公司对自 2015 年 3 月 27 日起签约的购房者均负有对配套工程延误风险的告知义务。系争预售合同的签约日期为 2015 年 8 月 15 日,亚绿公司未对上诉人张宇、张霞告知相应风险,违反了合同约定的告知义务。

第三,关于被上诉人亚绿公司的风险隐瞒行为是否导致排除系争责任限制条款适用的问题。

系争责任限制条款中并未明文记载免责事项的产生时间限制。上诉人张宇、张霞主张,在被上诉人亚绿公司隐瞒延误风险的情况下,约定的免责事项仅能适用于签约后新发生的情形,不应适用于本案,是对合同条款的限制解释;亚绿公司主张风险事项的产生时间不应对免责范围构成影响,系争责任限制条款应当适用于本案,是基于合同文义的基本理解。

双方当事人对该问题争议的本质是在被上诉人亚绿公司隐瞒已知风险的背景下,对合同条款的不同解释。《中华人民共和国合同法》(以下简称《合同法》)第四十一条规定,对格式条款的理解发生争议的,应当按照通常理解予以解释。对格式条款有两种以上解释的,应当作出不利于提供格式条款一方的解释。第一百二十五条第一款规定,当事人对合同条款的理解有争议的,应当按照合同所使用的词句、合同的有关条款、合同的目的、交易习惯以及诚实信用原则,确定该条款的真实意思。基于上述格式条款的解释规则,法院对该问题分析如下:

(一) 商品房预售合同是在建商品房的销售合同,不同购房者的签约时间对应着不同的建设进度,购房者不知晓具体进度情况,不具备对交房期限可行性的判断能力。而交房期限条款也是由被上诉人亚绿公司单方拟定的格式条款,其可以根据实际建设进度在签约时调整交房期限。本案中,亚绿公司亦认可其在预售合同中设置的交房期限分为 2015 年 9 月与 12 月两种,说明其已经在后续销售中根据配套工程进度对交房期限进行了重新规划。因此,在没有被告知已存在现实风险的情况下,购房者与亚绿公司所达成的责任限制合意,是建立在购房者对交房期限具有现实合理性的信赖基础上。

(二) 由于被上诉人亚绿公司单方隐瞒了现实延误风险,并且有能力重新规划交房期限,购房者有理由相信亚绿公司对交房期限的现实可行性做出了承诺:该期限充分吸收了亚绿公司已知的实际进度条件,原有的风险事项能够及时消除,如果没有在后续履行中出现新的免责事项,则在该期限内能够实现交房。因此,上诉人张宇、张霞主张双方约定的风险转移范围是针对后续履行中出现的风险事项,不应包括已纳入交房期限考量因素的现实条件,符合《合同法》第一百二十五条的诚实信用解释原则。

(三) 双方当事人对于格式合同条款的理解存在冲突,根据《合同法》第四十一条所规定的有利于相对人的解释规则,法院认为,诚实信用原则下的购房者信赖利益价值高于格式条款提供者被上诉人亚绿公司的责任风险限定利益。交房期限条款与系争责任限制条款之间的互补逻辑关系应解释为:系争责任限制条款的适用范围限于签约后发生的不确定风险事项,不能适用于签约时被隐瞒的现实风险事项。亚绿公司主张其风险隐瞒行为不影响系争责任限制条款的适用,法院不予采纳。

(四) 本案中,被上诉人亚绿公司在 2015 年 3 月 27 日就已明知配套工程受阻停滞,产生了现实的延误风险,但其在 2015 年 8 月 15 日签约时并未向上诉人张宇、张霞告知该风险事项,而是承诺于 2015 年 12 月 31

日交房。配套工程受阻停滞的现实风险产生于系争预售合同签订之前，在后续没有出现新的风险事项的情况下，原有的风险状态持续延展，最终导致系争房屋于2016年7月1日才完成交付。亚绿公司的上述行为违背了对交房期限具有现实可行性的承诺，无权就配套工程延误主张适用系争责任限制条款。

基于上述理由，被上诉人亚绿公司以配套工程延误为由，主张在本案中适用系争责任限制条款，抗辩上诉人张宇、张霞的逾期交房违约金请求权，无事实与法律依据，法院不予支持。张宇、张霞主张亚绿公司承担逾期交房违约金，符合合同约定，法院予以支持。根据系争预售合同约定，亚绿公司总计逾期达183日，按照实测面积总房款1 604 177.84元的每日0.02%比例计算，违约金总计为58 713元。二审中，张宇、张霞表示自愿按照合同约定标准的55%比例主张违约金，系当事人对自身权利的处分，于法有据，也与亚绿公司的实际过错相适应，法院予以准许。因此，法院认定亚绿公司应向张宇、张霞支付逾期交房违约金32 292.15元。

综上所述，上海市第一中级人民法院依照《中华人民共和国合同法》第四十一条、第一百二十五条第一款，《最高人民法院关于适用〈中华人民共和国合同法〉若干问题的解释（二）》第九条，《中华人民共和国民事诉讼法》第一百七十条第一款第（二）项之规定，于2017年8月28日判决如下：

一、撤销上海市奉贤区人民法院（2017）沪0120民初4598号民事判决；

二、被上诉人上海亚绿实业投资有限公司于本判决生效之日起十日内向上诉人张宇、张霞支付逾期交房违约金人民币32 292.15元。

本判决为终审判决。

裁判摘要

责任限制型格式条款本质上是一种风险转移约定，根据诚实信用原则,在签约时,经营者除了需要对条款内容进行重点提示,还应当对免责范围内已经显露的重大风险如实告知,以保护相对人的信赖利益。经营者故意隐瞒重大风险,造成相对人在信息不对称的情况下达成免责合意,应当认定相对人的真实意思表示中不包括承担被隐瞒的重大风险,免责合意的范围仅限于签约后发生的不确定风险。在后续履约中,因恶意隐瞒重大风险最终导致违约情形发生,经营者主张适用免责条款排除自身违约责任的,人民法院不予支持。

附录

一审裁判文书案号:(2017)沪0120民初4598号

二审裁判文书案号:(2017)沪01民终9095号

二审合议庭成员:王剑平(审判长)、李兴(主审法官)、沈强

12. 周星驰诉中建荣真无锡建材科技有限公司肖像权、姓名权纠纷案

案情及审判

原告：周星驰（CHIAU，SING CHI），男，55岁，汉族，香港特别行政区居民，住香港特别行政区湾仔。

被告：中建荣真无锡建材科技有限公司，住所地：江苏省江阴市徐霞客镇璜塘工业园区凤鸣路。

法定代表人：张德享，该公司总经理。

原告周星驰因与被告中建荣真无锡建材科技有限公司（以下简称“中建荣真建材公司”）发生肖像权、姓名权纠纷，向上海市第一中级人民法院提起诉讼。

原告周星驰诉称：2017年1月，原告周星驰根据影迷反映，被告中建荣真建材公司在其官网上最醒目位置发布“城市森林携手‘星爷’一起见证生态墙板真功夫”的宣传广告。该宣传广告与“整屋快装，省心、省工、省时、省力，7天毛坯变豪宅”，以及“大中华区品牌招商，一城仅限一家代理，全国火热开抢中”这两个分别针对消费者及代理商的宣传广告滚动显示。同时，原告又发现被告在“创业邦”网站也发布了“城市森林集成墙饰携手喜剧之王周星驰一起见证生态墙板真功夫”的宣传广告，并在原告的照片旁注明“华语喜剧演员、导演、编剧、监制、制片人、出品人，代表作：《功夫》”。原告在2017年1月13日向被告发出了律师函，要求被告停止

侵害、恢复名誉、消除影响、赔礼道歉。2017 年 9 月,原告朋友在虹桥火车站发现《旅伴》杂志(2017 年第 2 期,总第 243 期)广告页上发布了“城市森林,全生态整屋快装,把森林搬回家”的宣传广告,在该广告最醒目位置展示“《功夫》主演周星驰携手城市森林环保产业”及“代表作:《功夫》《长江七号》《大话西游》《少林足球》《美人鱼》等,周星驰是华语影坛标志性人物之一,从他无厘头的喜剧表演方式中,观众往往能感受到喜剧背后揭示的一些深刻道理。年初上映的《美人鱼》将环保话题推向大众视野,这也与城市森林‘生态环保’的初衷不谋而合”。被告在官网、创业邦网站以及在《旅伴》杂志发布的宣传广告,均使用了原告的肖像,用于招揽生意,侵犯了原告的肖像权。综上所述,被告以营利为目的,未经原告同意利用其姓名及肖像做广告,侵犯了原告的姓名权和肖像权。请求判令:1.被告立即停止在其官网(www.360cssl.com)及《旅伴》杂志中使用原告的肖像、姓名和艺名;2.被告赔偿 31 125 001 元,其中包括财产性损害赔偿 3 000 万元、合理费用支出 112.50 万元、精神损害赔偿 1 元;3.被告在其官网(www.360cssl.com)、《旅伴》杂志、新浪、搜狐以及一份全国性报纸上就侵害原告姓名权与肖像权发表致歉声明,持续时间为 90 日。

被告中建荣真建材公司辩称:认可原告周星驰主张的事实并表示,公司确实未经原告同意利用其肖像做广告,但被告不确认对周星驰姓名权构成侵犯,由法院依法审查该事实。被告已经停止在官网(www.360cssl.com)使用原告肖像,同意在官网就原告的肖像权侵权发表致歉声明,持续时间由法院依法审查。原告主张的赔偿损失金额过高,一般情况下,法院在 50 万元范围内决定赔偿数额,希望法院依法审查原告主张的损失赔偿。

上海市第一中级人民法院经审理查明:

2017 年 1 月 11 日,被告中建荣真建材公司的官网(www.360cssl.com)首页显示“把森林带回家七天毛坯变豪宅省心省工省时省力”的宣传广告。该宣传广告边上配有原告周星驰的照片，下方注有“城市森林携手‘星爷’一起见证生态墙板真功夫”的文字。此外，网页（www.360cssl.com/index.php/Show/index/cid/196/id/215.html）的终端风采 VI 展示处有“城市森林携手‘星爷’一起见证生态墙板真功夫”的宣传广告。该宣传广告配有原告照片，与涉案网页上的“整屋快装，省心、省工、省时、省钱，7 天毛坯变豪宅”的宣传广告语共同在页面上展示。

2017 年 6 月 19 日，被告中建荣真建材公司的网站页面（www.360cssl.com/index.php/Show/index/cid/196/id/215.html）的终端风采 VI 展示处有“城市森林携手‘星爷’一起见证生态墙板真功夫”的宣传广告。该宣传广告配有原告周星驰的照片，与涉案网页上的“整屋快装，省心、省工、省时、省钱，7 天毛坯变豪宅”的宣传广告语共同在页面上展示。

2017 年 6 月 19 日，“创业邦”网站（bd.chuangzhanw.com/cssl/）和页面（bd.chuangzhanw.com/cssl/? = BDPCHX00590）均显示有“城市森林集成墙饰携手喜剧之王周星驰一起见证生态墙板真功夫”的宣传广告，并在插图原告周星驰的照片旁注有“华语喜剧演员、导演、编剧、监制、制片人、出品人，代表作：《功夫》”的文字。

2017 年 9 月 5 日，原告周星驰的委托代理人虞美娜在上海市虹桥火车站出发层南 6 号的“悦途出行商务贵宾厅”购得一本《旅伴》杂志（2017 年第 2 期，总第 243 期）。被告中建荣真建材公司在《旅伴》杂志上发布广告，该期杂志的广告页有标题为“全生态整屋快装，7 天毛坯变豪宅”的文章，文章上方出现“城市森林，全生态整屋快装，把森林搬回家”“源自欧洲博洛尼亚缔造城市生态生活空间”的宣传广告。在该宣传广告右侧配有原告周星驰肖像和签名的照片，照片上注有小字体文字“《功夫》剧组主演周星驰携手城市森林环保产业”，照片旁配有文字“代表作：《功夫》《长江七号》《大话西游》《少林足球》《美人鱼》等，周星驰是华语影坛标志性人物之一，从他无厘头的喜剧表演方式中，观众往往能感受到喜剧背后揭示的一些深刻道理。年初上映的《美人鱼》将环保话题推向大众视野,这也与城市森林‘生态环保’的初衷不谋而合。”

另查明,《旅伴》杂志的国内统一刊号为 CN11-4858/G0,该杂志为全国公开发行的出版物,主管单位为中国铁路总公司,主办、出版单位为中国铁道出版社有限公司,杂志为半月刊,定价为 15 元,案涉杂志的铁路站车发行网络包括北京、上海、天津、杭州、武汉、南京、济南、福州、沈阳、大连等。

再查明,2017 年 1 月 13 日,原告周星驰委托律师向被告中建荣真建材公司发送律师函,内容为:“贵司在官网(www.360cssl.com)上发布了城市森林携手‘星爷’一起见证生态墙板真功夫的宣传广告,并在网站首页以及 VI 展示中使用了我方委托人的照片,用于公司招揽生意。根据《中华人民共和国民法通则》第一百二十条规定:公民的姓名权、肖像权、名誉权、荣誉权受到侵害的,有权要求停止侵害,恢复名誉,消除影响,赔礼道歉,并可以要求赔偿损失。贵司未经同意使用我方委托人的艺名及照片用作商业宣传,构成侵权,应当承担侵权责任。鉴于以上事实,我方委托人特授权本律师向贵司郑重函告:一、自本函发出 3 日内,贵司应公开澄清:我方委托人从未授权贵司使用其姓名、艺名及照片,也从未与贵司开展过任何形式的商业合作。二、自本函发出 3 日内,贵司应立即删除官网上关于城市森林携手‘星爷’一起见证生态墙板真功夫的宣传广告,立即停止使用我方委托人艺名和/或照片用于商业宣传。贵司的行为已经严重侵犯了我方委托人的姓名权、肖像权等合法权利及权益。本律师已代理我方委托人完成取证工作。我方委托人将向法院起诉,追究贵司给我方造成的一切经济、名誉等损失。特此函告。”该函件通过 EMS 投递,于 2017 年 1 月 15 日门卫签收。

还查明,2017 年 9 月 25 日,原告周星驰作为甲方就其与被告中建荣真建材公司侵犯姓名权、肖像权一案,与乙方北京市世纪(上海)律师事务所签订《聘请律师合同》一份，聘请北京市世纪（上海）律师事务所的律师代理，约定代理费共计112.50万元，该代理费为乙方代理本案一审、二审和执行事项所收取的全部费用。原告通过银行汇款的方式向北京市世纪（上海）律师事务所汇入上述金额。

庭审中，被告中建荣真建材公司自认涉案网站和《旅伴》杂志上的广告图片系由其向中山艺博公司购买获得后提供给案外人进行刊登，涉案广告上的肖像和签名是原告周星驰。双方当事人一致确认“星爷”是指原告周星驰。截至本案原告起诉时，被告已经停止在官网、创业邦网站和《旅伴》杂志刊登涉案广告。

上海市第一中级人民法院经审理认为：

本案系肖像权、姓名权侵权纠纷案件，因原告周星驰是香港特别行政区居民，本案的法律适用参照适用《最高人民法院关于适用〈中华人民共和国涉外民事关系法律适用法〉若干问题的解释（一）》的规定。《最高人民法院关于适用〈中华人民共和国涉外民事关系法律适用法〉若干问题的解释（一）》第八条第二款规定，各方当事人援引相同国家的法律且未提出法律适用异议的，人民法院可以认定当事人已经就涉外民事关系适用的法律做出了选择。原告依据《中华人民共和国民法通则》第九十九条、第一百条，《最高人民法院关于贯彻执行〈中华人民共和国民法通则〉若干问题的意见（试行）》第一百四十一条、《中华人民共和国侵权责任法》第二条之规定向法院提起诉讼，被告中建荣真建材公司亦根据前述法律进行答辩，故法院认定双方当事人已经就民事关系的法律适用做出了选择，本案应当适用中华人民共和国内地法律审理。

本案争议焦点为：一、被告中建荣真建材公司的行为是否对原告周星驰肖像权、姓名权构成侵权；二、如果构成侵权，被告应当承担何种侵权责任。

关于争议焦点一是，被告中建荣真建材公司的行为是否构成侵权的问题。法院认为,首先,肖像权是自然人对自己的肖像依法享有利益并排斥他人侵害的权利,是自然人人格权的重要组成部分。《中华人民共和国民法通则》第一百条规定,公民享有肖像权,未经本人同意,不得以营利为目的擅自使用公民的肖像。《最高人民法院关于贯彻执行〈中华人民共和国民法通则〉若干问题的意见(试行)》第一百三十九条规定,以营利为目的,未经公民同意利用其肖像做广告、商标、装饰橱窗等,应当认定为侵犯公民肖像权的行为。原告周星驰享有的肖像权受法律保护,非经周星驰本人允许,任何人不得以营利为目的使用其肖像。被告分别在其官方网站(www.360cssl.com)、创业邦网站(bd.chuangzhanw.com/cssl/)、《旅伴》杂志上使用原告周星驰的肖像,该行为构成了对原告肖像权的侵犯。其次,《中华人民共和国民法通则》第九十九条规定,公民享有姓名权,有权决定、使用和依照规定改变自己的姓名,禁止他人干涉、盗用、假冒。《最高人民法院关于贯彻执行〈中华人民共和国民法通则〉若干问题的意见(试行)》第一百四十一条规定,盗用、假冒他人姓名、名称造成损害的,应当认定为侵犯姓名权、名称权的行为。姓名权的客体包括全名,以及其他能够与特定自然人建立对应关系的主体识别符号,例如笔名、艺名、雅号等。被告在涉案广告上盗用原告姓名和艺名的行为构成了对原告姓名权的侵犯。最后,被告未能举证证明获得原告肖像权或姓名权的使用许可,其以营利为目的,在网站、杂志的宣传广告上使用原告的肖像和姓名(艺名),且突出显示,构成对原告肖像权和姓名权的侵犯。

关于争议焦点二是被告中建荣真建材公司应当承担何种侵权责任的问题。肖像权和姓名权所保护的客体是肖像和姓名上所体现的人格利益。原《中华人民共和国侵权责任法》第二条规定,侵害民事权益,应当依照本法承担侵权责任。本法所称民事权益包括生命权、健康权、姓名权、名誉权、荣誉权、肖像权、隐私权、婚姻自主权、监护权、所有权、用益物权、担保物权、著作权、专利权、商标专用权、发现权、股权、继承权等人身、财产权益。第十五条规定，承担侵权责任的方式主要有：（一）停止侵害；（二）排除妨碍；（三）消除危险；（四）返还财产；（五）恢复原状；（六）赔偿损失；（七）赔礼道歉；（八）消除影响、恢复名誉。以上承担侵权责任的方式，可以单独适用，也可以合并适用。自然人的姓名权、肖像权、名誉权、荣誉权受到侵害的，有权要求停止侵害、恢复名誉、消除影响、赔礼道歉，并可以要求赔偿损失。侵害他人人身权益，造成他人严重精神损害的，被侵权人可以请求精神损害赔偿。本案被告系营利法人，其未经原告周星驰同意使用原告肖像和姓名的行为已经侵犯了原告的肖像权和姓名权，依法应承担相应的侵权责任。对此，法院具体阐述如下：

第一，关于立即停止侵害。鉴于被告中建荣真建材公司庭审中提出在收到原告周星驰的律师函之后，已经停止了侵权行为，原告亦认可在本案诉讼之时，未发现被告仍存在侵权行为。本案现没有证据证实被告仍继续在网站和杂志上实施侵犯原告周星驰肖像权和姓名权的行为，原告要求被告立即停止侵害的主张，依据不足，法院不予支持。

第二，关于赔偿损失。首先，肖像是自然人的外貌在物质载体上通过绘画、照相、电影、电视、录像、雕塑等形式再现的视觉形象。肖像作为自然人的一种图像标志，与该自然人的外部形象及人格密切相关。它直接关系到自然人的人格尊严及其形象的社会评价。一方面，肖像和姓名可以将该自然人与其他自然人区别开来，并体现出肖像权和姓名权人的人格尊严、名誉等，构成肖像权、姓名权人的精神利益；另一方面，自然人对肖像、姓名的利用可以带来一定的商业利益。原告周星驰作为知名艺人、演员，能够通过参演影视节目、广告代言等活动获取相应的经济利益，其肖像权、姓名权具有一定的商业化利用价值。被告中建荣真建材公司对原告肖像权、姓名权的侵害，导致原告人格权权能中包含经济性利益的部分受损，有损原告形象的商业价值，故应当对非法使用原告肖像、姓名造成的财产损失予以赔偿。其次，原《中华人民共和国侵权责任法》第二十条规定,侵害他人人身权益造成财产损失的,按照被侵权人因此受到的损失赔偿;被侵权人的损失难以确定,侵权人因此获得利益的,按照其获得的利益赔偿;侵权人因此获得的利益难以确定的,被侵权人和侵权人就赔偿数额协商不一致,向人民法院提起诉讼的,由人民法院根据实际情况确定赔偿数额。《最高人民法院关于审理利用信息网络侵害人身权益民事纠纷案件适用法律若干问题的规定》第十八条第一款规定,被侵权人为制止侵权行为所支付的合理开支,可以认定为《侵权责任法》第二十条规定的财产损失。合理开支包括被侵权人或者委托代理人对侵权行为进行调查、取证的合理费用。人民法院根据当事人的请求和具体案情,可以将符合国家有关部门规定的律师费用计算在赔偿范围内。第二款规定,被侵权人因人身权益受侵害造成的财产损失或者侵权人因此获得的利益无法确定的,人民法院可以根据具体案情在50万元以下的范围内确定赔偿数额。法院认为,上述司法解释是适用于在信息网络上实施侵权行为案件的特别规定,而对于案件中同时存在其他类型侵权行为的损害赔偿仍应适用《侵权责任法》的一般规定。最后,在本案中,原告要求参照可口可乐的代言费用来计算赔偿金额,但其所提供的证据与本案不具有直接关联性,不足以证明所受损失,亦未举证证明被告的获利情况。现原告的财产损失或被告因侵权获得的利益难以确定,双方就赔偿数额亦未能协商一致,法院根据案件实际情况,酌情认定赔偿数额为58万元。其中包括:1.财产性损害赔偿50万元。原告作为知名的演员、导演,享有广泛的知名度。被告作为营利法人,为了自身营销需要,于2017年1月和6月擅自在公司官网和创业邦网站使用原告的肖像和姓名,并在《旅伴》杂志(2017年第2期)刊登广告实施侵权行为。上述行为不仅侵犯了原告的人格尊严,也侵犯了权利人自己或许可他人使用肖像和姓名所生之利益,最终会损害诚信经营的公平竞争秩序和其他经营者、消费者的合法权益。法院注意到,被告在原告发送律师函后,截至2017年6月19日,仍未停止侵权行为。同年9月，《旅伴》杂志出现在虹桥火车站，该杂志的铁路车站发行范围涵盖全国大部分高铁动车组运行区段。由此可见，涉案侵权行为影响范围较广，持续时间较长。虽然被告辩称花费了9万元从案外人处购买了原告的照片，但其明知在未获得原告本人同意的情况下，仍使用原告的肖像和姓名制作并投放涉案广告，主观上存在过错。故法院根据原告的职业身份、知名度、肖像许可使用情况，被告的侵权行为持续时间、主观过错程度、涉案侵权广告范围、网站公开程度、杂志发行量及可能造成的影响等情节，确定财产性损害赔偿50万元。2.合理费用支出8万元。律师费用收取系当事人与律师之间意思自治之结果，法院不予干涉。司法解释明确规定被侵权人为制止侵权行为所支付的合理开支属于被侵权人的财产损失。原告主张合理费用支出112.50万元，但事实上，该费用包括了一审、二审和执行等事项产生的费用，法院认为，其要求被告在本案中承担的费用应当限制在合理范围内。因此，综合考量原告为制止涉案侵权行为的诉讼成本、案件标的额、判赔额、案件复杂程度、律师工作量、相关律师收费标准等因素，法院确定合理费用支出8万元。

第三，关于精神损害赔偿。《中华人民共和国侵权责任法》第二十二条规定，“侵害他人人身权益，造成他人严重精神损害的，被侵权人可以请求精神损害赔偿”。《最高人民法院关于确定民事侵权精神损害赔偿责任若干问题的解释》第八条第一款规定，“因侵权致人精神损害，但未造成严重后果，受害人请求赔偿精神损害的，一般不予支持，人民法院可以根据情形判令侵权人停止侵害、恢复名誉、消除影响、赔礼道歉”。如前所述，本案中，被告中建荣真建材公司侵害原告周星驰肖像权、姓名权的行为造成人格权权能中包含经济性利益的部分受损，但并未达到严重精神损害的程度，故法院对原告要求精神损害赔偿1元的诉讼请求不予支持。

第四，关于赔礼道歉。赔礼道歉的目的是使相关受众知晓事实真相、消除对被侵权人的不良影响，通过何种途径赔礼道歉应结合侵权行为的具体方式和影响范围进行确定。对于原告周星驰要求被告中建荣真建材公司在其官网(www.360cssl.com)、《旅伴》杂志、新浪、搜狐以及一份全国性报纸上公开向原告赔礼道歉的诉讼请求,法院认为,公开赔礼道歉的范围应与侵权行为造成的影响程度相适应,结合被告使用原告照片的侵权形式、范围、内容等具体情节,原告要求被告在其官网(www.360cssl.com)、《旅伴》杂志上刊登致歉声明的该部分主张,法院予以支持。

综上所述,原告周星驰的部分诉请,于法有据,依法予以支持。据此,上海市第一中级人民法院依照《中华人民共和国民法总则》第一百一十条、第一百七十九条,《中华人民共和国侵权责任法》第二条、第六条、第十五条、第二十条,《中华人民共和国民法通则》第九十九条、第一百条、第一百二十条第一款,《最高人民法院关于贯彻执行〈中华人民共和国民法通则〉若干问题的意见(试行)》第一百三十九条、第一百四十一条,《最高人民法院关于审理利用信息网络侵害人身权益民事纠纷案件适用法律若干问题的规定》第十八条,《最高人民法院关于确定民事侵权精神损害赔偿责任若干问题的解释》第八条第一款,《中华人民共和国民事诉讼法》第二十八条、第六十四条第一款、第一百四十九条之规定,于 2019 年 4 月 8 日作出判决:

一、被告中建荣真无锡建材科技有限公司应于本判决生效之日起十日内赔偿原告周星驰人民币 58 万元(其中包括合理费用支出人民币 8 万元)。

二、被告中建荣真无锡建材科技有限公司应于本判决生效之日起十日内在其官网(www.360cssl.com)和《旅伴》杂志上分别刊发一则致歉声明,持续时间为 30 天(刊登版面和内容须经法院核准),如逾期不履行或履行不符合本判决要求的,法院将在全国公开发行的刊物上登载本判决的主要内容,有关费用由被告中建荣真无锡建材科技有限公司负担。

三、驳回原告周星驰的其他诉讼请求。

一审判决后,双方均未提出上诉,一审判决已发生法律效力。

裁判摘要

一、在涉外人格权侵权纠纷中，双方当事人援引相同的法律且未提出法律适用异议的，人民法院可以认定当事人已经就该民事关系的准据法做出了一致的选择。

二、当姓名权和肖像权具有商业化使用权能时，当事人仅以《侵权责任法》为依据进行主张，该人格权的精神利益和财产价值可一并予以保护，包括属于合理开支的律师费在内均应纳入人格权的损害赔偿范围。

三、在酌定赔偿数额时，人民法院应结合权利类型、侵权方式，从侵权程度、被侵权人和侵权人的身份地位、经济情况、获利情况、过错类型、其他情形等方面予以综合考量。

附录

一审裁判文书案号：(2017)沪01民初1211号

一审合议庭成员：刘力(审判长)、唐春雷、何建(主审法官)

13. BY.O 诉豫商集团有限公司服务合同纠纷管辖权异议案

案情及审判

原告:BY.O(原公司名称 BUY.O),住所地:法兰西共和国巴黎华盛顿街(Washington 75008 Paris)。

代表人:Marc DEBETS,该公司首席执行官。

被告:豫商集团有限公司,住所地:中国(上海)自由贸易试验区银城中路。

法定代表人:石磊,该公司总经理。

原告 BY.O 因与被告豫商集团有限公司(以下简称"豫商公司")发生服务合同纠纷,向上海市浦东新区人民法院提起诉讼。

原告 BY.O 诉称:2015 年 5 月 4 日,原告与被告豫商公司签署《并购财务顾问服务协议》,约定被告及其关联方聘请原告提供并购财务顾问服务,协助被告及其关联方收购法国地区度假村管理公司、资产管理公司和奢侈品公司等内容。合同生效后,原告促成被告由其关联方就被并购项目签署备忘录,确定并购价格和并购方案,签署并购交易合同并提供后续服务。原告已履行合同的主要义务并向被告开具第一、二、三阶段服务费发票,被告分别予以支付。对于第四阶段成功费 860 270 欧元,原告已向被告开具发票且多次催讨,但被告至今未付。故请求法院:1.判令被告向原告支付服务费 860 270 欧元;2.判令被告赔偿原告前述服务费的利息损失[自 2016 年 12 月 16 日起算至实际给付之日止,按照 2016 年 12 月 16 日伦敦银行间同业拆借利率(LIBOR + 2%)3.83%的年利率计算]。

被告豫商公司在提交答辩状期间对管辖权提出异议,认为:第一,合同约定,因本协议所引起的或与本协议有关的任何纠纷或争议,首先通过新加坡国际仲裁中心进行仲裁解决。上述仲裁协议合法有效,本案应由新加坡国际仲裁中心仲裁解决。第二,鉴于双方首先选择了仲裁解决,就不应当再通过诉讼处理,故诉讼方式解决约定违反仲裁一裁终局,约定无效。综上,本案应通过新加坡国际仲裁中心仲裁解决,要求法院裁定驳回原告 BY.O 起诉。

上海市浦东新区人民法院一审查明:

2015 年 5 月,原告 BY.O(乙方)与被告豫商公司(甲方)签订《并购财务顾问服务协议》,约定甲方及其关联方聘请乙方提供并购财务顾问服务等内容。合同第六条法律适用与管辖约定:“6.1 本协议根据中国法律订立、执行和解释;本协议争议的解决适用中国法律。6.2 因本协议所引起的或与本协议有关的任何纠纷或争议(包括关于本协议约定条款之存在、效力或终止,或无效之后果等争议),首先通过新加坡国际仲裁中心进行仲裁解决。若双方对新加坡国际仲裁中心的仲裁结果无法达成一致,任何一方均有权将争议提交于甲方住所所在地有管辖权的商业法庭以诉讼方式解决。”

上海市浦东新区人民法院一审认为:

本案中原告 BY.O 为外国法人,原、被告又签订《并购财务顾问服务协议》,可以认定双方成立涉外民事关系,本案为涉外民事案件。根据合同第 6.1 条约定,本协议争议的解决适用中国法律,双方亦认可仲裁协议适用中华人民共和国法律,故合同中的涉外仲裁条款效力认定应适用中华人民共和国法律。

关于本案是否应提交新加坡国际仲裁中心仲裁解决,根据合同第 6.2

条约定,因本协议所引起的或与本协议有关的任何纠纷或争议,首先通过新加坡国际仲裁中心进行仲裁解决。该约定就争议解决选定了明确、唯一的仲裁机构,双方作为商事主体理应知晓选择仲裁机构解决争议后的法律后果,故上述涉外仲裁条款约定符合法律规定,合法有效,本案应通过新加坡国际仲裁中心进行仲裁解决。其次,《中华人民共和国仲裁法》第九条规定:"仲裁实行一裁终局的制度。裁决作出后,当事人就同一纠纷再申请仲裁或者向人民法院起诉的,仲裁委员会或者人民法院不予受理。"上述法律自施行之日起对本案当事人就具有法律效力,因此,尽管双方在合同第 6.2 条中另约定,若双方对新加坡国际仲裁中心的仲裁结果无法达成一致,任何一方均有权将争议提交于甲方住所所在地有管辖权的商业法庭以诉讼方式解决。由于上述约定违反法律规定,虽然被告豫商公司住所所在地在上海市浦东新区,属于该院辖区,在新加坡国际仲裁中心针对本案民事纠纷作出裁决后,当事人就同一纠纷再向人民法院起诉的,无论当事人对仲裁实行一裁终局法律制度是否存在认识错误,人民法院依照上述法律规定应裁定不予受理,故该部分约定不具有法律效力。再次,仲裁方式解决约定和诉讼方式解决约定效力应相互独立,一部分约定无效,不影响另一部分效力,故虽然诉讼方式解决约定部分无效,仲裁方式解决约定部分仍然有效。最后,合同第 6.2 条约定合同争议首先通过仲裁解决,若双方对仲裁结果无法达成一致以诉讼方式解决,但两者之间并非并列关系,其强调的是首先通过仲裁解决,并非"或裁或审"协议,不属于当事人约定争议可以向仲裁机构申请仲裁也可以向人民法院起诉的情形,故其中的涉外仲裁条款合法有效,不应认定为无效。综上所述,被告对管辖权提出的异议成立,本案应提交新加坡国际仲裁中心进行仲裁解决,应驳回原告 BY.O 起诉。

据此,上海市浦东新区人民法院依照《中华人民共和国涉外民事关系法律适用法》第十八条,《中华人民共和国民事诉讼法》第一百二十四条第二项、第一百二十七条第一款，《中华人民共和国仲裁法》第九条第一款、第十六条，《最高人民法院关于适用〈中华人民共和国民事诉讼法〉的解释》第二百零八条第三款之规定，于2020年7月10日作出裁定：

一、被告豫商集团有限公司对本案管辖权提出的异议成立；

二、驳回原告BY.O的起诉。

BY.O不服一审裁定，向上海市第一中级人民法院提起上诉称：本案所涉协议第6.2条的约定违反了仲裁“一裁终局”的基本原则，属于“或裁或审”条款，应当认定无效；BY.O据此请求撤销原审裁定，依法裁定本案由上海市浦东新区人民法院审理。

上海市第一中级人民法院经审理并报上海市高级人民法院审核后，二审认为：

本案系涉外民事案件。本案所涉《并购财务顾问服务协议》第6.2条约定中“首先通过新加坡国际仲裁中心进行仲裁解决”，对于仲裁方式和诉讼方式之间明确了仲裁优先，对仲裁机构的选择具体、明确、唯一，并不具有“或裁或审”的选择的特点，故法院对该仲裁条款的约定予以认定。对于双方当事人进一步约定“若双方对新加坡国际仲裁中心的仲裁结果无法达成一致，任何一方均有权将争议提交于甲方住所所在地有管辖权的商业法庭以诉讼方式解决”，不符合《中华人民共和国仲裁法》第九条第一款关于“仲裁实行一裁终局”的规定，违反了仲裁排除法院管辖的基本原则，应认定该约定为无效。本案应提交新加坡国际仲裁中心进行仲裁解决。原审裁定驳回上诉人BY.O起诉，于法有据，予以维持。

据此，上海市第一中级人民法院依照《中华人民共和国民事诉讼法》第一百七十条第一款第一项、第一百七十一条之规定，于2020年10月29日作出裁定：

驳回上诉，维持原裁定。

本裁定为终审裁定。

裁判摘要

当事人虽就同一争议约定仲裁和诉讼两种争议解决方式，但协议明确约定，或者协议内容表明应首先适用仲裁方式、然后适用诉讼方式的，属于“先裁后审”协议。在涉外民事案件中，应准确认定“先裁后审”协议效力适用的法律。先仲裁条款依据其应当适用的法律认定为合法有效的，鉴于后诉讼条款因违反法院地即我国的仲裁一裁终局法律制度而无效，后诉讼条款无效不影响先仲裁条款效力，故应认定涉外“先裁后审”协议中仲裁条款有效、诉讼条款无效。

附录

一审裁判文书案号：(2020)沪 0115 民初 34710 号

二审裁判文书案号：(2020)沪 01 民辖终 780 号

二审独任法官：盛萍

14. 上海市闵行区人民检察院诉卞飞非法经营案

案情及审判

公诉机关:上海市闵行区人民检察院。

被告人:卞飞,男,汉族,1958 年 10 月出生,系上海辉海电子设备有限公司、上海明珠医疗科技发展有限公司法定代表人,住江苏省扬州市广陵区。因涉嫌犯非法经营罪于 2017 年 4 月 26 日被刑事拘留,同年 6 月 1 日被取保候审,同年 12 月 8 日被逮捕,同年 12 月 9 日被取保候审。

上海市闵行区人民检察院以被告人卞飞犯非法经营罪,向上海市闵行区人民法院提起公诉。

起诉书指控:2015 年 7 月起,被告人卞飞在经营上海辉海电子设备有限公司(以下简称"辉海公司")过程中,生产型号为 SE-F1、SE-F2、SE-F3 系列生物能量仪,并由上海明珠医疗科技发展有限公司(以下简称"明珠公司")进行销售,累计生产、销售 SE 系列生物能量仪 182 台,合计金额人民币 924 270 元。经国家食品药品监督管理总局(以下简称"食药总局")复函,认定该 SE 系列生物能量仪属于第二类医疗器械。国家红外及工业电热产品质量监督检验中心武汉产品质量监督检验所《检验报告》分别对 SE-生物能量仪及哈尔滨全科治疗仪的相对辐射能谱(红外辐射波长范围)进行了检验。2016 年 12 月,行政执法部门查扣涉案 SE 系列生物能量仪 127 台,价值人民币 581 740 元。卞飞违反国家规定,未经许可经营法律、行政法规规定的限制买卖的物品,扰乱市场秩序,情节严重,其行为已构成非法经营罪。提请法院依照《中华人民共和国刑法》第二百二十五条第(一)项、第二百三十一条、第三十条、第三十一条之规定,对卞飞予以判处。

被告人卞飞辩称:涉案产品系合格的家用电器产品,并非医疗器械,其系合法经营,不构成非法经营犯罪。

辩护人提出辩护意见如下:北京市第一中级人民法院(2017)京行初502号《行政裁定书》认为复函实质是被告与上海市食品药品监督管理局(以下简称"上海食药局")就前述具体法律使用问题的意见交流,并未确定新的权利义务关系,对闵行市场局如何就原告生产SE-生物能量仪产品的行为进行认定不产生法律拘束力。复函并非认定涉案SE-生物能量仪系二类医疗器械的法律依据。辉海公司仅在普通家用电器渠道销售涉案产品,没有进入任何医疗机构,没有相关医疗器械的宣传。医疗器械属于经审查后即可经营的物品,并非国家专营专卖或者限制买卖需要国家特许经营的物品,套用非法经营罪显然不当,请求对被告人卞飞宣告无罪。

上海市闵行区人民法院一审查明:

被告人卞飞系辉海公司、明珠公司的法定代表人。辉海公司的经营范围包括电子设备、电子产品的销售、电子保健仪器(除医疗器械)的组装、销售;明珠公司的经营范围包括医疗器材、医疗保健、生物制品等。2015年7月起,辉海公司开始生产型号为SE-F1、SE-F2、SE-F3系列生物能量仪,由明珠公司进行销售。2016年3月,上海市闵行区市场监督管理局(以下简称"闵行市场局")就该产品是否作为医疗器械产品管理进行审查,如作为医疗器械管理,应按几类医疗器械进行注册,并且上述产品是否取得医疗器械产品注册证的情况向上海食药局请示,并递交了SE-生物能量仪包装及产品照片、生物能量仪使用参考书和合格证原件。上海食药局就此向食药总局请示前述产品是否应按二类医疗器械管理,食药总局针对上海食药局的请示回复函称:该产品预期目的符合《医疗器械管理条例》(国务院令650号)第七十六条要求,依据《医疗器械分类规则》(食品药品监管总局令第15号),应作为第二类医疗器械管理。

2016年12月,闵行市场局于现场执法中,在闵行区春中路28弄6号辉海公司的仓库内及明珠公司的相关销售点查扣涉案SE系列生物能量仪共计127台,总价值人民币581 740元。

经上海沪港金茂会计师事务所有限公司鉴定,至案发,辉海公司、明珠公司累计生产、销售SE系列生物能量仪182台,合计金额人民币924 270元。

上海市闵行区人民法院一审认为:

根据《医疗器械监督管理条例》,国家对医疗器械按照风险程度实行分类管理。第一类低风险程度的医疗器械实行产品备案管理,第二类中等风险程度的医疗器械及第三类较高风险程度的医疗器械实行产品注册管理,即第二、第三类医疗器械的生产、销售需要行政许可。本案公诉机关认为SE-生物能量仪属于第二类医疗器械,应取得医疗器械产品注册证方可生产经营,而被告人卞飞辩称SE-生物能量仪属于合格的家用电器,不需要进行行政许可即可生产销售。法院经审理认为,公诉机关以卞飞犯《刑法》第二百二十五条第(一)项非法经营罪的指控不能成立。理由如下:

一、证明涉案器械属性的证据不足

非法经营罪属于行政犯,司法机关在案件审理时首先应对行为人的行为是否先行触犯行政法律、法规等作出判断。根据行政法"法无规定不禁止""法无规定不处罚"的原则,行为人行为未被法律、法规明确禁止或明确认定属违法的,不是违法行为。

涉案SE-生物能量仪属于新型产品,没有进入医疗器械名录,行政机关对其性质的判定需要遵守基本原则。

第一,行政许可必须遵循行政公开原则的基本要求,应将行政许可事项、依据、条件、数量、程序、期限以及需要申请人提交的全部材料的目录和申请书示范文本予以公示,确保公众的知情权。根据《医疗器械监督管理条例》的规定:国务院食品药品监督管理部门负责制定医疗器械的分类规则和分类目录,医疗器械分类目录应当向社会公布。而根据案发时食药总局发布的医疗器械分类目录,以及食药总局于2017年12月31日发布、2018年1月1日起实施的医疗器械分类目录(修订版),都找不到涉案SE生物能量仪在案发当时及审理时已纳入医疗器械管理的依据。复函回复"应作为第二类医疗器械管理",与"已纳入"是两个不同的概念。法院认为,涉案物品只有在被列入医疗器械名录,由食药总局明确其定义,并将相应的规范性文件公之于众后,才能对"未经许可"进行生产或经营的行为人追究相应的法律责任。该复函系食药总局与上海食药局就相关问题的意见交流,属于不具有对外效力的行政机关内部文件,不能作为行政处罚的依据。

第二,认定某种器械的性质,必须遵循科学专业的技术规范,严格依据现有规定进行。根据《医疗器械监督管理条例》对第二类、第三类医疗器械申请注册的规定可知,以上两类医疗器械应当由医疗器械检测机构出具的产品检验报告、应当在有资质的临床试验机构进行临床试验。只有经国务院认证认可监督管理部门会同国务院食品药品监督管理部门认定的检验机构方可对医疗器械进行检验。根据食药总局《关于规范医疗器械产品分类有关工作的通知》,对于日常监管、投诉举报中涉及尚未列入《分类目录》或其他通知文件的医疗器械类别确认的,省级食药监部门向食药总局提出请示时,应提供用于支持分类的相应详细资料及预分类意见,由食药总局组织医疗器械标准管理中心研究确定。本案中,食药总局依照上海食药局提交的现场扣押的产品包装、照片、使用参考书及合格证等材料作出的复函以及国家红外及工业电热产品质量监督检验中心武汉产品质量监督检验所做出的《检验报告》不能替代有资质的医疗器械检测机构的检测报告。公诉机关亦未能提供检测单位具有医疗器械检测资质等证据，食药总局亦未出具对实物的技术检测、专家会审、评定结论等其他材料予以佐证。故在案证据不足以证实SE-生物能量仪系二类医疗器械。

二、证实被告人卞飞具有犯罪主观故意的证据不足

举报人哈尔滨全科医疗发展有限责任公司(以下简称“全科公司”)报案陈述认为SE-生物能量仪和全科公司产品外观相似度很高，并且宣传产品功能一致，被告人卞飞明知全科公司产品属于第二类医疗器械，故其应知SE-生物能量仪也属于医疗器械。全科公司的陈述属于主观认识和判断，在本案中无其他客观证据与其印证的情况下，其自行提供的对比情况说明不能起到证明作用。故在案证据不足以证实卞飞有非法经营二类医疗器械的主观故意。

综上，现有证据不能证明被告人卞飞具有非法经营二类医疗器械的主观故意且客观上实施了上述行为，公诉机关指控卞飞构成非法经营罪的证据不足，指控的犯罪不能成立。上海市闵行区人民法院依照《中华人民共和国刑法》之规定，于2019年11月13日判决如下：

被告人卞飞无罪。

一审判决后，被告人卞飞未上诉，公诉机关上海市闵行区人民检察院提出抗诉。

上海市闵行区人民检察院抗诉提出，一审被告人卞飞的行为构成非法经营罪，一审判决认定卞飞无罪存在错误。主要理由如下：1.食药总局

办公厅出具的《关于 SE-生物能量仪产品界定分类问题的复函》来源合法、内容客观,可以证实 SE-生物能量仪系第二类医疗器械,而且在案证据能够印证食药总局的界定依据。2.卞飞具有医科背景,熟悉相关行业法律、法规等,应当明知自己生产、经营的 SE-生物能量仪需要办理第二类医疗器械的相关准入手续却未办理,具有非法经营的主观故意。3.卞飞违反国家规定,将原本应纳入监管体系的第二类医疗器械以普通家用电器的名义生产、销售,逃避行政主管部门对涉案产品安全性的审查、评价以及后续监管,严重侵犯其他合法产品的权益并扰乱医疗器械市场管理秩序,具有较大的社会危害性,构成非法经营罪。

上海市人民检察院第一分院出庭意见认为,一审判决认定一审被告人卞飞非法经营的事实、适用法律错误,导致判决无罪不当,闵行区人民检察院抗诉意见正确,建议二审法院采纳,依法裁判。检察机关同时还向二审法院提供并出示了在二审期间取得的上海药品监管局(以下简称"上海药监局")向闵行区人民检察院出具的《关于对 SE-生物能量仪系列产品委托认定的复函》,以证明卞飞的行为构成非法经营罪。

一审被告人卞飞未提出上诉,但是当庭提出其行为不构成犯罪。

上海市第一中级人民法院经二审,确认了一审查明的事实。检察机关在二审期间向法庭所举证据材料亦经法庭当庭质证。

上海市第一中级人民法院二审认为:

关于一审被告人卞飞的行为是否构成非法经营罪的问题。经查,食药总局、公安部、最高人民法院、最高人民检察院、国务院食品安全办于2015年12月22日印发的《食品药品行政执法与刑事司法衔接工作办法》第七条第二款规定,食品药品监管部门向公安机关移送涉嫌犯罪案件,应当附有下列材料:……(四)有关检验报告或者鉴定意见。同时,该办法第二条规定,本办法适用于各级食品药品监管部门、公安机关、人民检察院、人民法院办理的食品(含食品添加剂)、药品、医疗器械、化妆品等领域涉嫌违法犯罪案件。本案中，食药总局办公厅出具的《关于SE-生物能量仪产品界定分类问题的复函》及上海药监局出具的《关于对SE-生物能量仪系列产品委托认定的复函》，仅根据涉案的SE-生物能量仪使用参考书等资料载明的产品预期目的，认定该产品应作为第二类医疗器械管理，但是并未对扣押在案的产品进行实物检验或者鉴定，也未明确认定涉案产品所属第二类医疗器械的具体种类。综合在案证据材料，虽然足以证实卞飞作为医疗相关行业专业人士，具有规避法律监管的主观意图，但是尚不足以证实涉案的SE-生物能量仪属于第二类医疗器械，故认定卞飞的行为构成非法经营罪的证据尚不充分。

综上所述，一审法院认定一审被告人卞飞无罪，定性准确，适用法律正确，审判程序合法。抗诉机关的抗诉意见及二审检察机关对此支持抗诉的出庭意见，不予采纳。据此，上海市第一中级人民法院依照《中华人民共和国刑事诉讼法》第二百三十六条第(一)项之规定，于2020年11月25日裁定如下：

驳回抗诉，维持原判。

本裁定为终审裁定。

裁判摘要

人民法院认定非法经营行为，应依据行政法律、法规的规定，对于行政机关内部文件，应当全面审查其是否符合行政法律法规的相关规定，不得单独据以认定行为人的行为构成犯罪。

附录

一审裁判文书案号：(2018)沪0112刑初1763号

二审裁判文书案号：2020沪01刑终6号

二审合议庭成员：胡健涛(审判长)、秦现锋(主审法官)、胡冰

15. 上海市长宁区人民检察院诉顾立、顾全飞诈骗案

案情及审判

公诉机关:上海市长宁区人民检察院。

被告人:顾立,男,1989 年 10 月 8 日出生,汉族,住上海市浦东新区,因本案于 2017 年 7 月 26 日被刑事拘留,同年 9 月 1 日被逮捕。

被告人:顾全飞,男,1962 年 8 月 10 日出生,汉族,暂住地:上海市闵行区,因本案于 2017 年 7 月 26 日被刑事拘留,同年 9 月 1 日被逮捕。

上海市长宁区人民检察院以被告人顾立、顾全飞犯诈骗罪,向上海市长宁区人民法院提起公诉。

起诉书指控:2016 年 10 月至 2017 年 7 月间,被告人顾立伙同其父亲被告人顾全飞,利用旅客乘坐东航飞机后产生积分但未注册成为"东方万里行"会员之机,使用其掌握的虚假身份信息关联旅客信息注册成为"东方万里行"会员,获取里程积分。待需要兑换免费奖励机票时,或采用虚假身份证明,将乘机人假冒为会员的直系亲属等方法,提交东航人工确认立即生效为受益人;或在东航官方网页操作积分兑换免费奖励机票过程中,利用电脑软件绕过东航关于预设受益人的期限限制,将受益人信息篡改为乘机人信息后立即兑换机票,从而骗取东航免费奖励机票 51 张自用或出售给他人,其中已成行 46 张,价值人民币 6 万余元(以下币种均相同);未成行 5 张,价值 1 万余元。2016 年 8 月至 2017 年 7 月间,顾立、顾

全飞伙同曾宪勇(另案处理),采用上述方法,由曾宪勇经营的上海辛航旅游咨询有限公司(以下简称"辛航公司")招揽购票人,出售积分兑换的免费奖励机票 4 438 张,其中已成行 4 070 张,价值 180 余万元;未成行 368 张,价值 10 余万元。顾立、顾全飞以非法占有为目的,采用虚构事实、隐瞒真相的方法骗取公司财物,数额特别巨大,部分犯罪系未遂,其行为均触犯了《中华人民共和国刑法》第二百六十六条、第二十三条、第二十五条第一款、第二十六条之规定,应当以诈骗罪追究刑事责任。

被告人顾立提出其未实施诈骗犯罪,其辩护人提出顾立的行为不构成诈骗罪。

被告人顾全飞提出其未参与实施全案诈骗行为,其辩护人提出顾全飞系从犯。

上海市长宁区人民法院一审查明:

根据东航"东方万里行"积分奖励计划,申请成为"东方万里行"会员的旅客在乘坐东航及有常旅客合作伙伴关系的航空公司航班后可累计积分,并可根据乘机记录,申请补登六个月内以及成为会员前一个月的积分。会员及其设立的受益人(设立之日起 60 天后生效)可用积分兑换奖励机票等。

2016 年 10 月至 2017 年 7 月间,被告人顾立、顾全飞用相关身份信息关联旅客信息成为"东方万里行"会员,以获取累积的积分。为兑换奖励机票,顾立、顾全飞采取提交虚假身份证明假冒乘机旅客为会员的直系亲属,由东航人工确认受益人立即生效;或用技术手段绕过东航官方网页系统对受益人的管控校验,篡改受益人信息为乘机旅客信息等方法,骗取东航积分兑换的奖励机票共计 51 张,自用或出售给他人,其中已成行 46 张,价值 6 万余元;未成行 5 张,价值 1 万余元。

2016 年 8 月至 2017 年 7 月间,被告人顾立、顾全飞伙同曾宪勇,采用上述方法骗取东航积分兑换的奖励机票,由曾宪勇经营的辛航公司招揽购票人并出售相关机票 4 438 张，其中已成行 4 070 张，价值 180 余万元；未成行 368 张，价值 10 余万元。

上述事实，有工商银行明细清单、支付宝交易记录、聊天记录、出票记录及账单、涉案账户使用情况说明、涉案机票、会员账户情况及订单 log 日志、东航 95530 客服电话录音、东航出具的相关损失补充情况说明、东方万里行会员计划相关规则、服务条款、网页截图，证人王某等 33 人的证言，被告人顾立、顾全飞的供述，同案人曾宪勇的供述，司法鉴定意见书及补正书，公安机关出具的扣押清单、调取证据清单等证据证实，足以认定。

上海市长宁区人民法院一审认为：

本案中，在东航计算机信息系统具有处分财产功能且正常运行的情况下，被告人顾立、顾全飞通过关联或篡改计算机信息系统等非法手段满足东航官网计算机系统控制者的预设条件，使东航工作人员陷入错误认识并授予其相应财物处理权限，从而获取非法利益。

被告人顾立、顾全飞以非法占有为目的，冒用他人个人信息，虚构事实，使东航工作人员陷入错误认识并授予财产权限，进而通过计算机信息系统获取财物，数额特别巨大，该行为均已构成诈骗罪。顾立、顾全飞在共同犯罪中起主要作用，系主犯，本案系犯罪未遂，依法可从轻处罚。据此，上海市长宁区人民法院依照《中华人民共和国刑法》第二百六十六条、第二十三条、第二十五条第一款、第二十六条、第五十五条第一款、第五十六条、第五十二条、第五十三条、第六十四条之规定，于 2019 年 10 月 14 日判决如下：

一、被告人顾立犯诈骗罪，判处有期徒刑十一年六个月，剥夺政治权利二年，并处罚金人民币二十万元。

二、被告人顾全飞犯诈骗罪，判处有期徒刑十一年六个月，剥夺政治权利二年，并处罚金人民币二十万元。

三、作案工具电脑一台予以没收；责令被告人顾立、顾全飞退赔违法所得，发还被害单位。

顾立、顾全飞不服一审判决，向上海市第一中级人民法院提出上诉。顾立及其辩护人认为，顾立未参与实施全案犯罪行为，原判认定犯罪数额有误，且顾立具有自首情节，原判量刑过重。顾全飞及其辩护人提出，顾全飞未参与实施全案犯罪行为，原判认定犯罪数额有误，且顾全飞应系从犯，原判量刑过重。

上海市第一中级人民法院经二审，确认了一审查明的事实。

上海市第一中级人民法院二审认为：

本案的争议焦点是：上诉人顾立、顾全飞是否参与全案犯罪事实；原判认定犯罪数额是否有误；顾全飞是否系从犯；顾立是否具有自首情节且顾立、顾全飞的量刑是否过重。

第一，关于上诉人顾立、顾全飞是否参与全案犯罪事实。

经查，现有证据足以证实上诉人顾立、顾全飞均参与全案犯罪事实，具体如下：

一是根据上诉人顾立的要求，汤某先后为顾立制作具有批量验证乘客是否系东航会员、可抢注会员等功能的软件，如东航官网自动注册、解析东航国内PNR编码、解析电子客票号码、解析东航国际PNR编码、东航官网机票下单等软件。从公安机关扣押的顾立电脑硬盘中查获的“出票工具(gu)反编译”源代码及相关程序，经功能鉴定，可绕过东航官网对受益人的管控校验，为任意旅客兑换东航积分机票，且可当天添加受益人，当天出票。

二是曾宪勇的辛航公司通过东航积分兑换的免费机票来源为上诉人顾全飞，曾宪勇向顾全飞账户汇款记录与积分兑换免费机票的情况相符。上诉人顾全飞、顾立系父子关系，顾全飞对于顾立的公司可通过设定的软件非法获取东航积分骗取东航的免费机票并从中牟利是明知的；樊某某等3人系通过顾全飞购买的机票，而该些机票并没有通过曾宪勇出票；相关电话录音鉴定还证实,系顾立拨打电话改签了樊某某、丁某某的机票,故可证实顾全飞参与全案犯罪事实。

三是在上诉人顾立与汤某的微信聊天记录中,顾立传给汤某的大量机票信息中,有三张机票及乘机人信息经证实系使用虚假信息注册为东航会员,该三个账户出票 8 张,联系人手机均为曾宪勇公司员工所留,经曾宪勇确认该些机票均为通过上诉人顾全飞获取的积分兑换免费机费,故顾立对于顾全飞与曾宪勇合作招揽购票人,通过顾立从汤某处购买的软件绕过东航官网,非法出票的事实是明知的,且实际参与出票,应认定顾立参与了全案犯罪事实。

第二,关于原判认定犯罪数额是否有误。

一审法院根据相关证据及司法鉴定意见书、补正书,将上诉人顾立、顾全飞以及曾宪勇使用东航积分兑换的免费机票,以涉案机票最低单价为标准,认定顾立、顾全飞参与实施诈骗犯罪的既遂和未遂数额,并无不当。顾全飞从曾宪勇处非法获利的金额,并不影响对其犯罪数额的认定。

第三,关于上诉人顾全飞是否系从犯。

上诉人顾立与顾全飞经共谋,伙同他人共同骗取东航积分并兑换免费机票自用或出售给他人,从中牟取巨额非法利益,顾立、顾全飞为积极实施者与主要获利者,两人均应认定为主犯。

第四,关于上诉人顾立是否具有自首情节,上诉人顾立、顾全飞的量刑是否过重。

上诉人顾立虽然接电话通知到公安机关接受调查,但到案后否认其实施的犯罪行为,顾立系在二审期间才供述其主要犯罪事实,依法不能认定为自首。一审法院根据本案的事实、性质、情节以及社会危害程度,对上诉人顾立、顾全飞所处刑罚并无不当。

综上所述,上诉人顾立、顾全飞以非法占有为目的,采用虚构事实、隐瞒真相的方法骗取公司财物,数额特别巨大,其行为均已构成诈骗罪。原审判决认定事实清楚，证据确实、充分，定罪准确，量刑适当，且审判程序合法。据此，上海市第一中级人民法院依照《中华人民共和国刑事诉讼法》第二百三十六条第一款第（一）项之规定，于2020年8月3日裁定如下：

驳回上诉，维持原判。

案例要旨

在计算机信息系统具有处分财产功能且正常运行的情况下，行为人通过非法手段满足计算机信息系统控制者的预设条件，如实施添加、删除数据等破坏计算机信息系统的行为，使控制者陷入错误认识并授予行为人通过计算机信息系统获取财物权限的，该行为构成诈骗罪。

附录

一审裁判文书案号：(2018)沪0105刑初899号

二审裁判文书案号：(2020)沪01刑终296号

二审合议庭成员：李长坤(审判长)、顾苹洲(主审法官)、于书生

16. 程骏平诉上海纽鑫达进出口有限公司等股东资格确认纠纷案

案情及审判

原告：程骏平(Carson Jun Ping Cheng)，男，1962 年 9 月 25 日出生，美利坚合众国国籍，住上海市浦东新区。

被告：上海纽鑫达进出口有限公司，住所地：中国(上海)自由贸易试验区金豫路。

法定代表人：张锋，该公司执行董事。

第三人：张锋，男，1970 年 1 月 19 日出生，汉族，住山东省济南市。

第三人：程岚，男，1979 年 10 月 2 日出生，汉族，住湖北省荆州市。

原告程骏平因与被告上海纽鑫达进出口有限公司(以下简称"纽鑫达公司")、第三人张锋、程岚发生股东资格确认纠纷，向上海市浦东新区人民法院提起诉讼。

原告程骏平诉称：2009 年 11 月，程骏平与第三人张锋、程岚协商一致，决定在上海新设一家贸易公司为程骏平在美国设立的 Ncstar 公司提供进出口服务，注册资本为人民币(以下币种均相同)100 万元。2009 年 11 月 3 日，以张锋、程岚名义向被告纽鑫达公司分别实际缴纳了 51 万元和 49 万元出资。验资当日，程骏平委托程岚支付给张锋 458 762 元，其中 26 万元为程骏平的出资。2009 年 11 月 10 日，三方在上海市浦东新区签订了《股份协议书》，确认程骏平出资 51 万元，张锋、程岚分别出资 25

万元和24万元。鉴于程骏平为美国籍，无法与国内自然人成立合资公司，三方遂决定先期以张锋、程岚两人名义成立公司，由张锋出任纽鑫达公司的法定代表人。2012年9月10日，纽鑫达公司以股权转让形式全资收购了上海亿越投资管理有限公司（以下简称“亿越公司”），各方为明确投资股权比例和权益，于2012年10月29日另行签订了一份《股份协议书》，再次明确三方对纽鑫达公司享有的股权比例。程骏平与张锋、程岚在2009年11月10日签署《股份协议书》前后，程骏平一直参与纽鑫达公司日常经营活动和管理，参与决策，行使股东权利，审议、批准执行董事的报告，并作出相应的决定。程骏平多次要求张锋将其代程骏平持有的26%纽鑫达公司股权转让给程岚，张锋均予以拒绝，并声称其为纽鑫达公司51%股权的实际所有人。故程骏平诉至法院，请求判令：1.确认张锋名下26%的纽鑫达公司股权系程骏平所有；2.纽鑫达公司配合程骏平将张锋持有的26%的股权变更登记到程骏平名下。

被告纽鑫达公司辩称：1.原告程骏平未向纽鑫达公司出资或认缴出资。程骏平所谓的出资系因当时第三人张锋、程岚之间有诸多债权债务往来。程骏平系程岚的哥哥，张锋、程岚关系未破裂时，程岚手中留有盖有纽鑫达公司公章的空白盖章页，程岚利用空白盖章页伪造了《出资证明书》，该《出资证明书》上的印章形成时间远远早于正文文字的形成时间。2.2009年11月10日签订的《股份协议书》未实际履行。张锋、程岚合作成立纽鑫达公司后，程骏平为深度绑定与张锋的合作关系，提出由其本人与纽鑫达公司成立中外合资公司，承诺出资51%，要求纽鑫达公司未来将业务全部转入中外合资公司中运营。为此，程骏平与张锋、程岚签订了《股份协议书》。但该《股份协议书》签订后，双方因具体细节未谈妥，最终并未实际成立中外合资公司，程骏平亦未在《股份协议书》签订后对纽鑫达公司出资51%。3.2012年10月29日签订的《股份协议书》是对纽鑫达公司借款的担保，并非真实的投资关系。纽鑫达公司成立后，程岚曾9

次借款给纽鑫达公司,共计 1 031 万元,其中较多资金来源于程骏平,纽鑫达公司共计 21 次归还借款,已全部还清。为购买亿越公司股权,2012 年 9 月 7 日,程岚一次性出借给纽鑫达公司 245 万元。为保证程骏平资金安全,程骏平要求张锋、程岚签署了《股份协议书》,但从未要求任何实际的股权变更登记。4.即使程骏平出资行为成立,亦违反了效力性强制性规定,应属无效。程骏平作为外籍自然人,与张锋、程岚成立中外合资经营企业的行为,违反了《中华人民共和国中外合资经营企业法》第一条的规定,属于无效。

第三人张锋陈述意见与被告纽鑫达公司一致。

第三人程岚陈述意见与原告程骏平一致。

上海市浦东新区人民法院一审查明:

2009 年 11 月 10 日,原告程骏平与第三人张锋、程岚签订一份《股份协议书》,约定:经三人协商,三人在上海成立贸易公司,由于程骏平为美国籍,目前无法与国内自然人成立合资公司,经商讨,三人同意先期以张锋、程岚两人名义成立公司,等条件成熟后,程骏平与该公司成立中外合资公司,各方出资仍按约定的比例出资。三人现达成以下协议:1.三人同意以张锋、程岚两人名义成立纽鑫达公司;2.纽鑫达公司虽然以张锋、程岚两人名义成立,但实际投资比例为:程骏平 51%,张锋 25%,程岚 24%。由张锋任法定代表人,注册资金 100 万元,程骏平出资 51 万元,张锋出资 25 万元,程岚出资 24 万元。程骏平拥有该公司 51%的股权。

2009 年 11 月 3 日,原告程骏平通过第三人程岚向第三人张锋打款 458 762 元。程骏平和程岚均表示,458 762 元中的 26 万元系程骏平以张锋名义缴纳的被告纽鑫达公司出资,程骏平另有 25 万元出资系在程岚的 49 万元出资中。

2009 年 11 月 5 日,上海汇强会计师事务所出具《验资报告》,载明被告纽鑫达公司(筹)申请登记的注册资本为 100 万元,由全体股东首次出资资金全部到位。经审验，截至2009年11月3日止，纽鑫达公司(筹)已收到全体股东缴纳的注册资本合计100万元，各股东均以货币形式出资，并按公司章程约定比例缴付出资。该《验资报告》附件《本期注册资本实收情况明细表》载明：张锋出资51万元，占注册资本的51%，程岚出资49万元，占注册资本的49%。附件《银行对账单》载明，2009年11月3日，张锋向纽鑫达公司账户转账51万元，程岚向纽鑫达公司账户转账49万元。

2009年11月11日，被告纽鑫达公司成立，类型为有限责任公司(自然人投资或控股)，法定代表人为第三人张锋，注册资本100万元，股东为张锋(占51%股权)、第三人程岚(占49%股权)。

2012年10月29日，原告程骏平与第三人张锋、程岚又签订一份《股份协议书》，约定：2012年9月，经程骏平、张锋、程岚三人协商，股东会决议如下：被告纽鑫达公司以股权收购形式，购买亿越公司100%股权，纽鑫达公司拥有亿越公司100%股权，根据三人分别拥有的纽鑫达公司股份比例，三人对亿越公司股份的实际拥有比例如下：程骏平拥有公司51%股权，张锋拥有公司25%股权，程岚拥有公司24%股权……

2018年8月6日，被告纽鑫达公司向原告程骏平出具一份《出资证明书》，载明：程骏平于2009年11月3日向纽鑫达公司缴纳出资51万元。诉讼中，纽鑫达公司和第三人张锋对该《出资证明书》提出异议，认为系事后由第三人程岚擅自在盖有纽鑫达公司公章的空白页上打印形成。为此，双方共同委托了司法鉴定科学研究院对“《出资证明书》上纽鑫达公司印文形成时间、打印体字迹形成时间、纽鑫达公司印文与打印体字迹的形成时间先后”进行司法鉴定。司法鉴定科学研究院出具《司法鉴定意见书》，鉴定意见为：(一)检材《出资证明书》上“纽鑫达公司”印文不是在2009年12月31日至2012年4月20日盖印形成，但无法判断是否在签发日期“2018年8月6日”盖印形成；(二)无法判断检材《出资证明书》上打印体字迹的形成时间;(三)无法判断检材《出资证明书》上“纽鑫达公司”印文与打印体字迹的形成时间先后。

另查明,2009 年至 2018 年期间,第三人张锋先后通过 zhangfeng0117@gmail.com、zhangfeng_117@126.com 以及 frank_f1@163.com 等电子邮箱与原告程骏平、第三人程岚等有众多电子邮件往来,汇报被告纽鑫达公司及相关企业的运营情况等。其中,2010 年 1 月 7 日,程岚向张锋 zhangfeng_117@126.com 的邮箱发送“办公室账目”的电子邮件,邮件附件中的“纽鑫达公司股东出资额”载明:程骏平占 51%,出资额 51 万元;张锋占 25%,出资额 25 万元,注册额 51 万元,其中 26%(26 万元)为程骏平的股份;程岚占 24%,出资额 24 万元,注册额 49 万元,其中 25%(25 万元)为程骏平的股份。2013 年 9 月 16 日,张锋通过 zhangfeng_117@126.com 向程骏平发送电子邮件称:“Carson,您好! 请看附件,按您的要求,我写了以下方案,请您过目,谢谢!”该邮件的附件《纽鑫达公司分红方案》载明:截至 2011 年 12 月 31 日,纽鑫达公司总计盈利 11 391 327 元,经股东决议,将其中 1 000 万元向各股东分红。按各股东所持股份比例分配如下:程骏平 510 万元,张锋 250 万元,程岚 240 万元。经股东一致同意,按比例分别支付给各股东如下金额:程骏平 424.999 9 万元,张锋 250 万元,程岚 220 万元。剩余未支付的分红款项,作为各股东的投资再次投入公司。另外,未分配利润 1 391 327 元,留在公司,作为周转资金使用。

上海市浦东新区人民法院一审认为:

本案系股东资格确认纠纷,因原告程骏平系美国国籍,故本案系涉外案件。《中华人民共和国涉外民事关系法律适用法》第十四条规定,法人及其分支机构的民事权利能力、民事行为能力、组织机构、股东权利义务等事项,适用登记地法律。本案标的公司即被告纽鑫达公司登记地位于中华人民共和国,故本案应当适用中华人民共和国法律进行审理。

本案争议焦点如下:一是第三人张锋是否代持了原告程骏平所有的

26%被告纽鑫达公司股权；二是程骏平能否要求纽鑫达公司办理相应的股权变更手续，变更是否存在法律或政策上的障碍。

关于争议焦点一，首先，双方有一系列明确的协议相互印证原告程骏平实际享有被告纽鑫达公司51%股权。2009年11月10日签订的《股份协议书》、2012年10月29日签订的《股份协议书》以及2018年8月6日出具的《出资证明书》均是各方真实意思表示，均能证实程骏平实际享有纽鑫达公司51%的股权，其中26%的股权由第三人张锋代持，25%的股权由第三人程岚代持。其次，程骏平已举证证明其对纽鑫达公司履行了相应的出资义务。程骏平称2009年11月3日程岚向张锋打款458 762元中的26万元系程骏平以张锋名义缴纳的出资，程岚对此表示认可，同时也承认其出资的49万元中的25万元实际系程骏平出资。纽鑫达公司及张锋虽然否认，但没有提供充分的证据予以佐证，且根据后来的《股份协议书》《出资证明书》及分红方案等，亦可推断程骏平已经实际履行了出资义务。最后，从各方往来的一系列电子邮件可以看出，程骏平事实上参与了纽鑫达公司的经营管理，特别是重大事项的决策，履行了其作为大股东的权利和义务。至于张锋抗辩《出资证明书》系程岚事后伪造，一审法院认为，一方面，《司法鉴定意见书》没有得出明确的结论，程骏平也没有提供其他证据予以佐证；另一方面，各方均认可该《出资证明书》上的公章系真实。即使存在程岚在空白盖章页上打印《出资证明书》的情况，也是纽鑫达公司内部管理问题，不影响法院综合全案证据认定纽鑫达公司股权的实际所有人。据此，一审法院认定程骏平系纽鑫达公司的隐名股东，张锋名下26%的纽鑫达公司股权的实际拥有人是程骏平。

关于争议焦点二，被告纽鑫达公司系有限责任公司(自然人投资或控股)，显名股东为第三人张锋、程岚，均系国内自然人；隐名股东为原告程骏平，系美国人。如变更相应的工商登记，使隐名股东显名，主要存在以下争议：

第一,关于国内自然人能否与外国人成立外商投资企业问题。《中华人民共和国中外合资经营企业法》第一条规定,允许外国公司、企业和其他经济组织或个人……同中国的公司、企业或其他经济组织共同举办合资企业。该法规定的中方合资人虽然未包括中国的自然人,但该法已于2020年1月1日废止。后生效的《中华人民共和国外商投资法》并没有这方面的限制。该法第二条明确规定,外商投资企业,是指全部或者部分由外国投资者投资,依照中国法律在中国境内经登记注册设立的企业。《中华人民共和国外商投资法实施条例》第三条进一步明确:《外商投资法》第二条中的其他投资者,包括中国的自然人在内。同时,根据《最高人民法院关于适用〈中华人民共和国外商投资法〉若干问题的解释》第二条规定:对外商投资准入负面清单之外的领域形成的投资合同,当事人以合同未经有关行政主管部门批准、登记为由主张合同无效或者未生效的,人民法院不予支持。前款规定的投资合同签订于《外商投资法》施行前,但人民法院在《外商投资法》施行时尚未作出生效裁判的,适用前款规定认定合同的效力。因此,本案中被告纽鑫达公司及第三人张锋要求确认原告程骏平与第三人张锋、程岚共同成立公司的行为无效,一审法院不予支持。

第二,关于外国人成为公司股东是否需要办理相关审批手续问题。《外商投资法》生效后,我国对外商投资实行准入前国民待遇加负面清单管理制度。所谓准入前国民待遇,是指在投资准入阶段给予外国投资者及其投资不低于本国投资者及其投资的待遇;所谓负面清单,是指国家规定在特定领域对外商投资实施的准入特别管理措施,国家对负面清单之外的外商投资,给予国民待遇。本案中,一审法院特函上海市商务委员会,就"如确认程骏平为被告股东,上海市商务委员会是否同意将程骏平变更为被告股东,并将被告变更为外商投资企业"进行咨询。上海市浦东新区商务委投资促进处复函称:"……纽鑫达公司所从事领域不属于外商投资准入特别管理措施(负面清单)内范围，我委办理 Carson Jun Ping Cheng 变更为纽鑫达公司股东，并将纽鑫达公司变更为外商投资企业的备案手续不存在法律障碍。”因此，原告程骏平要求变更为被告纽鑫达公司股东，不需要履行特别的审批手续，亦不存在法律上的障碍。

第三，关于股东变更的公司内部程序问题。根据《最高人民法院关于适用〈中华人民共和国公司法〉若干问题的规定(三)》第二十四条规定，实际出资人请求公司变更股东、签发出资证明书、记载于股东名册、记载于公司章程并办理公司登记机关登记的，应当经公司其他股东半数以上同意。本案中，除第三人张锋以外的其他股东，暨第三人程岚明确认可原告程骏平的股东身份，也同意将程骏平变更登记为被告纽鑫达公司股东。因此，程骏平要求纽鑫达公司将张锋代持的26%股权变更登记到程骏平名下，符合法律及司法解释规定，一审法院依法予以支持。

综上，上海市浦东新区人民法院依照《中华人民共和国涉外民事关系法律适用法》第十四条，《中华人民共和国外商投资法》第二条、第四条，《中华人民共和国外商投资法实施条例》第三条，《最高人民法院关于适用〈中华人民共和国公司法〉若干问题的规定(三)》第二十二条、第二十四条，《最高人民法院关于适用〈中华人民共和国外商投资法〉若干问题的解释》第二条，《最高人民法院关于适用〈中华人民共和国民事诉讼法〉的解释》第九十条的规定，于2020年1月2日作出判决：

一、确认登记在第三人张锋名下的被告上海纽鑫达进出口有限公司26%的股权系原告程骏平(Carson Jun Ping Cheng)所有。

二、被告上海纽鑫达进出口有限公司应于判决生效之日起十五日内将第三人张锋名下的上海纽鑫达进出口有限公司26%的股权变更登记到原告程骏平(Carson Jun Ping Cheng)名下，张锋应当予以配合。

纽鑫达公司不服一审判决，向上海市第一中级人民法院提起上诉。

纽鑫达公司上诉称：1.一审判决错误认定两份《股份协议书》的意思

表示。2009 年签订的《股份协议书》意指未来纽鑫达公司与被上诉人程骏平之间再成立一家合资企业,而非成立纽鑫达公司本身。2012 年签订的《股份协议书》系对纽鑫达公司借款购买亿越公司股份所作的担保。2.一审法院错误采信《出资证明书》的鉴定结论。鉴定结论无法判断《出资证明书》是在 2018 年 8 月 6 日加盖印章,综合多份样本材料,特别是程骏平另案提交的落款日期为同一日的样本材料,可见样本和检材之间自相矛盾。3.一审法院错误认定 zhangfeng0117@gmail.com 和 zhangfeng_117@126.com 两个邮箱属于原审第三人张锋,一审法院仅依据程骏平的单方主张认定该节事实,无法与其他证据相互印证。请求二审法院撤销一审判决,发回重审或者改判驳回程骏平的全部一审诉讼请求。

被上诉人程骏平答辩称:1.两份《股份协议书》的内容与上诉人纽鑫达公司的陈述不符;相反,协议书载明程骏平拥有 51%的股权以及"股东会决议如下"等字样,没有任何借款担保的内容,完全可以说明程骏平拥有纽鑫达公司的股权。2.鉴定的样本材料纽鑫达公司事先是认可的,一审庭审中其明确对鉴定结论没有意见,一审判决采信鉴定结论的意见正确。3.所涉 gmail 和 126 邮箱经过公证,邮件落款署名为张锋或 Frank(张锋另一邮件名),且内容均与纽鑫达公司业务有关。现有证据材料已足以证明程骏平是纽鑫达公司的股东。请求驳回上诉,维持原判。

原审第三人张锋述称,同意上诉人纽鑫达公司的意见。

原审第三人程岚述称,同意被上诉人程骏平的意见。

上海市第一中级人民法院经二审,确认了一审查明的事实。

上海市第一中级人民法院二审认为:

因被上诉人程骏平系美国籍,故本案为涉外纠纷案件。《中华人民共和国涉外民事关系法律适用法》第十四条规定,"法人及其分支机构的民事权利能力、民事行为能力、组织机构、股东权利义务等事项,适用登记地法律"。作为股东资格确认纠纷,本案上诉人纽鑫达公司的登记地位于中华人民共和国境内,故本案应适用中华人民共和国法律。

本案二审争议焦点在于:原审第三人张锋是否代持了被上诉人程骏平所有的上诉人纽鑫达公司26%的股权。

第一,从合同文义来看,2009年11月10日的《股份协议书》言明由被上诉人程骏平、原审第三人张锋、程岚三人“先期以张锋、程岚两人名义成立公司,等条件成熟后,程骏平与该公司成立中外合资公司”,关于先期成立的公司三人同意“以张锋、程岚两人名义成立上海纽鑫达进出口有限公司”,且之所以如此安排是因为“程骏平为美国籍,目前无法与国内自然人成立合资公司”,而实际投资比例为“程骏平51%、张锋25%、程岚24%”。该协议书的文义内容清晰无歧义,与上诉人纽鑫达公司和张锋所称,该协议书意指未来纽鑫达公司与程骏平之间再成立一家合资企业,而非成立纽鑫达公司本身的说法并不相符。嗣后,2012年10月29日的《股份协议书》进一步言明,“经程骏平、张锋、程岚三人协商,股东会决议如下:……根据三人分别拥有的上海纽鑫达进出口公司股份比例,三人对于上海亿越投资管理有限公司股份的实际拥有比例如下:程骏平拥有公司51%股权,张锋拥有公司25%股权,程岚拥有公司24%股权……”。由于“上海纽鑫达进出口公司拥有上海亿越投资管理有限公司100%股权”,故可以从以上协议文本中得出两个结论:一是三人当时均确认程骏平系纽鑫达公司股东;二是程骏平拥有纽鑫达公司51%的股权。该《股份协议书》通篇均未载明纽鑫达公司和张锋所谓的借款担保事项,纽鑫达公司和张锋也未提供其他借款担保的相关证据材料,其主张不具有事实依据。

第二,关于《出资证明书》的鉴定意见。一审中,根据上诉人纽鑫达公司的申请,鉴定机构出具了鉴定意见。2019年12月30日,纽鑫达公司和原审第三人张锋在对鉴定意见质证过程中表示,“对鉴定结论没有意见”,同时又认为“第2页有两份8月6日的样本,但出资证明书也是8月

6 日但无法确认,可以印证出资证明书的真实性不确定”。其在二审中也持类似观点。二审法院认为,纽鑫达公司和张锋所持意见仅系其主观判断并无事实依据,不能对抗有效的鉴定意见。结合举证责任和鉴定意见,应当认为纽鑫达公司和张锋对《出资证明书》所提异议不能成立,《出资证明书》应予采信。根据《出资证明书》的记载,被上诉人程骏平系纽鑫达公司的股东,已于 2009 年 11 月 3 日缴纳了 51 万元的出资款。

第三,关于电子邮箱的归属。基于日常经验可知,注册和使用电子邮箱通常不需要严格的实名认证程序,因此难以直接通过查询 zhangfeng0117@gmail.com 和 zhangfeng_117@126.com 的注册信息认定电子邮箱的归属主体。但这并不意味着无法推定电子邮箱的实际使用人。二审法院认为,可以从以下两个方面进行判断:一是形式方面,上述电子邮箱名的核心字段均为“zhangfeng”,与原审第三人张锋的拼音字母一致,且这些邮件的发件人署名亦为“张锋”,与张锋同名。二是内容方面,上述邮箱内与被上诉人程骏平等人的往来邮件,涉及月度账目明细、财务报表、厂址选择、结汇时间表等内容,若非负责上诉人纽鑫达公司的日常运营,则难以掌握如此翔实细致的内部情况,而纽鑫达公司的法定代表人正是张锋。综合以上因素,原审法院认为上述邮箱曾由张锋实际使用,并无不当。

综上所述,二审法院认定,被上诉人程骏平系上诉人纽鑫达公司的股东,原审第三人张锋名下 26%的纽鑫达公司股权应归程骏平所有。二审法院同时注意到,《中华人民共和国外商投资法》取消了原中外合资经营企业中,中方自然人合营的限制,且《中华人民共和国外商投资法实施条例》第三条明确,“外商投资法第二条第二款第一项、第三项所称其他投资者,包括中国的自然人在内”。鉴于我国对外商投资实行准入前国民待遇加负面清单管理制度,一审法院亦在一审诉讼期间致函相关行政管理机关,得到了“……上海纽鑫达进出口有限公司所从事领域亦不属于外商投资准入特别管理措施(负面清单)内范围,……我委办理 Carson Jun Ping

Cheng 变更为上海纽鑫达进出口有限公司股东,并将上海纽鑫达进出口有限公司变更为外商投资企业的备案手续不存在法律障碍"的复函。因此,程骏平要求变更登记为纽鑫达公司股东,无需履行特别的审批手续,不存在法律和政策上的障碍。

综上所述,一审判决认定事实清楚,裁判结果正确。上海市第一中级人民法院依照《最高人民法院关于适用〈中华人民共和国公司法〉若干问题的规定(三)》第二十四条、《中华人民共和国民事诉讼法》第一百七十条第一款第一项、《最高人民法院关于适用〈中华人民共和国民事诉讼法〉的解释》第三百三十四条规定,于 2020 年 5 月 14 日作出判决:

驳回上诉,维持原判。

案例要旨

《中华人民共和国外商投资法》对外商投资采取准入前国民待遇和负面清单管理模式。外籍隐名股东诉请确认股权并显名变更登记的,隐名股东除证明自己已实际投资,且具有被认可的股东身份外,如该公司所从事领域不属于外商投资负面清单范围的,人民法院可确认其变更为显名股东;如该公司所从事领域属于负面清单内的限制类领域,还应征得外商投资主管机关的同意。

附录

一审裁判文书案号:(2019)沪 0115 民初 6248 号

二审裁判文书案号:2020 沪 01 民终 3024 号

二审合议庭成员:郑天衣(审判长兼主审法官)、成阳、敖颖婕

第四部分

《最高人民法院公报》案例摘编

（1995—2015）

1. 威廉·平·陈走私案

裁判摘要

外国人以冒用我国公司名义、假报货物名称的手段进口我国禁止进口的废物,其行为触犯了全国人大常委会《关于惩治走私罪的补充规定》第四条第一款第(一)项,构成走私罪。

附录

一审裁判文书案号:(1996)沪一中刑初字第227号

一审合议庭组成人员:沈维嘉(审判长)、陈捷、徐翠萍

二审裁判文书案号:(1997)沪高刑终字第22号

2. 王利毅、张丽霞诉上海银河宾馆赔偿纠纷案

裁判摘要

住客在宾馆内遇第三人侵害,宾馆若疏于注意,应承担违约责任。宾馆之不作为违反了合同法上的附随义务,应承担违约损害赔偿责任。当事人不选择请求权基础时,法院应根据查明的事实独立进行法律上的判断,民事判决理由不必与当事人之诉讼理由一致。

附录

一审裁判文书案号:(1998)长民初字第2455号

二审裁判文书案号:(2000)沪一中民终字第2309号

二审合议庭组成人员:周啸(审判长)、马丽、单珏

3. 唐志华等五人贪污、职务侵占、企业人员受贿案

裁判摘要

无特定职务者可以与特定职务者构成职务犯罪的共犯,但是在处罚上应当考虑立法是否对特定职务者设置了特别的处罚原则而加以区别对待,立法对特定职务者设置了特别处罚原则的,说明立法已经对该特定职务进行了评价,对于不具备该特殊职务者的处罚应当根据立法精神相应调整。贪污罪与为亲友非法牟利罪的区别在于,为亲友非法牟利罪要求亲友必须客观上从事经营活动,牟取的利益属于利润的范畴,有一定的限度;而贪污罪对国有财产的侵犯则是直接的、不受限制的。在犯罪金额的计算上,应采取有利于被告人的原则,对于供货单位可能的让利数额不应当计算在犯罪金额内。

附录

一审裁判文书案号:(2000)沪一中刑初字第180号

一审合议庭组成人员:袁汉钧(审判长)、徐翠萍(主审法官)、马燕燕

二审裁判文书案号:(2001)沪高刑终字第57号

4. 彭学纯诉上海市工商局不履行法定职责纠纷案

裁判摘要

这是一起要求工商行政机关履行查处违法医疗广告法定职责纠纷案。工商行政机关作为法定的广告监督管理部门,负有认定电视节目是否构成广告、是否构成违法广告以及对违法广告予以处罚的职责。对于电视节目已具备广告的基本特征但工商行政机关认定该节目不属于广告因而不予

立案查处的情况,行政相对人提起要求工商行政机关履行法定职责行政诉讼的,法院应判决工商行政机关履行调查处理的法定职责,而不宜直接对是否构成违法医疗广告作出认定,以避免构成对行政权的过度侵越。

附录

一审裁判文书案号:(2002)徐行初字第91号

二审裁判文书案号:(2003)沪一中行终字第32号

二审合议庭组成人员:张吉人(审判长兼主审法官)、郭海云、汤军

5. 上海市奉贤区人民检察院诉陈恩等人损害商品声誉案

裁判摘要

被告人为诋毁他人商品的声誉,故意歪曲、夸大事实,在公共场所砸毁他人商品,对他人的生产经营活动造成重大损失的,根据《刑法》第二百二十一条的规定,其行为构成损害商品声誉罪。

附录

一审裁判文书案号:(2002)奉刑初字第388号

二审裁判文书案号:(2003)沪一中刑终字第229号

二审合议庭组成人员:于翠英(审判长兼主审法官)、郑焯琼、邬小骋

6. 避风塘公司诉德荣唐公司不正当竞争纠纷案

裁判摘要

餐饮业的经营者在经营活动中,使用已广泛代表一类特色风味菜肴

和饮食经营方式的称谓为其服务说明的行为，根据《反不正当竞争法》的相关规定应属于合理使用，不构成不正当竞争。

附录

一审裁判文书案号：(2002)沪一中民五(知)初字第137号

一审合议庭组成人员：汪彤(审判长兼主审法官)、刘静、章立萍

二审裁判文书案号：(2003)沪高民三(知)终字第49号

7. 吴卫明诉上海花旗银行储蓄合同纠纷案

裁判摘要

外资金融机构向小额储户收取账户管理费的行为，不违反法律、法规的禁止性规定的，不构成违法。

附录

一审裁判文书案号：(2002)浦民一(民)初字第3855号

二审裁判文书案号：(2002)沪一中民一(民)终字第2780号

二审合议庭组成人员：胡慧娟(审判长)、翁卫国(主审法官)、敖颖婕

8. 阿卜杜勒·瓦希德诉东方航空公司国际航空旅客运输合同纠纷案

裁判摘要

根据本案所适用的国际公约的规定，由一家航空公司出票并实际承运部分航程、另一家航空公司实际承运另一部分航程的航空旅客运输，该两家航空公司并非航空法上的连续运输关系。旅客追究实际承运人所承

运航程的责任时,可以选择起诉对象。被起诉的一家航空公司申请追加另一家航空公司参加诉讼的,法院可以根据审理案件的实际需要、诉讼成本、旅客维权的便捷性等因素决定是否准许。

旅客支付了足额票款,航空公司就要为旅客提供完整的运输服务;旅客购买了打折机票,航空公司当然也可以相应地取消一些服务。但是,航空公司在打折机票上注明“不得退票,不得转签”,只是限制购买打折机票的旅客由于自身原因而退票和转签,不能剥夺旅客在支付了票款后享有的按时乘坐航班抵达目的地的权利。当不可抗力造成航班延误,致使航空公司不能将换乘其他航班的旅客按时运抵目的地时,航空公司有义务在始发地向换乘的旅客明确告知到达目的地以后是否提供转签服务,以及在其不能提供转签服务时旅客应当如何办理旅行手续。根据《1955 年在海牙修改的华沙公约》第十九条、第二十条第一款规定,航空公司不尽此项义务或者不能证明自己已尽此项义务,而给换乘旅客造成损失的,应当承担赔偿责任。

附录

一审裁判文书案号:(2005)浦民一(民)初字第 12164 号

二审裁判文书案号:(2006)沪一中民一(民)终字第 609 号

二审合议庭组成人员:王启扬(审判长)、孙雪梅(主审法官)、周寅

9. 北京精雕科技有限公司诉上海奈凯电子科技有限公司著作权侵权纠纷案

裁判摘要

根据《计算机软件保护条例》第二十四条第一款第(三)项的规定,故意避开或者破坏著作权人为保护其软件著作权而采取的技术措施的

行为，是侵犯软件著作权的行为。上述规定体现了对恶意技术规避的限制，对计算机软件著作权的保护。著作权人可以依法采取保护其软件著作权的技术措施，维护自己的合法权益。行为人故意避开或者破坏上述技术措施的，构成对软件著作权的侵犯，依法应当承担相应的法律责任。

但是，上述法律规定不能被滥用。上述规定主要限制的是针对受保护的软件著作权实施的恶意技术规避行为。著作权人为输出的数据设定特定文件格式，并对该文件格式采取加密措施，限制其他品牌的机器读取以该文件格式保存的数据，从而保证捆绑自己计算机软件的机器的市场竞争优势的行为，不属于上述规定所指的著作权人为保护其软件著作权而采取技术措施的行为。著作权人以他人研发软件读取其设定的特定文件格式构成对其软件著作权的侵犯，主张他人承担相应法律责任的，人民法院依法不予支持。

附录

一审裁判文书案号：(2006)沪一中民五(知)初字第134号

一审合议庭组成人员：李玉珍(审判长)、胡震远、陆凤玉(主审法官)

二审裁判文书案号：(2006)沪高民三(知)终字第110号

10. 陈伟诉广东省机场管理集团公司、广州白云国际机场股份有限公司、上海证券交易所侵权纠纷案

裁判摘要

权证属证券衍生品种，发布权证信息的提示性公告的权证信息披露与证券法规定的涉及上市公司财务状况、股权结构以及公司经营管理人

员变化等公司内部重大事项的信息披露不同,应由发行人和相关投资者承担相关信息披露义务,而不是由权证标的证券上市公司承担。

行为人应在充分了解权证交易规则和各种风险的基础上进行高风险的权证交易。在发行人尽到了权证信息公告的披露义务、证券交易机构尽到了监管义务的前提下,行为人一旦根据自主决定进行权证买卖交易,在享有权证交易可能带来的收益的同时,也应承担可能出现的风险。因为疏忽大意没有发现重要信息,或者没有充分了解权证的有关规则,在进行交易行为时产生亏损的,相应后果应自行承担。

附录

一审裁判文书案号:(2007)沪一中民三(商)初字第66号

一审合议庭组成人员:宋航(审判长)、严耿斌(主审法官)、金成

二审裁判文书案号:(2008)沪高民二(商)终字第2号

11. 西安奥克自动化仪表有限公司诉上海辉博自动化仪表有限公司请求确认不侵犯专利权及上海辉博自动化仪表有限公司反诉西安奥克自动化仪表有限公司专利侵权纠纷案

裁判摘要

一、根据《中华人民共和国专利法》第五十六条第一款的规定,发明专利权的保护范围以其权利要求的内容为准,说明书及附图可以用于解释权利要求。当专利权人与被控侵权人对专利权利要求记载的技术特征的理解有分歧时,可以用专利说明书记载的相关内容解释权利要求所记载的技术特征的含义,并且应当以相关领域的普通技术人员对专利说明书的理解来进行解释,从而明确专利权的保护范围。

二、判断被控侵权产品或方法是否侵犯发明专利权，应当将被控侵权产品或方法的技术特征与发明专利权利要求的技术特征进行比较。如果被控侵权产品或方法包含与专利权利要求的全部技术特征相同的技术特征，或者被控侵权产品或方法的某个或某些技术特征虽与专利权利要求的对应技术特征不同但构成等同，则被控侵权产品或方法构成专利侵权，否则不构成专利侵权。

附录

一审判决文书案号：(2007)沪一中民五(知)初字第192号

一审合议庭组成人员：刘洪(审判长兼主审法官)、章立萍、徐燕华

二审裁判文书案号：(2008)沪高民三(知)终字第58号

12. 翁立克诉上海浦东伊维燃油喷射有限公司、上海柴油机股份有限公司职务发明设计人报酬纠纷案

裁判摘要

根据《中华人民共和国专利法》第十六条以及《中华人民共和国专利法实施细则》第七十六条的规定，被授予专利权的国有企业事业单位许可他人实施其专利的，应当从许可实施该项专利收取的使用费纳税后提取不低于10%作为报酬支付发明人或者设计人。根据《中华人民共和国专利法》第四十七条第二款的规定，宣告专利权无效的决定，对在宣告专利权无效前人民法院作出并已执行的专利侵权的判决、裁定，已经履行或者强制执行的专利侵权纠纷处理决定，以及已经履行的专利实施许可合同和专利权转让合同，不具有追溯力。但是因专利权人恶意给他人造成的损失，应当给予赔偿。根据上述规定，在发明人、设计人起诉要求许可他

人实施专利的专利权人依法支付职务发明设计人报酬的案件中,即使专利因丧失新颖性被宣告无效,专利权人以该专利已经被宣告无效为由,拒绝支付在专利权被宣告无效之前已经发生的专利实施许可行为所应支付的职务发明设计人报酬的,人民法院仍不应予以支持。

附录

一审裁判文书案号:(2005)沪一中民五(知)初字第 220 号

一审合议庭组成人员:黎淑兰(审判长)、郑军欢、刘静(主审法官)

二审裁判文书案号:(2008)沪高民三(知)终字第 23 号

13. 上海市长宁区人民检察院诉李江职务侵占案

裁判摘要

根据《中华人民共和国刑法》第二百七十一条的规定,职务侵占罪是指公司、企业或者其他单位的人员,利用职务上的便利,将本单位数额较大的财物非法占为己有的行为。所谓"利用职务上的便利",是指行为人在实施犯罪时,利用自身的职权,或者利用自身因执行职务而获取的主管、管理、经手本单位财物的便利条件。

普通货物运输的承运人不仅负有将货物安全及时地送达目的地的职责,同时对该货物负有直接保管的义务。货运驾驶员在运输途中,利用其运输、保管货物的职务便利窃取货物的行为,构成职务侵占罪。

附录

一审裁判文书案号:(2008)长刑初字第 337 号

二审裁判文书案号:(2008)沪一中刑终字第 682 号

二审合议庭组成人员:沈维嘉(审判长)、张弘、巩一鸣(主审法官)

14. 上海罗芙仙妮化妆品有限公司诉上海市工商行政管理局金山分局工商行政处罚决定案

裁判摘要

一、《中华人民共和国反不正当竞争法》第五条规定:“经营者不得采用下列不正当手段从事市场交易,损害竞争对手:……(三)擅自使用他人的企业名称或者姓名,引人误认为是他人的商品;……”据此,使用他人企业名称构成不正当竞争的,应当具备以下要素:使用者与被使用者一般存在同业竞争关系;使用行为未征得被使用人的许可,属擅自使用;被使用的企业名称在市场上具有一定的知名度,为相关公众所知悉;使用行为易使相关公众将使用人提供的商品误认为是被使用人的商品。

二、根据最高人民法院《关于审理不正当竞争民事案件应用法律若干问题的解释》第六条第一款的规定,具有一定的市场知名度、为相关公众所知悉的企业名称中的字号,可以认定为《反不正当竞争法》第五条第(三)项规定的“企业名称”。

三、行为人通过在境外注册登记企业,然后再授权其所控制的境内企业使用境外企业名称的方式,以规避我国对企业注册的审查,从而间接达到其擅自使用国内外知名企业名称或者企业名称中的字号的目的,造成相关公众对商品产生误认的,尽管该行为表面上是使用了行为人自己注册的企业名称或者企业名称中的字号,同样属于《中华人民共和国反不正当竞争法》第五条第(三)项规定的不正当竞争行为,应当依法承担相应的法律责任。

附录

一审裁判文书案号:(2008)金行初字第17号

二审裁判文书案号:(2008)沪一中行终字第367号

二审合议庭组成人员:糜世峰(审判长)、李欣、樊华玉(主审法官)

15. 邢立强诉上海证券交易所权证交易侵权纠纷案

裁判摘要

权证产品属新型证券衍生品种,具有不同于股票交易的特点。权证发行后,符合一定条件的机构经交易所审核可创设权证。投资者以交易所审核创设权证违规为由而提起的民事侵权之诉,具有可诉性;证券交易所审核合格券商创设权证,是证券法赋予其自律监管职能的行为,其审核行为只要符合权证管理业务规则,主观上不具有过错,其对于投资者因权证交易造成的损失不承担赔偿责任,投资者应自行承担风险损失。

附录

一审裁判文书案号:(2008)沪一中民三(商)初字第68号

一审合议庭组成人员:宋航(审判长兼主审法官)、严耿斌、范德鸿

16. 拉科斯特股份有限公司与上海龙华服饰礼品市场经营管理有限公司注册商标专用权纠纷案

裁判摘要

商品市场的管理者对市场内商铺销售假冒注册商标商品的行为未尽合理注意义务,为侵权行为提供便利条件的,属于帮助侵权的行为,应当和销售假冒注册商标商品的商铺承担连带责任。

附录

一审裁判文书案号：(2009)沪一中民五(知)初字第38号

一审合议庭组成人员：胡震远(审判长)、胡瑜(主审法官)、陆凤玉

17. 北京希优照明设备有限公司不服上海市商务委员会行政决定案

裁判摘要

电子政务有别于传统行政方式的最大特点，体现在行政方式的无纸化、信息传递的网络化等方面。当事人在接受电子政务化的行政处理方式后，又以行政机关未向其送达书面处理决定书为由主张行政程序违法的，人民法院不予支持。

附录

一审裁判文书案号：(2009)长行初字第43号

二审裁判文书案号：(2010)沪一中行终字第90号

二审合议庭组成人员：李欣(审判长)、李思国、姚佐莲(主审法官)

18. 上海金地石化有限公司与上海立宇贸易有限公司侵权损害赔偿纠纷执行案

裁判摘要

被执行人无偿转让财产，对申请执行人造成损害，申请执行人依照合同法相关规定向有管辖权的人民法院提起撤销权诉讼，以维护自身合法权益。

附录

裁判案号:(2007)沪一中执字第 81 号

合议庭组成人员:汪立军(审判长)、朱国华、王振杰(主审法官)

19. 大宇资讯股份有限公司诉上海盛大网络发展有限公司侵犯注册商标专用权纠纷案

裁判摘要

在提供在线网络游戏的服务上经核准注册的商标,含有相关公众约定俗成的一类游戏的名称的,如果他人不是将该游戏名称作为区分商品或者服务来源的商标使用,只是在网络游戏服务中以介绍游戏内容、特点的方式使用该游戏名称,不会造成相关公众对网络游戏服务提供者的混淆,属于对注册商标的正当使用,不构成对注册商标专用权的侵犯。

附录

一审裁判文书案号:(2006)浦民三(知)初字第 125 号

二审裁判文书案号:(2007)沪一中民五(知)终字第 23 号

二审合议庭组成人员:刘军华(审判长)、刘静(主审法官)、沈强

20. 衣念(上海)时装贸易有限公司诉浙江淘宝网络有限公司、杜国发侵害商标权纠纷案

裁判摘要

网络交易平台经营者对于网络商户的侵权行为一般不具有预见和避免的能力,故不当然为此承担侵权赔偿责任,但如果网络交易平台经营者

知道网络商户利用其所提供的网络服务实施侵权行为,而仍然为侵权行为人提供网络服务或者没有采取必要的措施,则应当与网络商户承担共同侵权责任。网络交易平台经营者是否知道侵权行为的存在,可以结合权利人是否发出侵权警告、侵权现象的明显程度等因素综合判定。网络交易平台经营者是否采取了必要的避免侵权行为发生的措施,应当根据网络交易平台经营者对侵权警告的反应、避免侵权行为发生的能力、侵权行为发生的几率大小等因素综合判定。

附录

一审案号:(2010)浦民三(知)初字第426号

二审案号:(2011)沪一中民五(知)终字第40号

二审合议庭组成人员:刘军华(审判长)、陆凤玉(主审法官)、桂佳

21. 周雅芳诉中国银行股份有限公司上海市分行名誉权纠纷案

裁判摘要

名义上的信用卡持卡人与银行之间因不良信用记录发生名誉权纠纷,法院应当依据侵权行为的要件进行审查。银行按照国家的相关法律法规及监管要求报送相关信息,其报送的信息也都是源于名义持卡人名下信用卡的真实欠款记录,并非捏造,不存在虚构事实或侮辱的行为,故不构成侵害名誉权的行为。名誉权受损害的后果应当是导致名义持卡人的社会评价降低。但是,中国人民银行的征信系统相对封闭,只有本人或者相关政府部门、金融机构因法定事由才能对该系统内的记录进行查询,这些记录并未在不特定的人群中进行传播,不会造成名义持卡人的社会评价降低,故不能认定存在损害名誉权的后果。

附录

一审裁判文书案号:(2011)浦民一(民)初字第 6380 号

二审裁判文书案号:(2011)沪一中民一(民)终字第 2988 号

二审合议庭组成人员:孙春蓉(审判长)、董礼洁(主审法官)、陈敏

22. 丁福如与石磊房屋买卖合同纠纷案

裁判摘要

房屋行政主管部门对未经审批而改建、重建的房屋,可因现实状况与不动产登记簿记载的权利状况不一致,将其认定为附有违法建筑并结构相连的房屋并限制交易。如何认定这类房屋买卖合同的效力,实践中存在分歧。善意买受人根据不动产登记的公示公信原则,确信登记的权利状态与现实状态相一致,此信赖利益应予保护;根据区分原则,房屋因附有违法建筑而无法过户属合同履行范畴,不应影响合同效力。因此,这类合同如不具备《合同法》第五十二条的无效情形,应当认定有效。出卖人负有将房屋恢复至原登记的权利状态并消除行政限制的义务。在买受人同意按现状交付并自愿承担恢复原状义务的情况下,出卖人应按诚实信用原则将房屋交付买受人,并于买受人将房屋恢复原状、消除行政限制后协助完成过户手续。

附录

一审裁判文书案号:(2009)长民三(民)初字第 1020 号

二审裁判文书案号:(2010)沪一中民二(民)终字第 3692 号

二审合议庭组成人员:孔美君(审判长兼主审法官)、卞奎人、毛焱

23. 谢叶阳诉上海动物园饲养动物致人损害纠纷案

裁判摘要

《侵权责任法》第八十一条就动物园无过错责任作出了明确规定，同时规定，如受害人或监护人确有过错，动物园可以减轻或者不承担责任。动物园作为饲养管理动物的专业机构，依法负有注意和管理义务，其安全设施应充分考虑到未成年人的特殊安全需要，最大限度杜绝危害后果发生。游客亦应当文明游园，监护人要尽到监护责任，否则亦要依法承担相应的责任。

附录

一审裁判文书案号：(2011)长少民初字第72号

二审裁判文书案号：(2012)沪一中少民终字第16号

二审合议庭组成人员：蒋红玮(审判长)、潘兵(主审法官)、陆文奕

24. 陈善菊不服上海市松江区人力资源和社会保障局社会保障行政确认案

裁判摘要

食宿在单位的职工在单位宿舍楼浴室洗澡时遇害，其工作状态和生活状态的界限相对模糊。在此情形下，对于工伤认定的时间、空间和因果关系三个要件的判断主要应考虑因果关系要件，即伤害是否因工作原因。

“因履行工作职责受到暴力伤害”应理解为职工因履行工作职责的行为而遭受暴力伤害，如职工系因个人恩怨而受到暴力伤害，即使发生于工

作时间或工作地点,亦不属于此种情形。

"与工作有关的预备性或者收尾性工作"是指根据法律法规、单位规章制度的规定或者约定俗成的做法,职工为完成工作所作的准备或后续事务。职工工作若无洗澡这一必要环节,亦无相关规定将洗澡作为其工作完成后的后续性事务,则洗澡不属于"收尾性工作"。

附录

一审裁判文书案号:(2011)松行初字第3号

二审裁判文书案号:(2011)沪一中行终字第121号

二审合议庭组成人员:李欣(审判长兼主审法官)、李思国、刘雅

25. 上海市人民检察院第一分院诉应志敏、陆毅走私废物、走私普通货物案

裁判摘要

在走私犯罪案件中,应当根据案情综合判断行为人对夹藏物品是否具有走私的故意。行为人不具有走私的概括故意,对于走私物品中还夹藏有其他不同种类走私物品确实不明知的,不能适用相关规范性文件中"根据实际的走私对象定罪处罚"的规定进行数罪并罚,而应当根据主客观相统一原则,以行为人主观认知的走私对象性质加以定罪处罚。对于客观上走私了夹藏的其他物品的,可作为行为人所构成特定走私犯罪的量刑情节予以评价,以体现罪责刑相适应原则。

附录

一审裁判文书案号:(2012)沪一中刑初字第13号

一审合议庭组成人员:胡洪春(审判长兼主审法官)、胡健涛、闻富国(人民陪审员)

26. 上海美术电影制片厂诉珠海天行者文化传播有限公司等侵犯著作财产权纠纷案

裁判摘要

动画影片中的角色形象可以作为美术作品受到《著作权法》的保护；并且只有对该角色形象付出独创性贡献的公民才能成为作者。在《著作权法》制定实施之前的计划经济年代，不具备保护作者权利的观念基础和制度环境。因此，人民法院在确定这一特定历史时期所创作的动画影片角色形象著作财产权归属时，需要在法律适用过程中运用利益衡量方法，综合考虑历史、现状、公平等各项因素，实现个人权利与集体利益的平衡。

附录

一审裁判文书案号：(2010)沪一中民五(知)初字第 82 号

一审合议庭组成人员：刘军华(审判长)、唐震(主审法官)、胡瑜

二审裁判文书案号：(2012)沪高民三(知)终字第 67 号

27. 上海普鑫投资管理咨询有限公司诉中银国际证券有限责任公司财产损害赔偿纠纷案

裁判摘要

有义务协助法院采取保全措施的第三人，恶意侵害保全申请人的债权，拒不协助保全，或者采取其他措施妨害保全，导致最终裁判文书无法执行，申请人债权无法实现而受到损害的，该第三人应当对申请人承担侵权行为损害赔偿责任。

附录

一审裁判文书案号:(2011)徐民二(商)初字第1631号

二审裁判文书案号:(2012)沪一中民六(商)终字第114号

二审合议庭组成人员:张聪(审判长兼主审法官)、贾沁鸥、范德鸿

28. 陈明、徐炎芳、陈洁诉上海携程国际旅行社有限公司旅游合同纠纷案

裁判摘要

一、当事人对自己提出的主张,有责任提供证据。旅游经营者主张旅游者的单方解约系违约行为,应当按照合同约定承担实际损失的,则旅游经营者应当举证证明“损失已实际产生”和“损失的合理性”。如举证不力,则由旅游经营者承担不利后果。

二、按照有关司法解释的规定,旅游经营者向人民法院提供的证据系在中华人民共和国领域外形成的,该证据应当按照法律规定完成公证、认证手续;在香港、澳门特区或台湾地区形成的,应当履行相关的证明手续。

附录

一审裁判文书案号:(2014)长民一(民)初字第1376号

二审裁判文书案号:(2014)沪一中民一(民)终字第2510号

二审合议庭组成人员:刘力(审判长)、单珏、潘春霞(主审法官)

29. 连成贤诉臧树林排除妨害纠纷案

裁判摘要

签订房屋买卖合同后出卖方应向买受人履行权利与实物的双重交

付,在买受方已取得房屋产权而未实际占有的情况下,其仅仅基于物权请求权要求占有人迁出,法院应作慎重审查。若占有人对房屋的占有具有合法性、正当性,买受方应以合同相对方为被告提起债权给付之诉,要求对方履行交付房屋的义务或在房屋客观上无法交付的情况下承担相应的违约责任。

附录

一审裁判文书案号:(2013)浦民一(民)初字第36805号

二审裁判文书案号:(2014)沪一中民二(民)终字第433号

二审合议庭组成人员:张薇佳(审判长兼主审法官)、唐建芳、朱强

30. 候宏军诉上海隆茂建筑装潢有限公司劳动合同纠纷案

裁判摘要

一次性伤残就业补助金是在终止或解除劳动合同时,工伤职工应当享受的由用人单位支付的费用。在用人单位解除劳动合同的情形下,用人单位仍有义务向工伤职工支付一次性伤残就业补助金。

附录

一审裁判文书案号:(2014)闵民一(民)初字第2198号

二审裁判文书案号:(2014)沪一中民三(民)终字第546号

二审合议庭组成人员:郑东和(审判长)、徐焰、李弘(主审法官)

后　记

本书的编纂，是上海市第一中级人民法院（以下简称“我院”）建院30年以来，在司法实践领域的一次重要总结与阶段性成果展示，收录了建院以来入选的最高人民法院指导性案例、人民法院案例库参考案例及《最高人民法院公报》案例，涵盖了刑事、民事、商事、知产、金融、行政、执行等不同审判领域，集中展现了我院法官在案件审理中的专业素养和司法智慧。

在本书的编纂过程中，得到了多方的大力支持与协助。我院吴金水院长对本书的编辑工作给予了高度关注，亲自为本书撰写序言。各审判业务庭精心审理、深入提炼，为案例的高质量呈现奠定了坚实基础。分管院长亲自把关，确保了本书收录案例的高品质。研究室的编辑们以严谨的态度，对每一个案例进行反复打磨和精心审校，保证了案例的准确性和权威性。在此，我们向所有参与本书编纂的同志表示衷心的感谢。需要指出的是，本书所收录的案例仅供司法实务参考使用，为保持案例及裁判文书的原貌，对于与当前最新法律、司法解释等规范性文件不一致的地方，不再一一标明或修改，有新规定的，应当按照新的规定执行。

编　者

二〇二五年六月

图书在版编目(CIP)数据

三十而“例”：上海市第一中级人民法院经典案例集萃 / 吴金水主编. -- 上海 ：上海人民出版社，2025.
ISBN 978-7-208-19513-4

Ⅰ. D920.5

中国国家版本馆 CIP 数据核字第 2025DN2994 号

责任编辑 张晓玲 冯 静
封面设计 一本好书

三十而“例”：上海市第一中级人民法院经典案例集萃
吴金水 主编

出　版 上海人民出版社
（201101 上海市闵行区号景路 159 弄 C 座）
发　行 上海人民出版社发行中心
印　刷 江阴市机关印刷服务有限公司
开　本 720×1000 1/16
印　张 34.5
插　页 5
字　数 436,000
版　次 2025 年 5 月第 1 版
印　次 2025 年 5 月第 1 次印刷
ISBN 978-7-208-19513-4/D·4500
定　价 190.00 元